Java Para Leigos, Tradução da 5ª Edição

Quando construímos um site usando Java, precisamos conhecer as palavras-chave Java — palavras, frases e termos sem sentido usados na programação, que têm um significado especial dentro da linguagem Java e fazem com que ele execute coisas.

Palavras-chave Java

As 50 palavras-chave Java têm significados específicos dentro da linguagem, então, não podemos utilizá-las para nada além de sua função específica. Também não podemos inventar novos significados para as palavras false, null e true. Mas por motivos técnicos estas três palavras não são chamadas de palavras-chave. Que seja!

Observação: as palavras **em negrito** na coluna "O que ela faz" são outras palavras-chave.

Palavra-chave	O que ela faz
abstract	Indica que os detalhes de uma classe, método ou interface são indicados em outro lugar do código.
assert	Testa a veracidade de uma condição que o programador acha que é verdadeira.
boolean	Indica que um valor é verdadeiro (true) ou falso (false), no sentido Java.
break	Sai de um Loop, Laço ou Switch.
byte	Indica que um valor é um número inteiro de 8 bits.
case	Introduz um de muitos caminhos possíveis em uma declaração **switch**.
catch	Introduz declarações que são executadas quando algo interrompe o fluxo de execução em uma cláusula **try**.
char	Indica que um valor é um caractere (uma única letra, dígito, sinal de pontuação entre outros) armazenado em 16 bits de memória.
class	Introduz uma classe — uma planta de um objeto.
const	Não podemos usar esta palavra em um programa Java. Ela não tem significado. Já que é uma palavra-chave, não podemos criar uma variável **const**.
continue	Obriga a finalização abrupta da iteração atual do loop e inicia outra iteração (ou Loop).
default	Introduz um caminho de execução a ser tomado, quando nenhum case combina com uma declaração **switch**.
do	Faz com que o computador repita algumas declarações várias vezes (por exemplo, até que deixe de obter resultados inaceitáveis).
double	Indica que um valor é um número de 64 bits com um ou mais dígitos depois do ponto decimal.
else	Introduz declarações que são executadas quando a condição em uma declaração **if** não é verdadeira.
enum	Cria um novo tipo definido — um grupo de valores que uma variável pode ter.
extends	Cria uma subclasse — uma classe que reutiliza a funcionalidade de uma classe anteriormente definida.
final	Indica que o valor da variável não pode ser alterado, que a funcionalidade de uma classe não pode ser estendida ou que um método não pode ser sobrescrito.
finally	Introduz o testamento das declarações na cláusula **try**.
float	Indica que um valor é um número de 32 bits com um
for	Faz com que o computador repita algumas declara um certo número de vezes).

Para Leigos: A série de livros para iniciantes que mais vende no Mundo.

Java Para Leigos, Tradução da 5ª Edição

Folha de Cola

goto	Não podemos usar esta palavra em um Programa Java. Ela não tem significado. Já que é uma palavra-chave, não podemos criar uma variável goto.
if	Testa para verificar se uma condição é verdadeira. Se for, o computador executa determinadas declarações; caso contrário, ele executa outras.
implements	Reutiliza a funcionalidade de uma interface anteriormente definida.
import	Permite ao programador abreviar os nomes das classes definidas em um pacote.
instanceof	Testa para verificar se determinado objeto vem de determinada classe.
int	Indica que um valor é um número inteiro de 32 bits.
interface	Introduz uma interface, que é como uma classe, mas menos específica (interfaces são usadas no lugar de um confuso atributo de múltipla herança da C++).
long	Indica que um valor é um número inteiro de 64 bits.
native	Permite ao programador usar código escrito em outra linguagem (uma daquelas linguagens terríveis que não são a Java).
new	Cria um objeto de uma classe existente.
package	Insere o código em um pacote — uma coleção de definições logicamente relacionadas.
private	Indica que uma variável ou método pode ser usado somente dentro de uma determinada classe.
protected	Indica que uma variável ou método pode ser usado em subclasses de outro pacote.
public	Indica que uma variável, classe ou método pode ser usado por qualquer outro código Java.
return	Termina a execução de um método e pode retornar um valor para o código que chamou.
short	Indica que um valor é um número inteiro de 16 bits.
static	Indica que uma variável ou método pertence a uma classe, ao invés de qualquer objeto criado daquela classe.
strictfp	Limita a capacidade do computador de representar números extra grandes ou extra pequenos quando o computador realiza cálculos intermediários com valores **float** e **double**.
super	Refere-se à superclasse do código em que a palavra *super* aparece.
switch	Diz ao computador para seguir um dos muitos caminhos de execução possíveis (um dos muitos cases possíveis), dependendo do valor de uma expressão.
synchronized	Evita que duas threads interfiram uma na outra.
this	Uma autorreferência — refere-se ao objeto em que a palavra *this* aparece.
throw	Cria um novo objeto de exceção e indica que uma situação excepcional (geralmente algo não desejado) ocorreu.
throws	Indica que o método ou construtor pode passar a responsabilidade quando uma exceção é lançada.
transient	Indica que, se e quando um objeto é serializado, o valor de uma variável não precisa ser armazenado.
try	Introduz declarações que são observadas (durante a execução) em busca de coisas que possam dar errado.
void	Indica que o método não retorna um valor.
volatile	Impõe regras rígidas sobre o uso da variável por mais de uma thread de uma vez.
while	Repete algumas declarações várias vezes (enquanto uma condição ainda for verdadeira).

Para Leigos: A série de livros para iniciantes que mais vende no Mundo.

Java

PARA
LEIGOS®

Tradução da 5ª Edição

Java

PARA

LEIGOS®

Tradução da 5ª Edição

por Barry Burd

ALTA BOOKS
EDITORA

Rio de Janeiro, 2013

Produção Editorial Editora Alta Books	**Supervisão Gráfica** Angel Cabeza	**Conselho de Qualidade Editorial**	**Design Editorial** Bruna Serrano	**Marketing e Promoção** Daniel Schilklaper
Gerência Editorial Anderson Vieira	**Supervisão de Qualidade Editorial** Sergio Luiz de Souza	Anderson Vieira Angel Cabeza Danilo Moura Jaciara Lima	Iuri Santos Marco Aurélio Silva	marketing@altabooks.com.br
Editoria Para Leigos Daniel Siqueira	**Supervisão de Texto** Jaciara Lima	Natália Gonçalves Sergio Luiz de Souza		
Equipe Editorial	Brenda Ramalho Claudia Braga Cristiane Santos Evellyn Pacheco	Juliana de Paulo Juliana Larissa Xavier Licia Oliveira Livia Brazil	Marcelo Vieira Milena Souza Paulo Camerino Thiê Alves	Vanessa Gomes Vinicius Damasceno
Tradução Wendy Campos	**Copidesque** Marcus Victor P. Martins	**Revisão Técnica** Cristiano Pereira Muniz *Bacharel em Sistemas de Informação pela UNIRIO*	**Revisão Gramatical** Mª da Conceição de Paulo Joris Bianca	**Diagramação** Gabriela Ramos

Dados Internacionais de Catalogação na Publicação (CIP)

B949j Burd, Barry.
     Java para leigos / por Barry Burd. – Rio de Janeiro, RJ : Alta Books, 2013.
     424 p. : il. ; 24 cm. – (Para leigos)

     Inclui índice.
     Tradução de: Java for Dummies (5. ed.).
     ISBN 978-85-7608-801-1

     1. Java (Linguagem de programação de computador). 2. Programação orientada a objetos (Computação). I. Título. II. Série.

          CDU 004.438Java
          CDD 005.13

Índice para catálogo sistemático:
1. Linguagem de programação de computador : Java   004.438Java

(Bibliotecária responsável: Sabrina Leal Araujo – CRB 10/1507)

Rua Viúva Cláudio, 291 – Bairro Industrial do Jacaré
CEP: 20970-031 – Rio de Janeiro – Tels.: 21 3278-8069/8419 Fax: 21 3277-1253
www.altabooks.com.br – e-mail: altabooks@altabooks.com.br
www.facebook.com/altabooks – www.twitter.com/alta_books

ALTA BOOKS
E D I T O R A

Sobre o Autor

Barry Burd é mestre em Ciência da Computação pela Rutgers University e Ph.D em Matemática pela University of Illinois. Como assistente docente em Champaign-Urbana, Illinois, foi eleito cinco vezes pelos seus alunos para o Ranking de excelentes professores.

Desde 1980, Dr. Burd é professor do Departamento de Matemática e Ciência da Computação na Drew University em Madison, Nova Jérsey. Quando não está lecionando, coordena cursos de treinamento para programadores profissionais na área de comércio e indústria. Já proferiu suas palestras em conferências nos Estados Unidos da América, Europa, Austrália e Ásia. É autor de diversos artigos e livros, incluindo *Android Application Development All-in-One For Dummies* e *Começando a Programar em Java Para Leigos, Tradução da 3ª Edição* (Alta Books, 2013).

Dr. Burd mora em Madison, Nova Jersey, com a esposa e dois filhos. Em seu tempo livre, gosta de ser um workaholic.

Dedicatória

para

Jennie, Sam e Harriet,

Jennie e Benjamin, Katie e Abram

e Basheva

Agradecimentos do Autor

Quando perguntado sobre seus talentos, Siddhartha respondeu: "Posso pensar. Posso esperar. Posso jejuar". Saber esperar é uma das três mais importantes virtudes. Com isso em mente quero agradecer a Mary Bednarek, Andy Cummings, Katie Feltman, Paul Levesque, Virginia Sanders e Brian Walls pela paciência inesgotável durante a criação desta edição.

Sumário Resumido

Sumário

Parte II: Escrevendo Seus Próprios Programas Java 61

Capítulo 4: Extraindo o Máximo das Variáveis e Seus Valores 63

Capítulo 5: Controlando o Fluxo do Programa com Declarações de Tomada de Decisão 93

Parte IV: Técnicas Java Avançadas 217

Introdução

● ●

O Java é uma coisa boa. Venho utilizando-o por anos. Gosto dele, pois é muito organizado. Quase tudo nele segue regras simples. Elas podem até nos intimidar a princípio, mas este livro está aqui para ajudá-lo a entendê-las. Então, se quer usar Java e procura uma alternativa para todos aqueles manuais técnicos tradicionais, sente-se, relaxe e leia *Java Para Leigos, Tradução da 5ª Edição.*

Como Usar Este Livro

Gostaria de poder dizer: "Abra o livro em uma página aleatória e comece a escrever código Java. Apenas preencha as lacunas e não olhe para trás". De certo modo, isso é verdade. Não pode fazer mal algum escrever um código Java, então, fique à vontade para experimentar.

Mas vamos ser sinceros. Se não conseguirmos entender o quadro geral, escrever um programa será difícil. E isso acontece com qualquer linguagem de programação — não apenas Java. Se estivermos digitando um código sem saber do que se trata e ele não fizer exatamente o que queremos que faça, simplesmente não conseguiremos continuar.

Então, neste livro, divido a programação Java em porções manejáveis. Cada uma é (mais ou menos) um Capítulo. Você pode começar por onde quiser — Capítulo 5, 10 ou qualquer outro. Pode até começar a bisbilhotar pelo meio do Capítulo. Tentei tornar os exemplos interessantes, sem que um Capítulo dependa de outro. Quando utilizo uma ideia importante de outro Capítulo, insiro uma anotação para ajudá-lo a se encontrar.

De modo geral, meu conselho é o seguinte:

- ✔ Se já conhece o tema, não se preocupe em lê-lo.
- ✔ Se é curioso, não tenha medo de dar uma espiadinha mais adiante. Você sempre pode dar uma olhadinha em um capítulo anterior se realmente precisar.

Convenções Usadas Neste Livro

Quase todos livros técnicos começam com um pequena legenda de tipos e estilos de fonte, e *Java Para Leigos, Tradução da 5ª Edição*, não é exceção. A seguir temos uma breve explanação sobre os tipos de fonte utilizadas neste livro:

- Novos termos são escritos em *itálico*.

- Se você precisa digitar algo que está misturado no texto normal, estes caracteres aparecerão em negrito. Por exemplo: "Digite **MyNewProject** no próximo campo".

- Você ainda verá esta fonte `courier new`. Eu a utilizo para o código Java, nome de arquivos, endereços de páginas da web (URLs), mensagens na tela e outras coisas do gênero. Caso precise digitar algo muito longo, o texto aparecerá em courier new em uma linha separada (ou linhas).

- Algumas coisas precisarão ser trocadas quando as digitar no seu teclado. Por exemplo, posso pedir que você digite

```
public class QualquerNome
```

o que significa que você deverá digitar **public class** e então algum nome que você mesmo irá inventar. Palavras que precisam ser substituídas por suas próprias palavras aparecerão em `courier new em itálico`.

Só de Passagem

Comece a ler o primeiro capítulo ou tópico que contenha um assunto que já conhece. Se, assim como eu, odeia tomar decisões, observe as seguintes diretrizes:

- Se já sabe que tipo de bicho é Java e sabe que quer usá-lo, pule o Capítulo 1 e vá direto para o 2. Pode acreditar, não vou ficar chateado.

- Se já sabe como fazer programas Java rodarem e não se importa com o que acontece nos bastidores, pule o Capítulo 2 e comece pelo 3.

- Se já escreve programas profissionalmente, mas usa qualquer linguagem que não seja C ou C++, comece pelo Capítulo 2 ou 3. Quando chegar no Capítulo 5 ou 6, provavelmente os achará muito fáceis. Ao chegar no Capítulo 7 é hora de se aprofundar.

- Se escreve programas em C (mas não em C++) profissionalmente, comece pelos Capítulos 2, 3 ou 4 e dê uma olhada mais superficial nos Capítulos 5 e 6.

- Se escreve programas em C++ profissionalmente, dê somente uma olhada nos Capítulos 2 a 6 e comece a ler seriamente a partir do Capítulo 7 (Java difere levemente de C++ na maneira em que manipula classes e objetos).

- Se escreve código em Java profissionalmente, venha à minha casa e me ajude a escrever o *Java Para Leigos, 6ª Edição*.

Se quiser pular boxes cinza e ícones Papo de Especialista, tudo bem. Na verdade, sinta-se à vontade para pular qualquer parte.

Penso que...

Neste livro, penso algumas coisas sobre você, leitor. Se uma destas presunções estiver equivocada, tudo bem. Se todas estiverem erradas... bem, compre o livro do mesmo jeito.

- **Penso que tem acesso a um computador.** Aqui vem a boa notícia: o código deste livro pode ser executado em quase qualquer computador. Os únicos computadores onde não conseguirá executá-los são as antiguidades, com mais de 10 anos de idade (mais ou menos).

- **Penso que consegue navegar pelos menus comuns e caixas de diálogo de seu computador.** Você não precisa ser usuário avançado de Windows, UNIX ou Macintosh, mas deve ser capaz de iniciar um programa, encontrar um arquivo, inserir um arquivo em determinado diretório, esse tipo de coisa. Na maioria das vezes, quando praticar o que aprender neste livro, digitará o código no seu teclado ao invés de apontar e clicar o mouse

  Nas raras ocasiões em que precisará arrastar e soltar, cortar e colar ou plugar alguma coisa, terá todas as orientações passo a passo. Muito embora o seu computador possa estar configurado de um bilhão de formas diferentes e minhas instruções possam, nem sempre, ser as mais adequadas à sua situação em especial. Então, quando chegar a uma dessas tarefas específicas para determinada plataforma, tente seguir os passos indicados no livro. Se os passos não funcionarem, consulte um livro com instruções específicas para seu sistema.

- **Penso que é capaz de um raciocínio lógico.** Isso é tudo que requer a programação em Java — pensar logicamente. Se é capaz de fazer isto, vai se dar bem. Se não se acha capaz de pensar logicamente, continue lendo. Poderá ter uma agradável surpresa.

✔ **Penso pouquíssimas coisas sobre sua experiência com a programação de computadores (ou a falta dela).** Ao escrever este livro, tentei o impossível. Tentei fazer um livro interessante para programadores experientes e ainda assim acessível para pessoas com pouca ou nenhuma experiência em programação. Isto significa que não presumo nenhuma experiência em especial de sua parte. Se você nunca criou um loop (laço) ou indexou um array, tudo bem.

Por outro lado, se já realizou estas tarefas (talvez em Visual Basic, COBOL ou C++), descobrirá algumas mudanças interessantes no Java. Os desenvolvedores do Java pegaram as melhores ideias na linguagem de programação orientada a objeto, aperfeiçoaram, reelaboraram e reorganizaram-nas em um modo poderoso e direto de pensar nos problemas. Você encontrará muitas ideias novas e instigantes em Java. À medida que for descobrindo essas características, muitas delas lhe parecerão muito naturais. De qualquer modo, gostará de usar Java.

Como Este Livro Está Organizado

Este livro é dividido em temas, agrupados em tópicos, que formam capítulos, que são agrupados, por fim, em cinco partes (quando escrevemos um livro, passamos a entender muito bem a sua estrutura. Depois de meses escrevendo, acabamos sonhando com os tópicos e capítulos à noite). Estas partes são elencadas a seguir:

Parte I: Começando

Esta parte é um conjunto de informações básicas completo sobre Java. Ela inclui assuntos como: "O que é Java?" e um capítulo "de partida rápida" — o Capítulo 3, onde veremos ideias técnicas importantes e dissecamos um programa simples.

Parte II: Escrevendo Seus Próprios Programas Java

Os Capítulos 4, 5 e 6 abrangem as noções básicas. Estes capítulos descrevem o que precisamos saber para deixar seu computador tinindo. Se você já escreveu programas em Visual Basic, C++ ou qualquer outra linguagem, pode já estar familiarizado com alguns trechos da Parte II. Você pode então pular algumas seções ou lê-las superficialmente, mas não leia muito rápido. Java é um pouco diferente de outras linguagens de programação, em especial nos quesitos que descrevo no Capítulo 4.

Parte III: Trabalhando com o Quadro Geral: Programação Orientada a Objeto

A Parte III contém os meus capítulos favoritos. Ela abrange os tópicos indispensáveis da programação orientada a objeto. Nestes capítulos, você descobrirá como mapear as soluções para os grandes problemas (lógico que os exemplos deste capítulo não são grandes, mas envolvem grandes ideias). Com incrementos valiosos, descobrirá como projetar e reutilizar classes e construir objetos.

Você já leu algum desses livros que explicam a programação orientada a objeto, por alto, em termos gerais? Tenho muito orgulho que *Java Para Leigos*, *Tradução da 5ª Edição*, não seja assim. Neste livro, ilustro cada conceito com um programa simples, mas concreto.

Parte IV: Técnicas Java Avançadas

Se já experimentou Java e quer mais, é aqui que encontrará tudo de que precisa. Os capítulos desta parte são dedicados aos detalhes — as coisas que não vemos à primeira vista. Então, depois de ler as partes anteriores e escrever alguns programas sozinho, poderá se aprofundar um pouco mais lendo a Parte IV.

Parte V: A Parte dos Dez

A Parte dos Dez é uma pequena loja de guloseimas Java. Aqui, você encontrará listas — para evitar erros, encontrar recursos e para todos os tipos de "doces" interessantes.

Ícones Usados Neste Livro

Ao escrever este livro, sentei em meu computador e falei sozinho. Repeti todas as frases em minha cabeça. Algumas delas, várias vezes. Quando tinha alguma ideia nova, um comentário ou algo que não pertence à sequência normal do texto, virava minha cabeça para o lado, assim, quem estivesse me ouvindo (geralmente, ninguém) saberia que estava me desviando momentaneamente do assunto.

Como no livro não é possível visualizar este gesto, preciso de outro meio de inserir esses comentários. Faço isso através dos ícones. Quando aparecerem os ícones Dica ou Lembre-se, saberá que se trata de um desvio no roteiro.

Vejamos a seguir os ícones usados neste livro.

Uma dica é uma informação extra — algo útil que os outros livros podem esquecer de dizer.

Todo mundo comete erros. Deus sabe que também já cometi os meus. De qualquer forma, quando acho que o assunto tende a causar confusão, eles aparecem marcados com um ícone Cuidado!

Pergunta: O que é mais importante do que um ícone Dica, mas não tão importante quanto um ícone Cuidado!?

Resposta: Um ícone Lembre-se.

"Se não se lembra o que *isso-e-isso* significa, veja *isto-isto-e-isto*" ou "Para saber mais, veja *aquilo-aquilo-e-aquilo*".

Este ícone chama a atenção para materiais úteis que poderá encontrar online (não precisará esperar muito para ver um desses, aparece um logo no final desta introdução).

Eventualmente, passaremos por algumas notinhas técnicas. Elas podem ajudá-lo a entender o que as pessoas dos bastidores (os desenvolvedores do Java) estavam pensando. Não é imprescindível que você as leia, mas poderá achá-las bem úteis. Essas informações ainda serão úteis se pretender ler outros livros (mais técnicos) sobre Java.

De Lá para Cá, Daqui para Lá

Se você já chegou até aqui, está pronto para começar a ler sobre Java. Pense em mim (o autor) como seu guia, seu anfitrião, seu assistente pessoal. Faço tudo para manter as coisas interessantes e, mais importante, ajudá-lo a entendê-las.

 Se gostou do que leu, mande-me seus comentários. Meu endereço de e-mail, criado especialmente para comentários e sugestões sobre este livro, é `javafordummies@allmycode.com`. E não esqueça o site do livro (com conteúdos em inglês): `www.allmaycode.com/javafordummies` ou `www.dummies.com/go/javafordummies5e`.

Parte I
Começando

Arthur substituiu seu mousepad por uma tábua Ouija sem querer. Pelo resto do dia recebeu mensagens do além.

VOCÊ ESQUECERÁ SUA SENHA. SEU HD VAI DAR PAU. AHAHAHAHA

Nesta parte...

Familiarize-se com o Java. Descubra o que é Java e se quer (ou não) utilizá-lo. Se já ouviu coisas sobre Java e não está certo do que elas significam, o conteúdo desta parte vai ajudá-lo. Se está olhando para seu computador, imaginando como fazer para executar um programa Java, esta parte tem tudo de que precisa. Talvez tenha se gabado por aí de ser um especialista em Java e agora precise bancar a mentira. Se é este o caso, esta parte do livro é seu curso rápido sobre Java (é claro que se a palavra *mentira* tem tudo a ver com você, talvez seja bom dar uma olhadinha em um livro sobre ética).

Capítulo 1

Tudo sobre o Java

Diga o que quiser sobre computadores. Pelo que sei, eles são bons por duas razões muito simples:

✔ **Quando computadores trabalham, não oferecem resistência, não sofrem estresse, tédio ou cansaço.** Eles são nossos escravos eletrônicos. O meu trabalha vinte e quatro horas por dia, sete dias por semana fazendo cálculos para SETI@home — a busca por inteligência extraterrestre. Sinto pena dele por trabalhar tanto? Ele reclama? Vai me denunciar ao Ministério do Trabalho? Não.

Posso fazer exigências, dar-lhe ordens e estalar o chicote. Sinto (ou deveria sentir) ao menos um pouco de culpa? Nem um pouco.

✔ **Computadores movimentam ideias e não papéis.** Há não muito tempo, quando queríamos enviar uma mensagem para alguém, contratávamos um mensageiro. Ele montava em seu cavalo e entregava a mensagem pessoalmente. Ela era em papel, pergaminho, tábua de argila ou qualquer outro meio físico disponível na época.

Todo esse processo parece dispendioso agora, mas somente porque você e eu estamos confortavelmente instalados na era eletrônica. Mensagens são ideias, e coisas materiais como tinta, papel e cavalos têm pouco ou nada a ver com ideias reais. Elas simplesmente as transportam temporariamente (mesmo quando são transportadas por diversos séculos). Além disso, as ideias em si não possuem papel, cavalos e mensageiros.

Um aspecto claro sobre os computadores é que eles transportam ideias com eficiência. Carregam nada mais que ideias, alguns fótons e um pouco de energia elétrica. E fazem isso sem confusão, sem barulho e sem qualquer bagagem física adicional.

Quando começamos a lidar com ideias de modo eficiente, algo muito bom acontece. De repente, todo o excesso desaparece. Ao invés de trabalharmos com papéis e árvores, trabalhamos com números e conceitos. Sem esse excesso de bagagem, podemos fazer coisas muito mais complexas de forma muito mais rápida.

O que Podemos Fazer com Java

Seria muito bom se toda essa complexidade fosse de graça, mas infelizmente, não é. Alguém teve que pensar muito e decidir exatamente o que pedir para que o computador o faça. Depois de muito pensar, alguém teve que escrever um conjunto de instruções para que o computador as siga.

Considerando o estado atual das coisas, não podemos escrever essas instruções em português ou qualquer outro idioma. A ficção científica é repleta de histórias sobre pessoas pedindo coisas simples para um robô e obtendo resultados desastrosos e inesperados. A língua portuguesa, assim como outros idiomas, não se prestam à comunicação com computadores, por inúmeras razões:

- **Uma frase em português pode ser mal interpretada.** "Mastigue um tablete três vezes ao dia até que termine."

- **É difícil elaborar um comando muito complexo em português.** "Junte a borda A com a saliência B, certificando-se de conectar somente a beirada externa da borda A na porção maior da saliência B, enquanto junta o meio e as beiradas internas da borda A ao anel C."

- **Uma frase em português contém muita bagagem extra.** "Sentenças têm palavras desnecessárias."

- **Português é difícil de ser interpretado.** "Como parte deste Contrato de Publicação entre Editora Alta Books (Alta Books) e o Autor (Barry Burd), a Alta Books compromete-se a pagar o valor de R$ 1.257,63 (um mil duzentos e cinquenta e sete reais e sessenta e três centavos) para o Autor pela entrega parcial de *Java Para Leigos, Tradução da 5ª edição* (a Obra)."

Para dizer a um computador o que fazer, temos que falar em uma linguagem especial e escrever instruções sucintas e sem ambiguidades. Esse tipo de linguagem especial é chamada de *linguagem de programação de computadores*. O conjunto de instruções escrito em tal linguagem é chamado de programa. Quando analisadas como um grande conjunto, são chamadas de software ou código. Observe como são esses códigos escritos em Java:

```
class PayBarry {
    public static void main(String args[]) {

        double checkAmount = 1257.63;
        System.out.print("Pay to the order of ");
        System.out.print("Dr. Barry Burd ");
        System.out.print("$");
        System.out.println(checkAmount);
    }
}
```

Por que Devemos Usar Java

É hora de comemorar! Você comprou um exemplar de *Java Para Leigos*, *Tradução da 5ª Edição*, e está lendo o Capítulo 1. Neste ritmo, você se tornará um especialista em programação Java muito rápido, então comemore seu sucesso com uma grande festa.

Para preparar a festa, farei um bolo. Sou preguiçoso, então usarei uma mistura para bolos pronta. Deixe-me ver, adicionarei água, manteiga e ovos... Ei, espere! Acabei de ler a lista de ingredientes. O que é MSG? E propilenoglicol? Isto é usado em anticongelante, não é?

Mudo os planos e resolvo fazer o bolo sozinho. É claro que é muito mais difícil. Mas desta maneira conseguirei fazer exatamente o que quero.

Programas de computador funcionam da mesma maneira. Podemos usar o de outra pessoa ou construir o nosso. Se usarmos o programa feito por outra pessoa, temos que nos ater ao que ele oferece. Quando escrevemos o nosso próprio programa, podemos construí-lo para atender especificamente às nossas necessidades.

Escrever códigos de computação é um negócio mundial e gigantesco. Empresas, profissionais autônomos, amadores apaixonados, todos os tipos de pessoas fazem isso. Uma grande empresa, geralmente, tem equipes, departamentos e divisões para elaborarem seus programas. Podemos elaborá-los para uso próprio ou de terceiros, profissionalmente ou por diversão. Em recente estimativa, o número de linhas de código escritas diariamente por programadores somente nos Estados Unidos da América é maior do que o número de moléculas de metano existentes no planeta Júpiter (inventei este fato!). Quase tudo que pode ser feito com um computador poderá ser feito por um programa escrito por você, desde que disponha de tempo suficiente ("tempo suficiente", é claro, pode significar muito tempo, mas este não é ponto da questão. Muitos programas úteis e interessantes podem ser escritos em horas ou até mesmo em minutos).

Ganhando Perspectiva: Onde o Java se Encaixa

A seguir, veremos uma breve história da programação de computadores moderna:

- **1954-1957: A FORTRAN é desenvolvida.**

  A FORTRAN foi a primeira linguagem de programação moderna. Para a programação científica, a FORTRAN é uma verdadeira vencedora. Ano após ano, ela é a linguagem líder entre os programadores de computador ao redor do mundo.

- **1959: A COBOL é criada.**

  A letra B na palavra COBOL significa business, que quer dizer negócio em inglês, que é exatamente do que se trata a COBOL. O atributo principal desta linguagem é o processamento de registros, clientes ou empregados, um após o outro.

  Poucos anos após seu desenvolvimento inicial, a COBOL se tornou a linguagem mais amplamente utilizada para processamento de dados comerciais. Mesmo nos dias de hoje, ela representa uma grande parte da indústria de programação de computadores.

- **1972: Dennis Ritchie na AT&T Bell Labs desenvolve a linguagem de programação C.**

  A aparência utilizada nos exemplos deste livro vem da linguagem C. O código escrito em C usa chaves, proposições if e for e assim por diante.

  Em termos de capacidade, podemos usar C para resolver os mesmos problemas que resolveríamos com a FORTRAN, Java ou qualquer outra linguagem de programação moderna (podemos escrever um programa de cálculo científico em COBOL, mas algumas coisas ficariam muito esquisitas). A diferença entre linguagens de programação não é a sua capacidade. A distinção está na facilidade e adequação de uso. É aqui que a linguagem Java se sobressai.

- **1986: Bjarne Stroustrup (de novo na AT&T Bell Labs) desenvolve a C++.**

  Diferente de sua ancestral C, a linguagem C++ comporta a programação orientada a objeto. Isto significa um grande avanço (veja o próximo tópico deste capítulo).

- **23 de maio de 1995: A Sun Microsystems lança sua primeira versão oficial da linguagem de programação Java.**

  O Java aperfeiçoa os conceitos da C++. Sua filosofia "Escreva Uma Vez e Execute Onde Quiser" torna esta linguagem ideal para a dissipação de códigos pela internet.

Além disso, o Java é excelente para linguagem de programação de uso geral. Com ela, podemos escrever aplicativos em janelas, construir e explorar base de dados, controlar dispositivos portáteis e muito mais. Em apenas cinco anos, a linguagem Java teve 2,5 milhões de desenvolvedores mundo afora (eu sei, tenho uma camiseta comemorativa para provar isto).

✔ **Novembro de 2000: O Conselho de Educação anuncia que, a partir de 2003, os exames de Nivelamento de Ciência da Computação Avançada serão baseados em Java.**

Quer saber o que o garoto petulante do seu bairro está aprendendo no Ensino Médio? Adivinhou, Java!

✔ **2002: A Microsoft apresenta uma nova linguagem chamada C#.**

Muitos dos atributos da linguagem C# vêm diretamente do Java.

✔ **Junho de 2004: A Sys-Con Media informa que a demanda por programadores de Java é 50% maior do que por programadores de C++.**

E tem mais! A demanda para programadores de Java supera a soma da procura por programadores de C++ e C# em 8%. Há 190% mais chances de conseguir emprego para os programadores de Java do que de VB (Visual Basic).

✔ **Janeiro de 2010: A Oracle Corporation compra a Sun Microsystems, incorporando a tecnologia Java à família de produtos da Oracle.**

✔ **Junho de 2010: A eWeek classifica o Java entre as "Dez Melhores Linguagens de Programação para Manter Você Empregado". ****

✔ **Maio de 2011: O Java roda em mais de 1,1 bilhão de computadores de mesa.*****

O Java roda em 3 bilhões de telefones celulares.**** A tecnologia Java fornece capacidade interativa a todos os dispositivos Blu-ray. É a linguagem de programação mais popular no Índice da Comunidade de Programação TIOBE*****.

Estou impressionado.

---

* Fonte: java.sys-con.com/node/48507

** Fonte: www.eweek.com/c/a/Application-Development/Top-10-Programming-Languages-to-Keep-You-Employed-719257/

*** Fonte: java.com/en/about/

**** Fonte: java.com/en/about/

***** Fonte: www.tiobe.com/index.php/content/paperinfo/tpci/

Programação Orientada a Objeto (OOP — Sigla em Inglês)

São três horas da manhã. Estou sonhando com minha reprovação no curso de História do Ensino Médio. O professor está me dizendo: "Você tem dois dias para estudar para o exame final, mas não vai lembrar de estudar. Vai esquecer e se sentir culpado, culpado, culpado!".

De repente, o telefone toca. Acordo repentinamente de um sono profundo (claro que não gosto de sonhar com um exame de História, mas gosto ainda menos de ser acordado). Primeiro, derrubo o telefone no chão. Depois de tatear até encontrá-lo, emito um grunhido: "Alô, quem é?". Uma voz responde: "Sou repórter do The New York Times. Estou escrevendo um artigo sobre Java e preciso saber tudo sobre essa linguagem de programação em cinco palavras ou menos. Pode me explicar?".

Minha cabeça está muito confusa. Não consigo pensar. Então, digo a primeira coisa que me vem à cabeça e volto a dormir.

Amanhece e mal consigo me lembrar da conversa com o repórter. Na verdade, não me lembro o que respondi. Será que disse a ele onde devia colocar seu artigo sobre Java?

Coloco meu robe e corro para a porta da frente. Enquanto pego o jornal, vejo de relance a seguinte manchete na capa:

Burd chama o Java de:
"Uma Excelente Linguagem Orientada a Objetos".

Linguagens orientadas a objetos

O Java é orientado a objetos. O que isso significa? Diferente de outras linguagens, tal como a FORTRAN, que foca nos comandos do tipo "Faça isso/Faça aquilo", as orientadas a objetos enfocam os dados. É lógico que programas orientados a objetos também dizem ao computador o que fazer. No entanto, começam organizando os dados, os comandos vêm depois.

As linguagens orientadas a objetos são melhores do que as do tipo "Faça isto/ Faça aquilo", porque organizam os dados de forma a nos auxiliar a fazer o que quisermos com eles. Para modificar os dados, podemos construir a partir daquilo que já temos, ao invés de apagar tudo que fizemos e começar de novo quando quisermos fazer algo novo. Embora os programadores de computador sejam, em geral, inteligentes, levaram um certo tempo para descobrir isso. Para uma aula completa da história, veja o box "O longo caminho entre a FORTRAN até o Java" (mas não o farei se sentir culpado se não o fizer).

O longo caminho entre a FORTRAN e o Java

Em meados de 1950, um grupo de pessoas criou a linguagem de programação chamada FORTRAN. Era boa, mas era baseada na ideia de emitir comandos diretos, imperativos para o computador. "Faça isto. E, então, faça aquilo." (Claro que os comandos reais da FORTRAN eram muito mais precisos que do que apenas "Faça isto" ou "Faça aquilo".)

Nos anos seguintes, equipes desenvolveram muitas outras linguagens de computador e várias delas copiavam o modelo de comandos da FORTRAN. Uma das mais conhecidas foi a linguagem *C*. É claro que o campo do "Faça isto/Faça aquilo" tem alguns desertores. Nas linguagens chamadas SIMULA e Smalltalk, os programadores passaram os comandos imperativos para segundo plano e se concentraram na descrição dos dados. Nessas linguagens, não dizemos: "Imprima uma lista de contas inadimplentes". Ao invés disso, começamos dizendo: "É isso que significa ser uma conta. Uma conta tem um nome e um saldo". Então dizemos: "É assim que você pergunta a uma conta se ela está inadimplente. De repente, os dados se tornam o centro". Uma conta era uma coisa com nome, saldo e um modo de identificar inadimplência.

As linguagens que enfocam primeiro os dados são chamadas de *linguagens de programação orientada a objetos* e são excelentes ferramentas de programação. Vejamos por quê:

✔ Pensar primeiro nos dados é o que nos faz sermos bons programadores de computador.

✔ Podemos estender e reutilizar as descrições de dados diversas vezes. Quando tentamos ensinar aos velhos programas FORTRAN novos truques, entretanto, eles nos mostram como são frágeis e quebram.

Na década de 70, as linguagens orientadas a objetos, tais como SIMULA e Smalltalk, foram esquecidas nos artigos das revistas de fãs de computação. Enquanto isso, as baseadas no velho modelo da FORTRAN multiplicavam-se como coelhos.

Então, em 1986, um colega chamado Bjarne Stroustrup criou uma linguagem denominada C++. Ela se tornou muito popular, pois misturava a antiga terminologia C e a aperfeiçoada estrutura orientada a objetos. Muitas empresas abandonaram o antigo estilo de programação FORTRAN/C e adotaram a C++ como padrão.

Mas ela tinha uma falha. Usando a C++ era possível contornar todos os atributos orientados a objetos e escrever um programa usando o antigo estilo de programação FORTRAN/C. Ao escrever um programa de contabilidade em C++, era possível tomar dois caminhos distintos:

✔ Podíamos começar emitindo comandos diretos do tipo "Faça isto" para o computador, dizendo o equivalente matemático de "Imprima uma lista de contas inadimplentes e rápido".

✔ Podemos optar pela abordagem orientada a objetos e começar pela descrição do que significa ser uma conta.

Alguns dizem que a C++ oferece o melhor de dois mundos, mas outros rebatem, dizendo que o primeiro mundo (FORTRAN/C) não devia fazer parte da programação moderna. Se dermos uma oportunidade para um programador escrever um código em qualquer das duas formas, em geral ele vai escolher a forma errada.

Então, em 1995, James Gosling da Sun Micro--systems criou a linguagem chamada *Java*. Para criá-la, Gosling tomou emprestada a interface da C++, mas jogou fora todos os atributos de comandos "Faça isto/Faça aquilo". Então, acrescentou atributos que tornaram o desenvolvimento dos objetos mais suaves e fáceis. Em suma, Gosling criou uma linguagem cuja filosofia orientada a objetos é pura e limpa. Quando programamos em Java, não há opção a não ser trabalhar com os objetos. É assim que deve ser.

Objetos e suas classes

Em uma linguagem orientada a objetos, usamos objetos e classes para organizar os dados.

Imagine que está escrevendo um programa para acompanhar o desenvolvimento de um novo condomínio (ainda em construção). As casas têm apenas pequenas diferenças entre si. Cada uma tem uma cor específica na lateral, uma cor na parte interna, um estilo de armários de cozinha e assim por diante. Em seu programa orientado a objetos, cada casa é um objeto.

Mas objetos não são a história toda. Embora as casas tenham pequenas diferenças entre si, todas elas compartilham da mesma lista de características. Por exemplo, cada uma tem a característica chamada de cor lateral. Todas têm também outra, chamada de estilo do armário da cozinha. No seu programa orientado a objetos, precisará de uma lista contendo todas essas características que um objeto casa pode ter. Essa lista é chamada de classe.

Agora você já sabe. A programação orientada a objetos deveria se chamar "programação com classes e objetos".

Agora, note que coloquei a palavra classes primeiro. Como ousei fazer isso! Talvez eu não seja tão maluco. Pense novamente em um projeto habitacional em construção. Em algum lugar do terreno, em um velho trailer estacionado no chão de terra, está uma lista de características chamada de planta. Uma planta para um arquiteto é como uma classe orientada a objetos para um programador. Ela é a lista de características que cada casa terá. A planta diz: "lateral", o objeto casa real tem a lateral cinza. A planta diz: "armário da cozinha". O objeto casa real tem armários de cozinha, estilo Luís XIV.

A analogia não está apenas na lista de características. Existe outro importante paralelo entre as plantas e as classes. Um ano após ter criado a planta, você a utiliza para construir dez casas. O mesmo acontece com as classes e os objetos. Primeiro, o programador escreve o código para descrever uma classe. Então, quando um programa está em execução, o computador cria objetos a partir da (planta) classe.

Então, essa é a verdadeira relação entre classes e objetos. O programador define a classe e, a partir de sua definição, o computador cria objetos individuais.

O que há de bom na linguagem orientada a objeto?

Com base na história do tópico anterior, da construção de casas, imagine que já escreveu um programa de computador para acompanhar as instruções para construção de casas em um novo empreendimento. Então, o chefe decide modificar o plano — onde metade das casas tem três quartos e a outra, quatro.

Se usar o antigo estilo de programação FORTRAN/C, as instruções serão assim:

```
Cave um fosso para o porão.
Deposite o concreto ao redor do fosso.
Coloque vigas nas laterais para a estrutura do porão.
...
```

Isso seria como se um arquiteto criasse uma longa lista de instruções, ao invés de uma planta. Para modificar o plano, teríamos que localizar as instruções para a construção dos quartos. Para piorar, as instruções poderiam estar distribuídas nas páginas 234, 397-410, 739, 10 e 2. Se o construtor tivesse que decifrar instruções complicadas feitas por outra pessoa, a tarefa seria dez vezes mais difícil.

Começar por uma classe, porém, é como partir de uma planta. Se quisermos ter casas de três e quatro quartos, podemos começar com uma planta chamada casa que contenha o piso térreo e o piso superior, mas nenhuma parede interna no superior. Então, fazemos mais duas plantas do piso superior — uma para a casa de três e outra para a de quatro quartos (denominamos estas novas plantas como "casa de três quartos e casa de quatro quartos").

Os construtores estão impressionados com o senso lógico e organização, mas também, preocupados. E perguntam: "Uma das plantas se chama 'casa de três quartos'. Como isso é possível se a planta para o piso superior não é da casa toda?".

Sorrindo, respondemos: "A planta da casa de três quartos pode dizer que, para as informações sobre o piso térreo, deve ser considerada a planta original. Desta forma, a planta do piso superior descreverá uma casa inteira, e isso vale para a de quatro quartos. Com essa configuração, podemos usar todo o trabalho já feito para criar a planta da casa original e economizar muito dinheiro".

Na linguagem da programação orientada a objetos, as classes das casas de três e quatro quartos estão herdando características da classe da casa original. Podemos dizer ainda que as classes das casas de três e quatro quartos estão estendendo a classe casa original (veja a Figura 1-1).

A classe casa original é chamada de superclasse daquelas de casas de três e quatro quartos. Em outras palavras, a classe da casa original é a classe mãe das outras duas, que são chamadas de classes filhas da primeira (veja a Figura 1-1).

É desnecessário dizer que os construtores estão, agora, com inveja. Uma multidão de construtores de casas quer saber mais sobre essas excelentes ideias. E, então, jogamos mais uma bomba: "criando uma classe com subclasses, podemos reutilizar a planta no futuro. Se quisermos construir uma casa de cinco quartos, podemos estender a planta original elaborando uma nova planta de cinco quartos. Nunca mais teremos que gastar dinheiro para uma planta de casa original de novo".

"Mas o que acontece se alguém quiser um projeto diferente do piso térreo?", pergunta um deles; "teremos que jogar a planta original fora e começar a desenhá-la novamente? Isto custará caro, não?".

Com confiança, respondemos: "Não teremos que mexer na planta original. Se alguém quiser uma Jacuzzi no meio da sala, basta desenhar uma pequena planta descrevendo onde ela será construída e denominá-la planta da casa com Jacuzzi na sala de estar. Então, a nova planta poderá fazer referência à original para as informações do resto da casa (a parte que não está na sala)". Na linguagem da programação orientada a objetos, a planta da casa com jacuzzi na sala de estar também estende a original. Na verdade, toda a terminologia de superclasse, classe mãe e classe filha ainda se aplica. A única coisa de novo é que a planta da Jacuzzi se sobrepõe aos atributos da sala de estar da planta original.

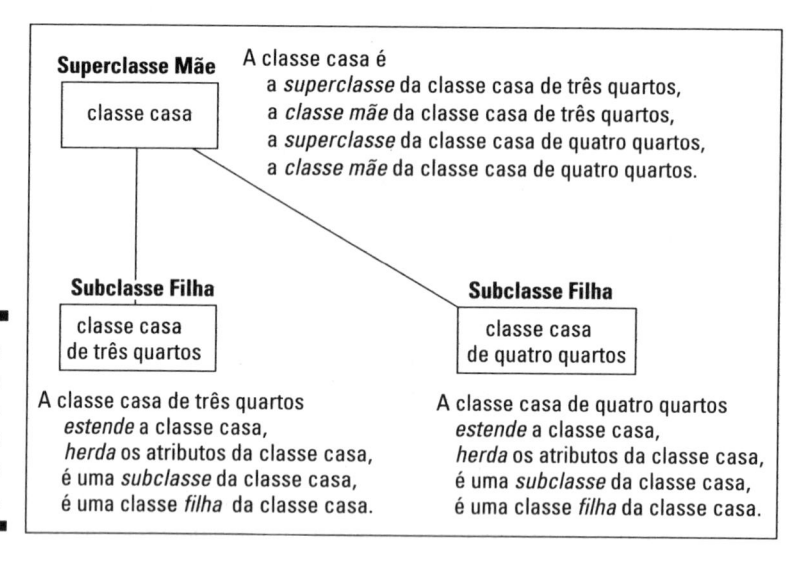

Figura 1-1: Terminologia na programação orientada a objeto.

Antes das linguagens orientadas a objetos, o mundo da programação passou por uma crise no desenvolvimento de software. Os programadores escreviam códigos e, então, descobriam novas necessidades e tinham que jogar tudo fora e recomeçar do zero. Isso aconteceu inúmeras vezes, pois os códigos que eles escreviam não poderiam ser reutilizados. A programação orientada a objeto modificou tudo para melhor (e, como disse Burd, Java é "Uma Excelente Linguagem Orientada a Objetos").

Aprimorando seu entendimento de classes e objetos

Quando programamos em Java, trabalhamos constantemente com classes e objetos. Essas duas ideias são realmente muito importantes. É por isso que este capítulo traz uma série de analogias para ajudá-lo a entendê-las bem.

Feche os olhos por um minuto e pense sobre o que significa ser uma cadeira...

Uma cadeira tem um assento, um encosto e pernas. Cada assento tem uma cor, uma forma, um grau de maciez e assim por diante. Essas são as propriedades que a cadeira possui. O que acabei de descrever é o *conceito de cadeira* — a noção de algo como sendo uma cadeira. Em terminologia orientada a objetos, estou descrevendo a classe `Cadeira`.

Agora, dê uma espiada por cima do livro e observe a sala a sua volta (se não estiver em uma sala, finja).

Há várias cadeiras na sala e cada uma delas é um objeto. Cada um desses objetos é um exemplo da coisa etérea chamada classe `Cadeira`. É assim que funciona — a classe é o conceito de cadeira e cada cadeira é um objeto.

Uma classe não é bem uma coleção de coisas. Na verdade, a classe é a ideia por trás de certo tipo de coisa. Quando falamos sobre a classe de cadeiras em sua sala, estamos falando do fato de que toda cadeira tem pernas, assento, cor e assim por diante. As cores podem ser diferentes para cada uma delas, mas isso não importa. Quando falamos de uma classe de coisas, estamos enfocando nas propriedades que cada uma das coisas possui.

Faz sentido pensar em um objeto como sendo um exemplar concreto de uma classe. Na verdade, a terminologia oficial é consistente com essa ideia.

Se escrevemos um programa Java em que definimos uma classe Cadeira, cada cadeira real (a que estamos sentados, a cadeira vazia ao lado e assim por diante) é chamada de *instância* da classe Cadeira.

Vejamos um jeito diferente de pensar na classe. Imagine uma tabela mostrando suas três contas bancárias (veja a Tabela 1-1).

Tabela 1-1	Uma Tabela de Contas	
Número da Conta	**Tipo**	**Saldo**
16-13154-22864-7	Corrente	174,87
1011 1234 2122 0000	Crédito	-471,03
16-17238-13344-7	Poupança	247,38

Pense nos títulos das colunas como sendo uma classe e em cada linha da tabela sendo um objeto. O título da coluna descreve a classe Conta.

De acordo com o título da coluna da tabela, cada conta tem um número, um tipo e um saldo. Na Linguagem de programação orientada a objetos, cada objeto na classe Conta (isto é, cada exemplar da classe Conta) tem um número, um tipo e um saldo. Então, a última linha da tabela é um objeto com um número *16-17238-13344-7*. Este mesmo objeto é do tipo Poupança e tem o saldo de *247,38*. Se abrir uma nova conta, terá outro objeto e a tabela aumentará uma linha. O novo objeto seria uma instância da mesma classe Conta.

O que Vem Agora?

Este capítulo está repleto de descrições gerais das coisas. Elas são boas quando estamos começando mas não conseguimos realmente entender um assunto até conhecermos algo específico. É por isso que os próximos capítulos trabalham com as especificidades.

Por favor, continue. O próximo capítulo está ansioso para ser lido.

Capítulo 2

Tudo sobre Software

. . . .

Neste Capítulo

▶ Entendendo os papéis das ferramentas de desenvolvimento de software

▶ Escolhendo a versão Java certa para você

▶ Preparação para escrever e executar programas Java

. . . .

A melhor maneira de conhecer o Java é trabalhando com ele. Para isso, escrevemos, testamos e executamos nossos próprios programas Java. Este capítulo o prepara para elaborar Java, descrevendo a configuração *geral* do software — que devemos ter no computador, quer ele seja baseado em Windows, Mac, Linux ou Sistema Operacional Privado do João. Este capítulo *não* descreve instruções de configurações específicas para Windows, Mac ou qualquer outro sistema operacional.

Para instruções de configuração específicas para o seu sistema, visite o site do livro.

Instruções de Iniciação Básica

Se você é veterano nos computadores e na computação (seja lá o que isso signifique) e está muito ansioso para obter as instruções detalhadas do site deste livro, pode tentar instalar os softwares necessários, seguindo as instruções gerais deste tópico. As instruções funcionam em muitos computadores, mas não para todos. E este tópico não traz passos detalhados nem alternativas do tipo "se-acontecer-isto-faça-isto" e muito menos dicas do tipo "isto-funciona-mas-é-melhor-fazer-assado".

Para preparar o seu computador para escrever programas Java, siga os seguintes passos[1]:

> ✔ **Visite Java.com.**
>
> Siga as instruções em `http://java.com/pt_br` para baixar e instalar o Java.

---

[1] N.E.: Para fins de aprendizado, os comentários e alguns códigos no livro foram traduzidos. Contudo, os códigos disponíveis para download estão em inglês.

✔ **Se preferir, visite** `java.sun.com/javase/downloads/`.

Siga as instruções (em inglês) no site para baixar e instalar a documentação Java SE (também conhecidas como *Javadoc pages* ou *Java SE API Docs*).

✔ **Visite Eclipse.org.**

Siga as instruções (em inglês) em `http://eclipse.org/ downloads/` para baixar e instalar o Eclipse.

A página de download do Eclipse oferece pacotes diferentes, incluindo Eclipse Clássico, Eclipse para Java EE, Eclipse para JavaScript e outros. Para executar os exemplos do livro, você precisa de um pacote relativamente pequeno do Eclipse — o Eclipse IDE para Desenvolvedores de Java.

✔ **Teste o software instalado.**

- Inicie o Eclipse.
- No Eclipse, crie um novo projeto Java.
- Dentro do projeto Java, crie uma nova classe Java chamada *Displayer*.
- Edite o novo arquivo `Displayer.java` digitando o código da Listagem 3-1 (a primeira listagem de códigos no Capítulo 3). Digite o código no painel do editor do Eclipse.
- Execute o `Displayer.java` e observe se está aparecendo `Você vai amar Java!` Clique com o botão direito na classe, selecione Run As e, em seguida, Java Application.

É isso! Mas, lembre-se, nem todo mundo (gênio da computação ou não) consegue seguir essa instrução básica sem cometer erros. Então, existem algumas alternativas:

✔ **Visite o site deste livro (com conteúdo em inglês):**

Não use atalhos. Não tente as instruções de iniciação rápida deste tópico. Siga as instruções mais detalhadas que você encontrará em `www.allmycode.com/JavaForDummies`

✔ **Experimente as instruções de iniciação rápida deste tópico.**

Não custa nada tentar. Se instalar acidentalmente o software errado em seu computador, pode deixar ele lá (não terá que desinstalá-lo). Se não está certo se instalou o software corretamente, pode contar com as instruções detalhadas do site.

✔ **Envie-me suas perguntas através do endereço** `JavaForDummies@allmycode.com`

Gosto de receber e-mails de meus leitores.

O que Instalar no Seu Computador

Certa vez conheci um construtor de ferramentas (e matrizes). Fiquei feliz em conhecê-lo, pois sabia que algum dia faria uma analogia entre programadores de computador e construtores de ferramentas e matrizes.

Um programador de computador usa os programas existentes como ferramentas para criar novos. Os programas existentes e os novos podem realizar vários tipos de tarefas. Por exemplo, um programa Java (criado por você) pode acompanhar os negócios de clientes. Para criar esse programa de acompanhamento de clientes, podemos usar um programa existente que procure erros no seu código Java. Esse programa de uso geral pode localizar erros em qualquer tipo de código Java — de acompanhamento de clientes, previsão de tempo, jogos ou o código para um aplicativo de seu celular.

Então, quantas ferramentas são necessárias para criar programas Java? Se é novato, precisará de três:

- ✔ **De um *compilador*.**

  Um compilador pega o código Java que você escreveu e o transforma em algo que pode ser executado no seu computador.

- ✔ **De uma *máquina virtual Java* (JVM).**

  Uma máquina virtual Java executa seu código Java (e o de outras pessoas) em seu computador.

- ✔ **De um *ambiente de desenvolvimento integrado* (IDE).**

  Um ambiente de desenvolvimento integrado ajuda a manejar o código Java e fornece modos convenientes para escrever, compilar e executar o código.

A internet contém versões gratuitas para baixar de cada uma dessas ferramentas. Por exemplo, as instruções de iniciação rápida no início deste capítulo indicam o site Java.com e Eclipse.org. Ao clique de um botão na página Java.com, você instala a máquina virtual Java em seu computador. Na Eclipse.org, baixa o ambiente de desenvolvimento integrado Eclipse, que vem com seu próprio compilador Java integrado (você consegue duas das três ferramentas em um só download. Nada mal!).

O resto deste capítulo descreve os compiladores, as JVMs e os IDEs.

O que é um compilador?

"Um compilador pega o código Java que você escreveu e o transforma em algo que pode ser executado em seu computador."

— Barry Burd

Você é um ser humano (é claro que todas as regras têm exceções, mas se está lendo este livro, provavelmente é humano). Nós, humanos, conseguimos escrever e compreender o código na Listagem 2-1.

Listagem 2-1: **Procurando por um Quarto Vago**

```
// Isto é parte de um programa Java
// (não um programa Java completo)
roomNum = 1;
while (roomNum < 100) {
    if (guests[roomNum] == 0) {
        out.println("Room " + roomNum
                + " is available.");
        exit(0);
    } else {
        roomNum++;
    }
}
out.println("No vacancy");
```

O código Java na Listagem 2-1 verifica a existência de vagas em um pequeno hotel (com quartos de números 1 a 99). Não podemos executar o código na Listagem 2-1 sem adicionar diversas linhas. Mas, neste capítulo, essas linhas adicionais não são importantes. Aqui, o que importa é que, ao olhar para o código, analisando-o um pouco para tentar enxergar além da pontuação estranha, podemos ver o que ele está tentando fazer:

```
Estabeleça o número de quarto (roomNum) como 1.
Desde que o número de quarto seja menor que 100,
        Verifique o número de hóspedes (guests) no quarto.
    Se o número de hóspedes no quarto é 0,
        então informe que o quarto está disponível
        e pare.
    Caso contrário,
            prepare para verificar o próximo quarto adicionando
1 ao número do quarto. Se atingir o quarto (room) número
100 que não existe, então informe que não há vagas.
```

Se não consegue ver as semelhanças entre a Listagem 2-1 e o seu equivalente em português, não se preocupe. Você está lendo *Java Para Leigos*, e como a maioria dos seres humanos, poderá aprender a ler e escrever o código na Listagem 2-1. Ela é chamada de *código fonte Java*.

É aqui que mora o perigo: computadores não são humanos. Eles, normalmente, não seguem instruções como as da Listagem 2-1. Isto é, eles não seguem as instruções do código fonte Java. Ao invés disto, seguem as instruções cifradas, como as contidas na Listagem 2-2:

Listagem 2-2:   As Instruções da Listagem 2-1 Traduzidas para o Bytecode Java

```
aload_0
iconst_1
putfield Hotel/roomNum I
goto 32
aload_0
getfield Hotel/guests [I
aload_0
getfield Hotel/roomNum I
iaload
ifne 26
getstatic java/lang/System/out Ljava/io/PrintStream;
new java/lang/StringBuilder
dup
ldc "Room "
invokespecial java/lang/StringBuilder/<init>(Ljava/lang/String;)V
aload_0
getfield Hotel/roomNum I
invokevirtual java/lang/StringBuilder/append(I)Ljava/lang/StringBuilder;
ldc " is available."
invokevirtual
    java/lang/StringBuilder/append(Ljava/lang/String;)Ljava/lang/StringBuilder;
invokevirtual java/lang/StringBuilder/toString()Ljava/lang/String;
invokevirtual java/io/PrintStream/println(Ljava/lang/String;)V
iconst_0
invokestatic java/lang/System/exit(I)V
goto 32
aload_0
dup
getfield Hotel/roomNum I
iconst_1
iadd
putfield Hotel/roomNum I
aload_0
getfield Hotel/roomNum I
bipush 100
if_icmplt 5
getstatic java/lang/System/out Ljava/io/PrintStream;
ldc "No vacancy"
invokevirtual java/io/PrintStream/println(Ljava/lang/String;)V
return
```

As instruções na Listagem 2-2 não são do tipo código fonte Java. São *bytecode Java*. Quando escrevemos um programa Java, escrevemos instruções em código fonte (como as da Listagem 2-1). Feito isso, executamos um programa (ou seja, utilizamos uma ferramenta) no código fonte, o *compilador*. É ele que traduz as instruções de código fonte para bytecode Java. Em outras palavras, o compilador pega o código que escrevemos (como o da Listagem 2-1), interpreta e o traduz para que o computador possa executar (como o da Listagem 2-2).

Podemos colocar nosso código fonte em um arquivo denominado `Hotel.java`. Assim, o compilador provavelmente irá colocar o bytecode Java em outro arquivo chamado de `Hotel.class`. Normalmente, não precisamos nos preocupar em olhar o bytecode no arquivo `Hotel.class`. Na verdade, o compilador não codifica o arquivo `Hotel.class` como um texto normal, então, não é possível examinar o bytecode como um editor normal. Se tentarmos abrir esse arquivo com o Notepad, TextEdit, Kwrite ou mesmo Microsoft Word, veremos apenas pontos, símbolos e outros termos ininteligíveis. Para criar a Listagem 2-2, tive que utilizar outra ferramenta em meu arquivo `Hotel.class`. Ela mostra uma versão em texto do arquivo bytecode Java. Utilizei o Editor Bytecode Java de Ando Saaba (`www.cs.ioc.ee/~ando/jbe`).

Ninguém (exceto alguns poucos desenvolvedores malucos em laboratórios isolados em lugares distantes) escreve bytecode Java. Basta executar o software (o compilador) para criá-lo. A única razão pela qual mostrei a Listagem 2-2 é para que você entenda como o computador trabalha duro.

O que é uma máquina virtual Java?

"Uma máquina virtual Java executa seu código Java (e o de outras pessoas) em seu computador."

— Barry Burd

No tópico anterior, "O que é um compilador?", faço uma grande confusão ao explicar que computadores seguem as instruções da Listagem 2-2. E como toda confusão, é muito legal. Mas se não prestar atenção em cada uma das palavras, poderá se confundir. A frase exata é "... computadores seguem instruções cifradas *como* as contidas na Listagem 2-2". As instruções da Listagem 2-2 são parecidas com as instruções que o computador pode executar, mas, em geral, computadores não executam instruções bytecode Java. Ao invés disso, cada tipo de processador tem seu próprio conjunto de instruções executáveis e cada sistema operacional usa as instruções do processador de um modo ligeiramente diferente.

Vejamos esta situação hipotética: imagine que está utilizando um sistema operacional Linux em um computador com um processador Pentium antigo. Um amigo seu executa o Linux em um computador com um outro tipo de processador — um PowerPC (em 1990, a Intel Corporation fabricava os processadores Pentium e a IBM, os PowerPC).

A Listagem 2-3 contém um conjunto de instruções para mostrar a frase Olá, mundo! na tela do computador.* As instruções funcionam em um processador Pentium baseado em um sistema operacional Linux.

Listagem 2-3: Um Programa Simples para um Processador Pentium

```
.data

msg:
        .ascii   "Olá, mundo!\n"
        len = .  - msg

.text

    .global _start

_start:

        movl     $len,%edx
        movl     $msg,%ecx
        movl     $1,%ebx
        movl     $4,%eax
        int      $0x80


        movl     $0,%ebx
        movl     $1,%eax
        int      $0x80
```

A Listagem 2-4 contém outro conjunto de instruções para mostrar a mesma frase Olá, mundo! na tela do computador.** As instruções na Listagem 2-4 funcionam em um processador PowerPC rodando Linux.

---

* As instruções para Intel foram parafraseadas do Assembly Linux de Konstantin Boldyshev HOWTO (tldp.org/HOWTO/Assembly-HOWTO/
hello.html).

** As instruções do código PowerPC foram parafraseadas da página Assembly PowerPC de Hollis Blanchard (www.ibm.com/developerworks/library/l-ppc). Hollis também revisou e opinou na elaboração deste tópico para mim. Obrigado, Hollis.

Listagem 2-4:   Um Programa Simples para um Processador PowerPC

```
.data

msg:
        .string "Olá, mundo!\n"
        len = . - msg

.text

        .global _start
_start:

        li      0,4
        li      3,1

        lis     4,msg@ha
        addi    4,4,msg@l
        li      5,len
        sc


        li      0,1
        li      3,1
        sc
```

As instruções na Listagem 2-3 funcionam muito bem em um processador Pentium, mas não significam nada para um PowerPC. Da mesma forma, as instruções da Listagem 2-4 rodam tranquilamente no PowerPC e não dizem patavina para um Pentium. Então, o software de PowerPC do seu amigo pode não funcionar no seu computador. E o software Intel do seu computador pode não rodar no do seu amigo.

Agora, vá para a casa do seu primo. Ele tem um processador Pentium no computador (igual ao seu), mas o sistema operacional dele é Windows e não Linux. O que o computador do seu primo fará quando processar o código Pentium contido na Listagem 2-3? Vai reclamar: "Este não é um aplicativo Win32 válido" ou o "Windows não pode abrir este arquivo". Que confusão!

O bytecode Java organiza esse caos. Ele é parecido com o código das Listagens 2-3 e 2-4, mas o bytecode Java não é específico para um tipo de processador ou sistema operacional. Ao invés disso, um conjunto de instruções bytecode Java roda em qualquer computador. Se escrevermos um programa Java e o compilarmos em um bytecode, poderemos executá-lo no seu computador, no do seu primo, da sua avó e, com alguma sorte, em seu minúsculo celular.

Para ver de perto um bytecode Java, veja a Listagem 2-2. Mas lembre-se, você nunca terá que escrevê-lo ou decifrá-lo. Escrever bytecodes é um trabalho para o compilador. Decifrá-los é função da máquina virtual Java.

Com Java, podemos pegar um arquivo bytecode criado com um computador baseado em Windows, copiá-lo para qualquer computador e executá-lo sem nenhum problema. Esse é um dos muitos motivos pelos quais o Java se tornou popular tão rapidamente. Esse extraordinário atributo, que nos permite executar o código em diferentes tipos de computador, é chamado de *portabilidade*.

O que faz o bytecode Java tão versátil? A fantástica universalidade dos programas bytecode Java tem origem na máquina virtual Java. Ela é uma das três ferramentas que você tem que ter no computador.

Imagine que você é representante do Windows no Conselho de Segurança da ONU (veja a Figura 2-1). O representante da Macintosh está sentado ao seu lado e o da Linux, à sua direita (naturalmente, você não é muito amigo dessas pessoas, é sempre cordial com elas, mas sem nenhuma sinceridade; o que você esperava? Isto é política!). O distinto representante do Java está no palanque discursando em bytecode mas você e seus colegas embaixadores (da Mac e Linux) não entendem uma palavra de bytecode Java.

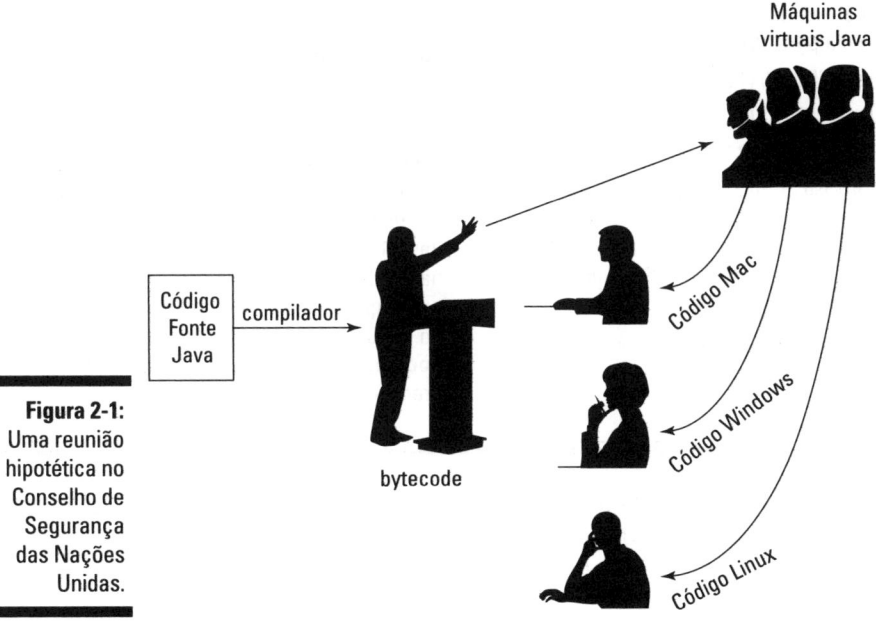

Figura 2-1:
Uma reunião hipotética no Conselho de Segurança das Nações Unidas.

Afinal, o que é Java 2?

Se revirarmos a internet em busca de ferramentas Java, encontraremos coisas com todos os tipos de nomes: Kit de Desenvolvimento Java, Kit de Desenvolvimento de Software, Ambiente de Tempo de Execução Java e outros nomes confusos.

✔ Os nomes *Kit de Desenvolvimento Java (JDK)* e *Kit de Desenvolvimento de Software (SDK)* são de diferentes versões do mesmo conjunto de ferramentas, que têm como componente principal um compilador Java.

✔ O nome *Ambiente de Tempo de Execução Java (JRE)* é um conjunto de ferramentas cujo componente principal é uma máquina virtual Java.

Não é ruim ter o JRE em seu computador, mas para escrever novos programas, precisamos de algo mais poderoso do que um JRE. Precisamos de um JDK.

A numeração das versões Java também é confusa. Ao invés de usar "Java 1", "Java 2" e "Java 3", as denominações das versões é um capítulo à parte. Vejamos como funciona:

✔ Java JDK 1.0 (1996)

✔ Java JDK 1.1 (1997)

✔ Java 2 SDK, 1.2 (1998)

Em 1998, a Sun Microsystems adicionou o número "2" e trocou o nome de "JDK" (Kit de Desenvolvimento Java) para "SDK" (Kit de Desenvolvimento de Software)

✔ Java 2 SDK, 1.3 (2000)

✔ Java 2 SDK, 1.4 (2002)

✔ Java 2 JDK, 5.0 (2004)

Em 2004, a Sun volta a usar "JDK" e abandona parcialmente o esquema bobo de numeração 1.x. Eu disse parcialmente, pois além de ser "Java 2", o "JDK" tem dois números de versões. *O número de versão do produto* é 5.0 e o *número de versão do desenvolvedor* é 1.5.0. Então, quando nos referimos ao JDK, podemos chamá-lo de "versão 5.0" ou "versão 1.5.0" dependendo do tipo de pessoa que queremos impressionar.

✔ Java 6 JDK (2006)

Em 2006, a Sun remove o desnecessário "2" e ".0". É claro que a antiga numeração de versão de desenvolvedor nunca acaba. Além de ser "Java 6" esta versão também é chamada de "Java 1.6.0".

✔ Java 6 Atualização 1 (2007)

A Sun continua com as atualizações 2, 3, 4 e assim por diante. No início de 2010, a Oracle Corporation compra a Sun Microsystems e lança as atualizações 19, 20, 21 (e assim por diante) até ...

✔ Java 7 (2011)

Sem dúvida, as atualizações 1, 2, 3 e outras vieram depois da versão inicial Java 7.

A maioria dos programas deste livro só roda no Java 5.0 ou superior. Eles não rodam em nenhuma versão anterior. Especialmente no Java 1.4 ou 1.4.2. Alguns exemplos deste livro não rodam em Java 6 ou inferior. Mas não se preocupe demais com os números das versões do Java. O 5.0 ou 6 é melhor do que nenhum. Você poderá aprender muito sobre Java sem precisar da última versão dele.

Mas cada um de vocês tem um intérprete. O seu traduz de bytecode para Windows quando o representante Java fala. Outro traduz de bytecode para Macintoshês. E um terceiro, para língua Linux.

Pense em seu intérprete como um embaixador virtual. O intérprete não representa o seu país, mas desempenha uma das importantes tarefas de um embaixador de verdade. Ele ouve o bytecode para você. E faz aquilo que você faria se falasse a linguagem bytecode: finge ser o embaixador do Windows e escuta o tedioso discurso em bytecode, pegando cada palavra e processando-a de determinada maneira.

Você tem o seu próprio intérprete — um embaixador virtual. Da mesma maneira, um computador Windows executa seu próprio software de interpretação de bytecode, que é a máquina virtual Java.

Uma máquina virtual Java é um representante, um garoto de recados, um intermediário. A JVM age como um intérprete entre o bytecode Java executável em qualquer lugar e o sistema do seu computador. Enquanto trabalha, a JVM conduz seu computador durante a execução das instruções do bytecode. A JVM analisa o bytecode bit por bit e executa as instruções descritas nele. Ela interpreta o bytecode para o seu sistema Windows, Mac ou Linux ou qualquer outro computador. Isto é bom e é o que torna os programas Java mais portáveis do que outros em qualquer outra linguagem.

Desenvolvendo softwares

"Tudo isso já aconteceu antes e vai acontecer de novo."

— Battlestar Galactica, 2003-2009, NBC Universal

Quando criamos um programa Java, repetimos os mesmos passos inúmeras vezes. A Figura 2-2 ilustra esse ciclo.

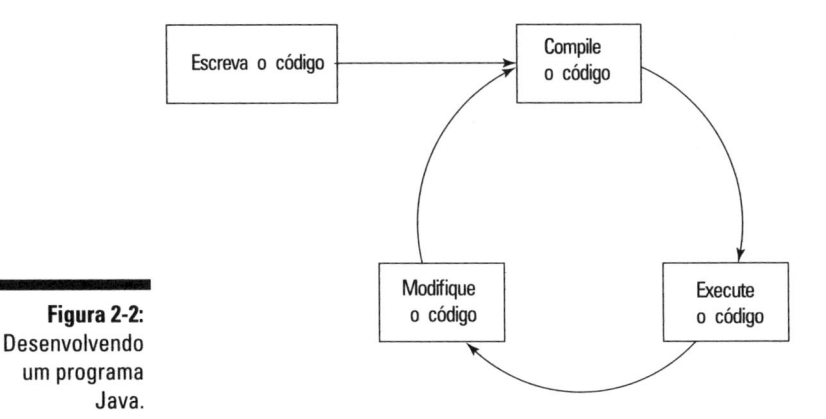

Figura 2-2:
Desenvolvendo
um programa
Java.

Primeiro, escrevemos o programa. Depois de escrever o primeiro rascunho, compilamos, executamos e modificamos o programa, repetidas vezes. Com um pouco de experiência, os passos de compilação e execução se tornam muito fáceis. Em muitos casos, um clique do mouse inicia a compilação ou a execução.

Entretanto, escrever o primeiro rascunho e modificar o código não são tarefas de apenas um clique. Desenvolver o código requer tempo e concentração.

Nunca desanime quando o primeiro rascunho do seu código não funcionar. Aliás, nunca desanime quando o vigésimo quinto rascunho do seu código não der certo. Reescrever o código é uma das coisas mais importantes a se fazer (salvo garantir a paz mundial).

Para instruções detalhadas sobre compilação e execução de programas Java, visite o site deste livro, com conteúdo em inglês.

Quando falamos em escrever programas, usamos a terminologia da Figura 2-2. Dizemos "compile o código" e "execute o código". Mas nem sempre é "você" que realiza a ação, e "código" nem sempre quer dizer exatamente a mesma coisa durante o processo. A Figura 2-3 descreve o mesmo ciclo da 2-2 de forma um pouco mais detalhada.

Para as necessidades da maioria das pessoas, a Figura 2-3 contém informação demais. Se eu clicar no ícone executar, não tenho que lembrar que é o computador que executa o código em meu lugar. E pelo que me diz respeito, ele pode executar o meu código original ou qualquer outra imitação dele. Os detalhes na Figura 2-3 não são importantes. A única utilidade da figura é ajudá-lo caso as palavras soltas da Figura 2-2 o confundam. Se isso não ocorrer, ignore a Figura 2-3.

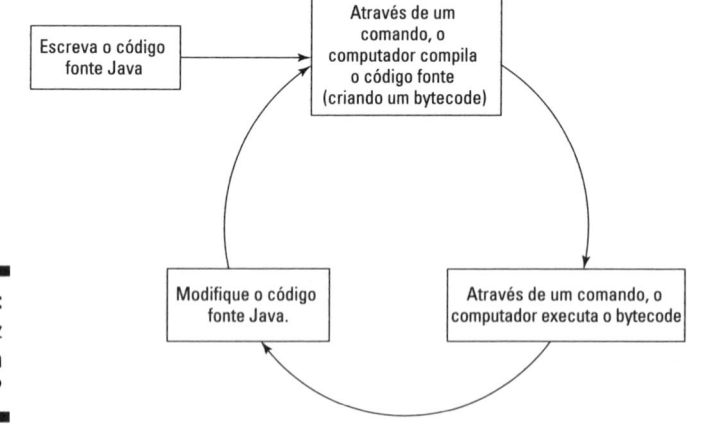

Figura 2-3:
Quem faz
o que com
que código?

O que é um Ambiente de Desenvolvimento Integrado?

"Um ambiente de desenvolvimento integrado ajuda a manipular o código Java e oferece modos práticos para escrever, compilar e executar o código."

— Barry Burd

Antigamente, escrever e executar programas Java necessitava da abertura de diversas janelas — uma para digitar, outra para executar e talvez uma terceira para acompanhar todo o código (veja a Figura 2-4).

Um ambiente de desenvolvimento integrado combina automaticamente todas essas funcionalidades em apenas um aplicativo bem organizado (veja a Figura 2-5).

O Java tem sua cota de ambientes de desenvolvimento integrado. Alguns dos produtos mais conhecidos são: Eclipse, IntelliJ IDEA e NetBeans. Os mais elaborados têm até componentes de "arrastar-e-soltar" para que possamos desenhar a interface gráfica visualmente (veja a Figura 2-6).

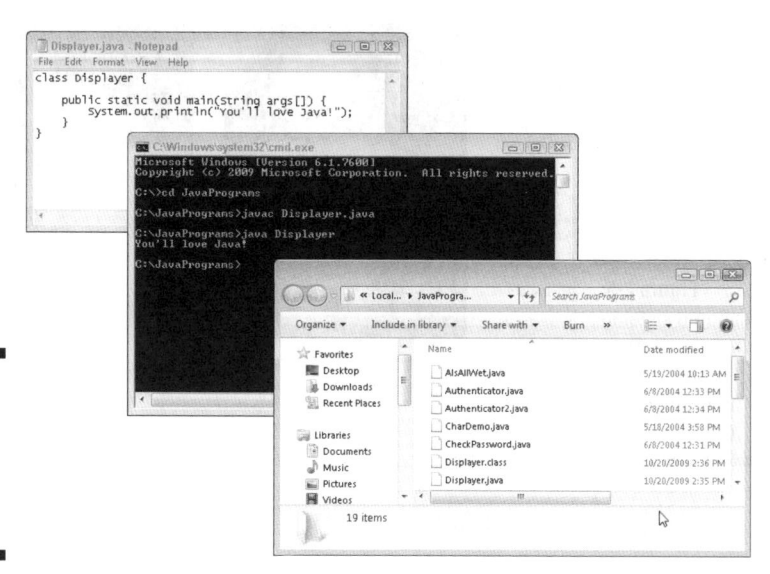

Figura 2-4: Criando o código sem um ambiente de desenvolvimento integrado.

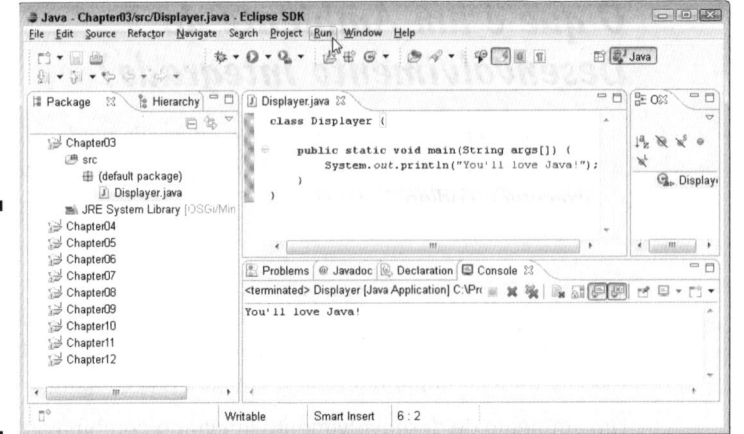

Figura 2-5:
Criando o código com o ambiente de desenvolvimento integrado Eclipse.

Figura 2-6:
Usando o sistema "arraste-e-solte" Swing GUI Builder no NetBeans IDE.

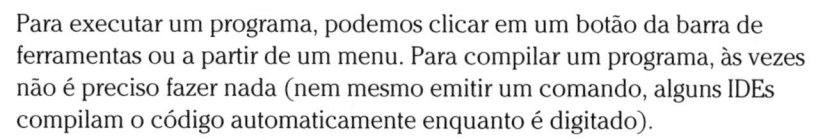

Para executar um programa, podemos clicar em um botão da barra de ferramentas ou a partir de um menu. Para compilar um programa, às vezes não é preciso fazer nada (nem mesmo emitir um comando, alguns IDEs compilam o código automaticamente enquanto é digitado).

Para ajudar com a instalação e utilização de um ambiente de desenvolvimento integrado, veja o site deste livro.

Capítulo 3

Usando os Blocos Modulares Básicos

Neste Capítulo

▶ Falando a linguagem Java: a API e a Especificação da Linguagem

▶ Entendendo as partes de um programa simples

▶ Documentando o código

"Todas as grandes ideias são simples."

— Liev Tolstói

A citação se aplica a todos os tipos de coisas — vida, amor e programação de computador. É por isso que este capítulo tem uma abordagem em várias camadas. Aqui, veremos os primeiros detalhes sobre a programação Java. E ao descobrir esses detalhes, vislumbramos sua simplicidade.

Falando a Linguagem Java

Se tentarmos visualizar a língua portuguesa inteira em nossa mente, o que veríamos? Talvez apenas palavras, palavras e mais palavras. Ao olharmos a linguagem sob um microscópio, vemos uma palavra após a outra. A imagem de um monte de palavras não está errada, mas se nos distanciarmos um pouco, conseguiremos ver outras duas coisas:

- A gramática da linguagem
- Milhares de expressões, ditados, expressões idiomáticas e nomes históricos

A primeira categoria (gramática) inclui as regras como: "O verbo concorda com o sujeito em número e pessoa". A segunda categoria (expressões, ditados e outros) inclui conhecimentos como: "Júlio César foi um famoso imperador romano, então não dê este nome a seu filho, a menos que queira que ele apanhe todos os dias na escola".

A linguagem de programação Java tem todas as características de um idioma, como o português. Ela tem palavras, gramática, nomes comumente utilizados, expressões estilísticas e outras coisas do gênero.

A gramática e os nomes comuns

A equipe da Sun Microsystems, que criou o Java, idealizou-o como tendo duas partes. Assim como o português tem sua gramática e nomes comumente usados, a linguagem de programação Java tem sua especificação (gramática) e sua Interface de Programação de Aplicativos (os nomes comumente usados). Sempre que eu escrevo um programa Java, mantenho dois documentos importantes — um para cada parte da linguagem — em minha mesa:

- ✔ **A Especificação da Linguagem Java:** isto inclui regras como "sempre coloque um parêntese de abertura depois da palavra *for*" e "use um asterisco para multiplicar dois números".

- ✔ **A Interface de Programação de Aplicativo:** a API contém milhares de ferramentas que foram adicionadas depois que a linguagem Java foi definida. Elas variam de comuns a exóticas. Por exemplo, as ferramentas incluem uma rotina chamada *pow* que pode elevar 5 à 10ª potência. Uma um pouco mais animada (chamada JFrame) mostra uma janela na tela do computador. Outras ferramentas atendem aos cliques do usuário em um botão, consultam base de dados e todos tipos de coisas úteis.

Você pode baixar a Especificação de Linguagem, os documentos API e toda a documentação Java (ou ver os documentos online) em `java.sun.com/javase/reference/api.jsp`. Mas cuidado! Essa página muda a todo instante. Quando estiver lendo este livro, os links mencionados provavelmente estarão desatualizados. A melhor coisa a fazer é começar pela Java.Sun.com e procurar por links para coisas como "Java SE" (abreviação de Java Standard Edition) e "reference" (referência) ou "documentation" (documentação).

A primeira parte do Java, a Especificação de Linguagem, é relativamente pequena. O que não significa que você não levará muito tempo para descobrir como usar suas regras. Outras linguagens de programação, porém, têm duas, três e até dez vezes mais regras.

A segunda parte do Java — a API — pode ser assustadora, pois é muito extensa. Ela contém quase 4.000 ferramentas e não para de crescer com cada novo lançamento de linguagem Java. Cruel, não é? A boa notícia é que você não terá que memorizar nada da API. Nada mesmo. Nadinha. Basta procurar o que precisa usar na documentação e ignorar o que não precisa. O que usar sempre, vai se lembrar. O que não, vai esquecer (como qualquer outro programador).

Ninguém conhece tudo que existe sobre API Java. Se você é um programador Java que sempre escreve programas que abrem novas janelas, saberá como utilizar a classe de API `JFrame`. Se raramente escreve programas assim, as primeiras vezes que precisar criar uma janela, poderá procurar a classe `JFrame` na documentação API. Meu palpite é que se pegarmos um típico programador Java e o impedirmos de procurar qualquer coisa na documentação API, ele será capaz de usar menos de dois por cento de todas suas ferramentas.

Você pode amar o estilo *Para Leigos*, mas infelizmente, a documentação API oficial de Java não é escrita dessa forma. A documentação API é tanto concisa quanto precisa. Para obter ajuda de como decifrar a linguagem e o estilo da documentação API, visite o site do livro (com conteúdo em inglês).

De certo modo, nada na API é especial. Sempre que escrevemos um programa Java — por menor e mais simples que seja — criamos uma classe semelhante a qualquer outra classe definida na API Java oficial. A API é apenas um conjunto de classes e outras ferramentas que foram criadas por programadores comuns que participaram do Java Community Process (JCP) oficial e no Projeto OpenJDK. Ao contrário das ferramentas que criamos, aquelas contidas na API são distribuídas em todas as versões de Java (estou presumindo que você, leitor, não tenha participado de nenhum desses processos, mas com um bom livro, como o *Java Para Leigos, Tradução da 5ª Edição*, nunca se sabe).

Se estiver interessado nas atividades da JCP, visite `www.jcp.org`. Se quiser saber mais sobre o OpenJDK Project, visite `openjdk.java.net`.

O pessoal da JCP não faz segredo dos programas Java da API oficial. Se quiser, você pode conhecer todos eles. Quando instalar Java em seu computador, a instalação cria um arquivo com nome `src.zip` em seu disco rígido. Abra esse arquivo com seu descompactador favorito. E lá, diante de seus olhos, estará todo o código Java API.

As palavras em um programa Java

Um fã convicto diria que a linguagem de programação Java tem dois diferentes tipos de palavras: palavras-chave e identificadores. Isso é verdade. Mas a verdade nua e crua é que sem qualquer explicação, essa informação é muito traiçoeira. Então, recomendo esquecer um pouco a verdade e pensar em três tipos de palavras: palavras-chave, identificadores que programadores normais, como eu e você criamos e os identificadores da API.

As diferenças entre esses tipos de palavras são semelhantes àquelas que existem entre as palavras da língua portuguesa. Na frase "Sam é uma pessoa", a palavra *pessoa* é como uma palavra-chave Java. Não importa quem utilize a palavra *pessoa*, ela sempre significa a mesma coisa (é claro que você pode imaginar algumas exceções bizarras da língua portuguesa, mas por favor, não faça isso).

A palavra *Sam* é como um identificador, pois é um nome de uma pessoa específica. Palavras como *Sam*, *Dinswald* e *McGillimaroo* não estão atreladas a um significado na língua portuguesa. Elas se aplicam a diferentes pessoas, dependendo do contexto e tornam-se nomes quando os pais o escolhem para seu novo rebento.

Agora, considere a frase: "Júlio César é uma pessoa". Ao dizermos essa frase, provavelmente estamos querendo nos referir ao imperador romano que governou Roma até os idos de março. Embora, este não seja um nome comum em português, quase todo mundo o usa para se referir à mesma pessoa. Se português fosse uma linguagem de programação, o nome *Júlio César* seria um identificador API.

Veja agora como eu divido, em minha cabeça, as palavras do programa Java em categorias:

- ✔ **Palavras-chave:** *palavras-chave* são palavras que têm um sentido próprio e especial na linguagem de programação Java, que não muda de um programa para outro. Exemplos: `if`, `else` e `do`.

  Os membros do comitê da JCP, que têm poder de decisão sobre o que constitui um programa Java, escolheram todas as palavras-chave Java. Se pensarmos nas duas partes do Java, que já vimos no tópico "A gramática e os nomes comuns", elas pertencem com certeza à Especificação de Linguagem.

- ✔ **Identificadores:** são nomes de alguma coisa. O significado do *identificador* pode mudar de um programa para outro, mas alguns tendem a mudar mais que outros.

  - *Identificadores criados por nós:* como um programador Java (ainda que novato), você cria novos nomes para classes e outras coisas que descreve nos seus programas. É lógico que pode nomear algo como `Prime` e outra pessoa pode nomear outra coisa também de `Prime`. Não tem problema porque o Java não tem um significado determinado para `Prime`. Em seu programa, ela pode significar a taxa de juros SELIC. E para outra pessoa "pão, baguetes, compotas e costela". Não surge qualquer conflito, pois ambos estão escrevendo programas diferentes.

  - *Identificadores da API:* os membros da JCP criaram nomes para muitas coisas e inseriram quase 40.000 deles na API Java. A API vem junto com todas as versões de Java, então esses nomes estão disponíveis para quem quiser escrever um programa Java. Exemplos: `String`, `Integer`, `JWindow`, `JButton`, `JTextField` e `File`.

Em sentido estrito, os significados dos identificadores na API Java não são rígidos. Embora possamos inventar nossos próprios significados para JButton ou JWindow, não é uma boa ideia. Se fizermos isso, vamos bagunçar a cabeça dos outros programadores, que estão acostumados aos significados padronizados da API para esses identificadores mais conhecidos. Pior ainda, quando atribuímos ao nosso código novos significados para um identificador como JButton, perdemos qualquer poder computacional criado para o identificador no código API. Os programadores da Sun Microsystems, do Java Community Process e a OpenJDK Project tiveram todo o trabalho de escrever o código Java para lidar com botões. Se atribuirmos nosso próprio significado para JButton, estaremos virando as costas para todo o progresso na criação da API.

Para ver a lista de palavras-chave do Java (em inglês) visite o site deste livro.

O Primeiro Contato com o Código Java

A primeira vez que olhamos para um programa Java de outra pessoa, geralmente nos sentimos um pouco preocupados. Quando percebemos que não entendemos uma coisa (ou muitas) no código podemos ficar um tanto nervosos. Já escrevi centenas (talvez milhares) de programas Javas, mas ainda me sinto inseguro quando começo a ler o código de outra pessoa.

A verdade é que descobrir mais sobre um programa Java é uma experiência solitária. Primeiro, olhamos com certo pavor. Então, executamos o programa para ver o que ele faz. Depois, analisamos mais um pouco ou lemos uma explicação de alguém sobre o programa e suas partes. Então, observamos um pouco mais e o executamos novamente. Até que finalmente, conseguimos nos entender com ele (não acredite nos peritos que dizem que nunca passam por esses passos. Mesmo os programadores mais experientes abordam um projeto novo devagar e com cautela).

Na Listagem 3-1, veremos um código Java bem interessante (como qualquer programador novato, é normal que você se sinta intimidado com ele). Nele estão escondidas algumas ideias importantes, que explico em detalhes no próximo tópico. Essas ideias incluem o uso de classes, métodos e declarações Java.

Listagem 3-1:   O Mais Simples Programa Java

```
class Displayer {

    public static void main(String args[]) {
        System.out.println("You'll love Java!");
    }
}
```

Quando executamos o programa da Listagem 3-1, o computador mostra: `Você vai amar Java!` (a Figura 3-1 mostra o resultado do programa `Displayer` quando usamos o IDE Eclipse). Agora, vamos ser sinceros, escrever e executar um programa Java, só para que a frase `Você vai amar Java!` apareça na tela do computador, é muito trabalhoso, mas temos que começar de alguma forma.

Figura 3-1: Usamos o Eclipse para executar o programa da Listagem 3-1.

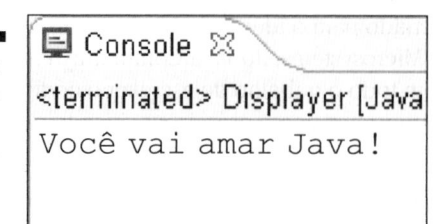

```
🖳 Console ⊠
<terminated> Displayer [Java
Você vai amar Java!
```

Para aprender como executar o código na Listagem 3-1, visite o site deste livro, com conteúdo em inglês.

No tópico a seguir, poderá fazer mais do que apenas admirar o resultado. Depois de ler o tópico seguinte, passará a entender o que faz com que o programa da Listagem 3-1 funcione.

Entendendo um Programa Java Simples

Este tópico apresenta, explica, analisa, disseca e de certa forma desmistifica o programa Java mostrado na Listagem 3-1.

A classe Java

Tendo em vista que o Java é uma linguagem de programação orientada a objeto, seu objetivo principal é descrever as classes e objetos (se não estiver convencido disso, leia os tópicos sobre programação orientada a objetos no Capítulo 1).

Em determinados dias, quando estou mais sentimental, costumo dizer que o Java é mais puro em sua orientação a objetos do que a maioria das outras linguagens orientadas a objetos. Digo isso pois no Java não podemos fazer nada antes de criar uma classe de algum tipo. É como participar de um programa de TV e interromper o apresentador quando ele comanda: "Vamos ao comercial", dizendo "Sinto muito, mas você não pode emitir um comando sem colocá-lo dentro de uma classe".

No Java, o programa inteiro é uma classe. Escrevemos o programa, então temos que criar um nome para nossa nova classe. Escolhi o nome `Displayer`, pois o programa mostra um texto na tela do computador. É por isso que o código na Listagem 3-1 começa com `class Displayer` (veja a Figura 3-2).

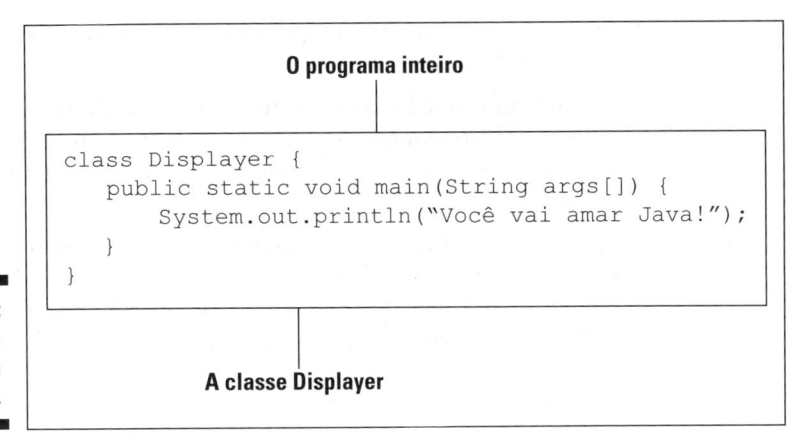

O programa inteiro

```
class Displayer {
    public static void main(String args[]) {
        System.out.println("Você vai amar Java!");
    }
}
```

Figura 3-2:
Um programa
Java é uma
classe.

A classe Displayer

A primeira palavra na Listagem 3-1, class (classe), é uma palavra-chave Java (veja o tópico "As palavras em um programa Java", no início deste capítulo). Não importa quem escreveu o programa, class é sempre usada da mesma maneira. Por outro lado, Displayer na Listagem 3-1 é um identificador. Inventei esse nome ao escrever este capítulo. Displayer é nome de uma classe específica — que criei ao escrever esse programa.

A LINGUAGEM de PROGRAMAÇÃO jAVA é cAse-sENsiTiVE, isto é, sensível ao tamanho da letra. SE TROCARMOS de letra maiúscula PARA minÚSCULA, MudamOS o SIGNIFICADO DA PALAVRA. IsSO pODE FAZEr coM qUE UMA PALAVRA pERCA sEU SIGNIFICAdo. Na primeira linha da Listagem 3-1, não podemos substituir class por Class, se fizermos isso o programa inteiro para de funcionar. O mesmo se aplica, até certo ponto, para o nome de um arquivo contendo uma determinada classe. Por exemplo, o nome da classe na Listagem 3-1 é Displayer, com D maiúsculo no começo. Então, é uma boa ideia salvar esse código em um arquivo de nome Displayer.java, também iniciando com letra maiúscula.

Normalmente, se definimos uma classe como CachorroEPonei, a classe do código Java virá em um arquivo chamado CachorroEPonei.java, escrito exatamente da mesma forma, com as mesmas letras maiúsculas e minúsculas que o nome da classe. Na verdade, essa convenção na denominação de arquivos é obrigatória em muitos exemplos deste livro, a começar por alguns dos exemplos no Capítulo 7.

O método Java

Suponha que trabalha como mecânico em uma oficina de automóveis sofisticada. Seu chefe, que está sempre com pressa e tem o hábito de juntar as palavras, lhe diz: "ConserteOAlternador daquela porcaria de FordVelho". Mentalmente, você elabora uma lista de tarefas: "Dirigir o carro até o box, levantar o capô, pegar uma chave inglesa, soltar a correia do alternador" e assim por diante. Três coisas acontecem aqui:

> 🗸 **Você tem um nome para aquilo que precisa fazer:** o nome é *conserteOAlternador*.

> 🗸 **Em sua cabeça, há uma lista de tarefas associadas ao nome *conserteOAlternador*.** A lista inclui "Dirigir o carro até o box, levantar o capô, pegar a chave inglesa, soltar a correia do alternador" e assim por diante.

> 🗸 **Seu chefe ranzinza está mandando você fazer todo esse trabalho.** Através de uma ordem: "conserteOAlternador", seu chefe o põe para trabalhar. Em outras palavras, ele o manda trabalhar dizendo o nome daquilo que você precisa fazer.

Nesse cenário, usar a palavra método não seria exagero. Há um método para trabalhar com o alternador. Seu chefe pediu que o colocasse em prática e você responde fazendo tudo aquilo que está na lista de instruções associada a esse método.

Se isso tudo faz sentido para você (espero que sim), está pronto para saber mais sobre métodos Java. Eles são uma lista de coisas a fazer. Todo método tem um nome, e ao usá-lo em um programa, dizemos ao computador para fazer tudo que está na lista.

Nunca escrevi um programa para fazer um robô consertar um alternador. Mas se o fizesse, o programa teria que incluir um método conserteOAlternador. A lista de instruções nele seria algo parecido com o texto da Listagem 3-2.

Não preste muita atenção nas Listagens 3-2 e 3-3. O código contido nelas é falso! Inventei-o para que parecesse um código Java real, mas não é. O mais importante ainda é que ele não foi criado para ilustrar todas as regras do Java. Então, não leve as Listagens 3-2 e 3-3 ao pé da letra.

Listagem 3-2:   Declaração de um Método

```
void conserteOAlternador() {
    dirigirAté(carro, ala);
    levantar(capô);
    pegar(chaveInglesa);
    soltar(correiadoAlternador);
    ...
}
```

Em outro lugar do meu código Java (fora da Listagem 3-2), preciso de uma instrução para colocar o meu método `conserteOAlternador` em prática. Veja esta instrução na Listagem 3-3.

Listagem 3-3: Chamando um Método

```
conserteOAlternador(porcariaFordvelho);
```

Com esse conhecimento básico do que é e de como funciona um método, podemos nos aprofundar um pouco mais na terminologia:

- ✔ Quando estou com preguiça, escrevo apenas *método* para me referir ao código da Listagem 3-2. Quando não, chamo-o de *declaração de método*.

- ✔ A declaração de método na Listagem 3-2 tem duas partes. A primeira linha (que contém desde `conserteOAlternador` até, mas sem incluir, a chave de abertura) é o *cabeçalho do método*. O restante da Listagem 3-2 (que aparece entre as chaves) é o *corpo do método*.

- ✔ O termo *declaração de método* diferencia a lista de instruções na Listagem 3-2 daquela contida na Listagem 3-3, que é conhecida como *chamada de método*.

Uma *declaração de método* diz ao computador o que acontece se chamarmos o método. Uma *chamada de método* (uma parte separada do código) diz ao computador para realmente chamar o método para a ação. Elas tendem a ser duas partes distintas de um programa Java.

O método main em um programa

A Figura 3-3 traz uma cópia do código da Listagem 3-1. A parte maior do código contém a declaração de um método chamado `main`, que significa principal (apenas olhe a palavra *main* no cabeçalho do método). Por ora, não se preocupe com as outras palavras no cabeçalho — `public`, `static`, `void`, `String` e `args`. Explicaremos essas palavras nos próximos capítulos.

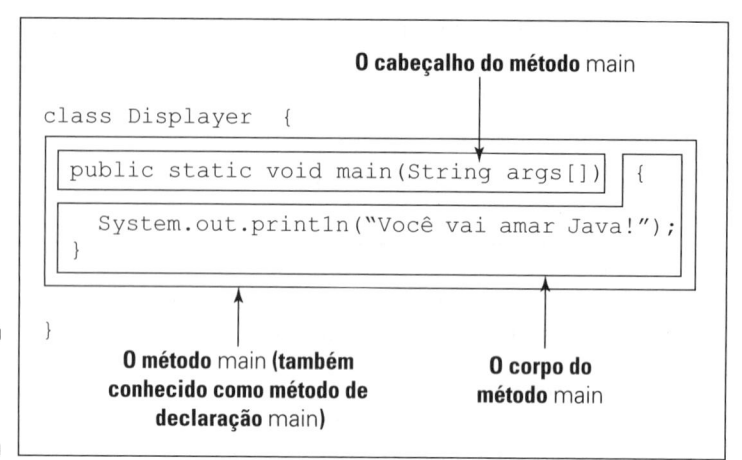

O cabeçalho do método main

class Displayer {

public static void main(String args[]) {

System.out.println("Você vai amar Java!");

}

Figura 3-3:
O método
main.

O método main **(também
conhecido como método de
declaração** main**)**

**O corpo do
método** main

Como qualquer método Java, o main é uma receita.

```
Como fazer biscoitos:
    Aqueça o forno.
    Abra a massa.
    Asse a massa.
```

ou

```
Como seguir as instruções main para um Displayer:
    Mostre "Você vai amar Java!" na tela.
```

A palavra *main* tem um papel especial no Java. Em particular, porque nunca
escrevemos um código que explicitamente chame um método main para
agir. A palavra *main* é o nome do método que é chamado para entrar em
ação automaticamente quando o programa começa a ser executado.

Então, olhe novamente a Figura 3-1. Quando o programa Displayer é
executado, o computador automaticamente encontra seu método main
e executa as instruções contidas no corpo do método. No programa
Displayer, o corpo do método main tem apenas uma instrução. Ela diz
ao computador para mostrar: "Você vai amar Java!" na tela. Então,
na Figura 3-1, aparece na tela do computador a mensagem: Você vai
amar Java!

Nenhuma das instruções de um método é executada até que ele seja
chamado para entrar em ação. Mas se denominarmos um método de *main*,
é ele que é chamado automaticamente para agir.

Quase toda linguagem de programação de computador tem algo parecido com os métodos Java. Se já trabalhou com outras linguagens, deve se lembrar de coisas como: subprogramas, procedimentos, funções, subpráticas, subprocedimentos ou declarações PERFORM. Seja lá qual for o nome em sua linguagem de programação favorita, um método é um monte de instruções agrupadas e nomeadas.

Como finalmente dizer ao seu computador para fazer algo

Escondida no centro da Listagem 3-1 está a linha que realmente emite a instrução direta ao computador. É ela, que aparece destacada na Figura 3-4, que diz ao computador para mostrar Você vai amar Java!. Essa linha é uma *declaração*. No Java, ela é a instrução direta para que o computador execute algo (por exemplo, mostrar este texto, inserir 7 em determinado lugar da memória, fazer aparecer uma janela).

```
class Displayer {
    public static void main(String args[]) {
        System.out.println("Você vai amar Java!");
    }
}
```

Figura 3-4:
Uma
declaração
Java.

**A declaração (uma chamada
para o método** System.out.println)

É claro que o Java tem tipos diferentes de declarações. Uma chamada de método, apresentada no tópico "O método Java", é um dos muitos tipos de declarações Java. A Listagem 3-3 mostra qual é a aparência de uma chamada de método e a Figura 3-4 também contém uma chamada de método, assim:

```
System.out.println("Você vai amar Java!");
```

Quando o computador executa essa declaração, ele chama um método conhecido como System.out.println para entrar em ação (sim, em Java um nome pode conter pontos, que têm significado próprio).

Para aprender o significado dos pontos nos nomes Java, veja o Capítulo 9.

A Figura 3-5 ilustra a situação `System.out.println`. Na verdade, dois métodos têm importantes papéis na execução do programa `Displayer`. Vejamos como eles funcionam:

- **Há uma declaração para o método `main`.** Eu mesmo escrevi o método `main`, que é chamado automaticamente sempre que executo o programa `Displayer`.

- **Há uma chamada para o método `System.out.println`.** A chamada do método `System.out.println` é a única declaração no corpo do método `main`. Em outras palavras, chamar o método `System.out.println` é a única coisa na lista de afazeres dele.

A declaração para o método `System.out.println` está dentro da API oficial Java. Para relembrar um pouco sobre a API Java, veja os tópicos "A gramática e os nomes comuns" e "As palavras em um programa Java", anteriormente neste capítulo.

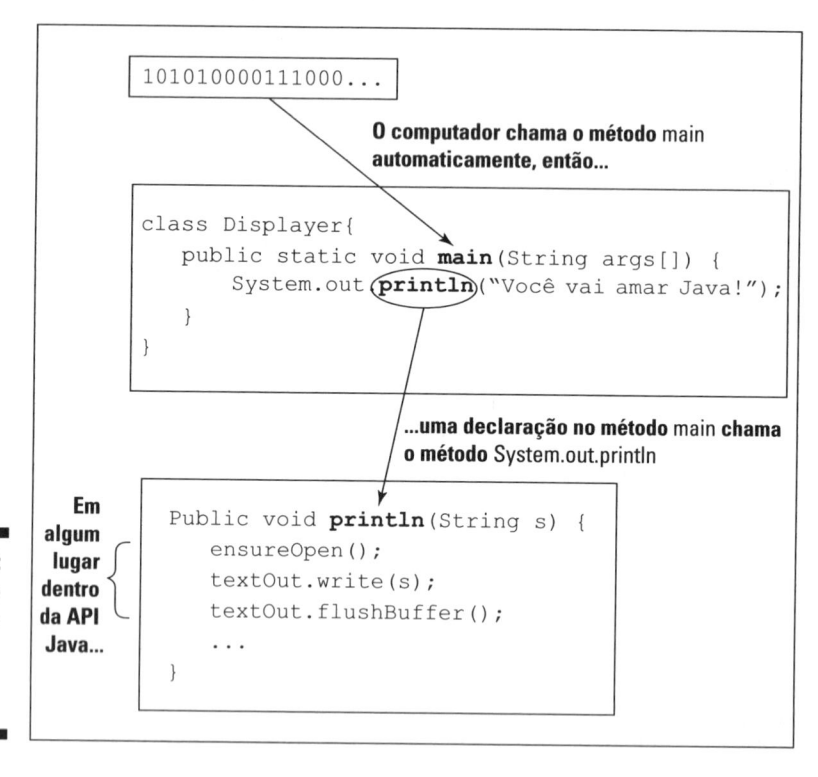

Figura 3-5: Chamando o método `System.out.println`.

Quando digo coisas como: "`System.out.println` está escondido ou inserido dentro da API", não estou sendo justo com a API. É verdade que podemos ignorar todos os detalhes do código Java dentro dela. Tudo que precisamos nos lembrar é de que `System.out.println` é definido em algum lugar do código. Mas não estou sendo justo quando faço parecer que o código API é algo mágico. A API é apenas mais um grupo de códigos Java. As declarações na API, que dizem ao computador o que significa executar uma chamada para `System.out.println`, são muito parecidas com o código Java na Listagem 3-1.

Em Java, toda declaração (como o box cinza na Figura 3-4) termina com ponto e vírgula. As que não terminam não são declarações. Por exemplo, o cabeçalho do método (a linha com a palavra *main*) não diz diretamente ao computador para fazer alguma coisa. Ele declara "Caso queira executar `main`, as linhas seguintes lhe dirão como fazer".

Toda declaração Java termina em ponto e vírgula.

As chaves

Há muito tempo, talvez nem tanto tempo assim, seus professores lhe disseram como os sumários podem ser úteis. Com eles, podemos organizar pensamentos e ideias e, em geral, mostram que somos pessoas organizadas. Um programa Java é como um sumário. O programa da Listagem 3-1 começa com uma grande linha de cabeçalho que diz: "Esta é uma classe chamada `Displayer`". Depois dela, um subtítulo declara "Este é um método chamado `main`".

Mas se um programa Java é como um sumário, por que não se parece com um? O que substitui os números romanos, as letras maiúsculas e as outras coisas? A resposta tem duas partes:

- ✔ Em programas Java, as chaves envolvem as unidades do código que têm algum significado.

- ✔ O programador pode (e deve) recuar as linhas para que outros programadores possam visualizar a forma de sumário do código logo de cara.

Em um sumário, tudo está subordinado ao item em números romanos I. No programa Java, tudo está subordinado à linha superior — onde está escrito `class`. Para indicar que todo o resto no código está subordinado a essa linha `class`, usamos as chaves. O restante do código aparece dentro destas chaves (veja a Listagem 3-4).

Listagem 3-4: **Chaves para a Classe Java**

```
class Displayer {

    public static void main(String args[]) {
        System.out.println("Você vai amar Java!");
    }
}
```

Em um sumário, alguns outros itens são subordinados à letra A, em maiúscula. Em um programa Java, algumas linhas são subordinadas ao cabeçalho do método. Para indicar essa situação, usamos as chaves (veja a Listagem 3-5).

Listagem 3-5: **Chaves para o Método Java**

```
class Displayer {

    public static void main(String args[]) {
        System.out.println("Você vai amar Java!");
    }
}
```

No sumário, alguns itens estão no final da cadeia. Na classe `Displayer`, a linha correspondente é a que começa com `System.out.println`. Consequentemente, ela aparece toda dentro de outras chaves e é mais recuada que as outras.

Sempre tenha em mente que um programa Java é, primeiro e principalmente, um sumário.

Se inserirmos as chaves em posições erradas ou esquecermos de colocá-las quando necessárias, o programa provavelmente não vai funcionar e, ainda que funcione, não será corretamente.

Se não recuarmos as linhas do código de maneira informativa, o programa ainda funcionará corretamente, mas ninguém será capaz de entender a intenção de quem escreveu o código.

Se você é uma pessoal visual, imagine os sumários dos programas Java em sua cabeça. Um amigo meu visualiza um sumário todo numerado se transformando em um programa Java (veja a Figura 3-6). Outra pessoa, que não devo dizer o nome, usa imagens mais bizarras (veja a Figura 3-7).

Como qualquer outra pessoa, gosto de uma boa desculpa para minhas falhas, mas deixar de recuar as linhas do código Java é imperdoável. Na verdade, muitos IDEs Java têm ferramentas para recuar as linhas automaticamente. Visite o site deste livro para saber mais.

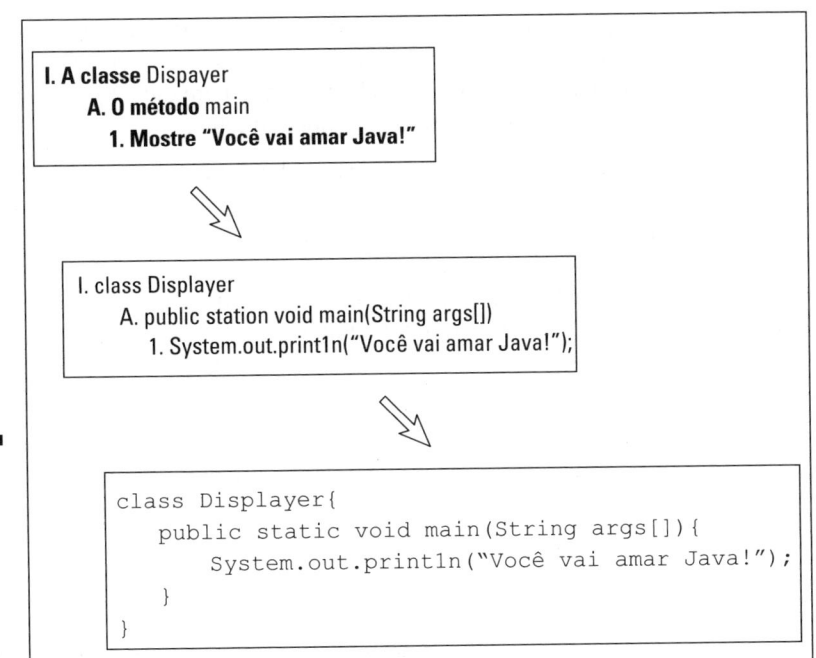

Figura 3-6: Como um sumário se transforma em um programa Java.

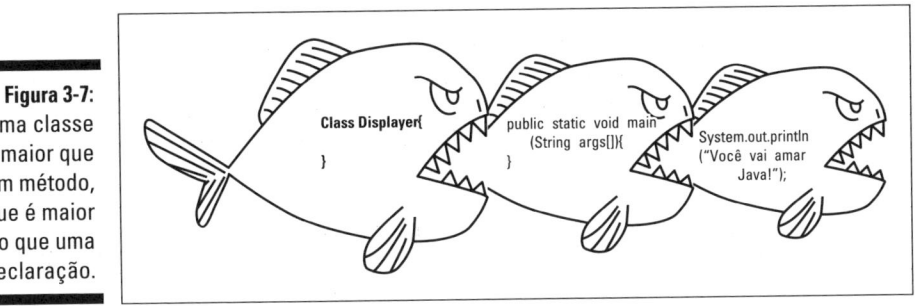

Figura 3-7: Uma classe é maior que um método, que é maior do que uma declaração.

E Agora, Alguns Comentários

As pessoas costumam se juntar ao redor de fogueiras para ouvir uma antiga lenda sobre uma programadora que se meteu em problemas pela preguiça. Para manter a anonimidade dessa programadora, vamos chamá-la de Jane Pro. Ela trabalhou muitos meses para criar o Santo Graal da computação —

um programa que pensa sozinho. Se terminado, ele funcionaria de maneira independente, aprendendo coisas novas sem a intervenção humana. Dia após dia, noite após noite, ela trabalhou para dar ao programa a centelha da criatividade e do pensamento independente.

Certo dia, quando estava quase acabando o projeto, recebeu uma carta perturbadora de seu plano de saúde. Não, a correspondência não era sobre uma doença grave. Era sobre uma consulta médica que havia feito. Em um formulário da clínica, havia um local para que ela preenchesse sua data de nascimento, como se esta fosse uma informação que mudasse sempre que ela preenche um formulário. Em uma distração ela havia escrito 2009 como ano de seu nascimento, então o plano recusou-se a fazer o pagamento.

Jane ligou para a empresa de plano de saúde. Por vinte minutos, ela falou com uma pessoa. "Sinto muito", disse a pessoa. "Para resolver este problema você deve ligar para outro número". Você já deve estar imaginando o que aconteceu depois. "Sinto muito. O outro operador lhe deu o número errado". E então, "sinto muito. Você deve ligar para o primeiro número novamente".

Cinco meses depois, a orelha de Jane inchou, mas depois de 800 horas de ligações finalmente obteve uma promessa de que a empresa reprocessaria a solicitação. Alegre, estava ansiosa para voltar para seu projeto de programação. Ela conseguia se lembrar o que todas aquelas linhas do código deveriam significar?

Não. Ela olhava e olhava para seu próprio trabalho, e como um sonho sem sentido na manhã seguinte, o código não tinha qualquer significado para ela. Havia milhões de linhas já escritas, mas nenhuma delas continha qualquer comentário explicativo. Ela não tinha qualquer pista para entender o que havia pensado e, frustrada, abandonou o projeto.

Adicionando comentários em seu código

A Listagem 3-6 tem uma versão aprimorada do programa mostrado neste capítulo. Além de todas as palavras-chave, identificadores e pontuação, a Listagem 3-6 possui um texto que é feito para ser lido por pessoas.

Listagem 3-6: Três Tipos de Comentários

```java
/*
 * Listagem 3-6 em "Java Para Leigos, Tradução da 5ª Edição"
 *
 * Copyright 2013 Editora Alta Books.
 * Todos os direitos reservados.
 */

/**
 * A class Displayer mostra o texto
 * na tela do computador.
 *
 * @author  Barry Burd
 * @version 1.0 10/24/09
 * @see     java.lang.System
 */
class Displayer {

    /**
     * O método main é onde
     * a execução do código começa.
     *
     * @param args  (veja Capítulo 11.)
     */
    public static void main(String args[]) {
        System.out.println("Eu amo Java!"); //Eu? Você?
    }
}
```

Um *comentário* é uma parte especial do texto dentro do programa, com a finalidade de ajudar outras pessoas a entenderem o programa. Um comentário é parte de uma boa documentação do programa.

A linguagem de programação Java tem três tipos de comentários:

- **Comentários tradicionais:** as primeiras cinco linhas da Listagem 3-6 são um comentário *tradicional*. Ele começa com /* e termina com */. Tudo entre esses dois símbolos é apenas para olhos humanos. Nenhuma informação sobre "Java Para Leigos, Tradução da 5ª Edição" ou Editora Alta Books é traduzida pelo compilador.

  Para ler mais sobre compiladores, veja o Capítulo 2.

As segunda, terceira, quarta e quinta linhas na Listagem 3-6 tem asteriscos (*) extra. Chamamos de extras pois eles não são necessários quando criamos o comentário. Eles apenas deixam o comentário mais bonito e foram inseridos na Listagem 3-6, pois por alguma razão que não entendo completamente, muitos programadores Java os adicionam.

✔ **Comentários de final de linha:** o texto `//Eu? Você?` na Listagem 3-6 é um comentário *de final de linha*. Ele começa com duas barras e vai até o final da linha de digitação. Da mesma forma, o compilador não traduz o texto desse comentário.

Comentários Javadoc: começam com uma barra e dois asteriscos (*/***). A Listagem 3-6 tem dois comentários deste tipo — um com o texto A `classe Displayer ...` e outro com o texto `O método main` é `onde...`

Um comentário javadoc é um tipo especial de comentário tradicional. Ele tem a finalidade de ser lido por pessoas que nunca viram o código Java. Mas isso não faz sentido. Como alguém que nunca viu um código pode ver os comentários da Listagem 3-6?

Existe um programa chamado *javadoc* (o que mais poderia ser?) que consegue encontrar todos esses comentários na Listagem 3-6 e transformá-los em uma página da internet. A Figura 3-8 mostra essa página.

Os comentários javadoc são maravilhosos. Veja algumas coisas interessantes sobre eles:

✔ A única pessoa que tem que ver o código Java é o programador que o escreve. As outras pessoas que utilizam o código podem descobrir o que ele faz lendo a página gerada automaticamente.

✔ Já que outras pessoas não veem o código Java, não podem modificá-lo (em outras palavras, não inserem erros no código já existente).

✔ Já que outras pessoas não precisam ver o código Java, não terão que decifrar seus trabalhos internos. Tudo que elas precisam saber sobre o código está na página dele.

✔ O programador não cria duas coisas separadas — um código Java e sua documentação. Ele cria apenas um código Java e embute a documentação (na forma de comentários javadoc) dentro do próprio código.

✔ E melhor de tudo, a geração de páginas da internet a partir de comentários javadoc é automática. Então, a documentação de qualquer pessoa tem o mesmo formato. Não importa que código esteja usando, a página de informações sobre ele será igual a da Figura 3-8. Isso é bom, pois o formato na Figura 3-8 é familiar a todos que usam Java.

Você pode gerar suas próprias páginas Web a partir dos comentários javadoc que você insere em seu código. Para descobrir como, visite o site deste livro (com conteúdo em inglês).

Package **Class** Tree Deprecated Index Help
PREV CLASS   NEXT CLASS   FRAMES   NO FRAMES   All Classes
SUMMARY: NESTED | FIELD | CONSTR | METHOD   DETAIL: FIELD | CONSTR | METHOD

Class Displayer

```
java.lang.Object
 └ Displayer
```

```
class Displayer
extends java.lang.Object
```

The Displayer class displays text on the computer screen.

Version:
   1.0 10/24/09
Author:
   Barry Burd
See Also:
   System

Constructor Summary

Constructor and Description
Displayer()

Method Summary

Modifier and Type	Method and Description
static void	main(java.lang.String[] args) The main method is where execution of the code begins.

Methods inherited from class java.lang.Object

clone, equals, finalize, getClass, hashCode, notify, notifyAll, toString, wait, wait, wait

Constructor Detail

Displayer

Displayer()

Method Detail

main

public static void main(java.lang.String[] args)

   The main method is where execution of the code begins.

   Parameters:
      args - (See Chapter 11.)

Package **Class** Tree Deprecated Index Help
PREV CLASS   NEXT CLASS   FRAMES   NO FRAMES   All Classes
SUMMARY: NESTED | FIELD | CONSTR | METHOD   DETAIL: FIELD | CONSTR | METHOD

Figura 3-8:
Página javadoc gerada a partir do código na Listagem 3-6.

Qual a desculpa de Barry?

Há anos digo aos meus alunos para inserirem comentários em seus códigos e há anos crio códigos de amostra (como aquele na Listagem 3-1) sem comentários. Por quê?

Três pequenas palavras: "conheça seu público". Quando escrevemos códigos reais complicados, nosso público são outros programadores, gerentes de tecnologia de informação e pessoas que precisam de ajuda para decifrar o que fizemos. Quando escrevo códigos simples, de amostra, meu público é você — um programador novato de Java. Ao invés de ler meus comentários, sua melhor estratégia tem que ser analisar as declarações Java — aquelas que o compilador Java decifra. É por isso que insiro tão poucos comentários nas listagens deste livro.

Além do mais, sou um pouco preguiçoso.

Usando comentários para testar em seu código

Você já deve ter ouvido alguns programadores falando em *comentar* certas partes dos códigos. Quando escrevemos um programa e algo não está funcionando corretamente, em geral, ajuda se tentarmos remover parte do código. Na melhor das hipóteses, você saberá o que acontece quando aquela parte suspeita é removida. É claro que você pode não gostar do que vai acontecer quando retirá-lo, então, é melhor não deletá-lo completamente. Ao invés disso, você transforma sua declaração Java normal em comentário. Por exemplo, transforma a declaração

```
System.out.println("Eu amo Java!");
```

no comentário

```
// System.out.println("Eu amo Java!");
```

Isso impede que o compilador veja o código, enquanto tentamos descobrir o que está errado no programa.

Comentários tradicionais não são muito úteis para esse truque. O grande problema é que não podemos inserir um comentário tradicional dentro de outro. Por exemplo, suponha que quer extrair uma declaração do código, inserindo-a em um comentário:

```
System.out.println("Pais,");
System.out.println("escolham suas");
/*
 * Mostre intencionalmente em quatro linhas separadas
 */
System.out.println("batalhas");
System.out.println("com cuidado!");
```

Se tentarmos transformar esse código em um comentário tradicional, obteremos a seguinte confusão:

```
/*
   System.out.println("Pais,");
   System.out.println("escolham suas");
   /*
    * Mostre intencionalmente em quatro linhas separadas
    */
   System.out.println("batalhas");
   System.out.println("com cuidado!");
*/
```

O primeiro `*/` (depois de `Mostre intencionalmente`) encerra o comentário tradicional antes da hora. Então, as proposições `batalhas` e `com cuidado` não foram inseridas em um comentário e o último `*/` confunde o compilador. Não podemos inserir comentários tradicionais dentro de outros. Por isso, recomendo os comentários de final de linha como ferramentas para testar código.

A maioria dos IDEs pode extrair as partes do código, inserindo-as em comentários automaticamente. Para mais detalhes, visite o site deste livro.

Parte II

Escrevendo Seus Próprios Programas Java

A 5ª Onda por Rich Tennant

"Pare de trabalhar no programa de Alocação de Vagas de Garagem preferencial. Eles querem um atalho para o programa Cafeteria/ Proximidade do Cubículo."

Nesta parte...

Nesta parte, colocaremos a mão na massa, escrevendo alguns programas e descobrindo como é o Java na realidade. Alguns dos tópicos desta parte são específicos para Java, mas grande parte trata da boa e velha programação de computador geral. Aqui nos concentraremos nos detalhes — sobre dados, lógica e fluxo de programa. Depois de ler esta parte e praticar algumas das técnicas, você poderá escrever todos os tipos de programas Java interessantes.

Capítulo 4

Extraindo o Máximo das Variáveis e Seus Valores

A conversa a seguir entre o Sr. Van Doren e o Sr. Barasch nunca aconteceu:

> *Charles*: Uma lula come seu cérebro, se transformando de animal em planta.

> *Jack*: Essa é sua resposta final, Charles?

> *Charles*: Sim.

> *Jack*: Quanto dinheiro você tem em conta hoje, Charles?

> *Charles*: Tenho cinquenta reais e vinte e cinco centavos em minha conta corrente.

> *Jack*: Bem, é melhor chamar a Receita Federal, pois sua resposta sobre a lula está correta. Você ganhou um milhão de reais para acrescentar em sua contra corrente. O que acha disso, Charles?

> *Charles*: Eu devo tudo isso à honestidade, ao empenho e ao trabalho duro, Jack.

Alguns aspectos desse diálogo podem ser representados em Java por algumas poucas linhas de código.

Variando uma Variável

Não importa como adquiriu um milhão de reais, podemos usar uma variável para calcular seus bens. A Listagem 4-1 demonstra o código.

Listagem 4-1:   Usando uma Variável

```
valorNaConta = 50.22;
valorNaConta = valorNaConta + 1000000.00;
```

O código na Listagem 4-1 usa a variável `valorNaConta`. Uma *variável* é um marcador de lugar. Podemos atrelar um número, como 50,22 a uma variável. Depois disso, podemos trocá-lo (é isso que varia na variável). Quando substituímos esse número, o antigo deixa de existir.

A Figura 4-1 traz uma ilustração do antes e depois do código da Listagem 4-1. Depois que a primeira declaração na Listagem 4-1 é executada, a variável `valorNaConta` tem o número 50,22 nela. Então, depois que a segunda declaração na Listagem 4-1 é executada, a variável `valorNaConta` passa a ter 1.000.050,22 nela. Quando pensamos em variáveis, podemos imaginar um lugar na memória do computador onde fios e transistores armazenam 50,22, 1000050,22 ou qualquer valor. No lado esquerdo da Figura 4-1, imagine que a caixa com 50,22 está cercada por milhões de outras caixas.

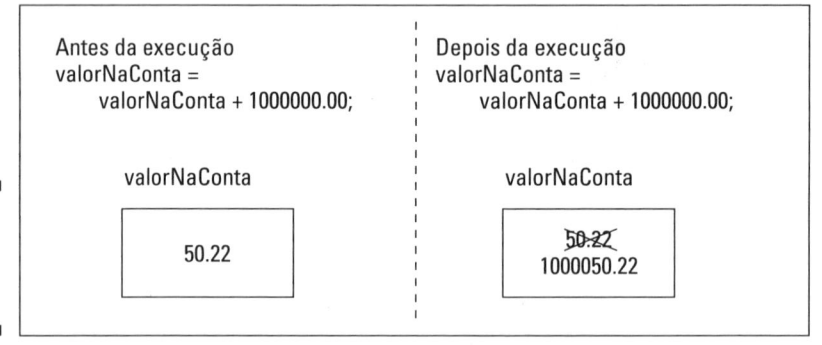

Figura 4-1:
Uma variável
(antes e
depois).

Agora, vamos falar um pouco de terminologia. A coisa armazenada em uma variável é chamada de *valor*. O valor de uma variável pode mudar durante a execução de um programa (quando Jack deu um milhão de reais para Charles, por exemplo). O valor armazenado em uma variável não é necessariamente um número (por exemplo, podemos criar uma variável que sempre armazene uma letra). O tipo de valor que é armazenado na variável é um *tipo*.

Leia mais sobre tipos no tópico: "Entendendo os Tipos de Valores que as Variáveis Podem Ter", mais adiante neste capítulo.

Existe uma diferença sutil, quase imperceptível, entre uma variável e um *nome* de variável. Mesmo em um texto formal, geralmente usamos *variável* quando nos referimos ao *nome da variável*. Em sentido estrito, `valorNaConta` é um nome de variável e todo o armazenamento de memória associado a ele (incluindo o tipo e o valor que `valorNaConta` tenha e represente no momento) é a própria variável. Se está pensando que essa distinção entre *variável* e *nome da variável* é muito sutil, bem vindo ao clube.

Cada nome de variável é um identificador — um nome que inventamos em nosso código. Na preparação da Listagem 4-1, inventei o nome *valorNaConta*.

Para mais informações sobre os tipos de nomes em um programa Java, veja o Capítulo 3.

Antes de esquecermos a Listagem 4-1, precisamos observar mais uma de suas partes. Ela tem `50,22` e `1.000.000,00` nela. Qualquer um em juízo perfeito chamaria isso de *números*, mas no programa Java é mais útil os chamarmos de *literais*.

Mas o que há de literal em `50.22` e `1000000.00`? Bem, pense na variável `valorNaConta` na Listagem 4-1, ela significa `50,22` parte do tempo e 1000050,22 no restante. Podemos usar também a palavra *número* para nos referirmos a `valorNaConta`, mas na verdade o seu significado vai depender no momento. Por outro lado, `50,22` literalmente significa o valor $50^{22}/_{100}$.

O valor das variáveis muda; o valor de um literal, não.

Começando com Java 7, podemos adicionar sublinhas nos literais numéricos. Ao invés de usar o bom e velho `1000000,00` na Listagem 4-1, podemos escrever `valorNaConta = valorNaConta + 1_000_000.00`. Infelizmente, não podemos fazer o que nos parece mais óbvio, que é escrever `1.000.000,00` (como fazemos no Brasil), nem escrever `1,000,000.00` (como faríamos nos Estados Unidos). Se quisermos escrever `1.000.000,00` ou `1,000,000.00` teremos que usar alguns truques de formatação mais sofisticados. Para saber mais sobre essa formatação, veja os Capítulos 10 e 11.

Declaração de Atribuição

Declarações como as contidas na Listagem 4-1 são chamadas de *declaração de atribuição*. Nela, atribuímos um valor a algo. Em muitos casos, a uma variável.

Recomendo que tome por hábito ler as declarações de atribuição da direita para esquerda. A Figura 4-2 ilustra a ação da primeira linha na Listagem 4-1.

A segunda linha na Listagem 4-1 é apenas um pouco mais complicada. A Figura 4-3 ilustra essa ação.

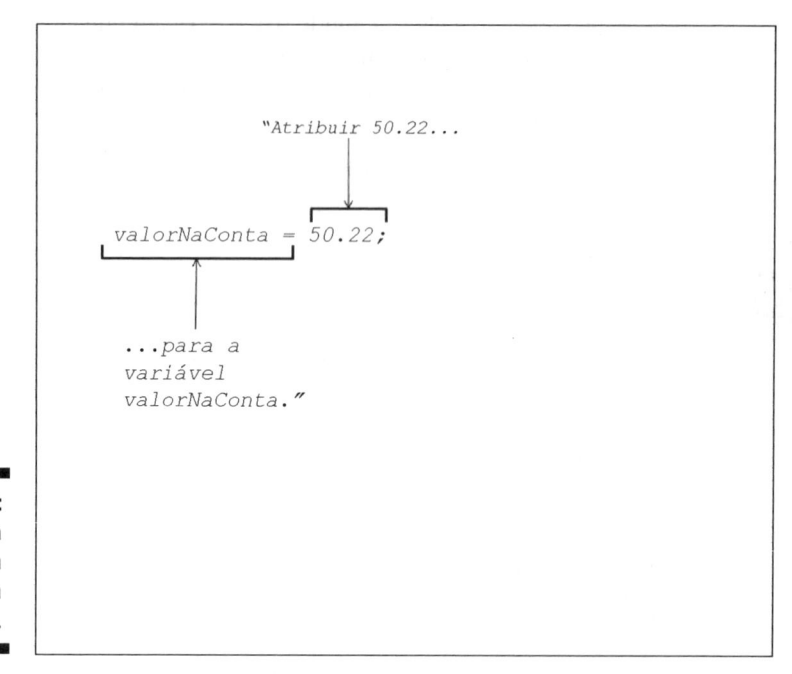

Figura 4-2:
A ação da
primeira
linha na
Listagem 4-1.

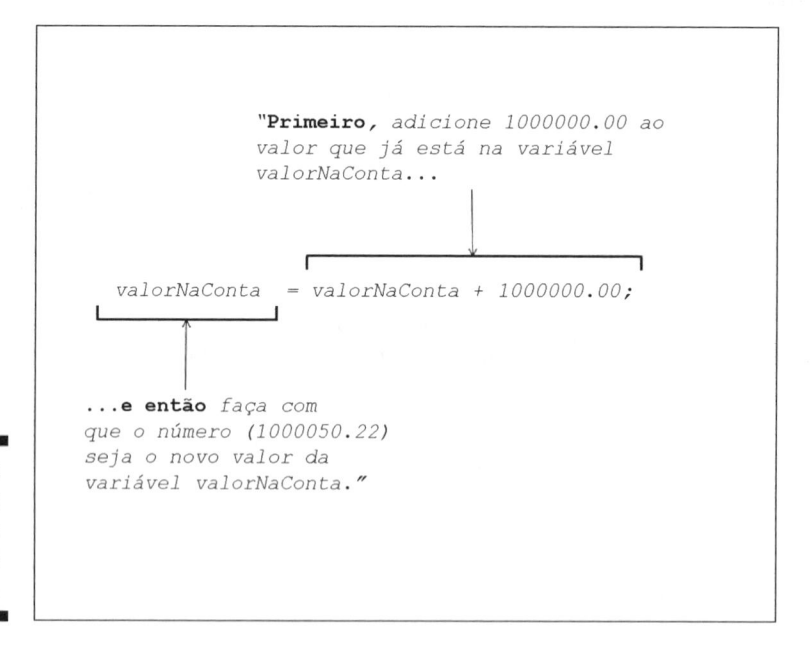

Figura 4-3:
A ação na
segunda
linha na
Listagem 4-1.

Na declaração de uma atribuição, a coisa em que estamos atribuindo o valor está sempre do lado esquerdo do sinal de igual.

Entendendo os Tipos de Valores que as Variáveis Podem Ter

Os computadores somente conseguem lidar com zeros (0) e uns (1). Ao armazenar a letra *J*, por exemplo, na verdade o computador está gravando 01001010. Tudo dentro deles é uma sequência de 0 e 1. E como todo geek sabe, 0 ou 1 são chamados de *bit*.

Ocorre que a sequência 01001010, que significa a letra *J*, representa também o número 74. A mesma sequência também pode significar $1.0369608636003646 \times 10^{43}$. Na verdade, se os bits forem interpretados como pixels, a mesma sequência pode ser usada para representar os pontos mostrados na Figura 4-4. O significado de 01001010 depende do modo que o software o interpreta.

Figura 4-4: Uma ampliação de oito pixels em preto e branco.

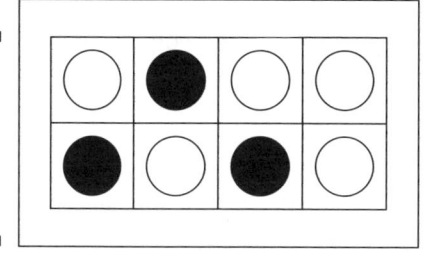

Então, como dizemos ao computador o que significa 01001010? A resposta está no conceito de *tipo*. O tipo de uma variável é a faixa de amplitude de valores que a variável pode armazenar.

Copiei as linhas da Listagem 4-1 e as inseri em um programa Java, que está na Listagem 4-2. Quando executo esse programa, o resultado é o demonstrado na Figura 4-5.

Listagem 4-2:   Um Programa Usando valorNaConta

```java
class Milionario {
    public static void main(String args[]) {
        double valorNaConta;

        valorNaConta = 50.22;
        valorNaConta = valorNaConta + 1000000.00;

        System.out.print("Você tem $");
        System.out.print(valorNaConta);
        System.out.println("em sua conta.");
    }
}
```

Figura 4-5: Executando o programa na Listagem 4-2.

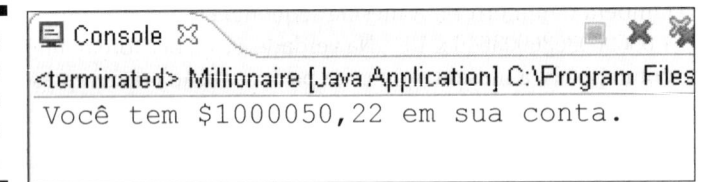

```
Console ☒                              ▣ ✖ ✖
<terminated> Millionaire [Java Application] C:\Program Files
Você tem $1000050,22 em sua conta.
```

Na Listagem 4-2, observe a primeira linha no corpo do método `main`.

```java
double valorNaConta;
```

Essa linha é chamada de *declaração da variável*. Ao inseri-la em um programa estamos dizendo: "estou declarando minha intenção de ter uma variável chamada *valorNaConta* em meu programa". Essa linha reserva o nome *valorNaConta* para utilização no programa.

Nessa declaração de variável, a palavra *double* é uma palavra-chave Java. Ela diz ao computador quais os tipos de valores que pretendemos armazenar em `valorNaConta`. A palavra *double,* em particular, refere-se a números entre $-1,8 \times 10^{308}$ e $1,8 \times 10^{308}$. Estes são números gigantescos com 308 zeros antes do ponto decimal (apenas a pessoa mais rica do mundo pode escrever cheques com tantos zeros). O segundo número, um ponto oito mega-super-zilhão, é uma constante definida pelo Escritório Internacional de Pesos e Medidas e é o número de programadores excêntricos existentes entre a Terra e a Galáxia M31 Andrômeda.

Mais importante do que essa gigantesca amplitude de números da palavra-chave `double` é o fato de poder conter dígitos além do ponto decimal. Depois de declararmos `valorNaConta` como sendo do tipo `double`, podemos armazenar todos os tipos de números nele, como 50,22, 0,02398479 ou -3,0. Na Listagem 4-2, se não tivéssemos declarado `valorNaConta` como sendo do tipo `double`, não seria possível armazenar 50,22. Ao invés disso, teríamos armazenado apenas 50, sem qualquer dígito além do ponto decimal.

Dígitos além do ponto decimal

O Java tem dois diferentes tipos que contêm dígitos além do ponto decimal: o `double` e o `float`. Mas qual a diferença? Quando declaramos uma variável como sendo do tipo `double`, estamos dizendo ao computador para ocupar 64 bits para armazenar os valores da variável. Quando a declaramos como sendo do tipo `float`, o computador ocupa somente 32 bits.

Poderíamos trocar o tipo de `valorNaConta` para `float` na Listagem 4-2.

```
float valorNaConta;
```

É claro que 32 bits são suficientes para armazenar um número como 50,22, certo? Bem, sim e não. Poderíamos armazenar facilmente 50,00 usando apenas 32 bits. Na verdade, até usando apenas 6 bits. O tamanho do número não importa. A precisão, sim. Em um variável `double` de 64 bits, estamos usando a maioria dos bits para armazenar o que está além do ponto decimal. Para armazenar a parte ,22 de 50,22, precisamos de mais do que míseros 32 bits, que temos com o tipo `float`.

Dá para acreditar no que acabou de ler — que 0,22 precisa de mais do que 32 bits para ser armazenado? Para ajudar a convencê-lo, fiz algumas alterações no código da Listagem 4-2. Transformei `valorNaConta` para o tipo `float` e o resultado foi:

```
Você tem $1000050.25 em sua
conta.
```

Compare-o com o resultado da Figura 4-5. Quando trocamos o tipo `double` para `float`, Charles tem três centavos extras em sua conta. Ao fazer essa troca, acabamos com a precisão na casa centesimal da variável. Isso não é nada bom.

Outra dificuldade com os valores `float` é meramente estética. Observe os literais `50.22` e `1000000.00`, na Listagem 4-2. As Leis do Java dizem que literais como este ocupam 64 bits cada. Isto significa que se declararmos `valorNaConta` como sendo do tipo `float`, vamos ter problemas. Não conseguiremos inserir esses literais de 64 bits em uma variável `valorNaConta` de 32 bits. Para compensar, podemos trocar os literais double por `float` adicionando um `F` em cada literal double, mas um número com um F a mais no final é esquisito.

```
float valorNaConta;
valorNaConta = 50.22F;
valorNaConta =
    valorNaConta +
    1000000.00F;
```

Para praticar um pouco com os números, visite `http://babbage.cs.qc.edu/IEEE-754/`. Essa página, com conteúdo em inglês, pega qualquer número e mostra como ele seria representado em 32 e 64 bits.

Outro tipo — o `float` — também nos permite ter números além do ponto decimal, mas não é muito preciso (veja o box "Dígitos além do ponto decimal", para saber a história completa). Não se preocupe em escolher entre `float` e `double`, para a maioria dos programas, use o `double`.

A bolada de um milhão na Listagem 4-2 é impressionante. Mas ela não ilustra a melhor maneira de lidar com valores de dinheiro. Em um programa Java, o melhor modo de representar moedas é evitar os tipos `double` e `float` e optar por um tipo chamado `BigDecimal`. Para saber mais, veja o site deste livro.

Mostrando Texto

As últimas três declarações na Listagem 4-2 usam um ótimo truque de formatação. Se quisermos mostrar diversas coisas diferentes em uma única linha na tela, colocamos essas coisas em declarações separadas. Todas essas linhas, com exceção da última, são chamadas para System.out. print (a última declaração é uma chamada para System.out.println). Chamar por System.out.print mostra o texto em parte de uma linha e, então, deixa o cursor no final da linha atual. Depois de executar System. out.print, o cursor está ainda no final da mesma linha, então, o próximo System.out.*qualquercoisa* pode continuar a escrever na mesma linha. Com várias chamadas de print culminando com uma única println, o resultado é apenas uma linha de resultado (veja a Figura 4-5).

Uma chamada para System.out.print escreve algumas coisas e deixa o cursor parado no final da linha do resultado. Uma chamada para System. out.println escreve coisas e, então, finaliza o trabalho, movendo o cursor para o começo de uma linha nova de resultado.

Números sem Pontos Decimais

"Em 1995, a média de filhos por família era 2,3."

Aqui, qualquer pessoa inteligente percebe que nenhuma família de verdade tem exatamente 2,3 filhos. Obviamente, os números inteiros têm seu papel no mundo. Portanto, no Java, podemos declarar uma variável usando apenas números inteiros. A Listagem 4-3 mostra um programa que usa números inteiros como variáveis.

Listagem 4-3: Usando o Tipo int

```
class InstaladorElevador {

    public static void main(String args[]) {
        int pesoDeUmaPessoa;
        int limitePesoElevador;
        int numeroDePessoas;

        pesoDeUmaPessoa = 68;
        limiteDePesoElevador = 630;
        numeroDePessoas =
            limiteDePesoElevador / pesoDeUmaPessoa;

        System.out.print("Cabem");
        System.out.print(numeroDePessoas);
        System.out.println("pessoas no elevador.");
    }

}
```

A questão envolvendo o programa na Listagem 4-3 precisa de uma complicada explicação. Então, aqui vai ela:

Temos um elevador de um hotel onde a capacidade de peso é 630 kg. Em um final de semana, o hotel hospeda um concurso gastronômico. O grupo de dez jurados pesa exatos 65kg cada, mas depois de cada etapa de degustação das iguarias do concurso, acabam ganhando alguns quilinhos, ficando com 68Kg cada. Quantos deles podem subir no elevador ao mesmo tempo?

Lembre-se, se colocar um grama a mais do que o peso suportado pelo elevador, os cabos se rompem, despencando e matando todos os jurados.

A resposta para este dilema (o resultado do programa na Listagem 4-3) é mostrado na Figura 4-6.

Figura 4-6:
Salve os
Jurados,
Salve o
Concurso.

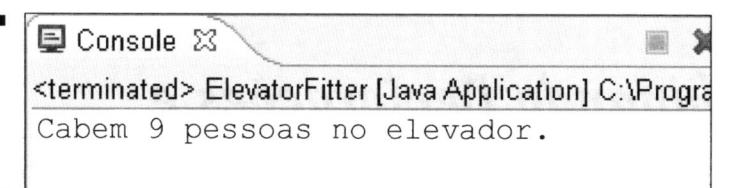

O centro do problema do concurso gastronômico é que temos números inteiros, sem dígitos após o ponto decimal. Quando dividimos 630 por 68, temos aproximadamente 9 ¼ , mas não podemos considerar o ¼. Não importa quanto tentemos, não podemos colocar ¼ de jurado no elevador. Isto reflete muito bem o Java. Na Listagem 4-3, todas as três variáveis (`pesoDeUmaPessoa`, `limiteDePesoElevador` e `NumeroDePessoas`) são do tipo `int`. Um valor `int` é um número inteiro. Quando o dividimos por outro valor `int` (como fazemos com a barra (`/`) na Listagem 4-3), sempre teremos outro `int`. Ao dividirmos 630 por 68, temos 9 — e não 9 ¼. Veja a Figura 4-6. Juntas, as seguintes declarações mostram 9 na tela:

```
numeroDePessoas =
      limiteDePesoElevador / pesoDeUmaPessoa;

System.out.print(numeroDePessoas);
```

Quatro formas de armazenar números inteiros

O Java possui quatro tipos de números inteiros. Os tipos `byte`, `short`, `int` e `long`. Ao contrário da complicada história sobre a precisão dos tipos `float` e `double`, a única coisa que importa ao escolhermos entre os tipos de números inteiros é o tamanho do número que estamos tentando armazenar. Se quisermos usar números maiores do que 127, não devemos usar `byte`. Para armazenar números maiores do que 32767, não use `short`.

A maior parte do tempo, usamos o `int`. Mas se precisar armazenar números maiores do que 2147483647, desista do `int` e prefira o `long` (um número long pode ser tão grande quanto: 9223372036854775807). Para a história completa, veja a Tabela 4-1.

Combinando Declarações e Inicialização de Variáveis

Observe novamente a Listagem 4-3. Nela, podemos ver três declarações de variáveis — uma para cada das três variáveis `int` do programa. Poderíamos ter feito a mesma coisa com apenas uma declaração:

```
int pesoDeUmaPessoa, limiteDePesoElevador, numeroDePessoas;
```

Se duas variáveis têm tipos completamente diferentes, não podemos criá-las na mesma declaração. Por exemplo, para criar uma variável do tipo `int` chamada *pesoDeFred* e uma do tipo `double` chamada *valorNaContaDeFred*, precisamos separá-las em duas declarações.

Podemos atribuir os valores iniciais das variáveis em uma declaração. Na Listagem 4-3, por exemplo, uma declaração pode substituir diversas linhas no método `main` (todas menos as chamadas para `print` e `println`).

```
int pesoDeUmaPessoa = 68, limiteDePesoElevador = 630,
    numeroDePessoas = limiteDePesoElevador/pesoDeUmaPessoa;
```

Quando fazemos isto, não dizemos que estamos atribuindo valores às variáveis. Os pedaços das declarações com o sinal de igual não são chamados de declaração de atribuição. Ao invés disso, dizemos que estamos *inicializando* as variáveis. Acredite ou não, essa distinção é muito útil.

Como tudo mais na vida, inicializar uma variável tem suas vantagens e desvantagens:

📌 **Quando combinamos seis linhas da Listagem 4-3 em apenas uma declaração, o código se torna mais conciso.** Algumas vezes, códigos concisos são mais fáceis de ler, outras, não. Como programador, a escolha é sua.

📌 **Pela inicialização da variável, podemos automaticamente evitar certos tipos de erros de programação.** Veja o Capítulo 7 para exemplos.

📌 **Em algumas situações, não temos escolha. A natureza do código nos força a inicializar ou não.** Para um exemplo do que não serve para inicialização de variável, veja o programa para deletar provas no Capítulo 6.

Os Átomos: Os Tipos Primitivos do Java

As palavras *int* e *double,* descritas nos tópicos anteriores são exemplos de *tipos primitivos* (também conhecidos como *simples*). A linguagem Java tem oito tipos primitivos. Como um novato, pode ignorar quatro deles (como linguagem de programação, o Java é bom e compacto assim). A Tabela 4-1 mostra a lista completa destes tipos primitivos.

Tabela 4-1	Tipos Primitivos de Java	
Nome do Tipo	*Como é o Literal*	*Amplitude de Valores*
Tipos de números inteiros		
byte	(byte)42	-128 a 127
short	(short)42	-32768 a 32767
int	42	-2147483648 a 2147483647
long	42L	-9223372036854775808 a 9223372036854775807
Tipos de números decimais		
float	42.0F	$-3{,}4 \times 10^{38}$ a $3{,}4 \times 10^{38}$
double	42.0	$-1{,}8 \times 10^{308}$ a $1{,}8 \times 10^{308}$
Tipo de Caractere		
char	"A"	Milhares de caracteres, hieróglifos e símbolos
Tipo Lógico		
boolean	verdadeiro	verdadeiro, falso

Os tipos que não podem ser ignorados são `int`, `double`, `char` e `boolean`. Os tópicos anteriores neste capítulo abrangem os tipos `int` e `double`. Então, este tópico trata dos tipos `char` e `boolean`.

O tipo char

Há não muito tempo, pensávamos que computadores existiam apenas para fazer cálculos de números enormes. Hoje em dia, com os processadores de texto, ninguém mais pensa assim. Então, se você não estava em uma câmera criogênica nos últimos 20 anos, sabe que computadores armazenam letras, símbolos de pontuação e outros caracteres.

O tipo Java que é usado para armazenar caracteres é chamado de *char*. A Listagem 4-4 traz um programa simples que utiliza esse tipo. A Figura 4-7 mostra o resultado do programa da Listagem 4-4.

Listagem 4-4: Usando o Tipo char

```java
class DemoChar {

    public static void main(String args[]) {
        char meuPequenoChar = 'b';
        char meuGrandeChar = Character.toUpperCase
            (meuPequenoChar);
        System.out.println(meuGrandeChar);
    }
}
```

Figura 4-7:
Uma empolgante execução do programa da Listagem 4-4, como aparece na visualização do Eclipse Console.

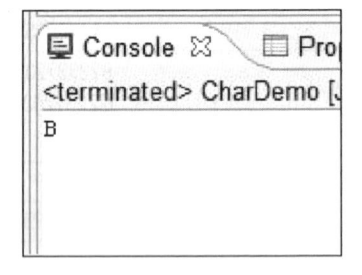

Na Listagem 4-4, a primeira inicialização armazena a letra *b* na variável `meuPequenoChar`. Na inicialização, observe que *b* é cercado por aspas simples. No Java, todo literal `char` começa e termina com aspas simples.

Em um programa Java, aspas simples sempre envolvem as letras em um literal `char`.

Se precisar de ajuda para distinguir entre *atribuição, declaração* e *inicialização*, veja o tópico "Combinando Declarações e Inicialização de Variáveis", no início deste capítulo.

Na segunda inicialização da Listagem 4-4, o programa chama um método API de nome *Character.toUpperCase*. Este método produz o equivalente em maiúscula da letra *b*. Este equivalente em maiúscula (a letra *B*) é atribuído à variável para `meuGrandeChar` e o *B* e o que `meuGrandeChar` mostra na tela.

Para uma introdução à Interface de Programação de Aplicativos (API), veja o Capítulo 3.

Por favor, não fique tentado a escrever a seguinte declaração:

```
char meusPequenosChars = "barry"; //Não faça isto
```

Não podemos armazenar mais do que uma letra ao mesmo tempo em uma variável `char` e não podemos colocar mais de uma letra entre um par de aspas simples. Para armazenar palavras ou sentenças (não apenas uma única letra), podemos usar a chamada *String,* ou cadeia de caracteres.

Para conhecer mais esse tipo Java, a `String`, veja o tópico "As Moléculas e os Componentes: Tipos por Referência", mais adiante neste capítulo.

Se você está acostumado a escrever programas em outras linguagens, já deve conhecer algo chamado *ASCII Character Encoding*. A maioria das linguagens usa ASCII, o Java usa *Unicode*. Na antiga representação ASCII, cada caractere ocupa até 8 bits, mas em Unicode, cada caractere ocupa 8, 16 ou 32 bits. Enquanto ASCII armazena as letras do alfabeto romano (português), a Unicode tem espaço para caracteres dos idiomas mais falados no mundo. O único problema é que alguns dos métodos Java API são especialmente dirigidos para Unicode 16-bit. Eventualmente, isso acaba causando problemas. Se usarmos um método para escrevermos Ola na tela e aparecer O l a, verifique a documentação do método para saber sobre os caracteres Unicode.

Vale ressaltar que os dois métodos, o `Character.toUpperCase` e o `System.out.println`, são usados de formas bem distintas na Listagem 4-4. O primeiro é chamado como parte de uma inicialização ou uma declaração de atribuição, mas o segundo é chamado por si só. Para saber mais sobre isso, veja o Capítulo 7.

O tipo boolean

Uma variável do tipo `boolean` armazena um entre dois valores — `true` (verdadeiro) ou `false` (falso). A Listagem 4-5 demonstra o uso dessa variável. A Figura 4-8 mostra o resultado do programa na Listagem 4-5.

Listagem 4-5:   Usando o Tipo boolean

```java
class InstaladorElevador2 {

    public static void main(String args[]) {
        System.out.println("Verdadeiro ou Falso?");
        System.out.println("Você pode colocar os dez");
        System.out.println("Jurados do concurso");
        System.out.println("no elevador:");
        System.out.println();

        int pesoDeUmaPessoa = 68;
        int limiteDePesoElevador = 630;
        int numeroDePessoas =
            limiteDePesoElevador / pesoDeUmaPessoa;

        boolean todosDezOK = numeroDePessoas >= 10;

        System.out.println(todosDezOK);
    }
}
```

Figura 4-8:
Os jurados
do concurso
estão de
volta.

```
Verdadeiro ou Falso?
Você pode colocar todos
os dez jurados do
concurso no elevador:

Falso
```

Na Listagem 4-5, a variável `todosDezOK` é uma variável do tipo `boolean`. Para encontrar o valor de `todosDezOK`, o programa verifica se o `numeroDePessoas` é maior ou igual a dez (os símbolos >= significam *maior ou igual a*).

Neste ponto, vale a pena ser minucioso com a terminologia. Qualquer parte do programa Java que tenha um valor é uma *expressão*. Se escrevermos

```
pesoDeUmaPessoa = 68;
```

então 68 é uma expressão (cujo valor é a quantidade 68). Se escrevermos

```
numeroDeOvos = 2 + 2;
```

então 2 + 2 é uma expressão (porque 2 + 2 tem o valor 4). Se escrevermos

```
int numeroDePessoas =
    limiteDePesoElevador / pesoDeUmaPessoa;
```

então limiteDePesoElevador / pesoDeUmaPessoa é uma expressão (o valor da expressão limiteDePesoElevador / pesoDeUmaPessoa depende dos valores que estas duas variáveis tenham quando o código contendo a expressão for executado).

Qualquer parte de um programa Java que tenha um valor é uma *expressão*.

Na Listagem 4-5, o código numeroDePessoas >= 10 é uma expressão. Seu valor depende do valor armazenado na variável numeroDePessoas. Mas como sabemos por causa da festa gastronômica dos jurados, o valor de numeroDePessoas não é maior ou igual a 10. Isto torna o valor de numeroDePessoas >= 10 falso. Então, na declaração da Listagem 4-5, em que para a variável todosDezOK é atribuído um valor, ele será false.

Na Listagem 4-5, chamamos System.out.println() sem inserir nada nos parênteses. Quando fazemos isso, o Java adiciona uma quebra de linha para o resultado do programa. Na Listagem 4-5, System.out.println() diz ao programa para mostrar uma linha em branco.

As Moléculas e os Componentes: Tipos por Referência

Combinando coisas simples, obtemos coisas mais complexas. É sempre assim que acontece. Se pegarmos alguns tipos primitivos de Java, misturarmos tudo e fizermos um ensopado, o que teremos? O *tipo por referência,* que é um pouco mais complicado.

O programa na Listagem 4-6 usa tipos por referência. A Figura 4-9 mostra o que acontece quando é executado.

Listagem 4-6:   Usando Tipos por Referência

```
import javax.swing.JFrame;

class MostreUmFrame {

    public static void main(String args[]) {
        JFrame meuFrame = new JFrame();
        String meuTitulo = "Frame em Branco";

        meuFrame.setTitle( meuTitulo);
        meuFrame.setSize(300, 200);
        meuFrame.setDefaultCloseOperation
            (Jframe.EXIT _ ON _ CLOSE);
        meuFrame.setVisible(true);

    }

}
```

O programa na Listagem 4-6 usa dois tipos por referência. Esses tipos são definidos na API Java. Um dos tipos (o que utilizamos o tempo todo) é chamado *String*. O outro (o que podemos usar para criar GUIs) é chamado de *JFrame*.

Figura 4-9:
Um quadro
em branco.

Uma String é uma cadeia de caracteres. É como ter diversos valores char em uma fileira. Então, com a variável meuTitulo declarada como sendo do tipo String, atribuir "Frame em Branco" a ela faz todo sentido na Listagem 4-6. A classe String é declarada na API Java.

Em um programa Java, aspas duplas envolvem as letras de um literal String.

Um *JFrame* Java é como uma janela (a única diferença é que o chamamos de JFrame e não de janela). Para manter a Listagem 4-6 curta e fácil, decidi não colocar nada em minha janela — nenhum botão, nenhum campo, nada.

Mesmo com uma janela completamente vazia, a Listagem 4-6 usa truques que só veremos mais adiante neste livro. Então, não tente ler e interpretar todas as palavras da Listagem 4-6. O importante aqui é que o programa tem duas declarações de variáveis. Ao escrever o programa, inventei dois nomes de variáveis — `meuTitulo` e `meuFrame`. De acordo com as declarações, `meuTitulo` é do tipo `String` e `meuFrame` é do tipo `JFrame`.

Procure `String` e `JFrame` na documentação da API Java. Mas posso lhe adiantar o que irá encontrar: que `String` e `JFrame` são nomes de classes Java. Isto é uma ótima notícia. Cada classe é o nome de um tipo por referência. Podemos reservar `valorNaConta` para valores `double`, escrevendo

```
double valorNaConta;
```

ou

```
double valorNaConta = 50.22;
```

Pode, ainda, reservar `meuFrame` para valores `JFrame`, escrevendo

```
JFrame meuFrame;
```

ou

```
JFrame meuFrame = new JFrame();
```

Para revisar a noção de classe Java, veja os tópicos sobre programação orientada a objetos (OOP) no Capítulo 1.

Toda classe Java é um tipo por referência. Se declararmos uma variável como tendo algum tipo que não seja primitivo, ele será (na maioria das vezes) o nome da classe Java.

Agora, quando declaramos uma variável como sendo do tipo `int`, podemos visualizar o que aquela declaração significa de uma forma bastante direta. Ela significa que em algum lugar da memória do computador uma alocação de memória é reservada para aquele valor de variável. No local de armazenamento está uma porção de bits. O arranjo desses bits garante que um certo número inteiro seja representado.

Essa explicação funciona para tipos primitivos como `int` ou `double`, mas o que significa quando declaramos uma variável como sendo de um tipo por referência? O que significa declarar que a variável `meuFrame` é do tipo `JFrame`?

Ora, o que significa declarar *O Soneto da Fidelidade* como sendo um poema de Vinícius de Morais? O que significa escrever a seguinte declaração?

```
PoemaDeViniciusDeMorais  osonetoDaFidelidade;
```

Isso significa que uma classe de coisas é `PoemaDeViniciusDeMorais` e `osonetoDaFidelidade` refere-se a uma instância daquela classe. Em outras palavras, `osonetoDaFidelidade` é um objeto do tipo `PoemaDeViniciusDeMorais`.

Já que `JFrame` é uma classe, podemos criar objetos a partir dela (veja o Capítulo 1). Cada objeto (cada instância da classe `JFrame`) é um *frame* real — uma janela que aparece na tela quando executamos o código na Listagem 4-6. Ao declarar a variável `meuFrame` como sendo do tipo `JFrame`, estamos reservando o uso do nome `meuFrame`. Essa reserva diz ao computador que `meuFrame` pode estar se referindo a um objeto real do tipo `JFrame`. Em outras palavras, `meuFrame` pode se tornar um apelido para uma das janelas que aparecem na tela do computador. A Figura 4-10 ilustra essa situação.

Quando declaramos `NomeDaClasse nomeDaVariavel;`, estamos dizendo que determinada variável pode estar se referindo a uma instância de uma classe em especial.

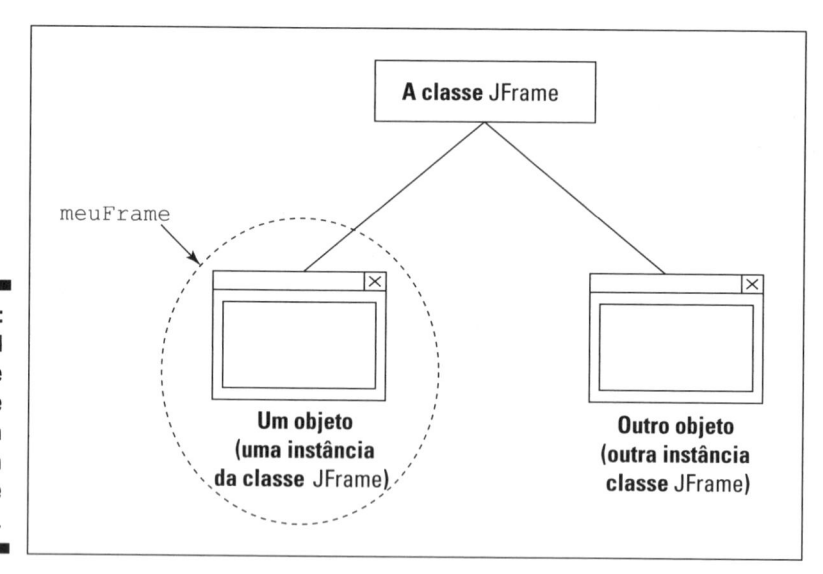

Figura 4-10: A variável meuFrame refere-se a uma instância da classe JFrame.

Na Listagem 4-6, a frase `JFrame meuFrame` reserva o uso do nome `meuFrame`. Na mesma linha do código, a frase `new JFrame()` cria um novo objeto (uma instância da classe `JFrame`). Por fim, a linha onde aparece o sinal de igual faz com que `meuFrame` refira-se ao novo objeto. Saber que as duas palavras `new JFrame()` criam um objeto é muito importante. Para uma explicação mais detalhada sobre objetos, veja o Capítulo 7.

Ensopado de tipos primitivos

Enquanto discutimos o tema das janelas, seria bom sabermos o que afinal de contas é um *frame*? Ele é uma janela que tem determinada altura, largura e localização na tela do computador. Portanto, no meio da declaração da classe *Frame* encontramos declarações de variáveis com esta aparência:

```
int width;
int height;
int x;
int y;
```

Vejamos outro exemplo — `Time`. Uma instância da classe `Time` pode ter uma hora (um número de 1 a 12), um número para os minutos (de 0 a 59) e uma letra (*a* para a.m e *p* para p.m).

```
int hour;
int minutes;
char amOuPm;
```

Observe que essa coisa grande e poderosa chamada classe API Java não é nem grande, nem poderosa. Uma classe é apenas um conjunto de declarações. Algumas delas são declarações de variáveis, onde algumas vezes usamos tipos primitivos e outras usamos tipo por referência. Estes últimos, porém, vem de outras classes e as declarações destas classes têm variáveis. A cadeia se estende e estende. Em última análise, de um jeito ou de outro, tudo tem origem nos tipos primitivos.

Uma Declaração Import

É sempre bom declararmos nossas intenções com antecedência. Observe a seguinte aula:

> *"Hoje, em nosso Curso de História do Cinema, discutiremos a carreira do ator **Lionel Herbert Blythe Barrymore**.*
>
> *Nascido na Filadélfia, Estados Unidos, **Barrymore** participou de mais de 200 filmes, incluindo A Felicidade Não se Compra, Paixões em Fúria e Dia do Casamento de Dr. Kildare. Além disso, **Barrymore** foi escritor, compositor e diretor. **Barrymore** era a voz de Ebernezer Scrooge todos os anos no rádio..."*

Interessante, não é? Agora, compare o parágrafo acima com a aula em que o professor começa apresentando o objeto:

"Sejam bem-vindos mais uma vez a História do Cinema.

Nascido na Filadélfia, Estados Unidos, **Lionel Barrymore** *participou de mais de 200 filmes, incluindo 'A Felicidade Não se Compra', 'Paixões em Fúria' e 'O Dia do Casamento de Dr. Kildare'. Além disso,* **Barrymore (e não Ethel, John ou Drew)** *era escritor, compositor e diretor.* **Lionel Barrymore** *foi a voz de Ebenenezer Scrooge todos os anos na rádio..."*

Sem uma apresentação adequada, um orador pode ter que lembrar seu público constantemente que a discussão é sobre Lionel Barrymore e não sobre qualquer outro Barrymore. O mesmo acontece no programa Java. Observe, novamente, a Listagem 4-6:

```
import javax.swing.JFrame;

class MostreUmFrame {

    public static void main(String args[]) {
        JFrame meuFrame = new JFrame();
```

Na Listagem 4-6, anunciamos na introdução (na *declaração import)* que estamos usando JFrame em nossa classe Java. Assim, esclarecemos o que queremos dizer por JFrame com o nome completo javax.swing. JFrame (ora, mas o primeiro professor não esclareceu isso, usando o nome completo "Lionel Herbert Blythe Barrymore"?). Depois de anunciarmos nossas intenções na declaração import, podemos usar o nome abreviado *JFrame* em nossa classe de código Java.

Se não usarmos uma declaração import, teremos que repetir o nome completo javax.swing.JFrame sempre que usarmos o nome *JFrame* no código. Por exemplo, sem uma declaração import o código da Listagem 4-6 seria assim:

```
class MostreUmFrame {

    public static void main(String args[]) {
        javax.swing.JFrame meuFrame =
            new javax.swing.JFrame();
        String meuTitulo = "Frame em Branco";

        meuFrame.setTitle(meuTitulo);
        meuFrame.setSize(3200, 200);
        meuFrame.setDefaultCloseOperation
            (javax.swing.JFrame.EXIT _ ON _ CLOSE);
        meuFrame.setVisible(true);
    }
}
```

Os detalhes sobre a import podem ser bem complexos. Mas, felizmente, muitos IDEs têm algumas funcionalidades práticas para nos auxiliar com elas. Para mais detalhes, veja o site deste livro.

Nenhum tópico deste livro consegue mostrar toda a história das declarações import. Para começar a desvendar algumas de suas sutilezas, veja os Capítulos 5, 9 e 10.

Criando Novos Valores com a Aplicação de Operadores

O que poderia ser mais reconfortante do que nosso velho amigo, o sinal de adição? Foi a primeira coisa que aprendemos na escola, na matemática do ensino fundamental. Quase todo mundo sabe somar dois mais dois. Na verdade, em português, somar dois mais dois é uma metáfora para algo muito fácil de fazer. Sempre que vemos um sinal de adição, uma célula do nosso cérebro nos diz: "graças a Deus — poderia ser algo muito mais complicado".

O Java tem seu sinal de adição. Podemos usá-lo para diversos propósitos. Como, por exemplo, para somar dois números, assim:

```
int peras, laranjas, frutas;
peras = 5;
laranjas = 16;
frutas = peras + laranjas;
```

Podemos ainda usar o sinal de adição para anexar valores String:

```
String comecoDoCapitulo =
    "São três horas da manhã. Estou sonhando com "+
    "a reprovação no curso de História no ensino médio.";
System.out.println(comecoDoCapitulo);
```

Isso pode ser útil, pois no Java não é permitido fazer uma String que ultrapasse de uma linha para outra. Em outras palavras, o código a seguir não funciona:

```
String esteCodigoERuim =
    "São três horas da manhã. Estou sonhando com a
    reprovação no curso de História no ensino médio.";
System.out.println(esteCodigoERuim);
```

Ao invés de dizermos que estamos anexando valores String, o correto é dizer que estamos *concatenando*.

Podemos usar o sinal de adição também para anexar números próximos a valores `String`.

```
int  peras, laranjas, frutas;
peras = 5;
laranjas = 16;
frutas =  peras + laranjas;
System.out.println("Você tem" + fruta +
                   "pedaços de fruta.");
```

É claro, o nosso velho sinal de menos também não poderia ficar de fora (mas não para valores `String`).

```
M peras = fruta - laranjas;
```

Para a multiplicação, usamos um asterisco (*) e para a divisão, uma barra (/).

```
double valor, pagar;
int horas;

valor = 6.25;
horas = 35;
pagar = valor * horas;

System.out.println(pagar);
```

Para um exemplo usando a divisão, veja a Listagem 4-3.

Quando dividimos um valor `int` por outro, obtemos um valor `int`. O computador não o arredonda. Ao invés disso, despreza qualquer resto. Se colocarmos `System.out.println(11 / 4)` em um programa, o computador mostrará 2 e não 2,75. Para evitar isso, transforme um número (ou ambos) que está dividindo em valores `double`. Então, se inserirmos `System.out.println(11.0 / 4)`, o computador mostrará 2,75.

Outro operador aritmético muito útil em Java é chamado de *resto*. Seu símbolo é o sinal de porcentagem (%). Quando inserimos `System.out.println(11 % 4)` no programa, o computador mostra 3. Esse resultado é o resto da operação, ou seja, 4 cabe "não-interessa-quantas-vezes" em 11 e restam 3. Esse operador acaba sendo muito útil. A Listagem 4-7 traz um exemplo.

Listagem 4-7:   Troco

```java
import static java.lang.System.out;

class Troco {
    public static void main(String args[]) {
        int total = 248;
        int quartos = total / 25;
        int oqueSobra = total % 25;

        int dezcentavos = oqueSobra / 10;
        oqueSobra = oqueSobra % 10;

        int cincocentavos = oqueSobra / 5;
        oqueSobra = oqueSobra % 5;

        int centavos = oqueSobra;

        out.println("De" + total + "centavos obtidos");
        out.println(quartos +  "quartos");
        out.println(dezcentavos + "dezcentavos");
        out.println(cincocentavos + "cincocentavos");
        out.println(centavos + "centavos");
    }
}
```

A Figura 4-11 mostra a execução de um código na Listagem 4-7. Começamos com um total de 248 centavos. Então,

```java
quartos = total / 25
```

divide 248 por 25 e o resultado é 9. O que significa que podemos obter 9 quartos de real de 248 centavos. Depois,

```java
oqueSobra = total % 25
```

divide 248 por 25 novamente e coloca o resto, 23, em `oqueSobra`. Agora, estamos prontos para o próximo passo, que é retirar tantas moedas de dez centavos quanto conseguirmos de 23 centavos.

Figura 4-11:
Troco para
$2,48.

```
De 248 centavos obtemos
9 quartos de real
2 dezcentavos
0 cincocentavos
3 centavos
```

Inicialize uma vez, atribua sempre

A Listagem 4-7 tem três linhas que inserem valores em `oqueSobra`:

```java
int oqueSobra = total % 25;
oqueSobra = oqueSobra % 10;
oqueSobra = oqueSobra %5;
```

Somente uma dessas linhas é uma declaração de variável. As outras duas são de atribuições. Isso é bom, pois não podemos declarar a mesma variável mais

Declarações import : A verdade nua e crua

Observe a declaração import no topo da Listagem 4-7:

```java
import static java.lang.
    System.out;
```

Compare-a com a declaração import no topo da Listagem 4-6:

```java
import java.swing.JFrame;
```

Ao adicionar a linha `import static java.lang.System.out;` na Listagem 4-7, podemos tornar o resto do código um pouco mais fácil de ler e evitar declarações Java longas, que comecem em um linha e continuem em outra. Mas nunca temos que fazer isso. Se retirarmos a linha `import static java.lang.System.out;` e salpicarmos o código livremente com `System.out.println`, o código funcionará muito bem.

Agora, uma pergunta: por que uma declaração inclui a palavra *static*, e a outra não? Bem, para ser sincero, era melhor não ter perguntado!

Para conhecer a verdadeira história sobre *static*, você terá que ler parte do Capítulo 10. E, francamente, não recomendo que você pule até o tópico sobre *static* se tiver problemas do coração, estiver grávida ou amamentando ou se não tem experiência anterior com programação orientada a objetos. Por ora, fique tranquilo, pois o Capítulo 10 ficará fácil de ler depois que superarmos a jornada da Parte III deste livro. E quando tiver que decidir se deve ou não usar a palavra *static* na declaração import, lembre destas dicas:

- A grande maioria das declarações import no programa Java não usa a palavra *static*.

- Neste livro, nunca uso *import static* para importar qualquer coisa, exceto `System.out` (bem, quase nunca).

- A maioria das declarações import não usa a palavra *static*, pois a maioria delas importa classes. Infelizmente, `System.out` não é o nome de uma classe.

```
int oqueSobra = total % 25;

int oqueSobra = oqueSobra % 10;
```

de uma vez (não sem criar algo chamado de *bloco*). Se por distração escrevermos na Listagem 4-7, vemos uma mensagem de erro (oqueSobra is already defined — oqueSobra já está definido) quando tentamos compilar o código.

Para descobrir o que é um bloco, veja o Capítulo 5. Para uma discussão franca sobre redeclaração de variáveis, veja o Capítulo 10.

Os operadores de incremento e decremento

O Java tem alguns operadores maravilhosos, que tornam a vida muito mais fácil (para o processador do computador, para seu cérebro e para seus dedos). No total, são quatro esses operadores — dois de incremento e dois de decremento. Os de incremento adicionam 1 e usam um sinal duplo de adição (++) e os de decremento subtraem 1 e usam um sinal duplo de subtração (--). Para ver como eles funcionam, precisamos de alguns exemplos. O primeiro está na Figura 4-12.

A Figura 4-13 mostra a execução do programa da Figura 4-12. Nessa terrivelmente entendiante execução, a soma de coelhos é escrita três vezes.

O sinal de adição duplo tem dois nomes distintos, dependendo de onde é usado. Quando colocamos o sinal ++ antes de uma variável, ele é chamado de operador de *pré-incremento* (o *pré* significa *antes*).

```
import static java.lang.System.out;

class DemoPreincremento  {
    public static void main(String args[]){
        int numeroDeCoelhos = 27;

        ++numeroDeCoelhos;
        out.println(numeroDeCoelhos);
        out.println(++numeroDeCoelhos);
        out.println(numeroDeCoelhos);
    }
}
```

numeroDeCoelhos se torna 28.

28 é mostrado.

numeroDeCoelhos se torna 29, e 29 é mostrado.

29 é mostrado de novo.

Figura 4-12: Usando o pré--incremento.

Figura 4-13:
Uma
execução
do código da
Figura 4-12.

```
Console ⊠
<terminated> Preincrer
28
29
29
```

A palavra *antes* tem dois significados:

- Colocamos + + antes da variável.
- O computador adiciona 1 ao valor da variável, antes que a variável seja usada em outra parte da declaração.

Para entender isso, observe a linha em negrito na Figura 4-12. O computador adiciona 1 a `numeroDeCoelhos` (aumentando o valor de `numeroDeCoelhos` para 29) e, então, mostra 29 na tela.

Com `out.println(++numeroDeCoelhos)`, o computador adiciona 1 ao `numeroDeCoelhos`, antes de mostrar o novo valor dele na tela.

Uma alternativa para o pré-incremento é o *pós-incremento* (onde pós quer dizer *depois*). A palavra *depois* tem dois significados diferentes:

- Colocamos + + depois da variável.
- O computador adiciona 1 ao valor da variável depois que a variável é usada em outra parte da declaração.

Para saber com mais detalhes como funciona o pós-incremento, observe a linha em negrito na Figura 4-14. O computador mostra o antigo valor de `numeroDeCoelhos` (que é 28) na tela e, então, adiciona 1 a ela, o que aumenta o valor de `numeroDeCoelhos` para 29.

Com `out.println(numeroDeCoelhos++)`, o computador adiciona 1 ao `numeroDeCoelhos`, depois de mostrar o valor que ele já tinha.

A Figura 4-15 mostra uma execução do código da Figura 4-14. Compare-a com a execução na Figura 4-13:

- Com pré-incremento na Figura 4-13, o segundo número é 29.
- Com pós-incremento na Figura 4-15, o segundo número é 28.

  Na Figura 4-15, não é mostrado 29 na tela até o final da execução, quando o computador executa uma última `out.println(numeroDeCoelhos)`.

 Está tentando decidir se vai usar o pré-incremento ou o pós-incremento? Pode parar. A maioria dos programadores usa o pós-incremento. Em um programa Java típico, geralmente veremos `numeroDeCoelhos++` ao invés de `++numeroDeCoelhos`.

```java
import static java.lang.System.out;

class DemoPosincremento{
public static void main(String args[]) {
      int numeroDeCoelhos = 27;

      numeroDeCoelhos++;
      out.println(numeroDeCoelhos);
      out.println(numeroDeCoelhos++);
      out.println(numeroDeCoelhos);
   }
}
```

- numeroDeCoelhos se torna 28.
- 28 é mostrado.
- 28 é mostrado e numeroDeCoelhos se torna 29.
- 29 é mostrado.

Figura 4-14: Usando o pós--incremento.

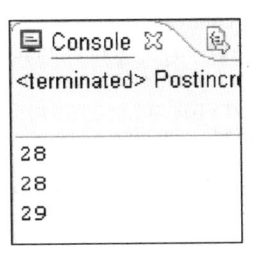

Figura 4-15: Uma execução do código na Figura 4-14.

```
Console
<terminated> Postincr

28
28
29
```

Além dos operadores de pré-incremento e pós-incremento, o Java ainda usa os `--`, chamados de *pré-decremento* e *pós-decremento*.

- Com o pré-decremento (`--numeroDeCoelhos`), o computador subtrai 1 do valor da variável antes que a variável seja usada no resto da declaração.

- ✔ Com o pós-decremento (`numeroDeCoelhos--`), o computador subtrai 1 do valor da variável depois que ela é usada no resto da declaração.

Declarações e expressões

Podemos descrever os operadores de pré- e pós- incremento e pré- e pós- decremento de duas maneiras: a que todo mundo entende ou da maneira correta. A forma como explico o conceito na maior parte deste tópico (em termos de tempo, usando *antes* e *depois*) é aquela que todo mundo entende. Infelizmente, esta não é a maneira certa. Quando vemos ++ ou --, podemos pensar em termos de sequência temporal. Mas, eventualmente, alguns programadores usam os sinais ++ ou -- de forma intrincada e as noções de *antes* e *depois* se perdem. Então, em caso de dúvida, pense nesses operadores em termos de declarações e expressões.

Primeiro, lembre-se de que uma declaração diz ao computador para fazer algo e uma expressão tem um valor (as declarações são apresentadas no Capítulo 3 e as expressões neste capítulo). A qual categoria `numeroDeCoelhos++` pertence? A resposta surpreendente é: ambas. O código Java `numeroDeCoelhos++` é tanto uma declaração quanto uma expressão.

Suponha que antes de o computador executar o código `out.println(numeroDeCoelhos++ )`, o valor de `numeroDeCoelhos` é 28.

- ✔ Enquanto declaração, `numeroDeCoelhos++` diz ao computador para adicionar 1 a `numeroDeCoelhos`.
- ✔ Como expressão, o valor de `numeroDeCoelhos++` é 28, não 29.

Então, mesmo que o computador adicione 1 a `numeroDeCoelhos` o código `out.println(numeroDeCoelhos++)` realmente significa `out.prinln(28)`.

Agora, quase tudo que você acabou de ler sobre `numeroDeCoelhos++` é verdadeiro sobre `++numeroDeCoelhos`. A única diferença é que enquanto expressão, `++numeroDeCoelhos` se comporta de modo mais intuitivo.

- ✔ Como declaração, `++numeroDeCoelhos` diz ao computador para adicionar 1 a `numeroDeCoelhos`.
- ✔ Como expressão, o valor de `++numeroDeCoelhos` é 29.

Então, com `out println(++numero DeCoelhos)`, o computador adiciona 1 à variável `numeroDeCoelhos` e o código `out.println(++numeroDeCoelhos)`, na verdade, significa `out.println(29)`.

Ao invés de escrevermos ++numeroDeCoelhos, podemos obter o mesmo resultado escrevendo `numeroDeCoelhos = numeroDeCoelhos + 1`. Por isso, alguns concluem que os operadores ++ e -- só servem para economizar caracteres, resguardando os pobres dedos do programador. Isso é totalmente incorreto. O melhor motivo para usarmos ++ é evitar que tenhamos de escrever a mesma variável de modo ineficiente e passível de erro duas vezes na mesma declaração. Se escrevemos `numeroDeCoelhos` apenas uma vez (como quando usamos ++ ou --), o computador tem que entendê-la apenas uma vez. Além disso, quando a escrevemos só uma vez, temos apenas uma chance (ao invés de duas) de escrevermos seu nome incorretamente.

Com expressões simples como `numeroDeCoelhos++`, essas vantagens dificilmente fazem alguma diferença. Mas com as mais complicadas, como `itensInventario[(quantidadeRecebida - -*itensPorCaixa+17)]++`, a eficiência e precisão que ganhamos usando os operadores ++ e -- são significativas.

Operadores de atribuição

Se você leu o tópico anterior, que fala dos operadores que adicionam 1, deve estar imaginando se podemos manipulá-los para adicionar 2 ou 5 ou 1000000. Podemos escrever `numeroDeCoelhos++++` e ainda continuar nos chamando de programadores Java? Bem, não. Se tentarmos, aparecerá uma mensagem de erro quando tentarmos compilar o código.

Então, o que podemos fazer? Para nossa sorte, o Java tem inúmeros *operadores de atribuição* que podemos usar. Com eles, podemos adicionar, subtrair, multiplicar ou dividir pelo que quisermos. Outras operações bem legais são possíveis, também. A Listagem 4-8 traz um aperitivo dos operadores de atribuição (as coisas com sinais de igual). A Figura 4-16 mostra o resultado da Listagem 4-8.

Listagem 4-8:   Operadores de Atribuição

```
class UsoOperadoresAtribuicao {

    public static void main(String args[]) {
        int numeroDeCoelhos = 27;
        int numeroExtra = 53;

        numeroDeCoelhos += 1;
        System.out.println(numeroDeCoelhos);

        numeroDeCoelhos += 5;
        System.out.println(numeroDeCoelhos);

        numeroDeCoelhos += numeroExtra;
        System.out.println(numeroDeCoelhos);

        numeroDeCoelhos *= 2;
        System.out.println(numeroDeCoelhos);

        System.out.println(numeroDeCoelhos -= 7);
        System.out.println(numeroDeCoelhos = 100);
    }
}
```

Figura 4-16:
Uma
execução
do código na
Listagem 4-8.

```
Console  ⊠
<terminated> UseAs
28
33
86
172
165
100
```

A Listagem 4-8 mostra como os operadores de atribuição do Java são versáteis. Com eles, podemos adicionar, subtrair, multiplicar ou dividir uma variável por qualquer número. Observe como += 5 soma 5 em `numeroDeCoelhos` e como *= 2, multiplica `numeroDeCoelhos` por 2. Podemos ainda usar outros valores de expressão (na Listagem 4-8, `numeroExtra`) como o número a ser utilizado.

As últimas duas linhas na Listagem 4-8 demonstram uma característica especial dos operadores de atribuição. Podemos usá-los como parte de uma declaração Java maior. Na linha seguinte da Listagem 4-8, o operador subtrai 7 de `numeroDeCoelhos`, diminuindo seu valor de 172 para 165. Depois, a declaração inteira é inserida em `System.out.println`, então 165 aparece na tela.

Ora! A última linha da Listagem 4-8 mostra como podemos obter o mesmo resultado com o bom e velho sinal de igual. Aquilo que chamo de declaração de atribuição no início deste capítulo é na verdade um dos operadores de atribuição tratados neste tópico. Portanto, sempre que atribuímos um valor a algo, podemos fazer com que essa atribuição faça parte de uma declaração maior.

Cada uso de um operador de atribuição trabalha em dobro, como declaração e como expressão. Em todos os casos, o valor da expressão é o valor que atribuímos a ela. Por exemplo, antes da execução do código `System.out.println(numeroDeCoelhos -= 7)`, o valor de `numeroDeCoelhos` é 172. Como declaração, `numeroDeCoelhos -= 7` diz ao computador para subtrair 7 de `numeroDeCoelhos` (que passa de 172 para 165). Como expressão, o valor de `numeroDeCoelhos -= 7` é 165. Então, o código `system.out.prin+In (numeroDeCoelhos -= 7)` na verdade significa `system.out.println(165)`.

Para uma explicação mais detalhada sobre esse assunto, veja o box "Declarações e expressões", anteriormente neste capítulo.

Capítulo 5

Controlando o Fluxo do Programa com Declarações de Tomada de Decisão

Neste Capítulo

▷ Escrevendo declarações que escolhem entre alternativas

▷ Inserindo declarações dentro de outras

▷ Escolhendo entre muitas alternativas

*L*embro-me de um episódio do antigo programa de TV *Denis, O Pimentinha* exibido nos anos 1960, onde o Sr. Wilson tinha problemas para tomar uma importante decisão. Acho que era algo sobre mudar de emprego ou mudar de cidade. Ainda consigo visualizar a cena em que ele sentava em seu quintal, tomando limonada e olhando para o nada a tarde toda. É claro que o irritante Denis não parava de interromper a paz e o sossego dele. Era isso que deixava a cena toda engraçada.

O que me impressionou naquele episódio (e o motivo pelo qual lembrei disso tão claramente agora) foi que o Sr. Wilson insistia em tentar tomar uma decisão. Ele não continuava com seus afazeres diários, perambulando pela vizinhança, enquanto os pensamentos sobre a decisão iam e vinham, vagando por sua mente. Ele estava sentado calmamente em seu quintal, fazendo anotações lógica e cuidadosamente em seu balanço mental. Quantas pessoas normalmente tomam decisões assim?

Naquela época, ainda era muito jovem e nunca havia enfrentado a responsabilidade de ter que tomar decisões que afetassem a mim ou a minha família. Mas imaginei como seria esse processo de tomada de decisão. Será que sentar lá por horas a fio ajudaria em alguma coisa? Será que tomaria minhas decisões pesando e calculando as opções? Ou será que daria um tiro no escuro, assumiria riscos e agiria por impulso? Somente o tempo iria dizer.

Tomando Decisões (Declarações if Java)

Quando escrevemos programas de computador, estamos constantemente nos deparando com encruzilhadas ao longo do caminho. Será que o usuário digitou corretamente sua senha? Se sim, deixe ele trabalhar; se não, expulse o malandro. Assim, a linguagem de programação Java precisa de uma forma de fazer com que o programa escolha um entre dois caminhos. Felizmente, a linguagem tem a solução. Ela é chamada de declaração if.

Adivinhe o número

A Listagem 5-1 ilustra o uso de uma declaração if. Duas execuções deste programa são mostradas na Figura 5-1.

Listagem 5-1:   Jogo de Adivinhação

```java
import static java.lang.System.out;
import java.util.Scanner;
import java.util.Random;

class JogoDeAdivinhacao {

    public static void main(String args[]) {
        Scanner teclado = new Scanner(System.in);

        out.print("Entre com um int de 1 a 10: ");

        int numeroEntrada = teclado.nextInt();
        int numeroAleatorio = new Random().
            nextInt(10) + 1;
        if (numeroEntrada == numeroAleatorio) {
            out.println("**********");
            out.println("*Você vence.*");
            out.println("**********");
        } else {
            out.println("Você perde.");
            out.print("A número aleatório era ");
            out.println (numeroAleatorio + ".");
        }
        out.println("Obrigado por jogar.");

    }
}
```

```
Insira um int de 1 a 10: 2
*********
*Você vence.*
*********
Obrigado por jogar.


Insira um int de 1 a 10: 4
Você perde.
O número aleatório era 10.
Obrigado por jogar.
```

O programa na Listagem 5-1 executa um jogo de adivinhação com o usuário.
O programa pega um número (um palpite) do usuário e gera um número
aleatório entre 1 e 10. Se o número inserido pelo usuário for igual ao
aleatório, o usuário vence. Caso contrário perde, e o programa mostra qual
era o número aleatório.

Controlando a digitação no teclado

Juntas, as linhas

```java
import java.util.Scanner;

    Scanner teclado = new Scanner(System.in);

    int numeroEntrada = teclado.nextInt();
```

na Listagem 5-1, é capturado qualquer número digitado pelo usuário no
teclado. As últimas três linhas inserem esse número na variável chamada
numeroEntrada. Se essas linhas parecem complicadas, não se preocupe.
Pode copiá-las, quase que palavra por palavra, sempre que quiser ler o que
foi digitado no teclado. Insira as primeiras duas linhas (import e Scanner)
só uma vez no programa. Mais adiante, sempre que o usuário digitar um
valor int, inclua a linha com a chamada para o nextInt (como no última
linha das três anteriores).

De todos os nomes nessas três linhas do código, os únicos dois inventados
são *numeroEntrada* e *teclado*. Todos os outros são parte do Java. Então, se
quiser ser criativo, posso escrever as linhas assim:

```java
import java.util.Scanner;

    Scanner lerCoisas = new Scanner(System.in);

    int valorDigitado = lerCoisas.nextInt();
```

Ainda poderia reforçar as declarações import do programa, como o que fiz
nas Listagens 5-2 e 5-3. Fora isso, não há mais muito espaço para manobras.

Enquanto lê este livro, você começará a reconhecer os padrões por trás dessas três linhas de código. Por isso, não tumultuei este tópico com todos os detalhes. Por ora, pode apenas copiar essas três linhas e guardar as informações a seguir:

✔ **Quando importamos `java.util.Scanner`, não use a palavra *static*.**

Mas importar `Scanner` é diferente de importar `System.out`. Quando importamos `java.lang.System.out`, usamos a palavra *static* (veja a Listagem 5-1). A diferença é porque `Scanner` é o nome da classe e `System.out`, não.

Para uma rápida olhada no uso da palavra *static* em declarações import, veja um dos boxes no Capítulo 4. Para saber a história completa da palavra, veja o Capítulo 10.

✔ **O nome *System.in* significa teclado.**

Para receber os caracteres de outro lugar que não seja o teclado, podemos digitar algo diferente de `System.in` dentro dos parênteses.

O que mais podemos colocar entre parênteses? Para mais ideias, veja o Capítulo 8.

Na Listagem 5-1, tomo a decisão arbitrária de dar o nome de `teclado` para uma das minhas variáveis. Esse nome serve para nos lembrar de que estamos nos referindo aos botões de plástico em frente do computador. Mas denominar algo de `teclado` não diz ao Java que estamos nos referindo ao teclado propriamente nem aos dados digitados pelos usuários. Por outro lado, o nome `System.in` sempre quer dizer teclado para o Java. O código `Scanner teclado = new Scanner(System.in)` na Listagem 5-1 conecta o nome `teclado` aos botões de plástico que conhecemos e amamos.

✔ **Quando esperamos que o usuário digite um valor `int` (um número inteiro de algum tipo) usamos `nextInt()`.**

Se quisermos que o usuário digite um valor `double` (um número contendo casas decimais), usamos `nextDouble()`. Quando esperamos que ele digite **true** (verdadeiro) ou **false** (falso), usamos `nextBoolean()`. Se quisermos que digite uma palavra como *Barry*, *Java* ou *Ola*, usamos `next()`.

Para um exemplo em que o usuário digita uma palavra, veja a Listagem 5-3. Para um exemplo onde ele digita um único caractere, veja a Listagem 6-4, no Capítulo 6. Para conhecer um exemplo em que o programa digita uma linha inteira de texto (tudo de uma vez), veja o Capítulo 8.

> ✔ **Podemos receber diversos valores do teclado, um depois do outro.**
>
> Para fazer isso, usamos o código `teclado.nextInt()` diversas vezes.
>
> Para ver um programa que lê mais de um valor do teclado, veja a Listagem 5-4.

Criando aleatoriedade

Conseguir a aleatoriedade real é incrivelmente difícil. O matemático Persi Diaconis diz que se jogarmos uma moeda várias vezes, sempre começando com o lado "cara" para cima, é mais provável que obtenhamos mais resultados "cara". Se a jogarmos diversas vezes, sempre com o lado "coroa" para cima, é mais provável que também tenhamos mais "coroa". Em outras palavras, jogar cara e coroa não é na verdade justo.

Os computadores não são muito melhores que as moedas ou nossas mãos. Eles imitam a geração de sequências aleatórias, mas no fim fazem exatamente o que os mandam fazer e tudo isto de uma forma puramente determinista. Então, na Listagem 5-1, quando o computador executa

```java
import java.util.Random;

        int numeroAleatorio = new Random().nextInt(10) + 1;
```

parece que gera um número aleatoriamente — um número inteiro entre 1 e 10. Mas é tudo mentira. Ele apenas segue instruções. Não é realmente aleatório, mas, sem virarmos o computador de cabeça para baixo, é o melhor que podemos fazer.

Novamente, pedirei para que olhe esse código sem questionar. Não se preocupe o que `new Random().nextInt` significa até que tenha mais experiência com Java. Apenas copie o código no programa e divirta-se. E se os números de 1 a 10 não estiverem em seus planos, não se aflija. Para jogar um dado imaginário, escreva a declaração

```java
    int jogueODado = new Random().nextInt(6) + 1;
```

Com a execução dessa declaração, a variável `jogueODado` terá um valor de 1 a 6.

A declaração if

No centro da Listagem 5-1 está uma declaração `if`. Ela representa uma encruzilhada na estrada (veja a Figura 5-2). O computador segue um dos dois caminhos — o que mostra `Você vence` ou o que mostra `Você perde`. Ele decide qual caminho tomar testando a veracidade ou falsidade de uma *condição*. Na Listagem 5-1, a condição sendo testada é

```
numeroEntrada == numeroAleatorio
```

O valor `numeroEntrada` é igual ao valor de `numeroAleatorio`? Quando essa condição é verdadeira, o computador faz aquilo que está entre a condição e a palavra *else*. Quando é falsa, o computador faz o que vem após a palavra *else*. De qualquer modo, ele continua e executa a última chamada `println`, que é mostrar `Obrigado por jogar`.

A condição de uma declaração `if` deve ser inserida em parênteses. Entretanto, uma linha como `if (numeroEntrada == numeroAleatorio)` não é uma declaração completa (assim como "se eu tivesse um martelo" não é). Então, essa linha `if (numeroEntrada == numeroAleatorio)` não deve terminar com ponto e vírgula.

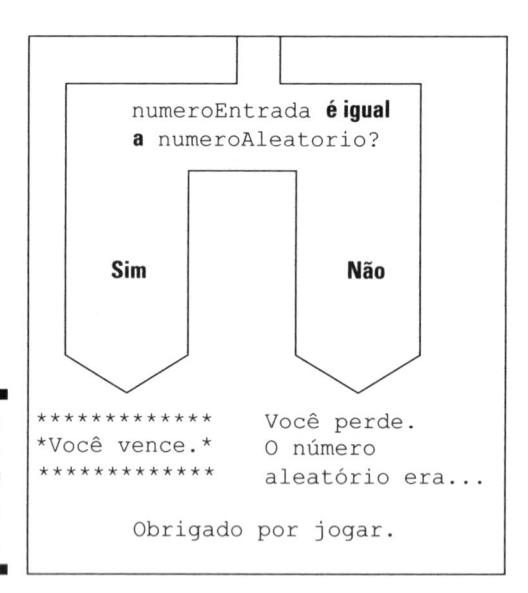

Figura 5-2:
Uma declaração if é como uma encruzilhada.

 Algumas vezes, quando estou escrevendo sobre uma condição que está sendo testada, uso a palavra *expressão* ao invés de *condição*. Não tem problema, pois toda condição é também uma expressão. Uma expressão é algo que tem valor, e toda condição também tem um valor, podendo ser `true` (verdadeiro) ou `false` (falso). Para saber mais sobre expressões e valores como estes, veja o Capítulo 4.

O sinal de igual duplo

Na Listagem 5-1, na condição da declaração `if`, observe que usamos o sinal de igual duplo. Comparar números para saber se são iguais não é o mesmo que estabelecer que uma coisa é igual a outra. É por isso que o sinal para a comparação de igualdade não é o mesmo usado na atribuição ou na inicialização. Em uma condição da declaração `if`, não podemos substituir o sinal de igual duplo pelo sinal de igual. Se fizermos isso, o programa não irá funcionar (quase sempre aparece uma mensagem de erro quando tentamos compilar o código).

Por outro lado, se nunca cometer o erro de usar o sinal de igual em uma condição, você não é normal. Não muito tempo atrás, enquanto lecionava em um curso de introdução a Java, prometi que engoliria meu apontador laser se ninguém cometesse esse erro durante as aulas de laboratório. Não foi uma promessa impensada. Eu sabia que não precisaria cumpri-la. O que aconteceu foi que mesmo que tivesse ignorado as dez primeiras vezes que alguém errou na hora de inserir o sinal de igual nas aulas, estaria livre do laser. Todo mundo usa o sinal de igual simples por engano inúmeras vezes durante a carreira de programador. O truque não é evitar o erro, mas sim perceber quando o comete.

As chaves do sucesso

A declaração `if` na Listagem 5-1 tem duas metades — a de cima e a de baixo. Tenho nomes para cada uma dessas metades — *parte do if* (metade de cima) e *parte do else* (metade de baixo).

A parte do `if` na Listagem 5-1 parece conter mais do que uma declaração. Fiz isso inserindo as três declarações da parte `if` dentro de um par de chaves. Quando fazemos isso, formamos um *bloco*, que é uma porção de declarações unidas por um par de chaves.

Com esse bloco, três chamadas para `println` são guardadas de forma segura dentro da parte `if`. Com as chaves, as linhas de asteriscos e as palavras `Você venceu` aparecem apenas quando o palpite do usuário está correto.

Os blocos e as chaves se aplicam também a parte do `else`. Na Listagem 5-1, sempre que o `numeroEntrada` não for igual ao `numeroAleatorio`, o computador executa três chamadas `print/println`. Para convencer o computador de que todas as três chamadas estão na cláusula `else`, inseri em um bloco. Isto é, coloquei-as dentro de um par de chaves.

Em sentido estrito, a Listagem 5-1 tem apenas uma declaração entre as declarações `if` e `else` e somente uma declaração depois de `else`. O truque é que quando colocamos uma porção de declarações dentro de chaves, temos um bloco que se comporta, em todos os aspectos, como uma única declaração. Na verdade, a documentação Java oficial lista os blocos como um dos muitos tipos de declarações. Então, na Listagem 5-1, o bloco que mostra `Você venceu` e os asteriscos é uma declaração simples que tem, dentro dela, três declarações menores.

Recuando as declarações if no código

Observe que na Listagem 5-1 as chamadas `print` e `println` dentro da declaração `if` estão recuadas (isto inclui as declarações: `Você venceu` e `Você perdeu`, essas chamadas que vêm depois da palavra *else* são também parte da declaração `if`). A rigor, não temos que recuar as declarações dentro da `if`. No que diz respeito ao compilador, podemos escrever o programa inteiro em uma única linha ou colocar todas as declarações em um ardiloso e disforme zigue-zague. O problema é que ninguém, nem nós mesmo, seremos capazes de entender o código se não recuarmos as declarações de forma lógica. Na Listagem 5-1, o recuo das declarações `print` e `println` ajudam nossos olhos (e cérebro) a rapidamente entender que elas são subordinadas ao fluxo geral `if/else`.

Em um programa pequeno, um código sem recuos ou mal recuado é quase intolerável. Mas em um complicado, recuos que não sigam um padrão claro e lógico são um grande e horrendo pesadelo.

Muitos IDEs Java têm ferramentas para recuar o código automaticamente. Na verdade, o recuo é uma de minhas funções favoritas. Então, ande, corra até um computador e visite o site deste livro (com conteúdo em inglês) para saber mais sobre o que os IDEs Java podem oferecer.

Quando escrevemos declarações `if`, ficamos tentados a jogar todas as regras sobre chaves pela janela e ficarmos apenas com o recuo. Infelizmente, isso raramente funciona. Se recuarmos três declarações depois da palavra *else* e esquecermos de inseri-las em chaves, o computador pensa que a parte do `else` inclui somente a primeira das três declarações. Pior ainda, o recuo nos leva a crer que a parte do `else` inclui todas as três. Isso dificulta a identificação do porquê o código não está funcionando como deveria. Então, preste atenção nas chaves!

Sem else em terra de if

Tudo bem, o título do tópico é um tanto forçado. Grande coisa! A ideia aqui é que podemos criar uma declaração `if` sem a parte do `else`. Observe, por exemplo, o código da Listagem 5-1. Podemos escolher não esfregar a derrota na cara do usuário. O código da Listagem 5-2 modificado demonstra como fazer isso (e a Figura 5-3 mostra o resultado).

Listagem 5-2: **Um Jogo de Adivinhação Mais Gentil e Educado**

```java
import static java.lang.System.in;
import static java.lang.System.out;
import java.util.Scanner;
import java.util.Random;

class NaoDigaQuePerdeu {

    public static void main(String args[]) {
        Scanner teclado = new Scanner(in);

        out.print("Insira um int de 1 a 10: ");

        int numeroEntrada = teclado.nextInt();
        int numeroAleatorio = new Random().nextInt(10) + 1;
        if ( numeroEntrada ==  numeroAleatorio) {
            out.println("*Você venceu.*");
        }

        out.println("Excelente palpite :-)");
        out.print("O numero aleatório era ");
        out.println(numeroAleatorio + ".");
        out.println("Obrigado por jogar.");
    }

}
```

Figura 5-3:
Duas
execuções
do jogo na
Listagem 5-2.

```
Insira um int de 1 a 10: 4
*Você venceu.*
Excelente palpite :-)
O número aleatório era 4.
Obrigado por jogar.


Insira um int de 1 a 10: 4
Excelente palpite :-)
O número aleatório era 6.
Obrigado por jogar.
```

A declaração if na Listagem 5-2 não tem a parte else. Quando numeroEntrada for o mesmo que o numeroAleatorio, o computador mostra Você vence. Quando é diferente, ele não mostra nada.

A Listagem 5-2 ilustra outra nova ideia. Com uma declaração import para System.in, podemos reduzir new Scanner(System.in) para uma versão mais curta, new Scanner(in). Adicionar essa declaração import raramente vale o esforço. Na verdade, digitamos mais com ela do que sem. Entretanto, o código na Listagem 5-2 demonstra que é possível importar System.in.

Montando Condições com Comparações e Operadores Lógicos

A linguagem de programação Java tem inúmeros símbolos e acessórios para atender a diversas necessidades na montagem das condições. Este tópico fala desse tema.

Comparando números, comparando caracteres

A Tabela 5-1 mostra os operadores que usamos para compararmos as coisas.

Tabela 5-1	Operadores de Comparação	
Símbolo	**Significado**	**Exemplo do Operador**
==	é igual a	numeroVacas == 5
!=	não é igual a	botaoClicado != botãopanico
<	é menor que	numeroVacas < 5
>	é maior que	minhaInicial > 'B'
<=	é menor que ou igual a	numeroVacas <= 5
>=	é maior que ou igua	minhaInicial >= 'B'

Podemos usar todos operadores de comparação Java para comparar números e caracteres. Quando comparamos números, as coisas correm muito bem, como deveriam. Porém, ao compararmos caracteres, as coisas ficam um pouco estranhas. Entre letras maiúsculas não há problema. Pois, a letra *B* é alfabeticamente anterior a *H*, a condição `'B' < 'H'` é verdadeira. Entre minúsculas, a comparação também corre sem problemas. O que fica um pouco estranho é comparar minúsculas e maiúsculas, pois para o computador, as maiúsculas são sempre menores. Então, mesmo que `'Z' < 'A'` seja falsa, `'Z' < 'a'` é verdadeira.

Nos bastidores, as letras de *A* a *Z* são armazenadas com códigos numéricos 65 a 90. As letras de *a* até *z,* com os códigos 97 a 122. É por isso que as letras maiúsculas são menores do que qualquer minúscula.

Tenha cuidado ao comparar a igualdade (usando ==) ou desigualdade (usando !=) entre dois números. Depois de fazermos alguns cálculos e obtemos dois valores `double` ou `float`, eles raramente serão idênticos (o problema surge naqueles dígitos inoportunos, além do ponto decimal). Por exemplo, o equivalente a 21 graus Celsius são 69,8 Fahrenheit e quando calculamos `9,0 / 5 * 21 + 32`, obtemos 69,8. Mas a condição `9,0 / 5 * 21 + 32 == 69,8` é falsa. Isso se deve ao fato de que quando o computador calcula `9,0 / 5 * 21 + 32`, ele obtém 69,80000000000001, e não 69,8.

Comparando objetos

Quando começamos a trabalhar com objetos, descobrimos que podemos usar == e != para compará-los. Por exemplo, um botão que vemos na tela do computador é um objeto. Podemos perguntar se aquilo que acabamos de clicar na tela do computador é um determinado botão, com este operador de igualdade do Java.

```
if (e.getSource() == bCopy) {
    clipboard.setText(which.getText());
```

Para saber mais sobre a resposta aos cliques em um botão, veja o Capítulo 16.

A grande sacada com o esquema de comparação do Java surge quando comparamos duas strings (para saber um pouquinho mais sobre o tipo `String` do Java, veja o tópico sobre tipos por referência no Capítulo 4). Quando comparamos duas strings, não devemos usar o sinal de igual duplo. Usá-lo equivale a perguntarmos: "esta string está armazenada no mesmo local de memória que esta outra?". Geralmente, não é isso que queremos perguntar. Ao invés disso, em geral, o que queremos perguntar é: "esta string tem os mesmos caracteres que essa outra?". Para fazer essa pergunta (a mais apropriada) o tipo `String` do Java tem um método chamado de `equals` (que, assim como o restante do universo conhecido, está definido na API, Interface de Programação de Aplicativos, do Java). O método equals compara duas strings para verificar se ambas contêm os mesmos caracteres. Para um exemplo usando esse método, veja a Listagem 5-3 (a Figura 5-4 mostra uma execução do programa).

Listagem 5-3:   Verificando uma Senha

```
import static java.lang.System.*;
import java.util.Scanner;

class VerificarSenha

    public static void main(Strings args[]) {

        out.print("Qual a senha?");

        Scanner keyboard = new Scanner(in);
        String senha = keyboard.next();

        out.println("Você digitou >>" + senha + "<<");
        out.println();

        if (senha == "swordfish") {
            out.println("A palavra digitada está "+
                "gravada");
            out.println("no mesmo lugar que a "+
                "verdadeira");
            out.println("senha. Você tem que ser");
            out.println("hacker.");
        } else {
            out.println("A palavra digitada não está");
            out.println("gravada no mesmo lugar que a");
            out.println("senha verdadeira, mas não tem");
            out.println("problema.");
        }
        out.println();

        if (senha.equals("swordfish")) {
            out.prinln("A palavra digitada tem");
            out.println("os mesmos caracteres que a");
            out.println("senha real. Pode usar o");
            out.println("sistema.");
        } else {
            out.println("A palavra digitada não");
            out.println("tem os mesmos caracteres");
            out.println("que a senha real. Não pode");
            out.println("usar o sistema.");
        }
    }
}
```

Na Listagem 5-3, a chamada `keyboard.next()` captura qualquer palavra que o usuário digitar no teclado. O código insere essa palavra em uma variável chamada *senha*. Então, a declaração `if` do programa, usa duas diferentes técnicas para comparar `senha` com "`swordfish`".

Figura 5-4:
O resultado
do uso de ==
e do método
equals
do Java.

```
Qual a senha? Swordfish
Você digitou >>swordfish<<

A palavra digitada não
está armazenada no mesmo lugar
que a senha verdadeira, mas
não tem problema.


A palavra digitada tem os mesmos
caracteres que a senha verdadeira.
Pode usar o sistema.
```

A mais apropriada entre as duas técnicas usa o método `equals` do Java. Ele parece estranho, porque quando o chamamos, colocamos um ponto depois de uma string e a outra string entre parênteses. Mas é assim que deve ser feito.

Ao utilizar o método `equals`, não importa qual string tem o ponto e qual string fica entre parênteses. Por exemplo, na Listagem 5-3, podemos escrever

```java
if ("swordfish".equals(senha))
```

O método funcionaria da mesma maneira.

Uma chamada para um método Java `equals` parece desproporcional, mas não é. Há um motivo para esse aparente desequilíbrio entre o ponto e os parênteses. A ideia é que temos dois objetos: `senha` e "`swordfish`". Cada um desses objetos é do tipo `String` (entretanto, `senha` é uma variável do tipo `String` e "`swordfish`" é um literal). Quando escrevemos `senha.equals("swordfish")`, chamamos um método `equals` que pertence ao objeto senha. Quando chamamos o método, estamos alimentando o método com "`swordfish`", como um parâmetro dele.

Leia mais sobre métodos pertencentes a objetos no Capítulo 7.

Quando comparamos strings, usamos o método `equals` — não o sinal de igual duplo.

Importando tudo com uma cajadada só

A primeira linha da Listagem 5-3 ilustra uma forma preguiçosa de importar `System.out` e `System.in`. Para importar tudo que `System` tem para oferecer, usamos o caractere coringa asterisco (`*`). Na verdade, importar `java.lang.System.*` é como ter cerca de 30 declarações `import` distintas, incluindo `System.in`, `System.out`, `System.err`,`System.nanoTime` e muitos outros tipos de `System`.

O uso do asterisco em uma declaração `import` é, em geral, considerada má prática de programação, então, não a usamos muito nos exemplos deste livro. Mas nos programas maiores — que usam dezenas de nomes da API Java — o truque preguiçoso do asterisco é muito útil.

Não podemos inserir um asterisco onde quisermos dentro de uma declaração `import`. Por exemplo, não podemos importar tudo que começa com java, escrevendo `import java.*`. Podemos substituir um asterisco somente pelos nomes de classes ou de algo do tipo static que está inserido dentro da classe. Para saber mais sobre asteriscos em declaração `import`, veja o Capítulo 9. Para saber mais sobre static, veja o Capítulo 10.

Operadores lógicos do Java

O Sr. Spock ficaria muito satisfeito. O Java tem todos os operadores de que necessitamos para mesclar e combinar testes lógicos. Os operadores são mostrados na Tabela 5-2.

Tabela 5-2	Operadores Lógicos	
Símbolo	*Significado*	*Exemplo do Operador*
`&&`	e	`5 < x && x < 10`
`||`	ou	`x < 5 || 10 < x`
`!`	não	`!senha.equals("swordfish")`

Podemos usar esses operadores para formar todo tipo de condições elaboradas. A Listagem 5-4 traz um exemplo.

Listagem 5-4: Verificando Nome de Usuário e Senha

```
import javax.swing.JOptionPane;

class Autenticador

    public static void main(String args[]) {

        String username =
            JOptionPane.showInputDialog("Nome do "+
            " Usuario:");
        String password =
            JOptionPane.showInputDialog("senha:");

        if (
            username != null &&
            password != null &&
            (
                (username.equals("bburd") &&
                password.equals("swordfish")) ||
                (username.equals("hritter") &&
                password.equals("preakston"))
            )
        )
        {
            JOptionPane.showMessageDialog
                (null, "Você está conectado.");
        } else {
            JOptionPane.showMessageDialog
                (null, "Você é suspeito.");
        }
    }
}
```

Várias execuções do programa da Listagem 5-4 são mostradas na Figura 5-5. Quando o nome de usuário é *bburd* e a senha *swordfish* ou quando o usuário é *hritter* e a senha é *preakston*, o usuário recebe uma mensagem gentil. Caso contrário, é um belo de um malandro e recebe uma mensagem desagradável, bem merecida.

A Figura 5-5 é falsa! Para ajudá-lo a entender os nomes de usuário e senhas, adicionei uma declaração extra à Listagem 5-4. A declaração extra (`UIManager.put("TextField.font", new Font("Dialog", Font.BOLD, 14))`) aumenta o tamanho da fonte no campo de texto. Sim, modifiquei o código antes de criar a figura. Que vergonha!

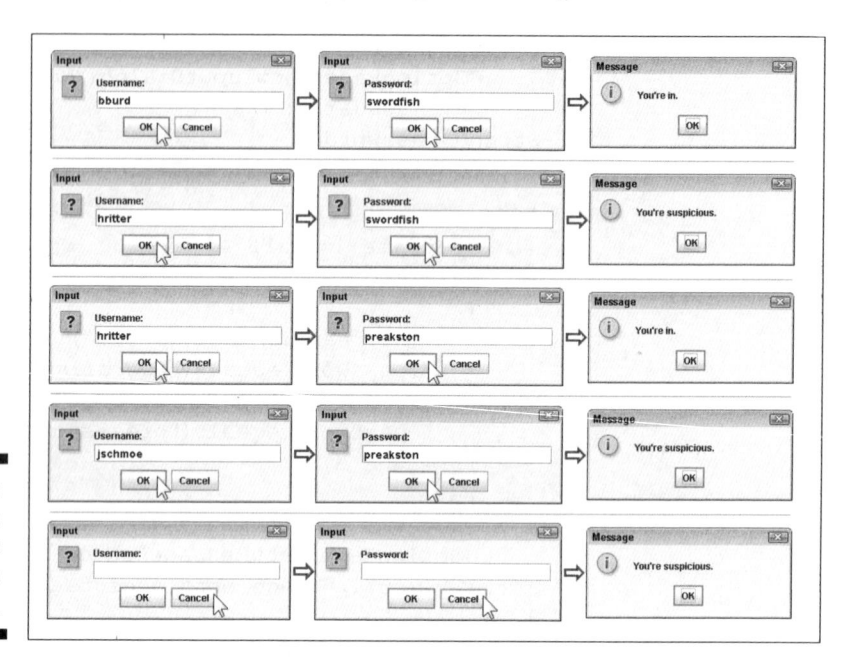

Figura 5-5:
Diversas
execuções
do código da
Listagem 5-4.

A Listagem 5-4 ilustra um novo meio de recebermos os dados inseridos pelo usuário, quer dizer, para mostrar ao usuário a caixa de diálogo. A declaração

```
String senha =
    JOptionPane.showInputDialog("Senha:");
```

na Listagem 5-4 realiza, mais ou menos, a mesma tarefa que a declaração

```
String senha = keyboard.next();
```

da Listagem 5-3. A grande diferença é que enquanto `keyboard.next()` mostra um texto sem graça no console, `JOptionPane.showInputDialog` (`"Username:"`) mostra uma caixa de diálogo mais sofisticada contendo um campo de texto e botões (compare as Figuras 5-4 e 5-5). Quando o usuário clica em OK, o computador pega o texto no campo de texto e o entrega a uma variável. Na verdade, a Listagem 5-4 usa `JOptionPane`.

showInputDialog duas vezes — uma para obter a variável nome do usuário e uma segunda vez para obter o valor da variável senha.

Próximo ao final da Listagem 5-4, uso uma pequena variação de JOptionPane,

```
JOptionPane.showMessageDialog
    (null, "Você está conectado.");
```

Com showMessageDialog, mostro uma caixa de diálogo bem simples — sem campo de texto (novamente, veja a Figura 5-5).

Como milhares de outros nomes, JOptionPane está definida na API Java (para ser mais específico, JOptionPane está definida dentro de uma coisa chamada javax.swing, que por sua vez é definida dentro da API Java). Então, para usar o nome JOptionPane na Listagem 5-4, importei javax.swing.JOptionPane no topo da listagem.

Na Listagem 5-4, JOptionPane.showInputDialog funciona bem, pois a entrada do usuário (nome de usuário e senha) são meras cadeias de caracteres. Se quisermos que o usuário insira um número (int ou double, por exemplo), temos que realizar um trabalho extra. Por exemplo, para obter um valor int do usuário, digite algo mais ou menos assim: int numeroVacas = Integer.parseInt(JOptionPane.showInputDialog("Quantas vacas?")). O item extra, Integer.parseInt, obriga que a entrada no campo de texto seja um valor int. Para obter um valor double do usuário, digite algo assim: double fracaoDeHolandesas = Double.parseDouble (JOptionPane.show InputDialog("Holandesas:")). O Double.parseDouble extra obriga que a entrada no campo de texto seja um valor double.

Vive les nuls!

Em francês, as traduções dos livros *Para Leigos* são chamadas de *Pour les Nuls*. Então, um leigo é um "nul" em francês. Mas, em Java, a palavra null significa "nada". Quando vemos

```
if (
    nomeDeUsuario !=null
```

na Listagem 5-4, podemos imaginar que está escrito

```
if (
    nomeDeUsuario é diferente de nada
```

ou

```
if (
    nomeDeUsuario tem algum valor
```

Para saber como `nomeDeUsuario` pode não ter valor, veja a última linha da Figura 5-5. Quando clicamos Cancelar na primeira caixa de diálogo, o computador responde `null` para o programa. Então, na Listagem 5-4, a variável `nomeDeUsuario` se torna `null`. A comparação `nomeDeUsuario != null` verifica se o usuário clicou Cancelar na primeira caixa de diálogo do programa. Essa comparação realiza o mesmo tipo de verificação para a segunda caixa de diálogo do programa. Quando olhamos para a declaração `if` na Listagem 5-4, podemos imaginar que estamos vendo o seguinte:

```
if (
    você não clicou Cancelar na caixa de diálogo usuário e
    você não clicou Cancelar na caixa de diálogo senha e
    (
        (você digitou "bburd" no diálogo de usuário)e
        você digitou "swordfish" no diálogo de senha))ou
        (você digitou "hritter" no diálogo de usuário) e
        você digitou "preakston" no diálogo de senha))
    )
)
```

Na Listagem 5-4, as comparações `nomeDeUsuario != null` e `password != null` não são opcionais. Se esquecermos de inseri-las e clicarmos em Cancelar quando o programa estiver sendo executado, obtemos a desagradável mensagem `NullPointerException` e o programa começa a ruir diante de nossos olhos. A palavra `null` representa *nada* e em Java não podemos comparar *nada* a uma string como "bburd" ou "swordfish". Na Listagem 5-4, a finalidade da comparação `nomeDeUsuario != null` é evitar que o computador cheque `nomeDeUsuario.equals("bburd")` quando clicamos em Cancelar. Sem esse teste preliminar, estamos pedindo para ter problemas.

Os últimos dois `null`s na Listagem 5-4 são diferentes dos demais. No código `JOptionPane.showMessageDialog (null, "Você está conectado.")`, a palavra `null` representa "nenhum outra caixa de diálogo". A chamada `showMessageDialog`, em particular, diz para o Java abrir uma nova caixa de diálogo e a palavra `null` indica que a nova caixa não decorre de nenhuma caixa de diálogo existente. De alguma maneira, o Java insiste para que você diga alguma coisa sobre a origem da nova caixa de diálogo surgida (por alguma razão, o Java não exige que você especifique a origem da caixa `showInputDialog`, vai entender!). Aliás, na Listagem 5-4, a caixa `showMessageDialog` surgida do nada é muito útil.

(Condições em parênteses)

Fique atento aos parênteses! Quando combinamos condições com operadores lógicos, é melhor perdermos tempo digitando e acrescentando parênteses desnecessários do que estragar o resultado usando parênteses a menos. Observe, por exemplo, a expressão

```
2 < 5 || 100 < 6 && 27 < 1
```

Uma interpretação errônea da expressão acima pode nos levar a concluir que é falsa. Isto é, podemos interpretá-la de maneira errada como significando (isto-ou-aquilo) && 27 < 1. Tendo em vista que 27 < 1 é falso, concluiríamos que a expressão inteira é falsa. O fato é que, no Java, qualquer operador && é valorado antes do operador ||. Então, a expressão, na verdade, pergunta se 2 < 5 || (isto-ou-aquilo). Se 2 < 5 é verdadeiro, a expressão inteira é verdadeira.

Para mudar o valor da expressão de verdadeira para falsa, podemos colocar as primeira duas expressões em parênteses, assim:

```
(2 < 5 || 100 < 6) && 27 < 1
```

O operador || do Java é *inclusivo*. Isto significa que podemos obter um valor verdadeiro sempre que o que está do lado esquerdo for verdadeiro; o que está do lado direito for verdadeiro, ou ambos forem verdadeiros. Por exemplo, a expressão 2 < 10 || 20 < 30 é verdadeira.

Em Java, não podemos combinar comparações da maneira como fazemos normalmente em português. Em português, podemos dizer "teremos entre três e dez pessoas na mesa de jantar". Mas no Java obtemos uma mensagem de erro ao escrevermos 3 <= pessoas <= 10. Para fazermos essa comparação, precisamos de algo como 3 <= pessoas && pessoas <= 10.

Na Listagem 5-4, a declaração de condição if tem mais de doze parênteses. O que acontece se omitirmos dois deles?

```
if (
    username != null &&
    password != null &&
    // abre parênteses omitido
        (username.equals("bburd") &&
         password.equals("swordfish")) ||
        (username.equals("hritter") &&
         password.equals("preakston"))
    // fecha parênteses omitido
    )
```

O Java tenta interpretar nossos desejos agrupando tudo antes de "ou" (o operador | |):

```
if (
    username != null &&
    password != null &&
    (username.equals("bburd") &&
     password.equals("swordfish"))

    ||

    (username.equals("hritter") &&
     password.equals("preakston"))
)
```

Quando o usuário clica em Cancelar e `username` é `null`, o Java diz: "Ok! O que está antes do operador | | é falso, mas talvez o que está depois dele seja verdadeiro. Checarei o que está depois do operador | | para ver se é verdadeiro" (o Java geralmente fala consigo mesmo, os psiquiatras estão monitorando a situação).

De qualquer forma, quando o Java finalmente verifica `username.equals("hritter")`, seu programa aborta a execução com uma horrível mensagem `NullPointerException`. Deixamos o Java furioso quando tentamos aplicar `.equals` a um `username` nulo (psiquiatras recomendaram sessões de controle de agressividade, mas o plano de saúde dela se recusa a pagar pelas sessões).

Construindo um Ninho

Você já viu aquelas bonecas Matrioska russas? Abrimos uma e há outra dentro. Abrimos a segunda e encontramos uma terceira. Podemos fazer o mesmo com as declarações `if` no Java (isso sim é diversão!). A Listagem 5-5 mostra como.

Listagem 5-5:   Aninhando Declarações if

```
import static java.lang.System.out;
import java.util.Scanner;

class Autenticador2 {
```

```
public static void main(String args[]) {
    Scanner keyboard = new Scanner(System.in);

    out.print("Username: ");
    String username = keyboard.next();

    if (username.equals("bburd")) {
        out.print("Password: ");
        String password = keyboard.next();

        if (password.equals("swordfish")) {
            out.println("Você está conectado.");
        } else {
            out.println("Senha incorreta");
        }
    } else {
        out.println("Usuário desconhecido");
    }
}
```

A Figura 5-6 mostra diversas execuções do código na Listagem 5-5. A ideia principal é que para fazer o login temos que passar por dois testes (em outras palavras, duas condições devem ser verdadeiras). A primeira condição testa a validade do usuário, a segunda, a senha correta. Se passarmos pelo primeiro teste (do usuário), vamos diretamente para outra declaração if que realiza o segundo teste (da senha). Se falharmos no primeiro teste, nunca chegaremos ao segundo. A Figura 5-7 mostra o plano geral.

Figura 5-6:
As três execuções do código na Listagem 5-5.

```
Nome de Usuário: bburd
Senha: swordfish
Você está conectado.

Nome do usuário: bburd
Senha: catfish
Senha incorreta


Nome do usuário: jschmoe
Usuário desconhecido
```

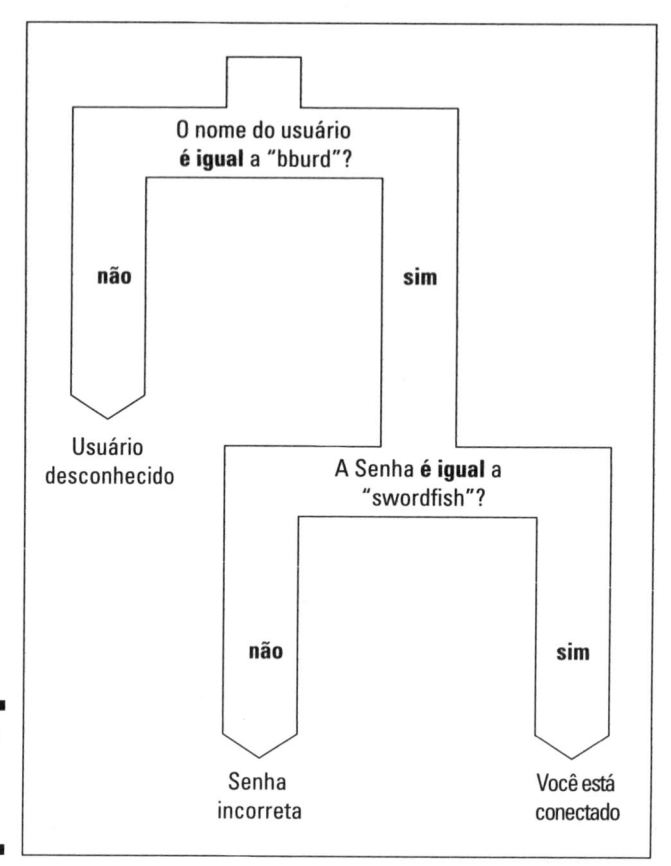

Figura 5-7:
Não tente
jogar com
essa forca.

O código na Listagem 5-5 faz um bom trabalho com declarações `if` aninhadas, mas não funciona em um caso real de autenticação de usuário. Primeiro, nunca mostre uma senha a plena vista (sem asteriscos para disfarçar). Segundo, não mexa com senhas sem encriptá-las. Terceiro, não diga ao usuário mal-intencionado qual das duas palavras (usuário ou senha) foi informado errado. Quarto... bem, poderíamos continuar falando e falando. O código na Listagem 5-5 não foi feito para ilustrar boas práticas de códigos para identificação de usuário e senha.

Escolhendo entre Várias Alternativas (Declarações switch Java)

Sou o primeiro a admitir que odeio tomar decisões. Se as coisas dão errado, prefiro que a culpa seja de outra pessoa. Escrever os tópicos anteriores (sobre decisões com a declaração Java `if`) aflorou esse sentimento em mim. É por isso que minha mente hesita quando começo este tópico que trata de escolhas entre várias alternativas. Que alívio tirar esse peso dos meus ombros!

Sua declaração switch básica

Agora é hora de explorar as situações em que temos uma decisão com várias bifurcações. Observe, por exemplo, a popular canção americana "Al's All Wet" (para relembrar a letra veja o box abaixo). Você está ansioso para escrever um código que escreva a letra dessa canção. Felizmente, não terá que digitar todas as palavras de novo e de novo. Ao invés disso, poderá se aproveitar das repetições da música.

Um programa completo para mostrar a letra de "Al's All Wet" só vai ser mostrado no Capítulo 6. Enquanto isso, presuma que tem uma variável chamada *verso*. O valor de `verso` é 1, 2, 3 ou 4, dependendo de qual verso da canção estamos tentando mostrar. Podemos ter uma quantidade enorme de declarações `if` confusas, que checam cada um dos números possíveis de `verso`.

"Al's All Wet"

Cantada com a melodia de "Gentille Alouette":

Al's all wet. Oh, why is Al all wet? Oh, Al's all wet 'cause he's standing in the rain. Why is Al out in the rain? That's because he has no brain. Has no brain, has no brain, In the rain, in the rain. Ohhhhhhhh. . . .

Al's all wet. Oh, why is Al all wet? Oh, Al's all wet 'cause he's standing in the rain. Why is Al out in the rain? That's because he is a pain. He's a pain, he's a pain, Has no brain, has no brain, In the rain, in the rain. Ohhhhhhhh. . . .

Al's all wet. Oh, why is Al all wet? Oh, Al's all wet 'cause he's standing in the rain. Why is Al out in the rain? 'Cause this is the last refrain. Last refrain, last refrain, He's a pain, he's a pain, Has no brain, has no brain, In the rain, in the rain. Ohhhhhhhh. . . .

Al's all wet. Oh, why is Al all wet? Oh, Al's all wet 'cause he's standing in the rain.

— *Harriet Ritter and Barry Burd*

```
if (verso ==1) {
    out.println("That's because he has no brain.");
}
if (verso ==2) {
    out.println("That's because he is a pain.");
}
if (verso ==3) {
    out.println("'Cause this is the last refrain.");
}
```

Esta abordagem parece um desperdício. Por que não criamos um valor de verso apenas uma vez e então agimos com base no valor que é encontrado? Felizmente, existe uma declaração desse tipo. É chamada de declaração switch. A Listagem 5-6 traz um exemplo dela.

Listagem 5-6: Uma Declaração switch

```
import static java.lang.System.out;
import java.util.Scanner;

class UsandoSwitch {

    public static void main(String args[]) {
        Scanner keyboard = new Scanner(System.in);
        out.print("Qual verso? ");
        int verso = keyboard.nextInt();

        switch (verso) {
        case 1:
            out.println("That's because he has no brain.");
            break;
        case 2:
            out.println("That's because he is a pain.");
            break;
        caso 3:
            out.println("'Cause this is the last refrain.");
            break;
        default:
            out.println("Não há este verso. Por favor
                tente novamente");
            break;
        }
            out.println("Ohhhhhhhh...");
    }
}
```

A Figura 5-8 mostra duas execuções do programa na Listagem 5-6 (a Figura 5-9 ilustra a ideia geral do programa). Primeiro, o usuário digita um número, como 2. Então, a execução do programa vai até o topo da declaração switch. O computador verifica o valor da variável verso. Quando o computador determina que o valor da variável verso é 2, verifica cada case da declaração switch. O valor 2 não se encaixa no primeiro caso, então o computador passa para os outros dois cases. O valor declarado para o segundo case (o número 2) se encaixa no valor da variável verso, então, o computador executa as declarações que vêm imediatamente depois do case 2. Estas duas declarações são

```
out.println("That's because he is a pain.");
break;
```

A primeira das duas declarações mostra a linha That's because he is a pain. na tela. A segunda declaração é chamada de *break* (que surpresa!). Quando encontra uma declaração break, o computador sai da declaração switch em que está. Então, na Listagem 5-6, o computador passa direto pelo case que mostraria 'Cause this is the last refrain. Na verdade, ele pula a declaração switch inteira e vai direto para a que aparece depois dela. O computador mostra Ohhhhhhhhh..., pois é isto que a declaração que aparece logo depois da declaração switch o manda fazer.

Figura 5-8:
Executando
o código da
Listagem 5-6
duas vezes.

```
Qual verso? 2
That's because he is a pain.
Ohhhhhhh...

Qual verso? 6
Não há este verso.
Por favor tente novamente.
Ohhhhhhh....
```

Caso o inoportuno usuário peça o verso 6, o computador responde ignorando os versos 1, 2 e 3. Ao invés disso, ele executa o default, que o manda mostrar: Não há este verso. Por favor tente novamente. e então, executa a break, saindo da declaração switch. Depois disso, o computador mostra Ohhhhhhhhh....

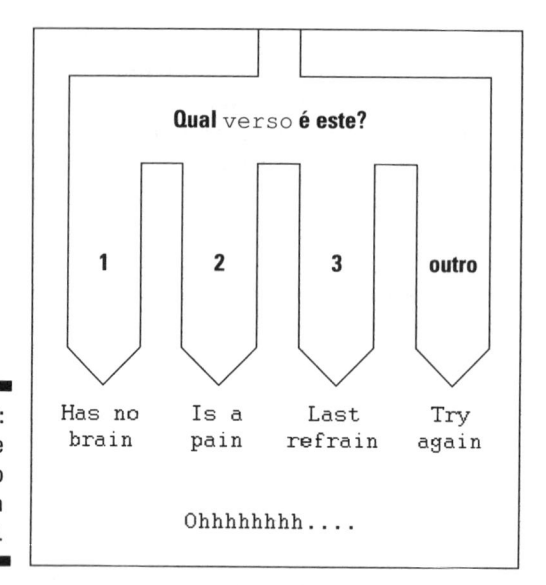

Figura 5-9:
O grande
garfo do
código na
Listagem 5-6.

Não é realmente necessário inserir uma declaração `break` ao final das declarações `switch`. Na Listagem 5-6, a última `break` (que faz parte da default) é inserida apenas para manter a harmonia geral.

Usar ou não usar a break

Na vida de todo programador Java, chega uma hora em que ele ou ela esquece de usar declarações `break`. A princípio, o resultado obtido é confuso. Então, ele se lembra do *fall-through*. Este termo descreve o que acontece quando terminamos um case sem uma declaração `break`. O que ocorre é que a execução do código pula diretamente para a linha do próximo case. A execução continua pulando as linhas seguintes até encontrar uma declaração `break` ou o fim da declaração `switch`.

Geralmente, quando usamos uma declaração `switch`, não queremos que ocorra um fall-through, então salpicamos declarações `break` ao longo da declaração `switch`. Mas há casos em que o fall-through é justamente o que precisamos. Observe, por exemplo, a canção "Al's All Wet" (a letra original está no box com seu nome). Cada verso dela acrescenta novas linhas aos versos anteriores. Essa situação (o acúmulo de linhas de um verso para outro) implora por uma declaração `switch` com fall-through. A Listagem 5-7 demonstra essa ideia.

Listagem 5-7: Uma Declaração switch com Fall-Through

```java
import static java.lang.System.out;
import java.util.Scanner;

class CaidinhoPorVocê {
    public static void main(String args[]) {
        Scanner keyboard = new Scanner(System.in);
        out.print("Qual o verso?");
        int verso = keyboard.nextInt();

        switch (verso) {
        case 3:
            out.print("Last refrain,");
            out.println("last refrain,");
        case 2:
            out.print("He´s a pain,");
            out.println("he´s a pain,");
        case 1:
            out.print("Has no brain,");
            out.println("has no brain,");
        }
            out.prinln("In the rain, in the rain.");
            out.println("Ohhhhhhh...");
            out.println();
    }
}
```

A Figura 5-10 mostra inúmeras execuções do programa na Listagem 5-7. Tendo em vista que a switch não tem declarações `break`, ocorrem fall-through por todos os lados. Por exemplo, quando o usuário escolhe o verso 2, o computador executa as duas declarações do case 2:

```java
out.print("He's a pain,");
out.println("he's a pain,");
```

Então, o computador passa a executar as duas declarações no case 1:

```
out.print("Has no brain,");
out.println("has no brain,");
```

Isso é muito bom, pois o segundo verso tem todas essas linhas.

```
Qual o verso? 1
Has no brain, has no brain,
In the rain, in the rain.
Ohhhhhh...

Qual o verso? 2
He's a pain, he's a pain,
Has no brain, has no brain,
In the rain, in the rain.
Ohhhhhh...

Qual o verso? 3
Last refrain, last refrain,
He's a pain, he's a pain,
Has no brain, has no brain,
In the rain, in the rain.
Ohhhhhh...

Qual o verso? 6
In the rain, in the rain.
Ohhhhhh...
```

Figura 5-10: Executando o código da Listagem 5-7, quatro vezes.

Perceba o que acontece quando o usuário pede pelo verso 6. A declaração switch na Listagem 5-7 não possui caso 6 e nem default, então nenhuma das ações dentro da declaração switch são executadas. Mesmo assim, com as declarações que mostram In the rain, in the rain e Ohhhhhh... logo após da declaração switch, o computador mostra algo, quando o usuário pede pelo verso 6.

Lá vem o Java 7

Nas Listagens 5-6 e 5-7, a variável verso (um valor int) encaminha a declaração switch de um case para outro. Um valor int dentro da declaração switch funciona em qualquer versão de Java, antiga ou nova (aliás, valores char e alguns outros tipos de valores funcionam em declarações switch desde que o Java surgiu).

Mas se você está sempre antenado e já está usando Java 7, pode configurar tudo para que o case a ser executado na declaração switch dependa de um valor de uma cadeia de caracteres (string) em particular. A Listagem 5-8 ilustra o uso das cadeias de caracteres nas declarações switch. A Figura 5-11 mostra a execução do código na Listagem 5-8.

Listagem 5-8: Uma Declaração switch com uma String

```
import static java.lang.System.out;
import java.util.Scanner;

class SwitchNo7 {

    public static void main(String args[]) {
        Scanner keyboard = new Scanner(System.in);
        out.print("Qual o verso (um, dois ou três)?");
        String verso = keyboard.next();

        switch (verso) {
        case "um":
            out.println("That's because he has no brain.");
            break;
        case "dois":
            out.println(That's because he is a pain.");
            break;
        case "três":
            out.println("Cause this is the last refrain.");
            break;
        default:
            out.println("Não há este verso. Por favor
            tente novamente.");
            break;
        }

        out.println("Ohhhhhhh...");

    }
}
```

Figura 5-11:
Executando
o código na
Listagem 5-8.

```
Qual verso (um, dois ou três)? Dois
That´s because he is a pain.
Ohhhhhhh....
```

Se você está usando o Java 6 ou uma versão mais antiga, não pode usar uma cadeia de caracteres (string) para decidir o destino de uma declaração `switch`.

Capítulo 6

Controlando o Fluxo do Programa com Loops

Em 1966, a então fabricante do xampu Head & Shoulders fez história. Na parte de trás da embalagem, nas instruções para a utilização do produto, estava escrito "ENSABOAR-ENXAGUAR-REPETIR". Até então, nunca havíamos visto instruções (para fazer qualquer coisa, quem dirá lavar os cabelos) serem resumidas de forma tão sucinta. Os responsáveis pela elaboração dessas instruções aclamaram a iniciativa como um avanço monumental. Instruções como essa trazem um flagrante contraste para o padrão da época (por exemplo, na primeira frase de uma lata de inseticida está escrito "Vire a lata e aponte longe de seu rosto". Não diga!).

Fora sua concisão, o que tornava as instruções do xampu Head & Shoulders tão legais era que, com três palavras simples, se conseguia capturar a noção que é a essência de toda instrução — a ideia da repetição. A última palavra *REPITA* transforma o normalmente insosso sermão de instrução em uma sofisticada receita de como agir.

A ideia fundamental é que quando estamos seguindo instruções não seguimos apenas uma instrução depois da outra. Ao invés disso, escolhemos caminhos diferentes em uma estrada. Tomamos decisões ("Se o CABELO É SECO, então USE CONDICIONADOR") e agimos cumprindo certos ciclos ("ENSABOE-ENXAGUE, e então ENSABOE-ENXAGUE de novo"). Na programação de computador, usamos a tomada de decisão e a execução desses ciclos o tempo todo, o que chamamos de loop ou *laço*. Este capítulo explora a execução de loops em Java.

Repetindo Instruções Sem Parar (Declarações Java while)

Vejamos um joguinho de adivinhação. O computador gera um número aleatório entre 1 e 10. Ele, então, pede que você adivinhe o número. Se errar, o jogo continua. Assim que acertar, o jogo acaba. A Listagem 6-1 mostra o programa para este jogo e a Figura 6-1 mostra sua execução.

Listagem 6-1: Um Jogo de Adivinhação Repetitivo

```java
import static java.lang.System.out;
import java.util.Scanner;
import java.util.Random;

class AdivinheNovamente {

    public static void main(String args[]) {
        Scanner keyboard = new Scanner(System.in);

        int numPalpites = 0;
        int numeroAleatorio = new Random().nextInt(10) + 1;

        out.println("  ********   ");
        out.println("Bem vindo ao Jogo de Adivinhação");
        out.println("  ********   ");
        out.println();

        out.print("Insira um número de 1 a 10:");
        int numeroEntrada = keyboard.nextInt();
        numPalpites++;

        while (numeroEntrada != numeroAleatorio) {
        out.println();
        out.println("Tente novamente...");
        out.print("Insira um número de 1 a 10: ");
        numeroEntrada = keyboard.nextInt();
        numPalpites++;
        }

        out.print("Você ganhou depois de ");
        out.println(numPalpites + " tentativas.");
    }
}
```

Na Figura 6-1, o usuário faz quatro tentativas. Em cada uma, o computador verifica se o palpite está correto. Um palpite incorreto gera uma nova rodada. Para os palpites corretos, o usuário obtém um encorajador `Você venceu`, junto com a indicação de quantos palpites ele ou ela fez. O computador repete inúmeras declarações, verificando cada uma das vezes se o palpite do usuário é o mesmo que o número gerado aleatoriamente. Cada vez que o usuário tenta adivinhar, o computador adiciona 1 ao número de tentativas. Quando o usuário acerta o número, o computador mostra a contabilização de tentativas. A Figura 6-2 ilustra o fluxo da ação.

```
            ************
Bem vindo ao Jogo de Adivinhação
            ************

Insira um número de 1 a 10: 2

Tente novamente...
Insira um número de 1 a 10: 5

Tente novamente...
Insira um número de 1 a 10: 8

Tente novamente...
Insira um número de 1 a 10: 3
Você venceu após 4 tentativas.
```

Figura 6-1:
Jogue até
cansar.

Quando olhamos para a Listagem 6-1, vemos o código que realiza esse trabalho. No centro dele está algo chamado de *declaração while* (também conhecida como *while loop*). Traduzida para o português, a declaração `while` diz:

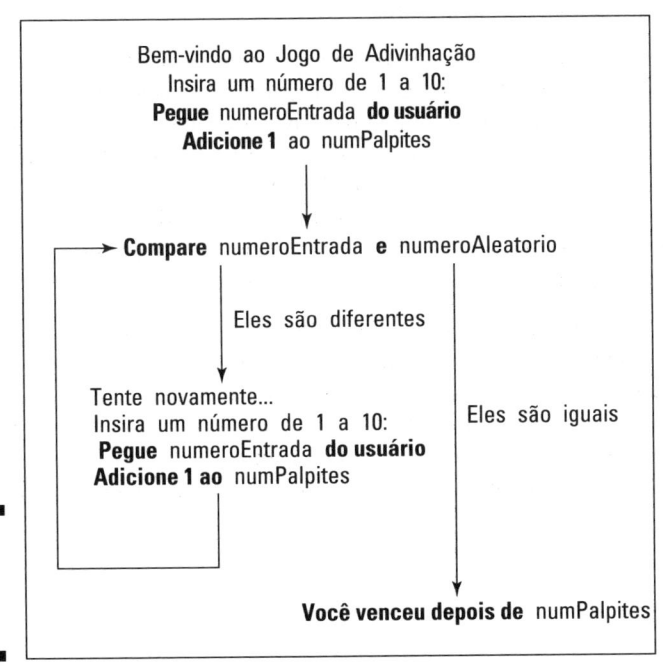

Figura 6-2:
Voltas e
mais voltas
você dá.

> enquanto o numeroEntrada não for igual ao numeroAleatorio
> continue fazendo tudo que aparece entre as chaves: {
>
> }

Aquilo que está entre as chaves (o que se repete) é o código que mostra `Tente novamente, Insira um número. . .`, que recebe um valor do teclado e adiciona 1 ao número de tentativas de acerto.

Quando estamos lidando com contadores, como `numPalpites` na Listagem 6-1, podemos facilmente nos confundir e acabar errando a contagem, tanto para menos quanto para mais. Podemos evitar esse problema certificando-nos de que as declarações ++ estejam próximas das declarações que serão contadas. Por exemplo, na Listagem 6-1, a variável `numPalpites` começa com um valor 0. Isto é porque, quando o programa começa a rodar, o usuário não fez nenhum palpite ainda. Mais tarde no programa, logo depois de cada chamada para `keyboard.nextInt`, está uma declaração `numPalpites++`. É assim que deve ser feito — o contador deve ser atualizado assim que o usuário inserir um novo palpite.

As declarações entre chaves são repetidas enquanto `numeroEntrada !=  numeroAleatorio` for verdadeira. Cada repetição das declarações no loop é chamada de *iteração*. Na Figura 6-1, o loop sofre três iterações (se não acredita que a Figura 6-1 tem exatamente três iterações, conte o número de `Tente novamente` mostrados no resultado do programa, a frase aparece para cada resposta incorreta).

Quando finalmente o usuário insere o número correto, o computador volta para o início da declaração `while`, verifica a condição em parênteses e vai parar na terra da dupla negativa. A relação de desigualdade `(!=)` entre `numeroEntrada` e `numeroAleatorio` não existe mais. Em outras palavras, a condição da declaração `while`, `numeroEntrada !=  numeroAleatorio` é falsa. Assim, o computador pula o loop `while` e vai até as declarações logo abaixo dele. Nessas duas declarações, o computador mostra `Você venceu depois de 4 tentativas`.

Com o código do tipo mostrado na Listagem 6-1, o computador nunca cai no meio de um loop. Quando ele descobre que `numeroEntrada` não é igual a `numeroAleatorio`, prossegue e executa todas as cinco declarações dentro das chaves do loop. O computador faz o teste novamente (para ver se `numeroEntrada` ainda não é igual a `numeroAleatorio`) somente depois de executar completamente todas as cinco declarações do loop.

Repetindo um Determinado Número de Vezes (Declarações Java for)

"Escreva 'Não conversarei na aula' no quadro negro 100 vezes."

O que seu professor realmente quis dizer foi

```
Comece a contar do 0.
Desde que a contagem seja menor do que 100,
    Escreva 'Não conversarei na aula' no quadro negro,
    Adicione 1 à contagem.
```

Felizmente, você não sabia sobre loops e contadores naquela época. Se tivesse mostrado tudo isto para seu professor, estaria em problemas ainda maiores do que já estava.

De uma forma ou de outra, a vida é repleta de exemplos de loops de contagens. E a programação de computadores é reflexo da vida — ou será o contrário? Quando dizemos ao computador o que fazer, geralmente estamos dizendo para mostrar três linhas, processar dez contas, discar um milhão de números de telefone ou o que seja. Já que os loops de contagem são tão comuns na programação, os criadores de linguagens de programação criaram declarações só para loops deste tipo. Em Java, uma declaração que repete algo um determinado número de vezes é chamada de declaração *for*. As Listagens 6-2 e 6-3 ilustram sua utilização. A Listagem 6-2 traz um exemplo bem elementar e a Listagem 6-3 traz um exemplo mais incomum. Escolha qual prefere.

Listagem 6-2:   O Loop mais Chato do Mundo.

```java
import static java.lang.System.out;

class Bocejo {

    public static void main(String args[]) {

        for (int count = 1; count <= 10; count++) {
            out.print("O valor da contagem é ");
            out.print(contagem);
            out.println(".");

        }

        out.println("Pronto!");
    }
}
```

A Figura 6-3 mostra o resultado depois de executarmos o programa da Listagem 6-2 (nada além do que pedimos). Nela, a declaração `for` começa estabelecendo o valor da variável `count` como 1. Então, a declaração verifica se `count` é menor que ou igual a 10 (o que certamente é). Então a declaração `for` dá um salto e executa as declarações de visualização entre as chaves (neste início do jogo o computador mostra: `O valor de count é 1`). Finalmente, a declaração `for` executa a última instrução dentro de seus parênteses — acrescenta 1 ao valor de `count`.

Com `count` agora igual a 2, a declaração `for` verifica novamente se ela é menor que ou igual a 10 (sim, 2 é menor do que 10). Já que o teste é positivo, a declaração `for` volta para as declarações entre chaves e mostra `O valor da count é 2` na tela. Finalmente, a declaração `for` executa a última tarefa dentro de seus parênteses — adiciona 1 ao valor de `count`, aumentando seu valor para 3.

Figura 6-3:
Contando
até 10.

```
O valor de contagem é 1.
O valor de contagem é 2.
O valor de contagem é 3.
O valor de contagem é 4.
O valor de contagem é 5.
O valor de contagem é 6.
O valor de contagem é 7.
O valor de contagem é 8.
O valor de contagem é 9.
O valor de contagem é 10.
Pronto!
```

E assim sucessivamente. A coisa toda se repete até que, depois de 10 iterações, o valor de contagem atinge 11. Quando isso acontece, a verificação de `count` menor que ou igual a 10 falha e a execução do loop termina. O computador pula para qualquer declaração que venha imediatamente após a declaração `for`. Na Listagem 6-2, o computador mostra `Pronto!` A Figura 6-4 ilustra o processo completo.

A anatomia de uma declaração for

Depois da palavra *for*, sempre podemos inserir três coisas entre parênteses. A primeira delas é chamada de *inicialização*, a segunda, *expressão* e a terceira, *atualização*.

```
for (inicialização ; expressão ; atualização )
```

Cada um dos três itens em parênteses tem um papel diferente:

- ✔ A **inicialização** é executada uma vez, quando o programa chega pela primeira vez na declaração `for`.
- ✔ A **expressão** é valorada diversas vezes (antes de cada iteração).
- ✔ A **atualização** também é valorada diversas vezes (ao final de cada iteração).

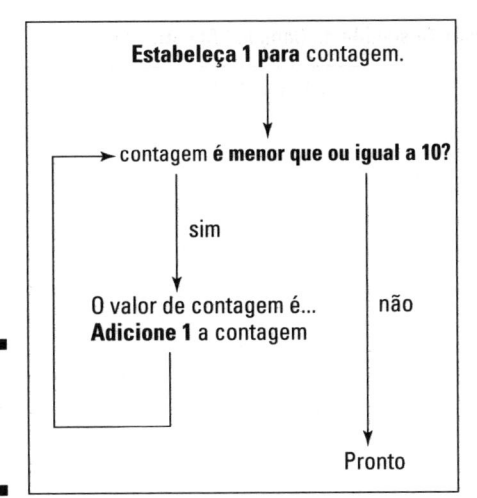

Estabeleça 1 para contagem.

contagem **é menor que ou igual a 10?**

sim

O valor de contagem é...
Adicione 1 a contagem

não

Pronto

Figura 6-4:
A ação do
loop for na
Listagem 6-2.

Se isto ajudá-lo, pense nos loops como se o texto nele estivesse todo trocado:

```
int contagem = 1
for contagem <= 10 {
    out.print("O valor de contagem é ");
    out.print(contagem);
    out.println(".");
    contagem++
}
```

Não podemos escrever declarações `for` reais desta maneira. Mesmo assim, essa é a ordem em que suas partes são executadas.

Se declararmos uma variável na inicialização de um loop `for`, não podemos usar esta variável fora do loop. Por exemplo, na Listagem 6-2 obtemos uma mensagem de erro se tentarmos colocar `out.println(contagem)` depois do fim do loop.

Qualquer coisa que possa ser feita com um loop `for` também pode ser executada com um loop `while`. A escolha entre eles é uma questão de estilo e conveniência, não de necessidade.

A estreia mundial de "Al's All Wet"

A Listagem 6-2 é muito boa, mas o programa nela não faz nada de interessante. Para um exemplo mais atraente, veja a Listagem 6-3. Nela eu cumpro minha promessa do Capítulo 5. O programa mostra a letra inteira do sucesso "Al's All Wet" (a letra está no Capítulo 5).

Listagem 6-3: **A Versão Resumida da Canção "Al's All Wet".**

```java
import static java.lang.System.out;

class AlsAllWet {

    public static void main(Strings args[]) {

        for (int verso = 1; verso <= 3; verso++) {
            out.print("Al´s all wet. ");
            out.println("Oh, why is All all wet? Oh,");
            out.print("Al´s all wet ´cause ");
            out.println("he´s standing in the rain.");
            out.println("Why is Al out in the rain?");

            switch (verso) {
            case 1:
                out.println("That´s because he has no brain.");
                break;
            case 2:
                out.println("That´s because he is a pain.");
                break;
            case 3:
                out.println(" ´Cause this is the last refrain.");
                break;
            }

            switch (verso) {
            case 3:
                out.println("Last refrain, last refrain,");
            case 2:
                out.println("He´s a pain, he´s a pain,");
            case 1:
                out.println("Has no brain, has no brain,");
            }

            out.println("In the rain, in the rain.");
            out.println("Ohhhhhhh...");
            out.println();
        }

        out.print("Al´s all wet. ");
        out.println("Oh, why is Al all wet? Oh, ");
        out.print("Al´s all wet ´cause ");
        out.println("he´s standing in the rain.");
    }
}
```

A Listagem 6-3 é boa, pois combina muitas ideias dos Capítulos 5 e 6. Nela, duas declarações `switch` estão inseridas dentro do loop `for`. Uma usa declarações `break`; a outra usa fall-through. Enquanto o valor da variável do contador loop `for` (verso) vai de 1 para 2 e então para 3, todos os cases nas declarações `switch` são executados. Quando o programa está perto de acabar e a execução tiver saído do loop `for`, as últimas quatro declarações mostram o verso final da canção.

Quando de forma ousada afirmei que a declaração `for` é usada para contagem, estou distorcendo um pouquinho a verdade. A declaração Java `for` é muito versátil. Podemos usá-la em situações que nada têm a ver com contagem. Por exemplo, uma declaração sem a parte da atualização, como `for (i = 0; i < 10; )`, continua rodando. A execução do loop termina quando alguma ação dentro dele atribuir um número maior para a variável `i`. Podemos até mesmo criar uma declaração `for` sem nada entre parênteses. O loop `for ( ; ; )` roda infinitamente, o que é bom se ele controla um equipamento importante. Geralmente, quando escrevemos uma declaração `for`, estamos contando quantas vezes repetimos alguma coisa. Mas, na verdade, podemos fazer qualquer tipo de repetição com elas.

A Listagem 6-3 usa declarações `break` para sair de uma `switch`. Mas a `break` também pode ter um papel dentro de um loop. Para ver um exemplo, visite o site deste livro.

Repetindo até Conseguir o que Quer (Declarações Java do)

"Os tolos correm para onde os anjos temem pisar."

— Alexander Pope

Hoje quero ser jovem e tolo (ou apenas tolo). Observe a Figura 6-2 e perceba como funciona. Quando a execução entra em um loop `while`, o computador verifica se sua condição é verdadeira. Se não for, as declarações dentro dele não são executadas — nem mesmo uma vez. Na verdade, podemos criar facilmente um loop `while` em que declarações nunca são executadas (embora não consiga pensar em uma razão para isto).

```
int doisMaisDois = 2 + 2;
while (doisMaisDois == 5) {
    out.println("Está de brincadeira?");
    out.println("2 + 2 não é igual a 5");
    out.print("Todo mundo sabe que");
    out.println("2 + 2 é igual a 3");
}
```

Apesar da singeleza do exemplo de `doisMaisDois`, a declaração `while` é a mais versátil construção de loop em Java. O `while`, em particular, é bom para situações em que temos que pensar bem antes de agir. Por exemplo: "desde que haja dinheiro em minha conta, pague a hipoteca todo mês". Quando encontrar esta declaração pela primeira vez, se o saldo de sua conta for zero, não vai querer pagar a hipoteca — nem uma vez.

Mas às vezes (não muitas) queremos agir antes de pensar. Observe, por exemplo, a situação em que pedimos uma resposta ao usuário. Talvez a resposta dele faça sentido, talvez não. Se não fizer, devemos perguntar novamente. Talvez o dedo dele tenha escorregado ou ele não tenha entendido a pergunta.

A Figura 6-5 mostra algumas execuções de um programa para deletar um arquivo. Antes de deletar o arquivo, o programa pergunta ao usuário se pode deletá-lo. Se o usuário responder *s* ou *n*, o programa prossegue de acordo com os desejos do usuário. Mas se ele inserir qualquer outro caractere (qualquer dígito, letra maiúscula, símbolo de pontuação ou qualquer outra coisa), o programa pede ao usuário outra resposta.

Figura 6-5:
Duas
execuções
do código na
Listagem 6-4

```
Deletar prova? (s/n) n
Desculpe, parceiro. Só estava perguntando.

Deletar prova? (s/n) u
Deletar prova? (s/n) S
Deletar prova? (s/n) L
Deletar prova? (s/n) 8
Deletar prova? (s/n) .
Deletar prova? (s/n) s
Ok, lá vai...
O arquivo prova foi deletado.
```

Para escrever este programa, precisamos de um loop que pergunte repetidamente ao usuário se o arquivo deve ser deletado. Ele continua perguntando até que o usuário dê uma resposta que faça sentido. Agora, o que deve ser notado é que o loop não precisa verificar nada antes de perguntar ao usuário pela primeira vez. Na verdade, antes que o usuário dê a primeira resposta, ele não tem nada para verificar. O loop não começa com "desde que isto-e-isto seja verdade, obtenha uma resposta do usuário". Ao invés disso, ele dá um passo à frente, obtém a resposta do usuário e então verifica a resposta para saber se faz sentido.

É por isso que o programa na Listagem 6-4 tem um loop *do* (também conhecido como loop *do...while*). Com ele, o programa entra em ação e só depois verifica a condição para checar se o resultado faz sentido. Se fizer, a execução do loop é executada. Se não, o programa volta ao topo do loop para outra volta.

Listagem 6-4:   Deletar ou Não Deletar

```
import java.io.File;
import static java.lang.System.out;
import java.util.Scanner;

class DeletarProva {

    public static void main(String args[]) {
        File prova = new File("livrosAdulterados.txt");
        Scanner keyboard = new Scanner(System.in);
        char reply;

        do {
            out.print("Deletar prova? (s/n) ");
            reply =
                keyboard.findWithinHorizon(".",0).charAt(0);
        } while (reply != 's' && reply != 'n');

        if (reply == 's') {
            out.println("Ok, lá vai...");
            prova.delete();
            out.println("O arquivo prova foi deletado.");
        } else {
            out.println("Desculpe, parceiro. Só estava
                perguntando.");
        }
    }
}
```

A Figura 6-5 mostra duas execuções do código na Listagem 6-4. O programa aceita as letras minúsculas *s* e *n*, mas não as maiúsculas *S* e *N*. Para fazer o programa aceitar letras maiúsculas, altere as condições no código da seguinte forma:

```
do {
    out.print("Deletar prova? (s/n) ");
    reply = keyboard.findWithinHorizon(".",0).charAt(0);
} while (reply != 's' && reply != 'S' &&
         reply != 'n' && reply!='N');

if (reply == 's' || reply == 'S') {
```

A Figura 6-6 mostra o fluxo de controle no loop da Listagem 6-4. Com o `do`, a situação no programa `doisMaisDois` (mostrado no início deste tópico) nunca acontece. Já que o loop `do` realiza sua primeira ação sem testar a condição, cada um deles realiza ao menos uma iteração.

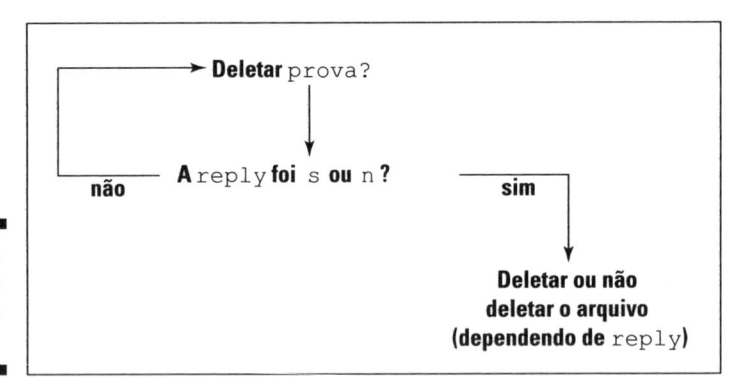

Figura 6-6:
Aqui vamos nós, de novo e de novo.

A localização do arquivo `livrosAdulterados.txt` da Listagem 6-4 no disco rígido de seu computador depende de uma série de coisas. Se criar o arquivo `livrosAdulterados.txt` no diretório errado, o código na Listagem 6-4 não consegue deletá-lo (para ser mais exato, se `livrosAdulterados.txt` estiver no diretório errado em seu disco rígido, o código na Listagem 6-4 não consegue encontrá-lo na preparação para deletá-lo). Na maioria das configurações, começamos testando a Listagem 6-4 criando um projeto dentro de nossa IDE. O novo projeto está dentro de uma pasta em nosso disco rígido e o arquivo `livrosAdulterados.txt` faz parte dessa pasta. Por exemplo, com o IDE Eclipse, tenho um projeto chamado `Listagem06-04`. Esse projeto está em meu disco rígido em uma pasta chamada `c:\Users\meu-nome-de-usuario\areadetrabalho\listagem06-04`. Dentro dessa pasta há um arquivo chamado `livrosAdulterados.txt` (até que eu delete este arquivo com o código na Listagem 6-4). Na mesma pasta, tenho uma subpasta chamada `src`. Meu arquivo `DeletarProva.java` está dentro da pasta `Listagem06-04`.

Para saber mais sobre arquivos e suas pastas, veja o Capítulo 8.

Lendo um único caractere

Voltando à Listagem 5-3, o usuário digita uma palavra no teclado. O método `keyboard.next` captura a palavra e a coloca dentro da variável `String` chamada *senha*. Tudo funciona muito bem, pois esse tipo de variável pode armazenar muitos caracteres de uma só vez, e o método `next` pode conter vários caracteres de uma vez só.

Mas na Listagem 6-4 não estamos interessados em ler vários caracteres. Esperamos que o usuário digite apenas uma letra — *s* ou *n*. Então, não criamos uma variável `String` para armazenar a resposta do usuário. Ao invés disso, criamos uma variável `char` — que armazena apenas um símbolo de cada vez.

A API Java não tem um método `nextChar`. Então, para lermos algo adequado para o armazenamento em uma variável `char`, temos que improvisar. Na Listagem 6-4, a improvisação fica assim:

```
keyboard.findWithinHorizon(".",0).charAt(0)
```

Podemos usar esse código, exatamente como aparece na Listagem 6-4, sempre que quisermos ler um único caractere.

Uma variável `String` pode conter muitos ou apenas um caractere. Mas quando ela contém apenas um caractere não é igual a uma variável `char`. Não importa o que colocamos em uma variável `String,` ela tem que ser tratada de forma diferente do que uma `char`.

Manipulando arquivos com Java

Na Listagem 6-4, as declarações que manipulam arquivos merecem atenção especial. Elas envolvem o uso de classes, objetos e métodos. Muitos dos detalhes substanciais desse assunto estão em outros capítulos, como os Capítulos 7 e 9. Mesmo assim, não haverá mal algum em antecipar alguns destaques agora mesmo.

Então, podemos encontrar uma classe na linguagem Java API chamada *java. io.File*. A declaração

```
File prova = new File("livrosAdulterados.txt");
```

cria um novo objeto na memória do computador. Esse objeto, formado a partir da classe `java.io.File`, descreve tudo que o programa precisa saber sobre o arquivo de disco `livrosAdulterados.txt`. A partir desse ponto na Listagem 6-4, a variável `prova` refere-se ao arquivo de disco `livrosAdulterados.txt`.

Com tudo isso sobre `java.io.File` em mente, a única coisa que falta saber é que o objeto `prova`, sendo uma instância da classe `java.io.File`, tem um método `delete` (o que posso dizer? Está na documentação API). Quando chamamos `prova.delete`, o computador se livra do arquivo para você.

Declarações de variáveis e blocos

Uma porção de declarações cercadas por chaves formam um bloco. Se declararmos uma variável dentro de um bloco, geralmente não podemos usá-la fora dele. Por exemplo, na Listagem 6-4, obtemos uma mensagem de erro ao fazermos a seguinte alteração:

```
do {
    out.print("Deletar prova? (s/n) ");
    char reply =
        keyboard.findWithinHorizon(".",0).charAt(0);
} while (reply != 's' && reply != 'n');

if (reply == 's')
```

Com a declaração `char reply` dentro da chave do loop, não faz sentido usar o nome `reply` em qualquer lugar fora das chaves. Quando tentamos compilar esse código, obtemos três mensagens de erro — duas para as palavras `reply` em `while (reply != 's' && reply != 'n')` e a terceira para a `reply` na declaração `if`.

Então, na Listagem 6-4, nossas mãos estão atadas. O primeiro uso efetivo da variável `reply` pelo programa está dentro do loop. Mas para torná-la disponível depois do loop, temos que declarar `reply` antes dele. Nessa situação, é melhor declarar a variável `reply` sem sua inicialização. Muito interessante!

Para saber mais sobre inicializações de variáveis, veja o Capítulo 4. Para ler mais sobre blocos, veja o Capítulo 5.

Todas as versões de Java têm os três tipos de loop descritos neste capítulo (`while`, `for` e `do...while`). Mas as mais recentes (Java 5 e superiores) têm ainda um outro tipo chamado de *loop for melhorado*. Para conhecê-lo melhor, veja o Capítulo 11.

Parte III

Trabalhando com o Quadro Geral: Programação Orientada a Objeto

A 5ª Onda   por Rich Tennant

Ah, qual é? O quanto isto pode ser fatal?

ERRO FATAL

Parte III

Trabalhando com
o Quadro Geral:
Programação

Nesta parte...

*J*á leu ou ouviu falar algo sobre programação orientada a objeto? Às vezes, programadores orientados a objeto parecem pertencer a um restrito clube. Eles têm um cumprimento secreto, um sinal secreto e uma promessa de não revelar os conceitos da programação orientada a objeto para quem é de fora. Bem, o segredo chegou ao fim. Nesta parte, revelarei todos os mistérios da programação orientada a objeto. Apresento os conceitos passo a passo e ilustro cada conceito com um ou dois programas Java.

Capítulo 7

Pensando em Termos de Classes e Objetos

Como autor de livro sobre computação, venho sendo informado sobre isso inúmeras vezes — não posso esperar que os leitores leiam os tópicos e os capítulos na ordem lógica. Eles folheiam o livro, escolhem o que querem e vão pulando as partes que acham que não precisam ler. Com isso em mente, entendo que você pode ter pulado o Capítulo 1. Se é este o caso, por favor não se sinta culpado. Poderá compensar tudo em apenas 60 segundos, lendo a seguinte informação retirada do Capítulo 1:

> *Tendo em vista que Java é uma linguagem de programação orientada a objeto, nosso principal objetivo é descrever as classes e os objetos. Uma classe é a ideia por trás de um certo tipo de coisa. Um objeto é uma instância concreta de uma classe. O programador define a classe e, a partir desta definição, o computador cria objetos individuais.*

É claro que você pode escolher não ler nem o parágrafo resumido e assim mesmo querer recuperar um pouco do que perdeu. Vai poder fazer isso lendo o seguinte resumo, de apenas duas palavras do Capítulo 1:

> *Classes e objetos*

Definindo uma Classe (O que Significa Ser uma Conta)

O que distingue uma conta bancária de outra? Se perguntarmos a um banqueiro, ouviremos um longo papo de vendedor. Ele descreverá as taxas de juros, tarifas, desvantagens — todo o discurso de praxe. Felizmente para você, não estou interessado em tudo isso. Em vez disso, quero saber como minha conta é diferente da sua. Afinal de contas, a minha se chama *Barry Burd, agindo em nome de Burd Brain Consultoria* e a sua se chama *João Q. Público, agindo em nome de Expert Java Emergente.* Minha conta tem $ 24,02 de saldo. E a sua?

Quando chegamos nesse ponto, as diferenças entre as contas podem ser resumidas aos valores das variáveis. Pode ser que exista uma variável chamada *saldo.* Para mim, o valor de `saldo` é `24.02`. Para você, é `55.63`. A questão é, quando escrevemos um programa de computador para lidar com contas, como fazemos para separar a minha variável `saldo` da sua?

A resposta é criar dois objetos distintos. Faremos uma variável saldo viver dentro de um dos objetos e a outra variável dentro do outro objeto. Colocaremos também as variáveis nome e endereço em cada objeto e então está pronto — dois objetos, cada um representando uma conta. Mais precisamente, cada objeto é uma instância da classe `Conta`. (Veja a Figura 7-1.)

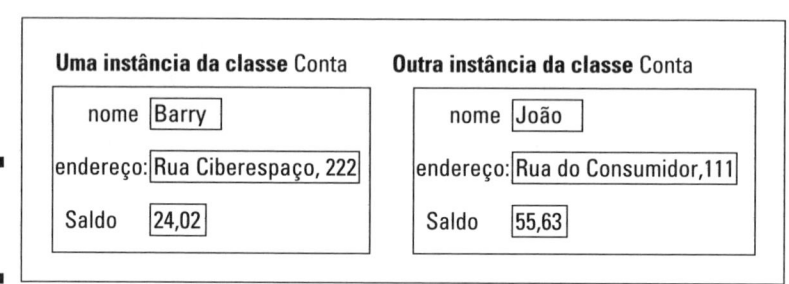

Figura 7-1: Dois objetos.

Até agora, tudo certo. Entretanto, ainda não resolvemos o problema inicial. Como fazemos para diferenciar a minha variável `saldo` da sua em nosso programa de computador? Bem, temos dois objetos, então, a solução talvez seja ter variáveis diferentes para cada um deles. Criamos uma variável chamada *minhaConta* e outra *suaConta.* A variável `minhaConta` se refere ao meu objeto (minha instância da classe `Conta`) e tudo que está dentro dele. Para fazermos referência ao meu saldo, escrevemos

```
minhaConta.saldo
```

Para nos referirmos ao meu nome, escrevemos

```
minhaConta.nome
```

Então, `suaConta.saldo` refere-se ao valor do objeto da sua variável `saldo` e `suaConta.nome`, ao valor do objeto da sua variável nome. Para dizermos ao computador quanto tenho em minha conta, escrevemos

```
minhaConta.saldo = 24.02;
```

Para mostrar seu nome na tela, escrevemos

```
out.println(suaConta.nome);
```

Essas ideias aparecem juntas nas Listagens 7-1 e 7-2. Vejamos a Listagem 7-1:

Listagem 7-1:   O que Significa Ser uma Conta

```
public class Conta {
    String nome;
    String endereco;
    double saldo;
}
```

A classe `Conta` na Listagem 7-1 define o que significa ser uma `Conta`. Em especial, a Listagem 7-1 mostra que cada uma das instâncias da classe `Conta` tem três variáveis — `nome`, `endereço` e `saldo`. Isto é consistente com a informação na Figura 7-1. Os programadores Java têm um nome especial para as variáveis desse tipo (que pertencem a instâncias de classes). Cada uma dessas variáveis — `nome`, `endereço` e `saldo` — é chamada de *campo*.

Uma variável declarada dentro de uma classe, mas não dentro de um método em particular, é um *campo*. Na Listagem 7-1, as variáveis `nome`, `endereço` e `saldo` são campos. Outro nome para campo é *variável de instância*.

Se já andou lutando com os assuntos dos Capítulos 4 a 6, o código para classe `Conta` (Listagem 7-1) pode surpreendê-lo. É realmente possível definir uma classe inteira Java usando apenas quatro linhas de código (e uma ou outra chave)? Com certeza, sim. Na verdade, a classe `Conta` na Listagem 7-1 representa bem o pensamento dos programadores a respeito da *classe*. Ela é um agrupamento de coisas existentes. Na classe `Conta` da Listagem 7-1, as coisas existentes são dois valores `String` e um `double`.

Uma classe pública

De acordo com o código na Listagem 7-1, a classe Conta é `public` (pública). Esse tipo de classe fica disponível para ser usado por todas as outras classes. Então, por exemplo, quando escrevemos um programa ATMController em qualquer recanto distante do ciberespaço, ele pode conter o código `minhaConta.saldo = 24.02`, usando a classe `Conta` declarada na Listagem 7-1 (é claro que esse código terá que saber onde no ciberespaço o código na Listagem 7-1 está localizado, mas isto é uma outra história).

No tópico seguinte, a Listagem 7-2 finalmente consegue usar a classe `Conta`. Portanto, podemos dizer para nós mesmos: "a classe `Conta` tem que ser public, pois outra classe (o código na Listagem 7-2) a utiliza." Infelizmente, a verdade secreta sobre as classes public é um pouco mais complicada. Na verdade, quando os planetas se alinham corretamente, uma classe pode usar o código de outra classe, mesmo que ela não seja public. E neste capítulo, a palavra `public` na Listagem 7-1 não é necessária. As Listagens 7-1 e 7-2 rodam muito bem, sendo a classe `Conta` do tipo public ou não.

Na Listagem 7-1, declarar a classe `Conta` como sendo public faz com que me sinta bem. Sim, programadores fazem determinadas coisas só com esse objetivo. Neste exemplo, meu senso de benevolência vem do fato de que uma classe Conta é útil também para outros programadores. Quando criamos uma classe que declara algo útil e identificável — como as classes `Conta`, `Motor`, `Cliente`, `OndaCerebral`, `DorDeCabeça` ou `BoloDeChocolate` — declaramos que ela seja public.

Para mais informações sobre a palavra *public* e outras deste tipo, veja o Capítulo 13.

Declarando variáveis e criando objetos

Um jovem colega me abordou enquanto eu caminhava pela rua e pediu para que eu escrevesse: "Você vai amar Java!" e escrevi. Na verdade, rabisquei na calçada com giz. Mas onde eu escrevi não é o que importa aqui. O que interessa é que alguém emitiu uma instrução e eu a segui.

Mais tarde naquele dia, uma idosa senta-se ao meu lado no banco do parque. Ela diz: "uma conta tem um nome, um endereço e um saldo." E eu digo: "tudo bem, mas o que quer que eu faça?". Ela apenas me encara, assim, não faço nada com sua afirmação sobre *conta*. Apenas fico lá sentado, ela também e ambos fazem nada.

A Listagem 7-1 é como a senhora idosa. Ela define o que significa ser uma `Conta`, mas não me pede para fazer coisa alguma, com a minha conta ou a de outra pessoa. Para realizar algo, preciso de um segundo pedaço de código, de outra classe — uma que contenha um método `main`. Felizmente, enquanto eu e aquela senhora calmamente permanecemos sentados no banco do parque, chega um garoto com a Listagem 7-2:

Listagem 7-2:   Lidando com os Objetos Conta

```
import static java.lang.System.out;

class UsoDeConta {

    public static void main(String args[]) {
        Conta minhaConta;
        Conta suaConta;

        minhaConta = new Conta();
        suaConta = new Conta();

        minhaConta.nome = "Barry Burd";
        minhaConta.endereco = "Rua Ciberespaço 222";
        minhaConta.saldo = 24.02;

        suaConta.nome = "João Q. Público";
        suaConta.endereco = "Rua do Consumidor 111";
        suaConta.saldo = 55.63;

        out.print(minhaConta.nome);
        out.print(" (");
        out.print(minhaConta.endereço);
        out.print(") tem $");
        out.print(minhaConta.saldo);
        out.println();
        out.print(suaConta.nome);
        out.print(" (");
        out.print(suaConta.endereço);
        out.print(") tem $");
        out.print(suaConta.saldo);
    }

}
```

Juntas, as duas classes — Conta e UsoDaConta — formam um programa completo. O código na Listagem 7-2 define a classe UsoDaConta, que contém um método main. Esse método tem suas próprias variáveis: suaConta e minhaConta.

De certo modo, as primeiras duas linhas dentro do método main da Listagem 7-2 nos dão uma ideia errada. Algumas pessoas interpretam Conta suaConta como se isso quisesse dizer "suaConta é uma Conta" ou "A variável suaConta se refere a uma instância da classe Conta". Não é bem isso que a primeira linha quer dizer. Na verdade, a linha Conta suaConta significa "se e quando eu fizer com que a variável suaConta refira-se a alguma coisa, será a uma instância da classe Conta". Mas qual a diferença?

A diferença é que simplesmente declarando `Conta suaConta` não faz com que a variável `suaConta` refira-se a um objeto. Tudo que a declaração faz é reservar o nome da variável *suaConta* para que eventualmente faça referência a uma instância da classe `Conta`. A criação de um objeto real só aparece mais adiante no código, quando o computador executar `new Conta()`.

Tecnicamente, quando o computador executa `new Conta()`, estamos criando um objeto, chamando o *construtor* da classe `Conta`. Falo mais sobre isso no Capítulo 9.

Quando o computador executa a atribuição `suaConta = new Conta()`, ele cria um novo objeto (uma nova instância da classe `Conta`) e faz com que a variável `suaConta` faça referência a esse novo objeto (o sinal de igual faz com que a variável refira-se ao novo objeto). A Figura 7-2 ilustra a situação.

Depois de executa
Conta SuaConta;

Depois de executar
suaConta =
    new Conta();

suaConta

suaConta

nome

endereço

saldo

Figura 7-2:
Antes e
depois
que um
construtor é
chamado.

Para testar a minha alegação, adicionei uma linha extra ao código na Listagem 7-2. Tentei mostrar `suaConta.nome` depois de declarar `suaConta`, mas antes de chamar `new Conta()`.

```
Conta minhaConta;
Conta suaConta;

out.println(suaConta.nome);

minhaConta = new Conta();
suaConta = new Conta();
```

Quando tentei compilar o novo código, recebi a seguinte mensagem de erro: `variable suaConta might not have been initialized` (variável suaConta pode não ter sido inicializada). Isso

decide a questão. Antes de executarmos new Conta(), não podemos escrever a variável nome de um objeto, porque o objeto não existe.

Quando uma variável é do tipo por referência, simplesmente declarar a variável não é o suficiente. Não teremos um objeto até chamarmos um construtor e usarmos a palavra-chave new.

Para mais informações sobre tipos por referência, veja o Capítulo 4.

Inicializando uma variável

No Capítulo 4, dissemos que podemos inicializar uma variável de tipo primitivo como parte da declaração da variável.

```
int pesoDeUmaPessoa = 68;
```

Podemos fazer a mesma coisa com variáveis de tipo por referência, tal como minhaConta e suaConta, na Listagem 7-2. Podemos combinar as primeiras quatro linhas do método main da listagem, em apenas duas linhas, assim:

```
Conta minhaConta = new Conta();
Conta suaConta = new Conta();
```

Se combinarmos as linhas dessa maneira, automaticamente evitamos a mensagem de erro variable might not have been initialized (variável pode não ter sido inicializada) descrita no tópico anterior. Às vezes nos deparamos com uma situação em que não podemos inicializar a variável. Mas quando podemos, em geral, é um fator positivo.

Usando campos de objetos

Depois de mastigar e processar as primeiras quatro linhas do método main, o resto do código na Listagem 7-2 é lógico e direto. Temos três linhas que agregam valor aos campos do objeto minhaConta, três linhas que agregam valor nos campos do objeto suaConta e quatro linhas que realizam a exibição. A Figura 7-3 mostra o resultado do programa.

Figura 7-3:
Executando
o código nas
Listagens
7-1 e 7-2.

```
Barry Burd (Rua Ciberespaço 222) tem $24.02
João Q. Público (Rua do Consumidor 111) tem $55.63
```

Um programa, várias classes

Todos os programas nos Capítulos 3 a 6 possuem classes únicas. Isso funciona muito bem como introdução do livro. Mas na vida real um programa típico consiste de centenas ou mesmo milhares de classes. O programa contido nas Listagens 7-1 e 7-2 possui duas classes. É claro que ter duas classes não é a mesma coisa que ter milhares delas, mas já é um passo nesta direção.

Na prática, a maioria dos programadores coloca cada classe em um arquivo próprio. Quando construímos um programa, como aqueles das Listagens 7-1 e 7-2, criamos dois arquivos no disco rígido do computador. Portanto, quando baixar o exemplo deste tópico da internet, você terá dois arquivos separados — `Account.java` (`Conta.java`) e `UseAccount.java` (`UsoDaConta.java`).

Para mais informações sobre a execução de um programa que consiste de mais de um arquivo `.java` no Eclipse, NetBeans e IntelliJ IDEA, visite o site do livro.

Definindo um Método Dentro de uma Classe (Mostrando uma Conta)

Imagine uma tabela contendo a informação sobre duas contas (se tiver problema em imaginar, apenas olhe a Tabela 7-1).

Tabela 7-1	Sem Programação Orientada a Objeto	
Nome	*Endereço*	*Saldo*
Barry Burd	Rua Ciberespaço, 222	24,02
João Q. Público	Rua do Consumidor, 111	55,63

Na Tabela 7-1, cada conta tem três coisas — um nome, um endereço e um saldo. É assim que as coisas eram feitas antes que a programação orientada a objeto aparecesse. Mas a programação orientada a objeto envolveu uma grande mudança de pensamento. Com ela, cada conta tem um nome, um endereço, um saldo e um modo de exibição.

Na programação orientada a objeto, cada objeto tem sua própria funcionalidade inerente. Uma conta sabe como deve se apresentar. Uma cadeia de caracteres pode nos dizer se tem os mesmos caracteres que outras cadeias. Uma instância `PrintStream`, assim como `System.out`, sabe como fazer um `println`. Na programação orientada a objeto, cada objeto tem seus próprios métodos. Esses métodos são pequenos subprogramas que podemos chamar para fazer com que o objeto faça coisas por (ou para) si mesmo.

E por que isso é uma boa ideia? Porque estamos fazendo pedaços de dados assumirem a responsabilidade por si mesmos. Com a programação orientada a objeto, todas as funcionalidades associadas a uma conta são coletadas dentro do código pela classe `Conta`. Tudo que precisamos saber sobre uma cadeia de caracteres está localizado no arquivo `String.java`. Tudo que tem qualquer relação com os números dos anos (se eles têm dois ou quatro dígitos, por exemplo) é tratado dentro da classe `Ano`. Portanto, se tivermos qualquer problema com a classe `Conta`, saberemos onde procurar dentro do código. Isto é fantástico!

Então, imagine uma tabela aprimorada da conta. Nela, cada objeto tem uma funcionalidade intrínseca. Cada conta sabe como deve aparecer na tela. Cada fileira da tabela tem uma cópia do método `display`. É claro que não precisamos de muita imaginação para entender esta tabela. Observe abaixo a Tabela 7-2:

Tabela 7-2	Com a Programação Orientada a Objeto		
Nome	**Endereço**	**Saldo**	**Display**
Barry Burd	Rua Ciberespaço, 222	24,02	out.print...
João Q. Público	Rua do Consumidor, 111	55,63	out.print...

Uma conta que mostra a si mesma

Na Tabela 7-2, cada objeto conta possui quatro coisas — um nome, um endereço, um saldo e um modo de se exibir na tela. Depois que passamos a pensar no estilo da orientação a objeto, não tem mais volta. As Listagens 7-3 e 7-4 mostram programas que implementam as ideias da Tabela 7-2.

Listagem 7-3: Uma Conta que Mostra a si Mesma

```java
import static java.lang.System.out;

public class Conta {
    String nome;
    String endereco;
    double saldo;

    public void display() {
        out.print(nome);
        out.print("(");
        out.print(endereco);
        out.print(") tem $");
        out.print(saldo);
    }
}
```

Listagem 7-4: Usando uma Classe Conta Aprimorada

```java
class UsoDaConta {

    public static void main(Strings args[]) {
        Conta minhaConta = new Conta();
        Conta suaConta = new Conta();

        minhaConta.nome = "Barry Burd";
        minhaConta.endereco = "Rua Ciberespaço 222";
        minhaConta.saldo = 24.02;

        suaConta.nome = "João Q. Público";
        suaConta.endereco = "Rua do Consumidor 111";
        suaConta.saldo = 55.63;

        minhaConta.display();
        System.out.println();
        suaConta.display();
    }
}
```

A execução do código nas Listagens 7-3 e 7-4 parece igual àquelas das Listagens 7-1 e 7-2. Podemos ver a ação na Figura 7-3.

Na Listagem 7-3, a classe `Conta` tem quatro coisas — um `nome`, um `endereço`, um `saldo` e um método `display`, que combinam com os itens nas quatro colunas na Tabela 7-2. Então, cada instância da classe `Conta` tem um nome, um endereço, um saldo e um modo de exibição, que são chamados de um modo preciso e uniforme. Para fazer referência ao nome armazenado em `minhaConta`, escrevemos

```java
minhaConta.nome
```

Para fazer com que `minhaConta` se exiba na tela, escrevemos

```java
minhaConta.display()
```

A única diferença são os parênteses.

Quando chamamos um método, colocamos parênteses depois de seu nome.

O cabeçalho do método display

Olhe novamente para as Listagens 7-3 e 7-4. Uma chamada para o método `display` está dentro do método `main` da classe `UsoDaConta`, mas a declaração do método `display` está na classe `Conta`. A declaração tem um cabeçalho e um corpo (veja o Capítulo 3). O cabeçalho tem três palavras e alguns parênteses:

- ✔ **A palavra *public* serve mais ou menos para a mesma finalidade que a da Listagem 7-1.** Falando em linhas gerais, qualquer código pode conter uma chamada para um método `public`, mesmo que o código chamado e o método `public` pertençam a duas classes diferentes. No exemplo deste tópico, a decisão de tornar o método `display` público (`public`) é uma questão de estilo. Normalmente, quando criamos um método que é útil em uma grande variedade de aplicações, declaramos o método como público.

- ✔ **A palavra *void* diz ao computador que quando o método `display` é chamado, ele não retorna nada ao local que o chamou.** Para ver um método que retorne algo para o local que o chamou, veja o próximo tópico.

- ✔ **A palavra *display* é o nome do método.** Todo método deve ter um nome. Caso contrário, não temos como chamá-lo.

- ✔ **Os parênteses contêm tudo que queremos passar para o método quando o chamamos.** Quando chamamos um método, podemos passar informação diretamente para ele. O método `display` na Listagem 7-3 parece estranho, pois os parênteses no cabeçalho do método não têm nada dentro. Esse vazio indica que nenhuma informação é passada para o método `display` quando ele é chamado. Para o exemplo mais robusto, veja o próximo tópico.

A Listagem 7-3 contém a declaração do método `display` e a Listagem 7-4, uma chamada para o método `display`. Embora as Listagens 7-3 e 7-4 contenham classes diferentes, as duas utilizações da palavra `public` na Listagem 7-3 são opcionais. Para saber o porquê, veja o Capítulo 13.

Enviando Valores para e a Partir dos Métodos (Calculando Juros)

Imagine que você pediu para alguém ir ao supermercado para comprar pão. Ao fazer isso, disse: "vá ao supermercado e compre pão" — tente isto em casa e terá pão fresco rapidinho! É claro que, em outro momento, pode pedir à mesma pessoa que vá ao supermercado e compre bananas. Você diz: "vá ao supermercado e compre bananas". E qual é o sentido disto tudo? Bem, temos um método e algumas informações imediatas que passamos para ele quando o chamamos. O método é denominado *váAoSupermercadoECompre*. A informação imediata é *banana* ou *pão*, dependendo das suas necessidades culinárias. Em Java, a chamada do método seria assim:

```
váAoSupermercadoECompre(pão);
váAoSupermercadoECompre(bananas);
```

O que aparece em parênteses é chamado de *parâmetros* ou *listas de parâmetros*. Com eles, nossos métodos se tornam muito mais versáteis. Ao invés de obtermos a mesma coisa toda vez, podemos mandar alguém ao supermercado para comprar pão na primeira, bananas na segunda e alpiste na terceira vez. Quando chamamos nosso método `váAoSupermercadoECompre`, decidimos nesse momento o que pediremos para nosso amigo comprar.

E o que acontece quando nosso amigo volta do supermercado? "Aqui está o pão que me pediu", ele nos diz. Para atender ao nosso desejo, ele traz algo de volta para nós. Fazemos uma chamada de método e o método nos devolve uma informação (ou um pedaço de pão).

A coisa devolvida pelo método é chamada de *valor de retorno*. O tipo geral de coisa que é devolvida é chamado de *tipo de retorno* do método. Esses conceitos são concretizados nas Listagens 7-5 e 7-6.

Listagem 7-5:   Uma Conta que Calcula seus Próprios Juros

```
import static java.lang.System.out;
public class Conta {
    String nome;
    String endereco;
    String saldo;

    public void display() {
        out.print(nome);
        out.print("(");
        out.print(endereco);
        out.print(") tem $);
        out.print(saldo);
    }

    public double getJuros(double taxaPercentual) {
        return saldo * taxaPercentual / 100.00;
    }
}
```

Listagem 7-6:   Calculando Juros

```
import static java.lang.System.out;
class UsoDaConta {

    public static void main(String args[]) {
        Conta minhaConta = new Conta();
        Conta suaConta = new Conta();
```

```
minhaConta.nome = "Barry Burd";
minhaConta.endereco = "Rua Ciberespaço 222";
minhaConta.saldo = 24.02;

suaConta.nome = "João Q. Público";
suaConta.endereco = "Rua do Consumidor 111";
suaConta.saldo = 55.63;

minhaConta.display();

out.print(" mais $");
out.print(minhaConta.getJuros(5.00));
out.println(" juros ");

suaConta.display();

double suaTaxaJuros = 7.00;
out.print(" mais $");
double seuValorJuros =
    suaConta.getJuros(suaTaxaJuros);
out.print(seuValorJuros);
out.println(" juros ");
    }
}
```

A Figura 7-4 mostra o resultado do código nas Listagens 7-5 e 7-6. Na Listagem 7-5, a classe Conta tem um método getJuros. Esse método é chamado duas vezes, a partir do método main na Listagem 7-6. Os saldos e as taxas de juros são diferentes em cada momento.

Figura 7-4:
Executando
o código nas
Listagens
7-5 e 7-6.

```
Barry Burd (Rua Ciberespaço 222) tem $24.02 mais $1.200999999999998 de juros
João Q. Público (Rua do Consumidor 111) tem $55.63 mais $3.894100000000003 de juros.
```

✔ **Na primeira chamada, o saldo é 24,02 e a taxa de juros é 5,00.**
A primeira chamada minhaConta.getJuros(5.00), refere-se ao objeto minhaConta e aos valores armazenados nos campos dos objetos minhaConta (veja a Figura 7-5). Quando esta chamada é feita, a expressão saldo * taxaPercentual / 100.00 significa 24.02 * 5.00/100.00.

✔ **Na segunda chamada, o saldo é 55,63 e a taxa de juros é 7,00.**
No método main, antes que a segunda chamada seja feita, o valor

7.00 é atribuído à variável `suaTaxaJuros`. A própria chamada `suaConta.getJuros(suaTaxaJuros)`, refere-se ao objeto `suaConta` e ao valor armazenado nos campos do objeto `suaConta` (veja, novamente, a Figura 7-5). Então, quando a chamada é feita, a expressão `saldo * taxaPercentual / 100.00` significa 55.63 * 7.00 /100.00.

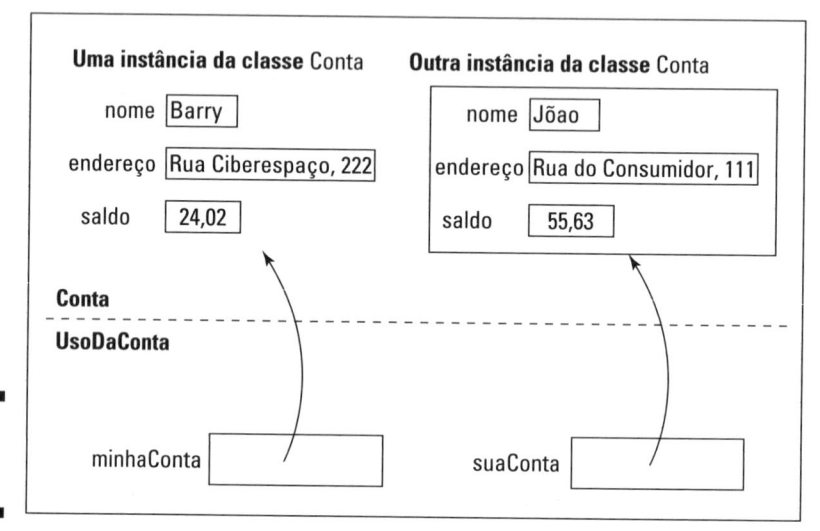

Figura 7-5:
Minha conta
e sua conta.

Aliás, o método `main` na Listagem 7-3 contém duas chamadas para `getJuros`. Uma chamada tem um literal `5.00` em sua lista de parâmetros; a outra tem a variável `suaTaxaJuros` em sua lista de parâmetros. Por que uma chamada usa um literal e a outra, uma variável? Por nenhuma razão. Apenas quero mostrar que podemos fazer das duas maneiras.

Passando um valor para um método

Observe o cabeçalho do método `getJuros`. Ao ler a seguinte explicação nos próximos itens, acompanhe as ideias visualmente no diagrama na Figura 7-6.

✔ **A palavra *double* diz ao computador que quando o método `getJuros` é chamado, ele retorna um valor `double` para o local que o chamou.** A declaração no corpo do método `getJuros` confirma isto. Ela diz `retornar saldo * taxaPercentual / 100.00` e a expressão `saldo * taxaPercentual / 100.00` tem um tipo `double` (porque todas as coisas na expressão — `saldo`, `taxaPercentual` e `100.00` — tem o tipo `double`).

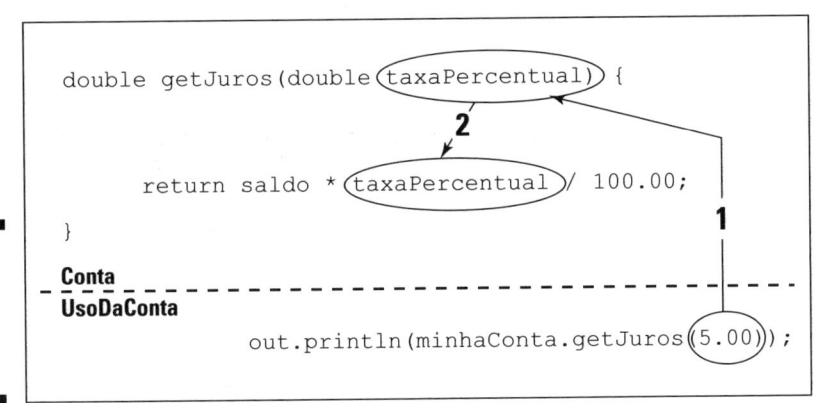

```
double getJuros(double taxaPercentual) {

                            2

    return saldo * taxaPercentual / 100.00;

}
Conta
UsoDaConta
            out.println(minhaConta.getJuros(5.00));
```

Figura 7-6: Passando um valor para um método.

Quando o método `getJuros` é chamado, a declaração `return` (retornar) calcula `saldo * taxaPercentual / 100.00` e entrega o resultado do cálculo ao código que chamou o método.

✔ **A palavra *getJuros* é o nome do método.** Este é o nome que usamos para chamar o método ao escrevermos o código para a classe `UsoDaConta`.

✔ **Os parênteses contêm todas as coisas que são passadas para o método quando o chamamos.** Quando chamamos um método, podemos passar informação a ele diretamente. Essa informação é a lista de parâmetros do método. O cabeçalho do método `getJuros` diz que o método recebe uma informação, que tem que ser do tipo `double`.

```
public double getJuros(double taxaPercentual)
```

Certamente, se olharmos para a primeira chamada para `getJuros` (na classe `usoDaConta` do método `main`), veremos que a chamada tem o número `5.00`, que é um literal `double`. Quando chamamos `getJuros`, estamos dando ao método um valor do tipo `double`.

Se não se lembra o que é um literal, veja o Capítulo 4.

O mesmo é verdade para a segunda chamada para `getJuros`. Perto do final da Listagem 7-6, chamamos `getJuros` e enviamos a variável `suaTaxaJuros` ao método, em sua lista de parâmetros. Felizmente, declaramos `suaTaxaJuros` como sendo do tipo `double` algumas linhas antes disto.

Quando executamos o código nas Listagens 7-5 e 7-6, o fluxo da ação não é de cima para baixo. A ação vai de `main` para `getJuros`, então volta para `main` e finalmente volta para `getJuros`. A Figura 7-7 mostra todo este processo.

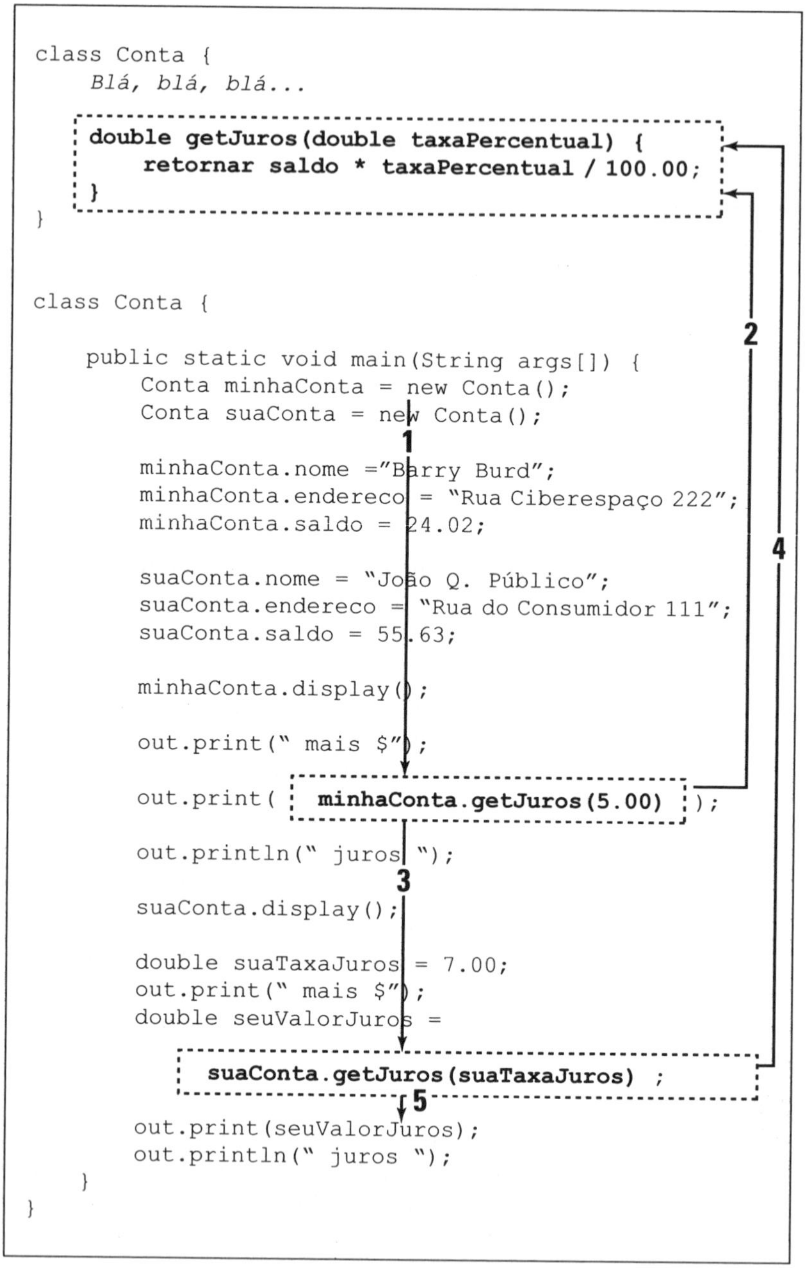

```
class Conta {
    Blá, blá, blá...

    double getJuros(double taxaPercentual) {
        retornar saldo * taxaPercentual / 100.00;
    }
}


class Conta {

    public static void main(String args[]) {
        Conta minhaConta = new Conta();
        Conta suaConta = new Conta();

        minhaConta.nome ="Barry Burd";
        minhaConta.endereco = "Rua Ciberespaço 222";
        minhaConta.saldo = 24.02;

        suaConta.nome = "João Q. Público";
        suaConta.endereco = "Rua do Consumidor 111";
        suaConta.saldo = 55.63;

        minhaConta.display();

        out.print(" mais $");

        out.print( minhaConta.getJuros(5.00) );

        out.println(" juros ");

        suaConta.display();

        double suaTaxaJuros = 7.00;
        out.print(" mais $");
        double seuValorJuros =

            suaConta.getJuros(suaTaxaJuros) ;

        out.print(seuValorJuros);
        out.println(" juros ");
    }
}
```

Figura 7-7:
O fluxo de
controle nas
Listagens 7-5
e 7-6.

Retornando um valor do método getJuros

Quando o método get Juros é chamado, ele executa uma declaração que está no corpo do método: uma declaração return. Ela computa o valor de saldo * taxaPercentual / 100.00. Se saldo for 24,02 e a taxaPercentual for 5,00, o valor da expressão é 1.201 — cerca de $1,20. Já que o computador trabalha exclusivamente com 0s e 1s, ele não entende o número corretamente, ainda que por uma mínima diferença. Ele obtém 1,2009999999999998. Isso é algo com que os humanos têm que lidar.

De qualquer modo, depois que esse valor é calculado, o computador executa o return, que envia de volta o valor para o lugar em main onde get Juros foi chamado. Nesse ponto do processo, a chamada do método — minhaConta.getJuros (5.00) — recebe o valor 1,2009999999999998. A chamada em si está dentro de uma println:

```
out.println(minhaConta.getJuros(5.00));
```

Então, a println acaba tendo o seguinte significado:

```
out.println(1.2009999999999998);
```

O processo inteiro, em que o valor é passado de volta para a chamada do método, é ilustrado na Figura 7-8.

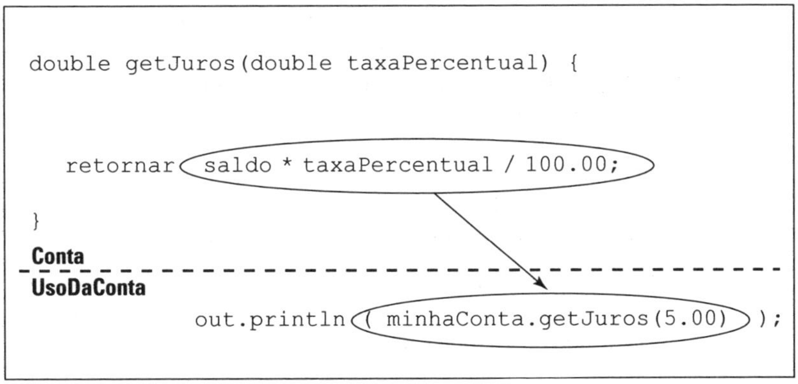

Figura 7-8:
Uma chamada de método é uma expressão com um valor.

```
double getJuros(double taxaPercentual) {

    retornar  saldo * taxaPercentual / 100.00;

}
Conta
UsoDaConta
            out.println( minhaConta.getJuros(5.00) );
```

Se o método retorna alguma coisa, sua chamada é uma expressão com um valor. Este valor pode ser impresso, atribuído a uma variável, adicionado a alguma coisa ou o que seja. Tudo que podemos fazer com qualquer tipo de valor, também podemos fazer com uma chamada de método.

Podemos usar a classe `Conta` na Listagem 7-5 para resolver um problema real. Poderíamos chamar os métodos `display` e `getJuros` da classe `Conta` em um aplicativo real de banco. Mas a classe `UsoDaConta` na Listagem 7-6 é inventada. O código `UsoDaConta` cria alguns dados falsos de conta e, então, chama alguns métodos da classe `Conta` para nos convencer de que o código da classe `Conta` funciona corretamente (não pensou que um banco tenha clientes chamados "João Q. Público" e "Barry Burd", pensou?). A classe `UsoDaConta` na Listagem 7-6 é um *caso de teste* — uma classe de vida curta com a única finalidade de testar o código de outra classe. Como o código na Listagem 7-6, cada caso de teste neste livro é uma classe comum — de forma livre e que contém seu próprio método `main`. Classes de forma livre são boas, mas não são o ideal. Os desenvolvedores do Java têm uma solução melhor — uma forma mais disciplinada de escrever casos de teste. Essa "solução melhor" é chamada de *JUnit* e é descrita (em inglês) no site deste livro.

Fazendo com que os Números Apareçam Corretamente

Olhando para a Figura 7-4, podemos ficar preocupados com o fato de que os juros de minha conta sejam apenas de $1,2009999999999998. Aparentemente, o banco está me roubando cem trilionésimos de centavo. Devia ir até lá e exigir os juros corretos. Talvez devêssemos ir juntos. Podemos quebrar o banco todo e denunciar esse golpe. Se meu palpite estiver correto, isso é parte de um grande *golpe do salame*. Nesse tipo de golpe, alguém tira pequenas fatias de milhões de contas. Ninguém nota as ínfimas perdas, mas o autor do golpe rouba o suficiente para fugir para Barbados (ou para comprar um carregamento inteiro de salame).

Mas espere um minuto! Você não parece muito motivado em ir ao banco comigo. Ao verificar novamente a Figura 7-4, vejo que está ganhando o jogo. De acordo com meus cálculos, o programa lhe pagou trezentos trilionésimos de centavo a mais. Juntando nossos resultados, ganhamos cem trilionésimos de centavo. O que aconteceu?

Bem, os computadores usam 0s (zeros) e 1s e não têm uma quantidade de espaço infinito para fazer cálculos, assim, imprecisões como as mostradas na Figura 7-4 são normais. A solução mais rápida é mostrar os números imprecisos de uma forma mais concisa. Podemos arredondar os números e mostrá-los com apenas dois dígitos depois do ponto decimal e algumas ferramentas úteis da API Java (Interface de Programação de

Aplicativos) podem nos ajudar nisso. A Listagem 7-7 mostra o código, e a Figura 7-9, o resultado.

Listagem 7-7: Fazendo com que os Números Apareçam Corretamente

```
import static java.lang.System.out;

class UsoDaConta {

    public static void main(String args[]) {
        Conta minhaConta = new Conta();
        Conta suaConta = new Conta();

        minhaConta.saldo = 24.02;
        suaConta.saldo = 55.63;

        double meusJuros = minhaConta.getJuros(5.00);
        double seusJuros = suaConta.getJuros(7.00);

        out.printf("$%4.2f\n", meusJuros);
        out.printf("$%5.2f\n", meusJuros);
        out.printf("$%.2f\n",  meusJuros);
        out.printf("$%3.2f\n", meusJuros);
        out.printf("$%.2f $%.2f",

                            meusJuros, seusJuros);
    }
}
```

Figura 7-9: Números que parecem com valores em reais.

```
$1,20
$ 1,20
$1,20
$1,20
$1,20 $3,89
```

Os números imprecisos na Figura 7-4 decorrem da utilização do computador de 0s e 1s. Um computador imaginário em que os circuitos fossem montados para usar os dígitos 0, 1, 2, 3, 4, 5, 6, 7, 8 e 9 não apresentaria as mesmas imprecisões. Então, para melhorar as coisas, o Java fornece um modo próprio para lidar com esses cálculos imprecisos. A API Java tem uma classe chamada `BigDecimal` (grande decimal) — uma classe que contorna os estranhos 0s e 1s do computador e usa dígitos decimais normais para realizar os cálculos aritméticos. Para saber mais, visite o site deste livro.

A Listagem 7-7 usa um método útil chamado `printf`. Quando o chamamos, sempre colocamos pelo menos dois parâmetros dentro dos parênteses de chamada.

✔ **O primeiro parâmetro é a *format string*.**

Os format strings, ou cadeias de formatação, usam códigos estranhos para descrever exatamente como os outros parâmetros são mostrados.

✔ **Todos os outros parâmetros (depois do primeiro) são os valores a serem mostrados.**

Observe a última chamada `printf` da Listagem 7-7. A primeira `format string` do parâmetro tem dois símbolos para substituir números. O primeiro (`%.2f`) descreve a forma de mostrar `meusJuros`. O segundo (outro `%.2f`) descreve o modo de mostrar `seusJuros`. Para descobrir exatamente como essas cadeias de formatação funcionam, veja as Figuras 7-10 a 7-14.

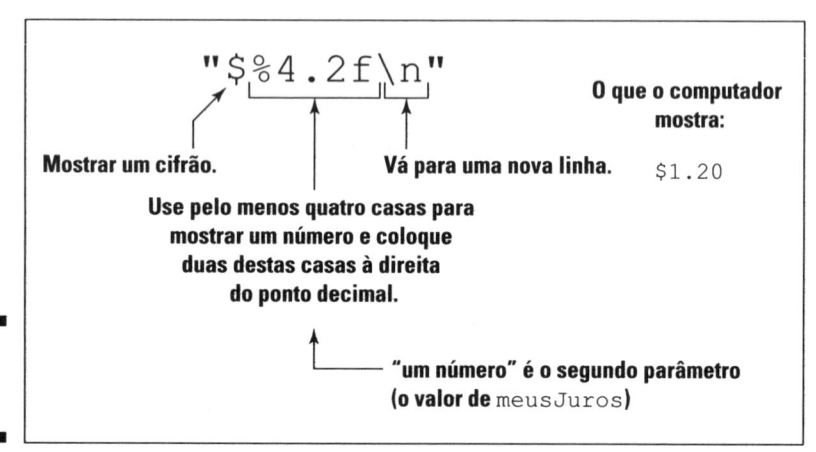

Figura 7-10: Usando uma format string.

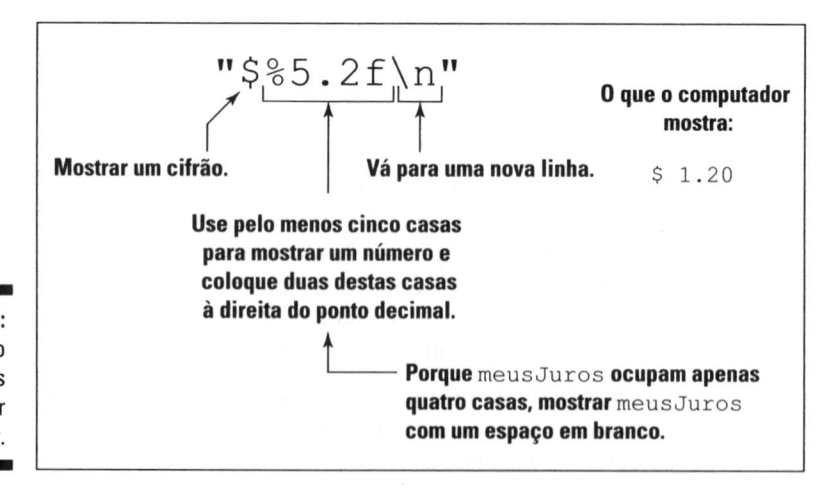

Figura 7-11: Adicionando casas extras para mostrar um valor.

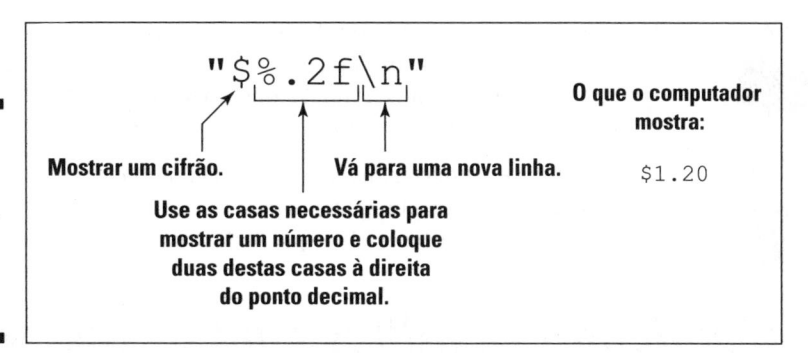

Figura 7-12: Mostrando um valor sem especificar o número exato de casas.

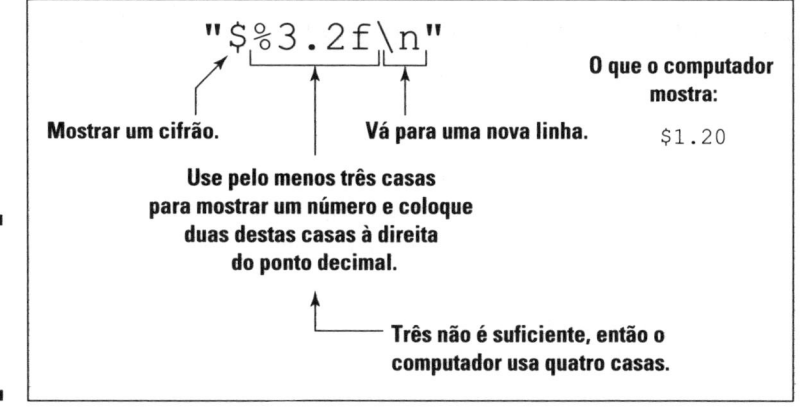

Figura 7-13: Especificando poucas casas para mostrar um valor.

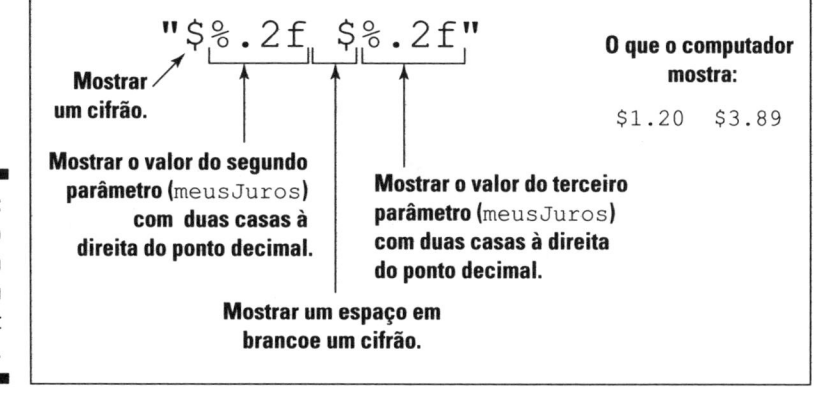

Figura 7-14: Mostrando mais de um valor com uma format string.

Para mais exemplos usando o método `printf` e sua cadeia de formatação (`format string`), veja os Capítulos 8 e 9. Para uma lista completa de opções relacionadas com a format string do método `printf`, veja a página `java.util.Formatter` da documentação da API Java.

A format string em uma chamada `printf` não muda a forma com que o número é armazenado internamente para os cálculos. Tudo que ela faz é criar uma porção de dígitos bonitinhos que podem ser mostrados em sua tela.

Escondendo Detalhes com os Métodos de Acesso (Por que Não Devemos Ser Tão Meticulosos com Caixas Eletrônicos)

Deixe o livro de lado e pegue seu chapéu. Você tem sido um leitor tão leal que o levarei para almoçar!

Só tem um problema. Estou com pouco dinheiro. Você se importa se a caminho do almoço passássemos em um caixa eletrônico para pegar um pouco de dinheiro? Também teremos que usar a sua conta, a minha não tem muito dinheiro.

Felizmente, o caixa eletrônico é muito fácil de usar. Basta inserir o cartão e digitar a senha. Depois, a máquina pergunta qual dos inúmeros nomes de variáveis queremos usar para o saldo atual. Podemos escolher entre `saldo324`, `meuSaldo`, `saldoAtual`, `s$`, `SALDO`, `asj999` ou `conStanTinopla`. Depois de escolhermos um nome, estamos prontos para escolher o local da memória para o valor da variável. Podemos escolher qualquer número entre 022FFF a 0555AA (estes números estão em formato hexadecimal). Depois de configurarmos o software do caixa eletrônico, podemos pegar o dinheiro sem problemas. Você não trouxe chave de fenda, trouxe?

Boa programação

Quando se trata de boa prática de programação, uma palavra se destaca — *simplicidade*. Quando estamos escrevendo um código complicado, a última coisa que queremos é ter de lidar com variáveis com nome errado, soluções confusas para problemas ou remendos "safos" de última hora. Queremos uma interface clara que nos faça resolver nossos próprios problemas e os de ninguém mais.

No cenário do caixa eletrônico descrito anteriormente, o grande problema é que o projeto da máquina nos obriga a nos preocupar com os problemas de outras pessoas. Quando devíamos estar pensando em sacar dinheiro para o almoço, pensamos em variáveis e locais de armazenamento. É claro que alguém tem que resolver os problemas de engenharia do caixa eletrônico, mas esse alguém não é o cliente do banco.

 Este tópico é sobre cuidado e não segurança. Um código seguro, no sentido de "cuidadoso", evita erros de programação acidentais. Um código protegido (uma história completamente diferente) evita que hackers maliciosos causem danos intencionais.

Então, tudo envolvendo qualquer aspecto do programa de computador tem que ser simples, certo? Bem, não. Isto não é verdade. Às vezes, para tornar as coisas simples a longo prazo, temos que fazer muito trabalho de preparação. Os construtores dos caixas eletrônicos trabalharam duro para se certificar de que a máquina é à prova de consumidor. A interface da máquina, com as mensagens de tela e botões, faz dela um equipamento muito complicado e cuidadosamente projetado.

A questão é que fazer as coisas parecerem simples requer certo planejamento. No caso da programação orientada a objeto, uma das maneiras de fazer as coisas parecerem simples é impedir que o código fora de uma classe use diretamente os campos definidos dentro da classe. Dê uma olhada no código na Listagem 7-1. Você trabalha em uma empresa que acabou de gastar $10 milhões pelo código na classe `Conta` (é mais do que um milhão por linha!). Agora seu trabalho é escrever a classe `UsoDaConta`. Você poderia escrever

```
minhaConta.nome = "Barry Burd";
```

o que poderia arrastá-lo para as profundezas da classe `Conta`. Afinal de contas, quem usa um caixa eletrônico não pode programar as variáveis da máquina. Não podemos usar o teclado para digitar a declaração

```
saldoNaConta29872865457 =
   saldoNaConta29872865457 + 1000000.00;
```

Ao invés disso, apertamos botões que fazem esse trabalho de maneira organizada. É assim que um programador consegue ser cuidadoso e simples.

Então, para manter as coisas fáceis e organizadas, precisamos alterar a classe `Conta` da Listagem 7-1, banindo declarações como as seguintes:

```
minhaConta.nome = "Barry Burd";
```

e

```
out.print(suaConta.saldo);
```

É claro, isso traz um problema. Somos nós que estamos escrevendo o código para a classe `UsoDaConta`. Se não podemos escrever `minhaConta.nome` ou `suaConta.saldo`, como vamos fazer isto? A resposta está nos chamados *métodos de acesso*. As Listagens 7-8 e 7-9 demonstram esses métodos.

Listagem 7-8:   Esconda Aqueles Campos

```java
public class Conta {
    private String nome;
    private String endereço;
    private double saldo;

    public void setNome(String n) {
        nome = n
    }

    public String getNome() {
        return nome;
    }

    public void setEndereço(String e) {
        endereço = e;
    }
    public String getEndereço() {
        return endereço;
    }

    public void setSaldo(double s) {
        saldo = s;
    }

    public double getSaldo() {
        return saldo;
    }
}
```

Listagem 7-9:   Chamando Métodos de Acesso

```java
import static java.lang.System.out;

class UsoDaConta {

    public static void main(String args[]) {
        Conta minhaConta = new Conta();
        Conta suaConta = new Conta();

        minhaConta.setNome ("Barry Burd");
        minhaConta.setEndereco("Rua Ciberespaço 222");
        minhaConta.setSaldo(24.02);
```

```
            suaConta.setNome("João Q. Público");
            suaConta.setEndereco("Rua do Consumidor 111");
            suaConta.setSaldo(55.63);

            out.print(minhaConta.getNome());
            out.print(" (");
            out.print(minhaConta.getEndereco());
            out.print(") tem $");
            out.print(minhaConta.getSaldo());
            out.println();

            out.print(suaConta.getNome());
            out.print(" (");
            out.print(suaConta.getEndereco());
            out.print(") tem $");
            out.print(suaConta.getSaldo());
    }
}
```

Uma execução do código nas Listagens 7-8 e 7-9 parecem não ter diferença alguma da execução das Listagens 7-1 e 7-2. Ambas as execuções do programa são mostradas na Figura 7-3. A grande diferença é que na Listagem 7-8, a classe Conta obriga um uso cuidadosamente controlado dos campos nome, endereço e saldo.

Vidas públicas e sonhos privados: Tornando um campo inacessível

Observe a adição da palavra *private* (privado) à frente de cada declaração dos campos da classe Conta. Ela é uma palavra-chave Java. Quando um campo é declarado como private, nenhum código fora da classe pode fazer referência direta a ele. Então, se colocarmos minhaConta.nome = "Barry Burd" na classe UsoDaConta da Listagem 7-9, obtemos a mensagem de erro: nome has private access in Conta (nome tem acesso privado em Conta).

Ao invés de fazer referência à minhaConta.nome, o programador de UsoDaConta deve chamar o método minhaConta.setNome ou o método minhaConta.getNome. Os métodos setNome e getNome são chamados métodos de *acesso*, pois eles dão acesso ao campo nome da classe Conta (na verdade, o termo *método de acesso* não é formalmente parte da linguagem de programação Java, é apenas um termo usado para os métodos desses tipos). Para que você saiba um pouco mais: setNome é chamado método *setter* e getNome é chamado de método *getter* (aposto que não vai esquecer essa terminologia!).

Outro termo comumente usado para o método de acesso é *bean*. A expressão *método bean* vem do mundo JavaBeans — um modo de conectar programas Java a ambientes de interface gráfica com o usuário (GUI) existentes. Tendo em vista que o JavaBeans utiliza amplamente os métodos de acesso, as pessoas o associam com as especificações JavaBeans.

Em muitos IDEs, não temos que digitar nossos próprios métodos de acesso. Primeiro, digitamos uma declaração de campo como `private String nome`. Então, na barra do menu do IDE, escolhemos Source(Fonte) ⇨Generate Getters and Setters (Gerar Getters e Setters) ou Code (Código) ⇨Insert Code (Inserir Código)⇨Setter ou alguma outra mistura destes comandos. Depois de escolhermos todas essas opções, o IDE cria os métodos de acesso e os adiciona ao código.

Observe que todos os métodos setter e getter na Listagem 7-8 são declarados `public` (públicos). Isso garante que qualquer pessoa, de qualquer lugar, possa chamar esses dois métodos. A ideia aqui é a de que manipular os campos reais de fora do código `Conta` é impossível, mas podemos facilmente fazer com que os métodos setter e getter sejam autorizados a usá-los.

Para saber mais sobre as palavras-chave `public` e `private`, veja o Capítulo 13.

Pense de novo no exemplo do caixa eletrônico. Quando alguém o utiliza não pode digitar um comando que mude diretamente o valor no campo saldo de sua conta, mas o procedimento para depositar um cheque de um milhão de reais é fácil de realizar. Os construtores dos caixas eletrônicos sabem que se o procedimento de depósito do cheque for complicado, muitos clientes teriam muita dificuldade. Então, a questão é esta — tornar impossível as coisas que as pessoas não devem fazer e assegurar que as tarefas que têm que ser realizadas sejam muito fáceis.

Nada sobre os métodos setter e getter é sagrado. Não temos que escrever qualquer método getter ou setter que não vamos utilizar. Por exemplo, na Listagem 7-8, podemos omitir a declaração do método `getEndereço` e tudo vai continuar funcionando. O único problema é que fazendo isso, qualquer um que queira usar nossa classe `Conta` para obter o endereço de uma conta existente estará em apuros.

Quando criamos um método para determinar o valor no campo `saldo`, não temos que nominar nosso método `setSaldo`. Podemos chamá-lo de `atum` ou de qualquer outra coisa. O problema é que a convenção `setFieldname` (`setNomecampo`), com letras minúsculas em `set` (determinar) e maiúscula para iniciar a parte do *Fieldname* (Nomecampo) é uma convenção estilística estabelecida no mundo da programação Java. Se não seguirmos a convenção, confundimos os neurônios dos outros programadores Java. Se nosso ambiente de desenvolvimento integrado tem a função arrastar-e-soltar na GUI, podemos perder temporariamente essa função. Para saber um pouco mais sobre o modelo arrastar-e-soltar GUI, veja o Capítulo 2.

Quando chamamos um método setter, fornecemos um valor do tipo que está sendo determinado. É por isso que na Listagem 7-9, chamamos `suaConta.saldo(55.63)` com um parâmetro do tipo `double`. Por outro lado, quando chamamos um método getter, geralmente não fornecemos valor algum a ele. É por isso que na Listagem 7-9 chamamos `suaConta.getSaldo()` com uma lista de parâmetros vazia. Ocasionalmente, podemos querer obter (get) ou determinar (set) um valor com uma declaração única. Para adicionar um real no saldo da conta existente, escrevemos `suaConta.setSaldo (suaConta.getSaldo() + 1.00)`.

Executando as regras com métodos de acesso

Volte para a Listagem 7-8 e observe o método `setNome`. Imagine que quer inserir a declaração de atribuição do método dentro da declaração `if`.

```
public void setName(String n) {
    if (!n.equals("")) {
        name = n;
    }
}
```

Agora, se o programador encarregado da classe `UsoDaConta` escrever `minhaConta.setNome ("")`, a chamada para `setNome` não terá qualquer efeito. Além do mais, já que o campo `nome` é private, a seguinte declaração não é permitida na conta `UsoDaConta`:

```
myAccount.name = "";
```

É claro, uma chamada como `myAccount.setNome("João Bobão")` ainda funciona pois "`João Bobão`" não é igual a uma cadeia de caracteres (string) vazia "`"`".

Não tem problema. Com um campo private e um método de acesso, podemos evitar que alguém atribua uma string vazia ao campo `nome` de uma conta. Com declarações `if` mais elaboradas, podemos estabelecer a regra que quisermos.

Capítulo 8

Economizando Tempo e Dinheiro: Reutilizando um Código Existente

- ▷ Reavivando um velho código
- ▷ Adaptando seu código
- ▷ Fazendo alterações sem gastar uma fortuna

*E*ra uma vez uma linda princesa. Quando ela fez 25 anos (o auge da força, beleza e de uma boa formação moral), seu bondoso pai lhe deu de presente uma caixa dourada. Ansiosa para saber o que havia nela, a princesa rasgou o papel de presente dourado.

Quando finalmente abriu a caixa, a princesa ficou exultante. Para sua surpresa, o pai havia lhe dado aquilo que sempre quis — um programa de computador que sempre é executado corretamente. O programa fazia tudo que ela queria e exatamente como ela queria. A princesa ficou extasiada, assim como seu velho e bondoso pai.

O tempo passava e o programa nunca falhava. Por anos a fio, a princesa mudava seus anseios, esperava mais da vida, aumentava suas exigências, expandia sua carreira, alcançava mais e mais objetivos, atendia aos desejos de seu marido e de seus filhos, esticava o orçamento e buscava a paz interior. Durante todo esse tempo o programa permaneceu seu companheiro fiel e constante.

A princesa ficava mais velha e, assim, também ficava seu programa. Determinada noite, sentada diante da lareira, fez perguntas assustadoras: "Como você faz isso? Como consegue seguir me dando as respostas corretas, dia após dia, ano após ano?".

"Vida saudável", respondeu o programa. "Nado 20 aplicativos todos os dias, tomo C++ para evitar vírus, evito exageros algorítmicos, uso Java com moderação, digo GNU para falhas, não fumo *backup* e nunca processo mais do que posso suportar."

Não é preciso dizer que a princesa ficou maravilhada.

Definindo uma Classe (O que Significa Ser um Empregado)

Não seria maravilhoso se cada parte do software fizesse exatamente o que você quer? Em um mundo ideal, poderíamos somente comprar um programa, colocar para funcionar, plugá-lo automaticamente a novas situações e atualizá-lo, sem qualquer problema, sempre que nossas necessidades mudassem. Infelizmente, softwares assim não existem (*nada desse tipo existe*). A verdade é que não importa o que queiramos fazer, sempre encontramos um software capaz de fazer uma parte, mas não tudo.

Essa é uma das razões por que a programação orientada a objeto tem tido tanto sucesso. Durante anos, as empresas compraram códigos pré-desenvolvidos, apenas para descobrir que eles não faziam o que queriam que eles fizessem. O que as empresas fizeram? Começaram a mexer no código. Seus programadores mergulharam nos arquivos de programas, mudaram os nomes de suas variáveis, movimentaram subprogramas, retrabalharam as fórmulas e, em geral, só o pioravam. A melhor opção sempre foi abrir mão do código inteiro (por mais caro que fosse) e começar tudo de novo. Que triste situação!

Com a programação orientada a objeto, surgiu uma grande mudança. Em sua essência, um programa orientado a objeto é feito para ser modificado. Com um software escrito corretamente, podemos aproveitar os atributos já existentes, adicionar novos e sobrescrever aqueles que não atendem às nossas necessidades. E a melhor parte é que as mudanças feitas são claras. Não é preciso cavar nem se aprofundar no frágil código elaborado por outra pessoa. Ao invés disso, fazemos adições e modificações precisas e organizadas, sem tocar na lógica interna do código existente. É a solução ideal.

A última palavra sobre empregados

Quando escrevemos um programa orientado a objeto, começamos pensando nos dados. Estamos escrevendo sobre contas. Então, o que é uma conta? Estamos escrevendo um código para lidar com cliques de botões. Então, o que é um botão? Estamos escrevendo um programa para enviar os contracheques dos empregados. O que é um empregado?

No primeiro exemplo deste capítulo, um empregado é alguém com um nome e um cargo. É claro que empregados têm outras características, mas por ora, ficaremos com o básico. O código na Listagem 8-1 define o que significa ser um empregado

Listagem 8-1: O que É um Empregado?

```java
import static java.lang.System.out;

public class Empregado {
    private String nome;
    private String cargo;

    public void setNome(String nomeIn) {
        nome = nameIn;
    }

    public String getNome() {
        return nome;
    }

    public void setCargo(String cargoIn) {
        cargo = cargoIn;
    }

    public String getCargo() {
        return cargo;
    }

    public void preencherCheque(double valorPago) {
        out.printf("Pague em nome de %s ", nome);
        out.printf("(%s) ***$", cargo);
        out.printf("%,.2f\n", valorPago);
    }
}
```

De acordo com a Listagem 8-1, cada empregado tem sete atributos. Dois são bem simples. Cada um tem um nome e um cargo (na Listagem 8-1, a classe `Empregado` tem um campo `nome` e um `cargo`).

O que mais um empregado tem? Cada um tem quatro métodos para lidar com os valores de nome e cargo dos empregados. Esses métodos são: `setNome`, `getNome`, `setCargo` e `getCargo`. Explico métodos como este (métodos de *acesso*) no Capítulo 7.

Acima de tudo, cada empregado tem um método `preencherCheque`. A ideia é que o método que escreve os contracheques tenha que pertencer a alguma classe. Já que a maioria da informação da folha de cheque é personalizada para cada empregado, podemos também inserir o método `preencherCheque` dentro da classe `Empregados`.

Para detalhes sobre a chamada `printf` no método `preencherCheque`, veja o tópico intitulado "Preenchendo um cheque", mais adiante neste capítulo.

Fazendo um bom uso da classe

A classe Empregado na Listagem 8-1 não tem método main, então não há ponto de início para execução do código. Para corrigir essa deficiência, o programador escreve um programa separado com um método main e usa-o para criar as instâncias de Empregado. A Listagem 8-2 mostra uma classe com um método main — que testa o código na Listagem 8-1.

Listagem 8-2:   Preenchendo os Cheques da Folha de Pagamento

```java
import java.util.Scanner;
import java.io.File;
import java.io.IOException;

class FazerFolha {

    public static void main(String args[])
                                    throws IOException {
        Scanner diskScanner =
            new Scanner(new File("EmpregadosInfo.txt"));

        for (int empNum = 1; empNum <= 3; empNum++) {
            pagarUmEmpregado(diskScanner);
        }
    }

    static void pagarUmEmpregado(Scanner aScanner) {
        Empregado umEmpregado = new Empregado();

        umEmpregado.setNome(aScanner.nextLine());
        umEmpregado.setCargo(aScanner.nextLine());
        umEmpregado.preencherCheque(aScanner.nextDouble());
        aScanner.nextLine();
    }
}
```

Para executar o código na Listagem 8-2, nosso disco rígido deve conter um arquivo chamado EmpregadosInfo.txt. Por exemplo, no IDE Eclipse tenho um projeto chamado Listagem08-02. Ele fica no meu disco rígido em uma pasta chamada *c:\Usuários\meu-nome-usuário\areadetrabalho\Listagem08-02*. Dentro dessa pasta, tenho um arquivo chamado EmpregadosInfo.txt. Para saber mais sobre os arquivos em seu disco rígido, veja o tópico intitulado "Trabalhando com Arquivos de Disco (Um Breve Desvio)" neste capítulo.

A classe FazerFolha na Listagem 8-2 tem dois métodos. Um deles, main, chama o outro, pagarUmEmpregado, três vezes. Cada vez, o método pagarUmEmpregado obtém dados do arquivo EmpregadosInfo.txt e os entrega aos métodos da classe Empregados.

Veja como o nome da variável *umEmpregado* é reutilizado e reciclado:

✔ A primeira vez que `pagarUmEmpregado` é chamado, a declaração `umEmpregado = new Empregado()` faz com que `umEmpregado` refira-se a um novo objeto.

✔ A segunda vez que `pagarUmEmpregado` é chamado, o computador executa a mesma declaração novamente. Esta segunda execução cria uma nova "encarnação" da variável `umEmpregado` que se refere a um novo objeto.

✔ Na terceira vez, tudo isso acontece novamente. Uma nova variável `umEmpregado` faz referência a um terceiro objeto.

A história completa é mostrada na Figura 8-1.

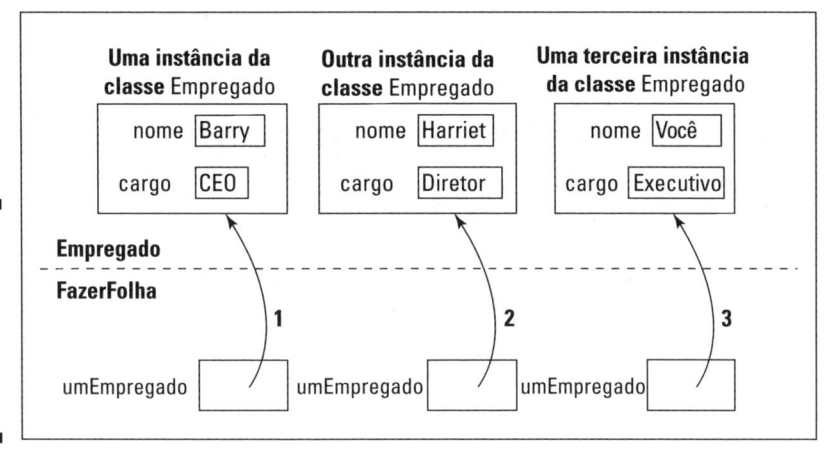

Figura 8-1:
Três
chamadas
para o
método
pagarUm
Empregado.

Preenchendo um cheque

A Listagem 8-1 tem três chamadas `printf`. Cada uma tem uma format string (tal como " `(%s) ***$`") e uma variável (como `cargo`). Cada cadeia de formatação tem um símbolo (como `%s`) que determina onde e como os valores da variável serão mostrados.

Por exemplo, na segunda chamada `printf`, a format string tem um símbolo `%s`. Ela guarda um lugar para o valor da variável `cargo`. De acordo com as regras do Java, a anotação `%s` sempre guarda lugar para uma cadeia de caracteres e, certamente, a variável `cargo` é declarada como sendo do tipo `String` na Listagem 8-1. Parênteses e outros caracteres cercam o símbolo `%s`, então, parênteses cercam cada cargo no resultado do programa (veja a Figura 8-2).

Figura 8-2
Todos
recebem
seu salário.

```
Pago para Barry Burd (CEO) ***$5,000.00
Pago para Harriet Ritter (Diretor) ***$7,000.00
Pago para Você (Executivo Honorário do Dia) ***$10,000.00
```

De volta para a Listagem 8-1, observe a vírgula no símbolo `%,.2f`. Ela diz ao programa para usar *separadores*. É por isso que na Figura 8-2 vemos `$5,000.00`, `$7,000.00` e `$10,000.00` ao invés de `$5000.00`, `$7000.00` e `$10000.00`.

Separadores variam de país para país. Neste livro, uso o padrão dos Estados Unidos (mais difundido no Java). Na França o número mil (*mille*) é escrito 1.000,00. Em Java podemos mudar o padrão dos separadores para o de outros países. Para o francês, por exemplo, basta escrevermos a declaração `out.print(new java.util.Formatter().Format (java.util.Locale.FRANCE, "%,.2f", 1000.00))`. Para mais detalhes, veja a documentação API (Interface de Programação de Aplicativos) para as classes Java `Formatter` e `Locale`.

Trabalhando com Arquivos de Disco (Um Breve Desvio)

Nos capítulos anteriores, os programas leem os caracteres do teclado do computador. Mas o código na Listagem 8-2 lê os caracteres de um arquivo específico. O arquivo (chamado *EmpregadosInfo.txt*) está dentro do disco rígido do computador.

Esse arquivo `EmpregadosInfo.txt` é como um documento de processador de texto. Ele pode conter letras, dígitos e outros caracteres. Mas ao contrário de um documento de um processador de texto, o arquivo `EmpregadosInfo.txt` não contém formatação — sem itálico, sem negrito, sem tamanho de fonte, nada deste tipo.

O arquivo `EmpregadosInfo.txt` contém apenas caracteres comuns — aqueles que usamos no jogo de adivinhação dos Capítulos 5 ou 6. É claro que receber os palpites do teclado do usuário e ler os dados de empregados de um arquivo de disco não são exatamente a mesma coisa. Em um jogo de adivinhação, o programa solicita entrada de dados como: `Insira um número de 1 a 10`. O programa do jogo conduz o diálogo com a pessoa sentada diante do teclado. Por outro lado, a Listagem 8-2 não tem diálogo. O programa `FazerFolha` lê os caracteres do disco rígido e não faz perguntas nem interage com ninguém.

A maior parte deste capítulo é sobre reutilização de código. Mas a Listagem 8-2 acaba se deparando com uma ideia importante — que não está diretamente ligada com reutilização de código. Ao contrário dos exemplos nos capítulos anteriores, a Listagem 8-2 lê os dados do arquivo armazenado em disco. Então, nos tópicos seguintes, faremos um pequeno desvio para explorar os arquivos em disco.

Armazenando dados em um arquivo

O código na Listagem 8-2 não roda a menos que tenhamos os dados dos empregados em um arquivo. A Listagem 8-2 diz que o arquivo é `Empregados Info.txt`. Então, antes de executar esse código, criei um pequeno arquivo `EmpregadosInfo.txt`. Ele é mostrado na Figura 8-3, veja o resultado na Figura 8-2.

Figura 8-3
Um arquivo
Empregados
Info.txt.

```
Barry Burd
CEO
5000.00
Harriet Ritter
Diretor
7000.00
Executivo Honorário do Dia
10000.00
```

Para manter a Listagem 8-2 simples, insisto que ao digitar os caracteres da Figura 8-3 você termine de digitar 10000.00 e pressione a tecla Enter (olhe novamente para a Figura 8-3 e observe como o cursor está no início de uma linha nova). Se esquecermos de finalizar pressionando Enter, o código irá travar quando tentarmos executá-lo.

O site deste livro tem dicas para leitores que precisam criar arquivos de dados. Essas instruções incluem ambientes Windows, Linux e Macintosh.

Copiando e colando código

Em quase todas as linguagens de programação, a leitura de dados de um arquivo pode ser complicada. Adicionamos linhas extras do código para dizer ao computador o que fazer. Às vezes, podemos copiar e colar essas linhas de outros códigos. Por exemplo, podemos seguir o padrão na Listagem 8-2:

```
/*
 * O padrão na Listagem 8-2
 */
import java.util.Scanner;
import java.io.File;
import java.io.IOException;

class QualquerClasse

    public static void main(String args[])
                                    throws IOException {
        Scanner scannerName =
            new Scanner(new File("QualquerClasse"));
        //Um código é inserido aqui
```

```
    ScannerName.nextInt();
    ScannerName.nextDouble();
    ScannerName.next();
    ScannerName.nextLine();

    //Um código é inserido aqui
    }
}
```

Queremos ler dados de um arquivo. Começamos imaginando que estamos recebendo os toques de um teclado. Inserimos os códigos habituais `Scanner` e `next` no programa. Então, adicionamos alguns itens extras do padrão da Listagem 8-2:

- ✔ Adicionamos duas novas declarações `import` — uma para `java. io.File` e outra para `java.io.IOException`.
- ✔ Digitamos **throws IOException** no cabeçalho do método.
- ✔ Digitamos **new File("")** na chamada `new Scanner`.
- ✔ Pegamos um arquivo que já está em nosso disco rígido. Digitamos o nome do arquivo dentro das aspas.
- ✔ Pegamos a palavra que usamos para o nome de nosso scanner. Reutilizamos a palavra nas chamadas `next`, `nextInt`, `nextDouble` e assim por diante.

Eventualmente, copiar e colar códigos pode nos meter em problemas. Talvez esteja escrevendo um programa que não se encaixe no padrão simples da Listagem 8-2. Assim, terá que adaptar um pouco. Mas para adaptar o padrão, você precisará entender algumas ideias por trás dele.

Os tópicos seguintes chegam para resgatá-lo. Eles abrangem algumas dessas ideias.

Lendo a partir de um arquivo

Nos capítulos anteriores, os programas leem os caracteres a partir do teclado do computador. Esses programas usam coisas como `Scanner`, `System.in` e `nextDouble` — que são definidos na API Java. O programa `FazerFolha`, na Listagem 8-2, traz uma nova abordagem a essa questão. Ao invés de ler os caracteres do teclado, o programa os lê do arquivo `EmpregadosInfo.txt`. Esse arquivo está no disco rígido do computador.

Para ler os caracteres de um arquivo, usamos algumas das mesmas coisas que nos ajudaram a ler os caracteres do teclado. Podemos usar `Scanner`, `nextDouble` e outros. Mas além deles, temos alguns obstáculos para superar. Vejamos uma lista:

✔ **Precisamos de um objeto `new File`.** Para sermos mais exatos, precisamos de uma nova instância da classe da API `File`. Conseguimos isso com o seguinte código

```
new File("EmpregadosInfo.txt")
```

O que está dentro das aspas é o nome do arquivo — em nosso próprio disco rígido. O arquivo contém caracteres como aqueles mostrados anteriormente na Figura 8-3.

Neste ponto, a terminologia faz tempestade em copo d'água. É claro que uso as expressões *objeto* `new File` e *instância* `new File`, mas tudo que estamos fazendo é com que `new File("EmpregadosInfo txt")` signifique um arquivo em nosso disco rígido. Depois que inserimos `new File("EmpregadoInfo.txt")` em `new Scanner`,

```
Scanner diskScanner =
          new Scanner(new File("EmpregadosInfo.Txt"));
```

podemos esquecer o `new File` (arquivo). A partir deste ponto no código, `diskScanner` significará o arquivo chamado `EmpregadosInfo.txt` no disco rígido. O nome `diskScanner` significa um arquivo em seu disco rígido assim como, nos exemplos anteriores, o nome `keyboard` (teclado) significa aqueles botões que apertamos diariamente.

Criar um objeto `new File` na Listagem 8-2 é como criar um objeto `new Empregado` mais adiante na mesma listagem. Também é o mesmo que criar um objeto `new Conta`, nos exemplos do Capítulo 7. A única diferença é que as classes `Empregado` e `Conta` são definidas nos exemplos deste livro. A classe `File` é definida na API Java.

Quando conectar um arquivo de disco com `new Scanner`, não esqueça da parte do `new File`. Se escrever `new Scanner("EmpregadosInfo. txt")` sem `new File`, o compilador não dirá nada (você não recebe avisos ou mensagens de erro antes de executar o código). Mas quando o executar, não obterá os resultados esperados.

✔ **Devemos nos referir à classe `File` pelo seu nome completo — `java.io.File`.** Podemos fazer isto com uma declaração `import` como a da Listagem 8-2. Outra alternativa é tumultuar o código com uma declaração como

```
Scanner diskScanner =
    new Scanner(new java.io.File("EmpregadoInfo.txt"));
```

✔ **Precisamos de uma cláusula `throws IOException`.** Muitas coisas podem dar errado quando o programa se conectar a `EmpregadosInfo.txt`. Primeiro, nosso disco rígido pode não ter um arquivo chamado *EmpregadosInfo.txt*. Segundo, o arquivo pode estar no diretório errado. Para lidar com esse tipo de adversidade, a linguagem de programação Java toma certas precauções. Ela insiste que quando um arquivo de disco está envolvido, precisamos reconhecer os possíveis perigos da chamada `new Scanner`.

Podemos reconhecer esses perigos de diversas maneiras possíveis, a mais simples é usar a cláusula `throws`. Na Listagem 8-2, o cabeçalho do método `main` termina com as palavras *throws IOException*. Ao adicioná-las, tranquilizamos o compilador Java. É como se lhe disséssemos: "sei que a chamada `new Scanner` pode trazer problemas. Você não tem que me lembrar". E, com certeza, adicionar `throws IOException` no método `main` evitará que o, compilador reclame (sem a cláusula `throws`, obtemos uma mensagem de `unreported exception` — exceção não reportada).

Para a história completa sobre as exceções Java, veja o Capítulo 12. Enquanto isso, adicione `throws IOException` no cabeçalho de qualquer método que chame `new Scanner (new File(...`

✔ **Devemos nos referir à classe `IOException` pelo seu nome completo — `java.io.IOException`.**

Podemos fazer isso com uma declaração `import` como aquela da Listagem 8-2. Ao invés disso, podemos aumentar a cláusula `throws` do método `main` assim:

```
public static void main(String args[])
                throws java.io.IOException {
```

✔ **Devemos passar o nome do scanner do arquivo para o método `pagarUmEmpregado`.**

Na Listagem 7-5, no Capítulo 7, o método `getJuros` tem um parâmetro chamado `taxaPercentual`. Sempre que chamamos o método `getJuros`, enviamos uma informação extra atualizada para ele (um número — a taxa de juros — para o método, a Figura 7-7 ilustra essa ideia).

A mesma coisa acontece na Listagem 8-2. O método `pagarUmEmpregado` tem um parâmetro chamado *aScanner*. Sempre que chamamos o método `pagarUmEmpregado`, enviamos uma informação extra atualizada para ele (um scanner — a referência para um arquivo de disco — para o método).

Você pode estar imaginando por que o método `pagarUmEmpregado` precisa de um parâmetro. Afinal, na Listagem 8-2, ele sempre lê os dados do mesmo arquivo. Por que temos que informar esse método toda vez que o chamamos se o arquivo de disco ainda é o arquivo `EmpregadosInfo.txt`?

Bem, há diversas maneiras de rearranjar o código na Listagem 8-2. Algumas não envolvem parâmetros. Mas no arranjo desse exemplo temos dois métodos separados — um `main` e um `pagarUmEmpregado`. Criamos um scanner uma vez dentro do método `main` e o usamos três vezes — uma dentro de cada chamada para o método `pagarUmEmpregado`.

Tudo que definimos dentro de um método é como uma piada de família, que somente o código dentro daquele método conhece. Então, o `diskScanner` que definimos dentro do método `main` não é automaticamente reconhecido dentro do método `pagarUmEmpregado`. Para fazer com que ele reconheça o arquivo de disco, enviamos `diskScanner` do método `main` para o método `pagarUmEmpregado`.

Para saber mais sobre coisas que declaramos dentro (e fora) dos métodos, veja o Capítulo 10.

Quem mexeu no meu arquivo?

Quando baixar o código no site deste livro, você encontrará os arquivos chamados *Employee.java* (Empregado.java) e *DoPayroll.java* (FazerFolha. java) — no código nas Listagens 8-1 e 8-2. Encontrará, ainda, o arquivo chamado `EmployeeInfo.txt` (EmpregadosInfo.txt). Isso é bom porque se o Java não puder encontrar esse arquivo, você receberá a mensagem `FileNotFoundException` (Exceção de Arquivo Não Encontrado).

Em geral, quando recebemos esse tipo de mensagem, alguns arquivos necessários para seu programa não estão disponíveis. Esse é um erro fácil de cometer. Pode ser frustrante, pois, para você um arquivo como `EmpregadosInfo.txt` pode parecer disponível para o programa. Mas lembre-se — computadores são burros. Se você cometer um ínfimo errinho, ele não conseguirá ler as entrelinhas para você. Então, se o referido arquivo não estiver no diretório correto em seu disco rígido ou se o nome dele estiver digitado errado, o computador falha na hora de executar o código.

Algumas vezes, sabemos muito bem que o arquivo `EmpregadosInfo.txt` (ou `qualquerqueseja.xyz`) existe em seu disco rígido. Mas quando executamos o programa, ainda recebemos uma mensagem `FileNotFoundException`. Quando isso acontece, o arquivo geralmente está no diretório errado (é claro que isso depende do seu ponto de vista, talvez ele esteja no diretório correto, mas você disse ao programa para procurá-lo no diretório errado). Se acontecer, tente copiar o arquivo para alguns outros diretórios em seu disco rígido e reexecutar o código. Olhe atentamente os nomes e locais dos arquivos em seu disco rígido até descobrir o que está errado.

No site deste livro, você encontrará dicas sobre a alocação adequada do arquivo `EmpregadosInfo.txt`. Procure dicas apropriadas ao seu sistema operacional (Windows, Macintosh ou Linux) e ao seu IDE (Eclipse, NetBeans ou IntelliJ IDEA).

Adicionando nomes de diretórios aos seus nomes de arquivos

Podemos especificar um local exato em nosso código Java. Código como `new File("C:\\Usuarios\\bburd\\areadetrabalho\\ Listagens08-01-02\\EmpregadoInfo.txt")` é feio, mas funciona.

No parágrafo anterior, observe as barras invertidas duplas em "C: \\ Usuarios\\bburd\\areadetrabalho...". Se você é um usuário de Windows, ficará tentado a escrever C: \Usuarios\bburd\ areadetrabalho ... com barras invertidas simples. Mas em Java, elas têm um significado especial (por exemplo, na Listagem 7-7, \n significa ir para a próxima linha). Então, em Java, para indicar uma barra invertida dentro de uma cadeia de caracteres entre aspas, use a barra invertida dupla.

Os usuários de Macintosh e Linux podem se sentir reconfortados com o fato de seu separador, /, não ter significado especial em Java. No Mac, o código new File ("/Usuarios/bburd/areadetrabalho/ Listagem08-01-02/EmpregadoInfo.txt") é tão fácil quanto respirar (bem, quase isso!). Mas os usuários mais nerds de Mac e Linux não devem se julgar superiores tão rápido. Linhas como new File ("/Usuarios/ bburd/areadetrabalho.... funcionam para o Windows também. No Windows, podemos usar a barra normal ou a invertida como separador. No Command Prompt Windows, posso digitar cd c:/usuarios\bburd para chegar ao meu diretório.

Se sabemos onde nosso programa Java procura pelos arquivos, podemos construir um caminho entre esse local e o diretório que escolhermos. Presuma, por ora, que o código na Listagem 8-2 normalmente procura pelo arquivo EmpregadosInfo.txt no diretório chamado *Listagem08-01-02*. Então, como teste, vá para o diretório Listagem08-01-02 e crie um subdiretório chamado *dataFiles*. Então, mova o arquivo EmpregadosInfo.txt para o novo diretório dataFiles. Para ler números e palavras do arquivo que moveu, modifique a Listagem 8-2 com o código new File("dataFiles\\EmpregadoInfo.txt").

Lendo uma linha de cada vez

Na Listagem 8-2, o método pagarUmEmpregado ilustra alguns truques úteis para ler dados. Em particular, cada scanner que criamos tem um método nextLine. Podemos não usar esse método nextLine, mas ele está disponível mesmo assim. Quando chamamos o método scanner. nextLine, ele captura todo o texto até o final da linha. Na Listagem 8-2, uma chamada para nextLine pode ler uma linha inteira do arquivo EmpregadosInfo. txt (em outro programa, uma chamada para nextLine do scanner pode ler tudo que o usuário digita no teclado, até que tenha pressionado Enter).

Observe atentamente minha escolha de palavras: nextLine lê tudo até o final da linha atual. Infelizmente, ler tudo até o final da linha atual pode não ser aquilo que você pensa que significa. Confundir as chamadas nextInt, nextDouble e nextLine pode ser desastroso. Temos que prestar atenção no que fazemos e verificar o resultado do programa com cuidado.

Para entender tudo isso, precisamos estar muito atentos quanto à quebra da linha (*line break*) do arquivo de dados. Pense em uma quebra de linha como um caractere extra, entre uma linha de texto e a próxima. Então, imagine que a chamada `nextLine` signifique ler tudo até e incluindo a quebra da próxima linha.

Agora observe a Figura 8-4.

- ✔ Se uma chamada para `nextLine` lê `BarryBurd[LineBreak]`, a chamada subsequente para `nextLine` lê `CEO[LineBreak]`.

- ✔ Se uma chamada para `nextDouble` lê o número `5000.00`, a chamada `netxLine` subsequente lê a `[LineBreak]` que vem imediatamente após o número 5000.00 (isso é tudo o que `nextLine` lê — um `[LineBreak]` e nada mais).

- ✔ Se uma chamada para `nextLine` lê a `[LineBreak]` após o número `5000.00`, a chamada subsequente para `nextLine` lê `Harriet Ritter[LineBreak]`.

Então, depois de ler o número 5000.00, precisamos de *duas* chamadas para `nextLine` a fim de chegar ao nome *Harriet Ritter*. O erro, que geralmente cometo, é esquecer a primeira dessas duas chamadas.

Observe novamente o arquivo na Figura 8-3. Para que o código deste tópico funcione corretamente, devemos ter uma quebra de linha (line break) depois do último `10000.00`. Se não fizermos isso, uma chamada final para `nextLine` faz com que o programa vá pelos ares. A mensagem de erro que recebemos é `NoSuchElementException: No line found` (Exceção de não existência do elemento: Nenhuma linha encontrada).

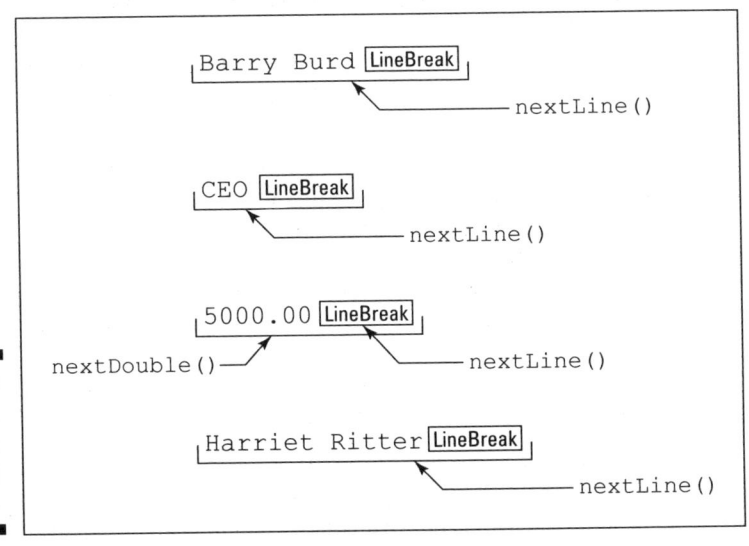

Figura 8-4
Chamada
para
nextDouble e
nextLine.

Sempre fico surpreso com o número de peculiaridades que encontro no método de varredura de cada linguagem de programação. Por exemplo, a primeira `nextLine` que lê a partir do arquivo, na Figura 8-3, captura `Barry Burd[LineBreak]` do arquivo. Mas a chamada `nextLine` entrega `Barry Burd` (sem qualquer quebra de linha) para o código em execução. Então, `nextLine` procura por uma quebra de linha e depois ela a ignora. Sim, esse é um ponto muito sutil. Mas geralmente ele não causa problemas.

Se este negócio de `nextDouble` e `nextLine` confundem você, por favor não culpe o Java. Misturar chamadas de entrada de dados é um trabalho delicado em qualquer linguagem de programação. E a coisa realmente terrível é que cada linguagem tem uma abordagem um pouco diferente do problema. Entender a `nextLine` no Java vai lhe ajudar a compreender melhor estes pontos quando decidir conhecer C++ ou VisualBasic, mas não completamente. Cada detalhe de uma linguagem é exclusivo daquela linguagem (sim, é um problema. Mas já que todos os programadores se tornam ricos e famosos, a dor de cabeça um dia é recompensada).

Definindo Subclasses (O que Significa Ser um Empregado de Período Integral e Meio Período)

Nesta mesma época no ano passado, sua empresa pagou $10 milhões por um software. Ele vem no arquivo `Empregado.class`. A empresa criadora do software, a Burd Brain Consultoria, não quer que você conheça as peculiaridades do software (caso contrário, você poderia roubar as ideias dela). Assim, você não tem o arquivo do programa Java de onde veio o software (em outras palavras, não tem o `Empregado.java`). Você pode executar o bytecode no arquivo `Empregado.class`. Pode também ler a documentação no site, chamada `Empregado.html`. Mas não pode ver as declarações dentro do programa `Empregado.java` e não pode mudar qualquer código do programa.

Desde o ano passado, sua empresa cresceu. Ao contrário de antes, ela agora tem dois tipos de empregado: de período integral e de meio período. Cada empregado em período integral recebe salário semanal fixo (se o empregado trabalha à noite e nos fins de semana, reconhecimento a esse enorme sacrifício, ele recebe um caloroso aperto de mão). Em contrapartida, cada empregado de meio período trabalha sob regime de remuneração por hora. Sua empresa deduz um montante do contracheque de cada empregado de período integral para pagar o pacote de benefícios. Os empregados de meio período não recebem benefícios.

A questão é como o software que sua empresa comprou no ano passado pode acompanhar esse crescimento? A empresa investiu em um grande programa para lidar com a folha de pagamento dos empregados, mas ele não diferencia os empregados de período integral e meio período. Você tem inúmeras opções:

✔ Chame seu vizinho, cujo filho de 12 anos de idade sabe mais sobre programação de computadores do que qualquer outra pessoa na empresa em que você trabalha. Faça com que o petulante rapazote pegue aquele software para empregados, reescreva-o e devolva com todas as adições e alterações necessárias.

Pensando bem, você não pode fazer isso. Não importa o quanto o garoto seja esperto, as complexidades do software para empregados provavelmente serão demais para ele. Na hora em que pegar o software de volta, você descobrirá que está cheio de falhas e inconsistências. Além do mais, você nem tem o arquivo `Empregado.java` para entregar ao garoto. Tudo que tem é o arquivo `Empregado.class`, que não pode ser lido ou modificado com um editor de texto (veja o Capítulo 2). Além disso, seu filho brigou com o filho do vizinho e você não quer dar a satisfação ao seu vizinho de vê-lo implorando pela ajuda do filho dele.

✔ Dispense o software de $10 milhões. Peça a alguém da empresa para reescrever o software desde o início.

Em outras palavras, diga adeus para seu tempo e seu dinheiro.

✔ Escreva uma nova interface para o software para empregados. Isto é, construa um pedaço de código que faça o processamento preliminar dos empregados de período integral e entregue os resultados preliminares para o software de $10 milhões. Faça o mesmo com os empregados de meio período.

Esta ideia pode ser razoável ou causar um desastre. Tem certeza de que o software para empregados já existente tem todos os *conectores* necessários? Isto é, ele contém pontos de entrada que permitem ao seu software de interface enviar facilmente os dados preliminares para o software caro? Lembre-se de que este plano considera o software existente como um grande bloco monolítico, o que pode se tornar inconveniente. Dividir o trabalho entre o código de interface e o programa para empregados existente é difícil. E se adicionar camadas e mais camadas sobre a caixa preta (black box) do software, provavelmente acabará tendo um sistema ineficiente.

✔ Ligue para a Burd Brain Consultoria, a empresa que vendeu o software para empregados. Diga ao Dr. Burd que precisa que a próxima versão do software diferencie entre empregados de meio período e de período integral.

"Sem problema", diz o Dr. Burd. "Ele ficará pronto no início do próximo trimestre." Naquela noite, o Dr. Burd faz uma discreta ligação para o seu vizinho...

✔ Crie duas novas classes Java chamadas *EmpregadoPeriodoIntegral* e *EmpregadoMeioPeriodo*. Faça com que cada nova classe estenda a funcionalidade existente da classe `Empregados`, mas faça com que cada nova classe defina sua própria funcionalidade especializada para determinados tipos de empregado.

Muito bem! A Figura 8-5 mostra a estrutura que queremos criar.

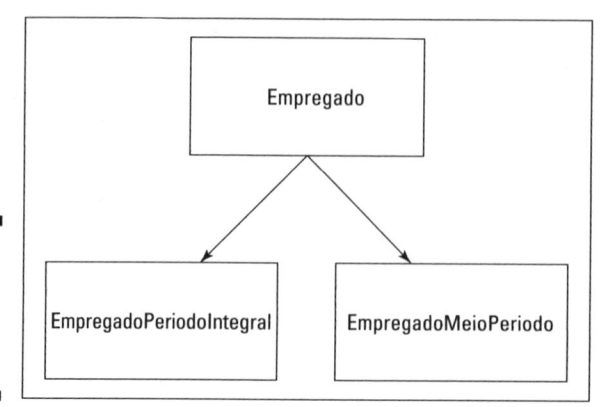

Figura 8-5
A árvore
familiar
da classe
Empregados.

Criando uma subclasse

Na Listagem 8-1, defino uma classe Empregado. Posso usar aquilo que já defini e ampliar a definição para criar novas classes, mais especializadas. Então, na Listagem 8-3, defino uma nova classe — EmpregadoPeriodoIntegral.

Listagem 8-3:   O que é um EmpregadoPeríodoIntegral?

```
Public class EmpregadoPeriodoIntegral extends Empregado {
    private double salariosemanal;
    private double deducaoBeneficios;

    public void setSalarioSemanal (double
        salarioSemanalIn) {
        salarioSemanal = salarioSemanalIn;
    }
    public double getSalarioMensal() {
        return salarioSemanal;
    }
    public void setDeducaoBeneficios (double
        benefDedIn) {deducaoBeneficios = benefDedIn;
    }
    public double getDeducaoBeneficio() {
        return deducaoBeneficios;
    }
    public double calcValorPagamento() {
        return salarioSemanal - deducaoBeneficios;
    }
}
```

Olhando para a Listagem 8-3, podemos ver que cada instância da classe `EmpregadoPeriodoIntegral` tem dois campos: `salarioSemanal` e `deducaoBeneficios`. Mas esses são os únicos campos que cada instância de `EmpregadoPeriodoIntegral` tem? Não. A primeira linha da Listagem 8-3 diz que a classe `EmpregadoPeriodoIntegral` estende a classe `Empregado`. Isso significa que além de ter `salarioSemanal` e `deducaoBeneficios`, cada instância `EmpregadoPeriodoIntegral` tem outros dois campos: `nome` e `cargo`. Esses dois campos surgem da definição da classe `Empregado`, mostrada na Listagem 8-1.

Na Listagem 8-3, a palavra mágica é *extends* (estende). Quando uma classe estende uma classe existente, ela automaticamente herda todas as funcionalidades definidas na classe existente. Então, a classe `EmpregadoPeriodoIntegral` *herda* os campos nome e cargo. Ela também herda todos os métodos declarados na classe `Empregado` — `setNome`, `getNome`, `setCargo`, `getCargo` e `preencherCheque`. A classe `EmpregadoPeriodoIntegral` é uma *subclasse* da classe `Empregado`. Isso significa que a classe `Empregados` é a *superclasse* da classe `EmpregadoPeriodoIntegral`. Ainda podemos falar em termos de parentes consanguíneos. A classe `EmpregadoPeriodoIntegral` é *filha* da classe Empregado e a classe `Empregado` é *mãe* da classe `EmpregadoPeriodoIntegral`.

É quase como se (mas não exatamente) a classe `EmpregadoPeriodoIntegral` fosse definida pelo código na Listagem 8-4.

Listagem 8-4:   Código Falso (Porém Informativo)

```java
import static java.lang.System.out;

public class EmpregadosPeriodoIntegral {
    private String nome;
    private String cargo;
    private double salarioSemanal;
    private double deducaoBeneficios;

    public void setNome(String nomeIn) {
        nome = nomeIn;
    }
    public String getNome() {
        return nome;
    }

    public void setCargo(String cargoIn) {
        cargo = cargoIn;
    }
    public String getCargo() {
        return cargo;
    }
```

(continua)

Listagem 8-4 *(continuação)*

```
    public void setSalarioSemanal(double
        salarioSemanalIn) {
        salarioSemanal = salarioSemanalIn;
    }
    public double getSalarioSemanal() {
        return salarioSemanal;
    }
    public void setDeducaoBeneficios(double benefDedIn) {
        deducaoBeneficios = benefDedIn;
    }
    public double getDeducaoBeneficios() {
        return deducaoBeneficios;
    }

    public double calcValorPagamento() {
        return salarioSemanal - deducaoBeneficios;
    }

    public void preencherCheque(double valorPago) {
        out.printf("Pagar para %s ", nome);
        out.printf("(%s) ***$", cargo);
        out.printf("%,.2f\n", valorPago);
    }
}
```

Por que o título da Listagem 8-4 chama o código de falso? (Ele não deveria se sentir ofendido?) Bem, a principal diferença entre a Listagem 8-4 e a situação de herança nas Listagens 8-1 e 8-3 é que: uma classe filha não pode fazer referência direta aos campos privados (*private*) da classe mãe. Para fazer qualquer coisa com os campos privados da classe mãe, a classe filha tem que chamar os métodos de acesso da classe mãe. Voltando à Listagem 8-3, a chamada `setNome("Rufus")` seria legal, mas o código `nome="Rufus"`, não. Se acreditar em tudo que leu na Listagem 8-4, pensaria que o código na classe `EmpregadosPeriodoIntegral` pode executar `nome="Rufus"`. Mas não pode (meu Deus, que sutileza!).

Não precisamos do arquivo `Empregado.java` em nosso disco rígido para escrever um código que estenda a classe `Empregado`. Tudo que precisamos é do arquivo `Empregado.class`.

Criar subclasses é apenas uma questão de criar o hábito

Depois que se acostumar a estender classes, você estenderá sua felicidade. Se criarmos uma classe `EmpregadoPeriodoIntegral`, podemos também criar a classe `EmpregadoMeioPeriodo`, mostrada na Listagem 8-5.

Listagem 8-5 :   O que é um EmpregadoMeioPeríodo?

```
public class EmpregadoMeioPeriodo extends Empregado
    private double taxaHora;

    public void setTaxaHora(double taxaIn) {
        taxaHora = taxaIn;
    }
    public double getTaxaHora() {
        return taxaHora;
    }

    public double calcValorPagamento(int horas) {
        return taxaHora * horas;
    }
}
```

Ao contrário de `EmpregadoPeriodoIntegral`, a classe
`EmpregadoMeioPeriodo` não tem os campos salário ou dedução, mas tem
`taxaHora`. (Adicionar o campo `numeroDeHorasTrabalhadas` também
seria possível. Optei por não fazer isso imaginando que o número de horas
que um empregado de meio período trabalha muda drasticamente de
semana para semana.)

Usando Subclasses

O tópico anterior conta a história sobre criação de subclasses. É uma boa
história, mas não está completa. Criar subclasses é excelente, mas não trará
nenhuma vantagem ao menos que você escreva os códigos para usá-las.
Então, neste tópico exploraremos os códigos para utilizar as subclasses.

Chegou a hora de você se classificar: é uma pessoa do tipo F, tipo P ou tipo
T (sou o autor do livro, então posso inventar alguns tipos de personalidade.
Posso até apontar para alguém na rua e dizer "olhe, lá vai uma pessoa
do tipo-T!").

> ✔ **Pessoa tipo F** quer conhecer a base, os fundamentos (a letra *F*
>   vem de *fundamentos*). "Mostre-me um programa que apresente
>   os princípios em sua forma mais simples, mais básica", dizem as
>   pessoas tipo-F. Elas não se preocupam com os adornos e fricotes.
>   Os adornos vêm depois e os fricotes podem não vir nunca. Se
>   você é uma delas, quer ver um programa que usa as subclasses
>   `EmpregadoPeriodoIntegral` e `EmpregadoMeioPeriodo` e seguir
>   seu caminho para completar o trabalho.
>
> ✔ **Pessoa tipo P** quer aplicações práticas (a letra *P* vem de *prático*). Elas
>   precisam ver as ideias no contexto; caso contrário, as ideias se perdem
>   muito rápido. "Mostre-me um programa que demonstre a utilidade das

> subclasses `EmpregadoPeriodoIntegral` e `EmpregadoMeioPeriodo`", dizem as pessoas do tipo P. "Suas insuportáveis abstrações não têm utilidade para mim. Quero exemplos reais e quero agora!"
>
> ✔ **Pessoa do tipo T** é inspirada por aquilo que falei brevemente no Capítulo 7. Elas querem *testar* o código das subclasses `EmpregadoPeriodoIntegral` e `EmpregadosMeioPeriodo`. Testar o código significa colocar o código em seu compasso — verificar a precisão dos resultados quando as entradas são normais, quando são inesperadas e até mesmo quando são totalmente irreais. E mais, elas querem usar um modelo padrão, facilmente reconhecível no teste do código para que outros programadores entendam facilmente os resultados do teste. Elas criam testes *JUnit* que usam as subclasses `EmpregadoPeriodoIntegral` e `EmpregadoMeioPeriodo`.

A Listagem 8-6, dedicada às pessoas do tipo F, é simples e concisa e é uma boa leitura para a hora de dormir.

Se você é uma pessoa do tipo P ou T, por favor visite o site deste livro (conteúdo em inglês). O site contém exemplos para satisfazer os leitores desses tipos.

A Listagem 8-6 mostra um programa bem sucinto que usa as subclasses `EmpregadoPeriodoIntegral` e `EmpregadoMeioPeriodo`. A Figura 8-6 mostra o resultado do programa.

Listagem 8-6: O Bom Uso das Subclasses

```
class FazerFolhaTipoF {
    public static void main(String args[]) {
        EmpregadoPeriodoIntegral piEmpregado = new
            EmpregadoPeriodoIntegral();

        piEmpregado.setNome("Barry Burd");
        piEmpregado.setCargo("CEO");
        piEmpregado.setSalarioSemanal(5000.00);
        piEmpregado.setDeducaoBeneficios(500.00);
        piEmpregado.preencherCheque(piEmpregado.
            calcPagamento());
        System.out.println();

        EmpregadoMeioPeriodo mpEmpregado = new
            EmpregadoMeioPeriodo();

        mpEmpregado.setNome("Steve Surace");
        mpEmpregado.setCargo("Motorista");
        mpEmpregado.setTaxaHora(7.53);
        mpEmpregado.preencherCheque
                (mpEmpregado.calcValorPagamento(10));
    }
}
```

```
Pagar para Barry Burd (CEO) ***$4,500.00
Pagar para Steve Surace (Motorista) ***$75.30
```

Para entender a Listagem 8-6, precisamos prestar atenção em três classes: `Empregado`, `EmpregadoTempoIntegral` e `EmpregadoMeioPeriodo`. Para uma espiada no código que defina estas classes, veja as Listagens 8-1, 8-3 e 8-5.

A primeira metade da Listagem 8-6 trata dos empregados de tempo integral. Observe quantos métodos estão disponíveis para serem usados com a variável `piEmpregado`. Por exemplo, podemos chamar `piEmpregado.setSalarioSemanal`, pois a `piEmpregado` tem o tipo `EmpregadoPeriodoIntegral`. Podemos também chamar `piEmpregado.setNome`, pois a classe `EmpregadoPeriodoIntegral` estende a classe `Empregado`.

Já que `preencherCheque` é declarado na classe `Empregado`, podemos chamar `piEmpregado.preencherCheque`. Mas podemos chamar `piEmpregado.calcValorPagamento`, pois o método `calcValorPagamento` está na classe `EmpregadoPeriodoIntegral`.

Combinando os tipos

Olhe novamente para a primeira metade da Listagem 8-6. Preste especial atenção na última declaração — aquela em que o cheque é impresso para o empregado de período integral. A forma da declaração é uma cadeia longa de valores e seus tipos. Podemos ver isso lendo a declaração de dentro para fora.

   ✔ O método `piEmpregado.calcValorPagamento` é chamado com uma lista de parâmetros vazia (Listagem 8-6). Isto é bom, pois o método `calcValorPagamento` não tem parâmetros (Listagem 8-3).

   ✔ O método `calcValorPagamento` retorna um valor do tipo `double` (Listagem 8-3, novamente).

   ✔ O valor `double` que `piEmpregado.calcValorPagamento` retorna é passado para o método `piEmpregado.preencherCheque` (Listagem 8-6). Isto é bom, pois o método `preencherCheque` tem um parâmetro do tipo `double` (Listagem 8-1).

Para uma ilustração gráfica detalhada, veja a Figura 8-7.

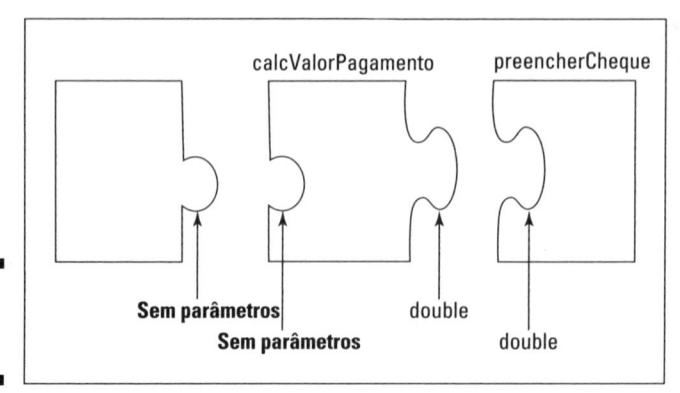

Figura 8-7
Combinando
parâmetros.

Sempre forneça ao método os tipos de valores que ele quer na lista de parâmetros.

A segunda metade da história

Na segunda metade da Listagem 8-6, o código cria um objeto do tipo `EmpregadoMeioPeriodo`. Uma variável do tipo `EmpregadoMeioPeriodo` pode fazer algumas das coisas que a variável `EmpregadosPeriodoIntegral` faz. Mas a classe `EmpregadoMeioPeriodo` não tem os métodos `setSalarioSemanal` e `setDeducaoBeneficios`. Ao invés disso, a classe `EmpregadoMeioPeríodo` tem o método `setTaxaHora` (veja a Listagem 8-5). Então, na Listagem 8-6, a penúltima linha é uma chamada para o método `setTaxaHora`.

A última linha da Listagem 8-6 é de longe a mais interessante. Nela, o código entrega o número `10` (de horas trabalhadas) para o método `calcValorPagamento`. Compare esta chamada com a anterior para `calcValorPagamento`, são dois métodos distintos e têm diferentes tipos de listas de parâmetros:

- ✔ O método `calcValorPagamento` da classe `EmpregadoPeriodoIntegral` não tem parâmetros (Listagem 8-3).

- ✔ O método `calcValorPagamento` da classe `EmpregadoMeioPeriodo` tem um parâmetro `int` (Listagem 8-5).

Essa é a situação normal. Calcular o valor do pagamento para um empregado de meio período não é o mesmo que calculá-lo para um empregado de tempo integral. O pagamento de um empregado de meio período muda toda semana, dependendo do número de horas trabalhadas. Para o empregado de período integral o pagamento é o mesmo toda semana. Então, as duas classes, `EmpregadoPeriodoIntegral` e `EmpregadoMeioPeriodo`, têm métodos `calcValorPagamento`, mas cada um deles funciona de maneira diferente.

Sobrescrevendo Métodos Existentes (Alterando os Pagamentos de Alguns Empregados)

Era de se esperar! Algum idiota no Departamento de Recursos Humanos ofereceu pagamento em dobro pelas horas extras para um dos empregados de meio período. Agora a notícia se espalhou e outros empregados de meio período querem a mesma regalia. Se isso continuar você acabará falido, então precisa mandar um memorando para todos os empregados nessas condições explicando por que ganhar mais dinheiro não será bom para eles.

Enquanto isso, terá dois tipos de empregados de meio período — aqueles que recebem horas extras em dobro e os que não recebem — então, precisa modificar o software de folha de pagamento. Quais são as opções?

- Bem, você pode mexer diretamente no código da classe `EmpregadoMeioPeriodo`, fazer algumas alterações e esperar pelo melhor (não é uma boa ideia).

- Você pode seguir o conselho do tópico anterior e criar uma subclasse da classe `EmpregadoMeioPeriodo` existente. "Mas espere", você diz. "A classe `EmpregadoMeioPeriodo` existente já tem um método `calcValorPagamento`. Precisarei de algum truque para desviar desse método para cada empregado com pagamento de horas extras em dobro?"

  Neste ponto, agradeça aos céus por estar fazendo programação orientada a objeto em Java. Com ela, você poderá criar uma subclasse que sobrescreva (*override*) a funcionalidade da classe mãe. A Listagem 8-7 traz esta subclasse.

Listagem 8-7:   Outra Subclasse

```
public class MeioPeriodoHorasEmDobro extends
    EmpregadoMeioPeriodo {
    @Override
    public double calValorPagamento(int horas) {
        if(horas <= 40) {
            return getTaxaHora() * horas;
        } else {
            return getTaxaHora() * 40 +
                    getTaxaHora() * 2 * (horas - 40);
        }
    }
}
```

A Figura 8-8 mostra a relação entre o código na Listagem 8-7 e a outra parte do código neste capítulo. MeioPeridoHorasEmDobro é uma subclasse de uma subclasse. Na programação orientada a objeto, uma cadeia desse tipo não é nem um pouco incomum. Na verdade, em se tratando de subclasses, essa cadeia é bem curta.

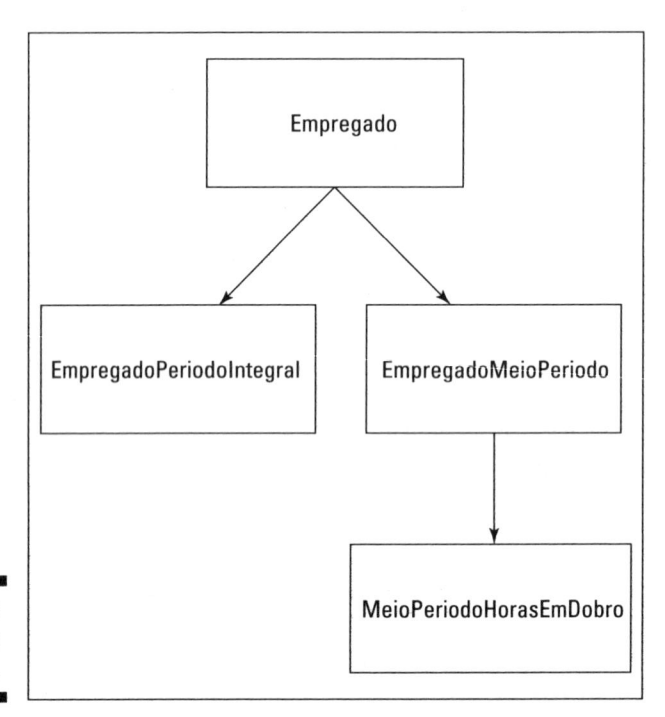

Figura 8-8
Uma árvore
de classes.

A classe MeioPeriodoHorasEmDobro estende a classe EmpregadoMeioPeriodo, mas ela escolhe apenas aquilo que quer herdar da classe EmpregadoMeioPeriodo. Já que a classe MeioPeriodoHorasEmDobro tem sua própria declaração para o método calcValorPagamento, ela não herda o método calcValorPagamento de sua mãe (veja Figura 8-9).

De acordo com a terminologia oficial, a classe MeioPeriodoHorasEmDobro sobrescreve ou *overrides*, da terminologia em inglês, o método de sua classe mãe calcValorPagamento. Se criarmos um objeto da classe MeioPeriodoHorasEmDobro, ele terá nome, cargo, taxaHora e preencherCheque da classe EmpregadoMeioPeriodo, mas terá o método calcValorPagamento definido na Listagem 8-7.

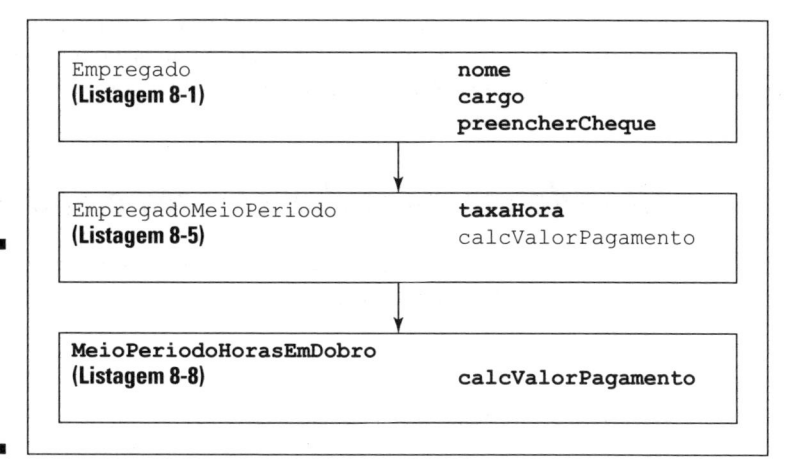

Figura 8-9
O método
calcValor
Pagamento
não é
herdado.

Uma anotação Java

A palavra `@Override` na Listagem 8-7 é um exemplo de *anotação*. Elas dizem ao computador algo sobre seu código. Em especial, a anotação `@Override` na Listagem 8-7 diz ao compilador Java para procurar um erro simples na codificação. A anotação diz "certifique-se de que o método imediatamente seguinte a esta anotação tenha os mesmos itens (o mesmo nome, o mesmo parâmetro e assim por diante) de um dos métodos na superclasse. Se não, mostre uma mensagem de erro".

Então, se acidentalmente digitarmos

```
public double calcValorPagamento(double horas) {
```

ao invés de `int horas` como nas Listagens 8-5 e 8-7, o compilador nos recorda que o método `calcValorPagamento` não sobrescreve nada que está na Listagem 8-5.

O Java tem outros tipos de anotação (como `@Deprecated` e `@SuppressWarnings`). Leia um pouco mais sobre a anotação `@SuppressWarnings` no Capítulo 9.

As anotações Java são opcionais. Se retirarmos a palavra `@Override` da Listagem 8-7, seu código ainda funcionará corretamente. Mas essa anotação traz uma segurança adicional ao código. Com `@Override`, o compilador se certifica de que fizemos algo intensionalmente (neste caso, sobrescrever um dos métodos da superclasse). George Orwell que me perdoe, mas alguns tipos de anotação são menos opcionais que outras. Podemos omitir certas anotações do nosso código somente se estivermos dispostos a substituí-las por uma grande quantidade de código.

Usando métodos das classes e subclasses

Se precisar de um esclarecimento sobre como sobrescrever um método, observe o código na Listagem 8-8. A execução desse código é mostrado na Figura 8-10.

Listagem 8-8: Testando o Código na Listagem 8-7.

```
class FazerFolhaTipoF {
  public static void main(String args[]) {

    EmpregadoPeriodoIntegral piEmpregado =
                        new EmpregadoPeriodoIntegral();

    piEmpregado.setNome("Barry Burd");
    piEmpregado.setCargo("CEO");
    piEmpregado.setSalarioSemanal(5000.00);
    piEmpregado.setDeducaoBeneficios(500.00);
    piEmpregado.preencherCheque
                    (piEmpregado.calcValorPagamento());

    EmpregadoMeioPeriodo mpEmpregado =
                        new EmpregadoMeioPeriodo();

    mpEmpregado.setNome("Chris Apelian");
    mpEmpregado.setCargo("Autor de Livros de
        Computação");
    mpEmpregado.setTaxaHora(7.53);
    mpEmpregado.preencherCheque
                    (mpEmpregado.calcValorPagamento(50));

    MeioPeriodoHorasEmDobro mpdEmpregado =
                        new MeioPeriodoHorasEmDobro();

    mpdEmpregado.setNome("Steve Surace");
    mpdEmpregado.setCargo("Motorista");
    mpdEmpregado.setTaxaHora(7.53);
    mpdEmpregado.preencherCheque
                    (mpdEmpregado.calcValorPagamento(50));

  }
}
```

Figura 8-10
Executando
o código na
Listagem 8-8.

```
Pagar para Barry Burd (CEO) ***$4,500.00
Pagar para Chris Apelian (Autor de Livros de Computação) ***$376.50
Pagar para Steve Surace (motorista) ***$451.80
```

O código na Listagem 8-8 preenche cheques para três empregados. O primeiro trabalha em período integral. O segundo trabalha meio período e ainda não está incluído no esquema de horas extras em dobro. O terceiro sabe do esquema e exige o pagamento justo.

Com as subclasses, todos os três empregados coexistem na Listagem 8-8. É claro que uma das subclasses decorre da antiga classe EmpregadoMeioPeriodo, mas isso não significa que não podemos criar um objeto a partir da classe EmpregadoMeioPeriodo. Na verdade, o Java é muito inteligente nesse ponto. A Listagem 8-8 tem três chamadas para o método calcValorPagamento e cada uma obtém uma versão diferente desse método.

✔ Na primeira chamada, piEmpregado.calcValorPagamento, a variável piEmpregado é uma instância da classe EmpregadoPeriodoIntegral. Então, o método chamado é aquele da Listagem 8-3.

✔ Na segunda chamada, mpEmpregado.calcValorPagamento, a variável mpEmpregado é uma instância da classe EmpregadoMeioPeriodo. Então, o método chamado é aquele da Listagem 8-5.

✔ Na terceira chamada, mpdEmpregado.calcValorPagamento, a variável mpdEmpregado é uma instância da classe EmpregadoMeioPeriodo. Então, o método chamado é aquele da Listagem 8-7.

O código é fantástico. É claro, elegante e eficiente. Com todo o dinheiro que você economizou no software, poderá pagar as horas extras em dobro (se vai fazer isso ou guardar o dinheiro é outra história).

Capítulo 9

Construindo Novos Objetos

Neste Capítulo

▶ Definindo construtores

▶ Usando construtores nas subclasses

▶ Usando os atributos do construtor default

▶ Construindo uma GUI simples

Sra. Jennie Burd
Rua dos Bobos, nº 0
Logo Ali, Kansas

Prezada Sra. Burd,

Em resposta à sua carta datada de 21 de junho, acredito que possamos afirmar com segurança que objetos não são criados espontaneamente do nada. Embora eu nunca tenha visto um objeto ser criado (e ninguém mais neste departamento alega ter visto um objeto no momento de sua criação), tenho plena confiança de que algum processo é responsável pela construção dessas interessantes e úteis estrovengas. Nós da ClassesEObjetos. com defendemos a opinião unânime, tanto da comunidade científica quanto do setor privado, em questões dessa natureza. Além do mais, concordamos com as recentes descobertas do Painel Presidencial da Fita Azul, que conclui além de qualquer dúvida que a criação espontânea de objetos impediria o atual cenário econômico.

Por favor tenha certeza de que tomei todas as medidas necessárias para garantir a segurança e bem estar de nossa fiel cliente. Se necessitar de novos esclarecimentos, não hesite em contatar nosso setor de reclamações. O gerente do referido departamento é o Sr. Blake Wholl. Pode contatá-lo através do site da empresa.

Uma vez mais, agradeço sua preocupação e espero que continue cliente da ClassesEObjetos.com.

Atenciosamente,

Sr. Scott Brickenchicker
Aquele que não conseguiu entrar no elevador no Capítulo 4

Definindo Construtores (O que Significa Ser uma Temperatura)

Aqui está uma declaração que cria um objeto:

```
Conta minhaConta = new Conta();
```

Já conhecemos essa declaração — ela foi copiada de um dos exemplos no Capítulo 7. De qualquer maneira, no Capítulo 7 dissemos "quando o computador executa `new Conta()`, estamos criando um objeto chamando o construtor da classe `Conta`". O que isso significa?

Bem, quando pedimos para o computador criar um novo objeto, ele responde realizando determinadas ações. Para começar, encontra um lugar em sua memória para armazenar a informação sobre o novo objeto. Se o objeto tiver campos, eles poderão eventualmente ter valores significativos.

Para saber mais sobre campos, veja o Capítulo 7.

Então, a primeira pergunta é: quando pedimos ao computador para criar um novo objeto, podemos controlar o que é colocado em seus campos? E se quisermos fazer mais do que preencher campos? Talvez, quando o computador criar um novo objeto, possamos ter uma lista completa de tarefas a serem executadas. Por exemplo, quando o computador cria uma nova janela como objeto, podemos pedir que ele realinhe os tamanhos de todos os botões naquela janela.

Criar um novo objeto pode envolver todos os tipos de tarefas, então neste capítulo criaremos construtores. Eles dizem ao computador para realizar novas tarefas de inicialização do objeto.

O que é uma temperatura?

"Bom dia e seja bem vindo ao Jornal Objeto. A temperatura local em sua região é de agradáveis 23 graus Celsius."

Cada temperatura consiste em duas coisas: um número e uma escala de temperatura. Um número é apenas um valor `double`, tal como 28,0 ou 39,5. Mas o que é escala de temperatura? É uma cadeia de caracteres, como "`Celsius`" ou "`Fahrenheit`"? Na verdade não, pois algumas cadeias não são escalas de temperatura. Não existe uma escala de temperatura chamada "`Quelploof`" e um programa que possa mostrar a temperatura de "23 graus Quelploof" não é bom. Então, como podemos limitá-las ao pequeno número de escalas usadas? Uma forma de fazermos isso é usando o tipo Java `enum`.

O que é uma escala de temperatura? (O tipo Java enum)

O Java tem inúmeras maneiras para agruparmos as coisas. O Capítulo 11 mostra como agrupar coisas em um array ou em uma coleção. Neste capítulo, agrupamos usando o tipo `enum` (é claro que não podemos agrupar coisa alguma a menos que possamos pronunciar enum, a pronúncia correta é exatamente como se lê, como as primeiras sílabas da palavra *enumeração*).

Criar um tipo `enum` complicado não é fácil, mas para criar um simples basta escrever uma porção de palavras dentro de um par de chaves. A Listagem 9-1 traz sua definição. O nome do tipo `enum` é `EscalaTemp`.

Listagem 9-1:   O Tipo enum EscalaTemp

```
public enum EscalaTemp {
    CELSIUS, FAHRENHEIT, KELVIN, RANKINE,
    NEWTON, DELISLE, RÉAUMUR, RØMER, LEIDEN
};
```

Quando definimos um tipo `enum`, duas coisas importantes acontecem:

- **Criamos valores.**

  Assim como `13` e `151` são valores `int`, `CELSIUS` e `FAHRENHEIT` são valores `EscalaTemp`.

- **Podemos criar variáveis para fazer referência a esses valores.**

  Na Listagem 9-2, declaramos uma variável `numero` e `escala`. Assim como `double numero` declara que uma variável `numero` é do tipo `double`, a `EscalaTemp escala` declara a variável `escala` como sendo do tipo `EscalaTemp`.

  Ser do tipo `EscalaTemp` significa que podemos ter valores `CELSIUS`, `FAHRENHEIT`, `KELVIN` e assim por diante. Então, na Listagem 9-2, podemos dar à variável `escala` o valor `FAHRENHEIT` (ou `EscalaTemp.FAHRENHEIT`, para sermos mais precisos).

Um tipo `enum` é uma classe Java disfarçada. É por isso que a Listagem 9-1 contém um arquivo inteiro dedicado a uma coisa; especialmente a declaração `EscalaTemp` do tipo `enum`. Como a declaração de uma classe, uma declaração tipo `enum` integra um arquivo só seu. O código na Listagem 9-1 integra um arquivo chamado `EscalaTemp.java`.

Tudo bem, mas afinal o que é uma temperatura?

Cada temperatura consiste em duas coisas: um número e uma escala de temperatura. O código na Listagem 9-2 esclarece bem esse fato.

Listagem 9-2: A Classe Temperatura

```
public class Temperatura {
    private double numero;

    private EscalaTemp escala;

    public Temperatura() {
        numero = 0.0;
        escala = EscalaTemp.FAHRENHEIT;
    }

    public Temperatura(double numero) {
        this.numero = numero;
        escala = EscalaTemp.FAHRENHEIT;
    }

    public Temperatura(EscalaTemp escala) {
        numero = 0.0;
        this.escala = escala;
    }

    public Temperatura(double numero, EscalaTemp escala) {
        this.numero = numero;
        this.escala = escala;
    }

    public void setNumero(double numero) {
        this.numero = numero;
    }

    public double getNumero() {
        return numero;
    }

    public void setEscala(EscalaTemp escala) {
        this.escala = escala;
    }

    public EscalaTemp getEscala() {
        return escala;
    }
}
```

O código na Listagem 9-2 tem os métodos setter e getter habituais (métodos de acesso para os campos `numero` e `escala`).

Para uma boa leitura sobre os métodos setter e getter (também conhecidos como métodos de acesso), veja o Capítulo 7.

Acima de tudo, a Listagem 9-2 tem quatro outras coisas parecidas com métodos. Cada uma delas tem o nome `Temperatura`, que por acaso é o mesmo nome da classe. Nenhuma delas tem um tipo `return` — nem mesmo `void`, que serve para evitar o tipo `return`.

Cada uma dessas coisas parecidas com métodos é chamada de *construtor*. Eles são como um método, exceto pelo fato de que têm uma finalidade bem específica — criar novos objetos.

Sempre que o computador cria um novo objeto, ele executa as declarações dentro de um construtor.

Podemos omitir a palavra `public` nas primeiras linhas da Listagem 9-1 e 9-2. Se a omitirmos, outros programas Java podem não ser capazes de usar os atributos definidos na `EscalaTemp enum` e em sua classe `Temperatura` (não se preocupe com os programas neste capítulo; com ou sem a palavra `public`, todos eles podem usar o código nas Listagens 9-1 e 9-2. Para descobrir qual programa pode e qual não pode usar classes não-públicas, veja o Capítulo 13). Se *usarmos* a palavra `public` na primeira linha da Listagem 9-1, a listagem *deve* estar em um arquivo chamado `EscalaTemp. java`, começando com a letra `E` maiúscula. E se *usarmos* a palavra `public` na primeira linha da Listagem 9-2, a listagem *deve* estar em um arquivo chamado `Temperatura. java`, começando com a letra maiúscula `T` (para uma introdução sobre classes `public`, veja o Capítulo 7).

O que podemos fazer com uma temperatura

A Listagem 9-3 ilustra algumas das ideias descritas no tópico anterior. Nela, chamamos os construtores declarados na Listagem 9-2. A Figura 9-1 mostra o que acontece quando executamos todo esse código.

Listagem 9-3:   Usando a Classe Temperatura

```
import static java.lang.System.out;

class UsarTemperatura {

    public static void main(String args[]) {
        final String format = "%5.2f graus %s\n";

        Temperatura temp = new Temperatura();
        temp.setNumero(70.0);
        temp.setEscala(EscalaTemp.FAHRENHEIT);
        out.printf(format, temp.getNumero();
                           temp.getEscala());
```

(continua)

Listagem 9-3 (*continuação*)

```
        temp = new Temperatura(32.0);
        out.printf(format, temp.getNumero(),
                            temp.getEscala());

        temp = new Temperatura(EscalaTemp.CELSIUS);
        out.printf(format, temp.getNumero(),
                            temp.getEscala());

        temp = new Temperatura(2.73, EscalaTemp.
        KELVIN);
        out.printf(format, temp.getNumero(),
                            temp.getEscala());
    }
}
```

Figura 9-1:
Executando
o código na
Listagem 9-3.

```
1 0 graus FAHRENHEIT
2 32.00 graus FAHRENHEIT
3 0.00 graus CELSIUS
4 2.73 graus KELVIN
```

Na Listagem 9-3, cada declaração do tipo

```
temp = new Temperatura(blá,blá,blá);
```

chama um dos construtores da Listagem 9-2. Então, quando o código na Listagem 9-3 termina a execução, ele cria quatro instâncias da classe `Temperatura`. Cada instância é criada com a chamada de um diferente construtor da Listagem 9-2.

Na Listagem 9-3, a última das quatro chamadas de construtores tem dois parâmetros — `2.73` e `EscalaTemp.KELVIN`. Isso é específico para as chamadas de construtores. Uma chamada de um método ou de um construtor pode ter uma porção de parâmetros. Separamos um parâmetro de outro com uma vírgula. Outro nome para "uma porção de parâmetros" é *lista de parâmetros*.

A única regra que temos que seguir é combinar os parâmetros na chamada com os da declaração. Por exemplo, na Listagem 9-3, a quarta e a última chamada do construtor

```
new Temperatura(2.73, EscalaTemp.KELVIN)
```

tem dois parâmetros — o primeiro do tipo `double` e o segundo do tipo `EscalaTemp`. O Java aprova essa chamada de construtor, pois a Listagem 9-2 contém uma declaração que combina com ela. Isto é, o cabeçalho

```
public Temperatura(double numero, EscalaTemp escala)
```

tem dois parâmetros — o primeiro do tipo `double` e o segundo do tipo `EscalaTemp`. Se a chamada do construtor Temperatura na Listagem 9-3 não tiver uma declaração que combine com a da Listagem 9-2, então a Listagem 9-3 irá pelos ares. Para dizer tudo isso de modo mais educado, o Java mostrará erros quando tentarmos compilar o código na Listagem 9-3.

Aliás, o assunto sobre parâmetros múltiplos não é novo. No Capítulo 6, mostrei a linha `keyboard.findWithinHorizon (".",0).chartAt(0)`. Nela, a chamada do método `findWithinHorizon(".",0)` tem dois parâmetros — uma cadeia de caracteres (string) e um valor `int`. Felizmente, a API Java tem uma declaração de método para `findWithinHorizon` — em que o primeiro parâmetro é uma string e o segundo é um valor `int`.

Chamando new Temperatura (32.0): Estudo de caso

Quando o computador executa uma das declarações de `new Temperatura` na Listagem 9-3, ele tem que decidir qual construtor da Listagem 9-2 vai usar. O computador decide olhando a lista de parâmetros — as coisas entre parênteses depois das palavras `new Temperatura`. Por exemplo, quando ele executa

```
temp = new Temperatura(32.0);
```

da Listagem 9-3, diz para si mesmo: "o número 32,0 entre parênteses é um valor `double`. Um dos construtores `Temperatura` na Listagem 9-2 tem apenas um parâmetro do tipo `double`. Então, o cabeçalho do construtor seria assim:

```
public Temperatura(double numero)
```

Então, acho que executarei as declarações dentro daquele construtor específico. O computador executa as seguintes declarações:

```
this.numero = numero;
escala = EscalaTemp.FAHRENHEIT;
```

Nas duas linhas do código, temos duas declarações que estabelecem valores para os campos `numero` e `escala`. Observe a segunda declaração, que é um pouco mais fácil de entender. Ela estabelece o campo `escala` do novo objeto para a `EscalaTemp.FAHRENHEIT`.

Como trapacear:
Tipos enum e declarações switch

As Listagens 9-2 e 9-3 contêm nomes enormes como `EscalaTemp.FAHRENHEIT` e `EscalaTemp.CELSIUS`. Nomes como `FAHRENHEIT` e `CELSIUS` pertencem ao meu tipo `enum EscalaTemp` (o tipo definido na Listagem 9-1). Esses nomes não têm qualquer significado fora do contexto de `EscalaTemp`. Se pensa que estou sendo egoísta com esse comentário sobre "não ter qualquer significado fora do contexto", tente deletar a parte do `EscalaTemp.` de `EscalaTemp.FAHRENHEIT` na Listagem 9-2. De repente, o Java mostrará uma mensagem dizendo que o código contém um erro.

O Java normalmente é muito minucioso na questão de nomes dos tipos e pontos. Mas quando criaram tipos `enum`, os desenvolvedores do Java decidiram que `enum` e declarações `switch` merecem atenção especial. Podemos usar um valor `enum` para decidir qual `case` executar em uma declaração `switch`. Quando fazemos isso, não usamos o nome do tipo `enum` nas expressões `case`. Por exemplo, o código Java a seguir está correto:

```
EscalaTemp escala = Escala-
   Temp.RANKINE;
char letter;
```

```
switch (escala) {
case CELSIUS:
    letter = 'C';
    break;
case KELVIN:
    letter = 'K';
    break;
case RANKINE:
case RÉAUMUR:
case RØMER:
    letter = 'R';
    break;
default:
    letter = 'X';
    break;
}
```

Na primeira linha do código, escrevemos `EscalaTemp.RANKINE`, pois ela não está dentro da declaração `switch`. Mas nas próximas linhas do código, escrevemos `case CELSIUS`, `case KELVIN` e `case RANKINE` sem a palavra `EscalaTemp`. Na verdade, se criarmos uma cláusula case `EscalaTemp.RANKINE`, o Java reclamará com uma irritante mensagem de erro.

Você verá que a lista de parâmetros do construtor é (`double numero`) e que a lista não inclui um valor `escala`. Então, o programador desse código terá que decidir que valor usar para o campo `escala`. Ele pode escolher `FAHRENHEIT` ou `CELSIUS`, mas também poderia ter escolhido `KELVIN`, `RANKINE` ou qualquer outros dentre os obscuros nomes de escalas mencionados na Listagem 9-1 (o programador desse exemplo mora nos Estados Unidos, onde as pessoas comumente usam a velha escala de temperatura Fahrenheit).

Voltando para a primeira das duas declarações, ela atribui um valor para o campo `numero` do novo objeto. A declaração usa um bom truque que podemos ver em diversos construtores (e em outros métodos que atribuem valores aos campos dos objetos). Para entender o truque, observe a Listagem 9-4. Ela mostra duas maneiras de escrever o mesmo código de construtor.

Listagem 9-4:   Duas Maneiras de Fazer a Mesma Coisa

```
//Use este construtor...

    public Temperatura(double qualquerCoisa) {
        numero = qualquerCoisa;
        escala = EscalaTemp.FAHRENHEIT;
    }

//...ou use este construtor...

    public Temperatura(double numero) {
        this.numero = numero;
        escala = EscalaTemp.FAHRENHEIT;
    }
//... mas não use os dois no seu código.
```

A Listagem 9-4 tem dois construtores. No primeiro, usamos dois nomes diferentes — `numero` e `qualquerCoisa`. No segundo, não precisamos de dois nomes. Ao invés de inventar um novo nome para o parâmetro do construtor, reutilizamos um nome existente escrevendo `this.numero`.

Então, veja o que acontece na Listagem 9-2:

✔ Na declaração `this.numero = numero`, o nome *this.numero* se refere ao campo `numero` do novo objeto — aquele que está declarado quase no início da Listagem 9-2 (veja a Figura 9-2).

✔ Na declaração `this.numero = numero`, a palavra *numero* (sozinha, sem `this`) refere-se ao parâmetro do construtor (veja a Figura 9-2).

De modo geral, `this.algumNome` se refere ao campo que pertence ao objeto que contém o código. Em contrapartida, `algumNome` apenas refere-se ao lugar mais próximo em que `algumNome` é declarado. Na declaração `this.numero = numero` (Listagem 9-2) o lugar mais próximo é a lista de parâmetros do construtor `Temperatura` Java `this`.

Do que se trata tudo isto?

Suponha que seu código contenha um construtor — o primeiro dos dois na Listagem 9-4. O parâmetro `qualquerCoisa` é passado como um número como 32,0, por exemplo. Então, a primeira declaração no corpo do construtor atribui este valor, `32.0`, para o campo `numero` do novo objeto. O código funciona. Mas ao escrevê-lo, temos que inventar um novo nome para um parâmetro — como *qualquerCoisa*. E a única finalidade desse novo nome é entregar um valor para o campo `numero` do objeto. Que desperdício! Para distinguir entre o parâmetro e o campo `numero`, você dá um nome para algo que serve apenas como armazenamento temporário para o valor `numero`.

Inventar esses nomes é uma arte, não ciência. Já passei por diversos tipos de fases de nomes.

Anos atrás, sempre que precisava de um novo nome para um parâmetro, escolhia uma confusa nova grafia para o nome da variável (nomeava um parâmetro como: `numro` ou `numbero`). Também tentei trocar as letras maiúsculas e minúsculas do nome da variável para criar o nome de um parâmetro (usei nomes como `Numero` ou `nUMERO`). No Capítulo 8, denominei todos meus parâmetros adicionando o sufixo *In* aos nomes das variáveis correspondentes (a variável `cargo` fazia par com o parâmetro `cargoIn`). Nenhum desses esquemas de denominação funciona muito bem. Nunca conseguiria me lembrar dos estranhos novos nomes que criava. A boa notícia é que esse trabalho de denominação de parâmetros não é necessário. Você pode dar ao parâmetro o mesmo nome da variável. Para distinguir entre os dois, use a palavra-chave Java `this`.

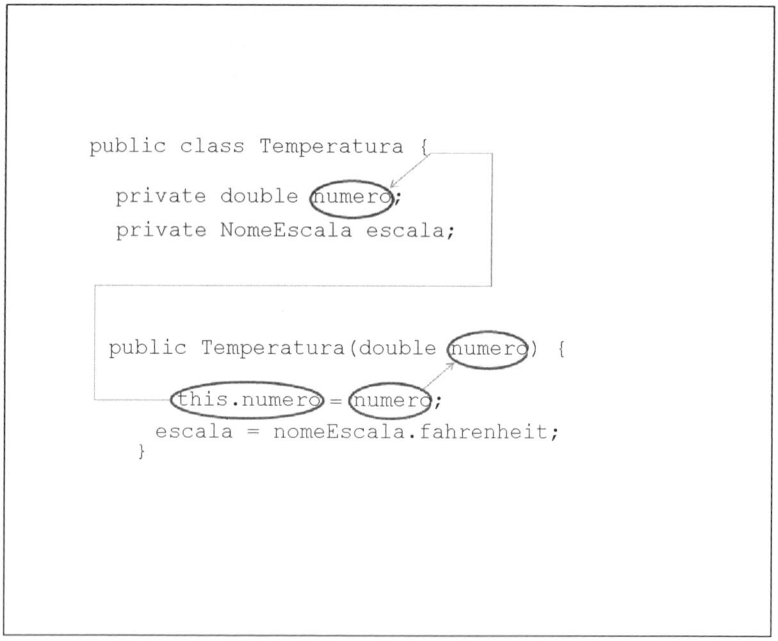

```
public class Temperatura {

    private double numero;
    private NomeEscala escala;


    public Temperatura(double numero) {
        this.numero = numero;
        escala = nomeEscala.fahrenheit;
    }
```

Figura 9-2:
O que this.
numero e
numero
significam.

Algumas coisas nunca mudam

O Capítulo 7 introduz o método `printf` e explica que cada chamada a `printf` começa com uma cadeia de formatação (format string). Ela descreve o modo que os outros parâmetros são mostrados.

Nos exemplos anteriores, a format string é sempre um literal entre aspas. Por exemplo, a primeira chamada `printf` na Listagem 7-7 é

```
out.printf ("$%4.2f\n", meusJuros);
```

Na Listagem 9-3, quebro a tradição e começo a chamada `printf` com uma variável que chamei de *format*.

```
out.printf(format, temp.getNumero(), temp.getEscala());
```

Está tudo certo, desde que minha variável `format` seja do tipo `String`. E, na Listagem 9-3, a primeira declaração de variável é

```
final String format = "%5.2f graus %s\n";
```

Nessa declaração da variável `format`, observe com atenção a palavra `final`. Essa palavra-chave Java indica que o valor de `format` não pode ser mudado. Se adicionarmos outra declaração de atribuição na Listagem 9-3

```
format = "%6.2f (%s)\n";
```

o compilador reclama com uma mensagem: `cannot assign a value to final variable` (não é possível atribuir um valor a uma variável `final`).

Quando escrevi esse código na Listagem 9-3, o uso da palavra-chave `final` não era necessária. Mas ela dá uma certa proteção extra. Quando inicializamos `format` para `"%5.2f graus %s\n"`, pretendemos usar esse mesmo `format`, assim como está, de novo e de novo. Sabemos muito bem que não pretendemos mudar o valor da variável `format`. É claro que em um programa de 10.000 linhas, podemos ficar confusos e tentar atribuir um novo valor para `format` em algum lugar dentro do código. Então, para evitar alterações acidentais na format string, declaramos a variável `format` como sendo final. Isso é apenas a boa e segura prática de programação.

Mais Subclasses (Agindo sobre o Clima)

No Capítulo 8, faço um enorme rebuliço com a noção de subclasses. É assim que deve ser. Subclasses tornam os códigos reutilizáveis, que são os melhores tipos de código. Com isso em mente, é hora de criarmos uma subclasse da classe `Temperatura` (que desenvolvemos no primeiro tópico deste capítulo).

Construindo temperaturas melhores

Depois de examinarmos o código na Listagem 9-3, decidimos que a função de mostrar temperaturas foi seriamente desvirtuada. A Listagem 9-3 tem inúmeras repetições tediosas de linhas para exibir os valores de temperatura. Um programador dos anos 1970 nos diria para juntá-las e transformá-las em um método (eles não usariam a palavra *método,* mas isso não interessa no momento). Juntar linhas em um método é bom, mas com a metodologia da programação orientada a objeto de hoje podemos pensar em termos mais amplos. Por que não fazer com que cada objeto `temperatura` assuma a responsabilidade de se mostrar? Afinal de contas, se desenvolvermos um método `display` (exibir), provavelmente vamos querer compartilhá-lo com outras pessoas que usam temperaturas. Então, colocamos o método dentro da declaração do objeto `temperatura`. Dessa forma, qualquer pessoa que usar o código para temperaturas terá acesso fácil ao nosso método `display`.

Agora repita a ladainha do Capítulo 8. "Blá, blá, blá...não quero modificar o código existente...Blá, blá, blá...é muito dispendioso começar tudo de novo, desde o início...Blá, blá, blá...estender a funcionalidade existente." A tudo isso acrescentamos uma coisa:

Não abuse. Reuse.

Então, decidimos criar uma subclasse da classe `Temperatura` — definida na Listagem 9-2. Essa nova subclasse complementa a funcionalidade da classe `Temperatura` ao conter métodos que exibem os valores de um modo bonito e uniforme. A nova classe, `TemperaturaAgradavel`, é mostrada na Listagem 9-5.

Listagem 9-5:   A Classe TemperaturaAgradavel

```
import static java.lang.System.out;

public class TemperaturaAgradavel extends Temperatura {

    public TemperaturaAgradavel() {
        super();
    }
```

```
public TemperaturaAgradavel(double numero) {
    super(numero);
}
public TemperaturaAgradavel(TempEscala escala) {
    super(escala);
}
public TemperaturaAgradavel(double numero,
        TempEscala escala) {
    super(numero, escala);
}
public void display() {
    out.printf("%5.2f graus %s\n",
                    getNumero(), getEscala());
}
}
```

No método `display` da Listagem 9-5, observe as chamadas para os métodos `getNumero` e `getEscala` da classe `Temperatura`. Por que fazemos isso? Bem, dentro do código da classe `TemperaturaAgradavel`, qualquer referência direta aos campos `numero` e `escala` geraria mensagens de erros. É verdade que cada objeto `TemperaturaAgradavel` tem seus próprios campos `numero` e `escala`. Afinal, `TemperaturaAgradavel` é uma subclasse da classe `Temperatura` e o código para essa classe define os campos `numero` e `escala`. Mas já que os campos são declarados como private dentro dela, somente o código que estiver dentro da classe `Temperatura` pode usá-los diretamente.

Não coloque declarações adicionais dos campos `numero` e `escala` dentro do código da classe `TemperaturaAgradavel`. Se fizer isso, criará inadvertidamente quatro variáveis diferentes (duas chamadas *numero* e duas, *escala*). Você atribuirá valores para um par de variáveis e se surpreenderá quando, ao mostrar o outro par, os valores parecerão ter desaparecido.

Quando um código de objeto contém uma chamada para um de seus próprios métodos, não precisamos introduzir a chamada com um ponto. Por exemplo, na última declaração da Listagem 9-5, o objeto chama seu próprio método com `getNumero()` e `getEscala()`, não com *algumObjeto.* `getNumero()` e *outraCoisa.*`getEscala()`. Se escrever sem usar os pontos o deixa desconfortável, aproveite um outro uso para a palavra-chave `this`. Basta escrever `this.getNumero()` e `this.getEscala()` na última linha da Listagem 9-5.

Construtores para subclasses

A maior novidade na Listagem 9-5 é, de longe, o modo que o código declara os construtores. A classe `TemperaturaAgradavel` tem quatro construtores próprios. Se está pensando sobre a herança da subclasse, deve estar imaginando por que essas declarações de construtores são necessárias. `TemperaturaAgradavel` não herda os construtores da classe `Temperatura`? Não, as subclasses não herdam construtores.

Subclasses não herdam construtores.

É isso mesmo. Elas não herdam construtores. Em um caso atípico, um construtor pode parecer que foi herdado, mas essas estranha situação é mero acaso, não é a regra. Em geral, quando definimos uma subclasse, declaramos novos construtores para ela.

Descrevo o caso atípico (em que o construtor parece ter sido herdado) mais adiante neste capítulo, no tópico "O construtor default (padrão)".

Então, o código na Listagem 9-5 tem quatro construtores. Cada um tem o nome *TemperaturaAgradavel* e tem sua própria, e unicamente identificável, lista de parâmetros. Essa é a parte chata. A interessante é que cada construtor faz uma chamada para algo chamado *super*, que é uma palavra-chave do Java.

Na Listagem 9-5, `super` significa um construtor na classe mãe.

- ✔ A declaração `super()` na Listagem 9-5 chama o construtor sem parâmetros `Temperatura()`, que está na Listagem 9-2. Esse construtor atribui `0.0` ao campo `numero` e `TempEscala.FAHRENHEIT` ao campo `escala`.

- ✔ A declaração `super(numero, escala)`, na Listagem 9-5, chama o construtor `Temperatura(double numero, TempEscala escala)`, que está na Listagem 9-2. Por sua vez, o construtor atribui valores para os campos `numero` e `escala`.

- ✔ De modo semelhante, as declarações `super(numero)` e `super(escala)`, na Listagem 9-5, chamam os construtores da Listagem 9-2.

O computador decide qual construtor da classe `Temperatura` está sendo chamado, olhando a lista de parâmetros depois da palavra *super*. Por exemplo, quando executa

```
super(numero, escala);
```

da Listagem 9-5, ele diz para si mesmo: "os campos `numero` e `escala` entre parênteses têm tipos `double` e `TempEscala`. Mas somente um dos construtores `Temperatura` na Listagem 9-2 tem dois parâmetros com esses tipos. O cabeçalho do construtor é assim:

```
public Temperatura(double numero, TempEscala escala)
```

"Então, acho que executarei as declarações dentro desse construtor específico."

Usando tudo isto

Na Listagem 9-5, definimos o que significa estar na classe `TemperaturaAgradavel`. Agora é hora de darmos um bom uso para ela. A Listagem 9-6 traz um código usando `TemperaturaAgradavel`.

Listagem 9-6:   Usando a Classe TemperaturaAgradavel

```
class UsoTemperaturaAgradavel {

    public static void main(String args[]) {

        TemperaturaAgradavel temp = new
                              TemperaturaAgradavel();
        temp.setNumero(70.0);
        temp.setEscala(TempEscala.FAHRENHEIT);
        temp.display();

        temp = new TemperaturaAgradavel(32.0);
        temp.display();

        temp = new TemperaturaAgradavel
                              (TempEscala.CELSIUS);
        temp.display();

        temp= new TemperaturaAgradavel(2.73,
                              TempEscala.KELVIN);
        temp.display();
    }
}
```

O código na Listagem 9-6 é muito parecido com seu primo, na Listagem 9-3. As grandes diferenças são as seguintes:

- ✔ A Listagem 9-6 cria instâncias da classe `TemperaturaAgradavel`. Isto é, a Listagem 9-6 chama os construtores da classe `TemperaturaAgradavel` e não a classe `Temperatura`.

- ✔ A Listagem 9-6 aproveita o método `display` na classe `TemperaturaAgradavel`. Então, o código na Listagem 9-6 é muito mais organizado que seu sósia na Listagem 9-3.

A execução da Listagem 9-6 parece idêntica àquela do código na Listagem 9-3 — só que chega ao final de modo mais elegante (a execução foi mostrada anteriormente, na Figura 9-1).

O construtor default (padrão)

A mensagem principal do tópico anterior é que subclasses não herdam construtores. Então, o que acontece em todas as listagens do Capítulo 8? Na Listagem 8-6, uma declaração diz

```
EmpregadosPeriodoIntegral piEmpregados = new
                          EmpregadosPeriodo Integral();
```

É aí que está o problema: o código definindo `EmpregadoPeriodoIntegral` (Listagem 8-3) não parece ter qualquer construtor declarado nele. Então, na Listagem 8-6, como podemos chamar o construtor `EmpregadoPeriodoIntegral`?

Veja o que acontece. Quando criamos uma subclasse e não colocamos uma declaração de construtor explícita no código, o Java cria um para nós. Ele é chamado *construtor default*. Se criarmos a subclasse `public EmpregadoPeriodoIntegral`, o construtor default será como aquele da Listagem 9-7.

Listagem 9-7:   Um Construtor Default

```
public EmpregadoPeriodoIntegral() {
    super();
}
```

O construtor na Listagem 9-7 não tem parâmetros e sua declaração chama o construtor de qualquer classe que estejamos estendendo (ai de você se a classe que estiver estendendo não tiver um construtor sem parâmetros).

Acabamos de ler sobre os construtores default, mas cuidado! Preste atenção naquilo que *não foi dito* sobre eles. Não falamos que sempre teremos um construtor default. Na verdade, se criarmos uma subclasse e definirmos um construtor qualquer, o Java não adiciona um construtor default para a subclasse (e a subclasse também não herda construtores).

Então, como isso pode fazer você errar? A Listagem 9-8 tem uma cópia da Listagem 8-3, mas com um construtor a mais. Veja esta versão modificada do código `EmpregadoPeriodoIntegral`.

Listagem 9-8:   Veja, Tenho um Construtor!

```
public class EmpregadoPeriodoIntegral extends Empregado {
    private double salarioSemanal;
    private double deducaoBeneficios;

    public EmpregadosPeriodoIntegral(double
                               salarioSemanal) {
        this.salarioSemanal = salarioSemanal;
    }
```

```
public void setSalarioSemanal
                        (double salarioSemanalIn) {
    salarioSemanal = salarioSemanalIn;
}

public double getSalarioSemanal() {
    return salarioSemanal;
}

public void setDeducaoBeneficios
                            (double benefDedIn) {
    deducaoBeneficio = benefDedIn;
}

public double getDeducaoBeneficios() {
    return deducaoBeneficios;
}

public double calcValorPagamento() {
    return salarioSemanal - deducaoBeneficios;

}
}
```

Se usarmos o código `EmpregadosPeriodoIntegral` na Listagem 9-8, uma linha como a que aparece a seguir não funciona:

```
EmpregadoPeriodoIntegral piEmpregado = new
                        EmpregadoPeriodoIntegral();
```

Ela não funciona porque tendo declarado um construtor `EmpregadoPeriodoIntegral`, que contém um parâmetro `double`, não recebemos mais um construtor default sem parâmetros de graça.

Então, o que fazer? Se declararmos um construtor, temos que declarar todos os outros de que iremos precisar. Então, pegamos o construtor da Listagem 9-7 e o adicionamos ao código na Listagem 9-8. Assim, a chamada `new EmpregadoPeriodoIntegral()` começa a funcionar novamente.

Sob determinadas circunstâncias, o Java automaticamente adiciona uma chamada invisível para o construtor da classe mãe no topo do corpo de um construtor. Essa adição automática de uma chamada `super` é uma coisa complicada que não aparece sempre, então, quando ela aparecer, será um belo mistério. Para saber mais, veja o site deste livro (conteúdo em inglês).

Um Construtor que Vai Além

Esta é uma citação de um trecho lá do início deste capítulo: "e se quisermos fazer mais do que preencher campos? Talvez, quando o computador criar um novo objeto, possamos ter uma lista completa de tarefas para que ele execute". Certo, mas e se isso acontecesse?

O exemplo deste tópico tem um construtor que faz mais do que apenas atribuir valores aos campos. O exemplo está nas Listagens 9-9 e 9-10. O resultado da execução desse código é mostrado na Figura 9-3.

Listagem 9-9: Definindo um Frame

```java
import java.awet.FlowLayout;
import javax.swing.JFrame;
import javax.swing.JButton;

@SupressWarnings("serial")
public class SimpleFrame extends JFrame {

    public SimpleFrame() {
        setTitle("Não clique no botão!");
        setLayout(new FlowLayout());
        setDefaultCloseOperation(EXIT _ ON _ CLOSE);
        add(new JButton("Panic"));
        setSize(300,100);
        setVisible(true);
    }
}
```

Listagem 9-10: Mostrando um Frame

```java
class MostrarFrame {

    public static void main(String args[]) {
        new SimpleFrame();
    }
}
```

Figura 9-3:
Não entre
em pânico.

O código na Listagem 9-9 é composto em sua maioria de chamadas para os métodos da API (Interface de Programação de Aplicativos) Java. Isso significa que o código contém muitos nomes que não lhe são familiares. Quando estava conhecendo o Java, acreditava tolamente que saber Java significava saber todos esses nomes. Muito pelo contrário: esses nomes são apenas bagagem adicional. O verdadeiro Java é o modo como a linguagem implementa os conceitos de orientação a objetos.

Pacotes e declarações import

O Java tem uma capacidade que nos permite agrupar classes. Cada grupo é chamado de *package (pacote)*. No mundo do Java, os programadores têm o hábito de denominar esses pacotes com longos nomes, cheios de pontos. Por exemplo, registrei o nome de domínio *allmycode.com*, então, posso chamar um pacote de `com.allmycode.utils.textUtils`. A API Java é na verdade uma grande coleção de pacotes. A API tem pacotes com nomes como `java.lang`, `java.util`, `java.awt`, `javax.swing` e assim por diante.

Com essa informação, podemos esclarecer algumas confusões sobre as declarações `import`. Qualquer delas que não use a palavra `static` deve começar com o nome do pacote e deve terminar de uma das seguintes formas:

- ✔ O nome de uma classe dentro daquele pacote
- ✔ Um asterisco (indicando todas as classes dentro do pacote)

Por exemplo, a declaração

```
import java.util.Scanner;
```

é válida, pois `java.util` é o nome de um pacote na API Java e `Scanner` é o nome da classe no pacote `java.util`. O nome `java.util.Scanner` é um *nome completo qualificado* da classe `Scanner`. Esses nomes incluem o nome do pacote em que a classe é definida (você pode encontrar tudo sobre `java.util` e `Scanner` lendo a documentação da API Java. Para dicas sobre a leitura da documentação, veja o Capítulo 3 e o site deste livro).

Vejamos outro exemplo. A declaração

```
import javax.swing.*;
```

é válida porque `javax.swing` é o nome de um pacote na API Java e o asterisco se refere a todas as classes no pacote `javax.swing`. Com essa declaração `import` no topo do código Java, podemos usar nomes abreviados para as classes no pacote `javax.swing` — como `JFrame`, `JButton`, `JMenuBar`, `JCheckBox` e muitos outros.

Vejamos este outro exemplo. Uma linha como

```
import javax.*; //Errado!!
```

não é uma declaração `import` válida. A API Java não possui um pacote chamado apenas `javax`. Você poderia pensar que essa linha lhe permitiria abreviar todos os nomes que começam com `javax` (como `javax.swing.JFrame` e `javax.sound.midi`), mas não é assim que a declaração `import` funciona. Já que `javax` não é o nome de um pacote, a linha `import javax.*` só irrita o compilador Java.

De qualquer modo, o método main da Listagem 9-10 tem apenas uma declaração: uma chamada para o construtor na classe `SimpleFrame`. Observe como o objeto criado por essa chamada não é nem mesmo atribuído a uma variável. Não tem problema, pois o código não precisa se referir ao objeto em nenhum lugar.

Na classe `SimpleFrame` há apenas uma declaração de construtor. Ao invés de determinar valores para as variáveis, esse construtor chama vários métodos da API Java.

Todos os métodos chamados no construtor da classe `SimpleFrame` vêm da classe mãe, `JFrame`. Ela está no pacote `javax.swing`. Este e outro pacote, o `java.awt`, têm classes que ajudam a inserir janelas, imagens, desenhos e outras geringonças na tela de um computador (no pacote `java.awt`, as letras *awt* significam *abstract windowing toolkit* — ou ferramentas de construção de janela, em português).

Para uma fofoquinha básica sobre a noção de um pacote Java, veja o box cinza chamado "Pacotes e declarações import" neste capítulo. Para muita fofoca, veja o Capítulo 13.

Na API Java, o que as pessoas normalmente chamam de *janela* é uma instância da classe `javax.swing.JFrame`.

Classes e métodos da API Java

Olhando a Figura 9-3, você provavelmente será capaz de perceber que uma instância da classe `SimpleFrame` não faz muita coisa. O frame (janela ou quadro) tem apenas um botão e quando clicamos nele, nada acontece. Construí o frame dessa maneira para evitar que o exemplo ficasse muito complicado. Mesmo assim, o código na Listagem 9-9 usa diversas classes e métodos API. Os métodos `setTitle`, `setLayout`, `setDefaultCloseOperation`, `add`, `setSize` e `setVisible` pertencem à classe `javax.swing.JFrame`. Observe a seguinte lista de nomes usados no código:

- ✔ `setTitle`: insere palavras na barra do título do frame (o novo objeto `SimpleFrame` está chamando seu próprio método `setTitle`).

- ✔ `FlowLayout`: uma instância da classe `FlowLayout` posiciona objetos de forma central e em estilo máquina de escrever. Já que o frame na Figura 9-3 tem apenas um botão, ele aparece centralizado próximo ao topo do frame. Se ele tivesse oito botões, cinco poderiam ser alinhados em uma fileira no topo do frame e os três remanescentes seriam centralizados na segunda fileira.

- ✔ `SetLayout`: encarrega o novo objeto `FlowLayout` de organizar os componentes, como botões, no frame (o novo objeto `SimpleFrame` está chamando seu próprio método `setLayout`).

- ✔ `SetDefaultCloseOperation`: diz ao Java o que fazer quando clicamos no pequeno × no canto direito do frame. Sem a chamada deste método, o próprio frame desaparece, mas a máquina virtual Java (JVM) continua rodando. Se usarmos Eclipse, teremos que parar a JVM clicando no quadrado vermelho perto do topo do visor do Console (veja a Figura 9-4).

Figura 9-4:
Dizendo ao
Eclipse para
encerrar a
execução de
um programa
Java.

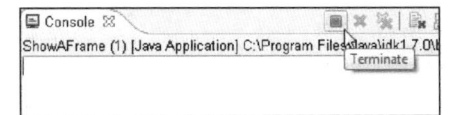

A chamada `setDefaultCloseOperation(EXIT_ON_CLOSE)` diz ao Java para fechar a janela quando clicamos no x no canto superior direito do frame. As alternativas para `EXIT_ON_CLOSE` são `HIDE_ON_CLOSE`, `DISPOSE_ON_CLOSE` e o meu favorito, `DO_NOTHING_ON_CLOSE`.

✔ `JButton`: está no pacote `javax.swing`. Um dos construtores da classe pega uma instância `String` (como "Pânico") como parâmetro. Chamar este construtor torna a instância `String` um rótulo na superfície do novo botão.

✔ `add`: o novo objeto `SimpleFrame` chama seu método `add`. Isso coloca o botão na superfície do objeto (neste caso, a superfície do frame).

✔ `setSize`: o frame é dimensionado com 300 pixels de largura e 100 de altura (no pacote `javax.swing`, sempre que especificamos dois números de dimensão, a largura sempre aparece antes que a altura).

✔ `setVisible`: quando é criado, o novo frame é invisível. Mas quando `setVisible(true)` é chamado, ele aparece na tela do computador.

A anotação SuppressWarnings

O Capítulo 8 apresenta a anotação — o código extra que fornece informação útil sobre a natureza do seu programa. Em especial, o Capítulo 8 descreve a anotação `Override`.

Neste capítulo, a Listagem 9-9 traz outro tipo de anotação: a `SuppressWarnings`. Quando usamos essa anotação, dizemos ao Java para não nos lembrar de que o programa contém certos códigos questionáveis. Na Listagem 9-9, a linha `@SuppressWarnings("serial")` diz ao Java para não nos avisar sobre a omissão de algo chamado campo `serialVersionUID`. Em outras palavras, a anotação `SuppressWarnings` diz ao Java para não mostrar avisos, como o que aparece na Figura 9-5.

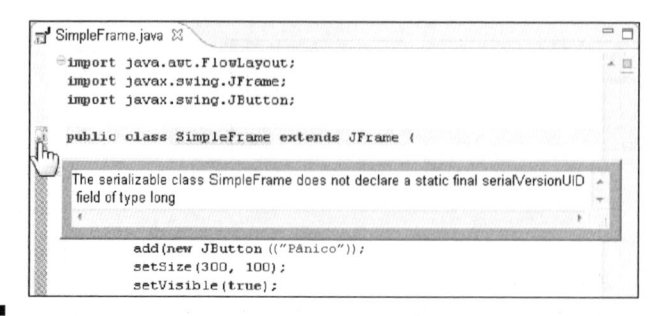

Figura 9-5:
Sem uma
anotação
Suppress
Warnings,
o Java nos
avisa sobre a
ausência do
campo serial
VersionUID.

"E o que é um campo `serialVersionUID`?", você está se perguntando. É algo que tem a ver com a extensão da classe `JFrame` — algo sem importância. Não ter um campo `serialVersionUID` gera um aviso, não um erro. Então, viva perigosamente! Apenas omita o aviso (com a anotação na Listagem 9-9) e não se preocupe com ele.

Parte IV

Técnicas Java Avançadas

A 5ª Onda   por Rich Tennant

"Nós Viemos limpar o código."

Parte IV

Técnicas Java Avançadas

Nesta parte...

*E*ste é o lugar onde começo a compartilhar alguns grandes conceitos Java. Esta parte do livro descreve algumas coisas complexas, os detalhes, as regras especiais e as exceções não tão especiais. Como de costume, não se intimide. Daremos um passo de cada vez e explicarei tudo de modo leve, interessante e suportável.

Capítulo 10

Colocando Variáveis e Métodos em Seus Devidos Lugares

Neste Capítulo

▶ Fazendo algo pertencer a uma classe inteira

▶ Inserindo variáveis dentro e fora de métodos

▶ Aperfeiçoando sua média de rebatimento

Oi, de novo! Você está ouvindo a rádio WWW e sou seu anfitrião, Sam Burd. Está começando a grande temporada de beisebol e hoje a WWW traz para você a cobertura completa do jogo dos Hankees versus Socks. Neste momento, estamos esperando notícias sobre o placar final do jogo.

Lembre-se de que nesta tarde, os Socks pareciam estar dando uma lavada nos Hankees. Até que os Hankees começaram a rebater bola atrás de bola, fazendo com que os Socks corressem atrás do prejuízo. Esses Socks! Estou feliz por não estar no lugar deles.

De qualquer forma, durante o jogo os Socks conseguiram se recuperar. Agora os times estão empatados. Teremos o resultado em alguns minutos, mas, primeiro, alguns lembretes. Continuem sintonizados após esta transmissão, para o grande jogo dos Jersey. E não se esqueçam do jogo da próxima semana em que o Cleveland Gows joga contra o Bermuda Shorts.

Vamos lá, já temos o placar final. Qual time está com a vantagem? Qual venceu? E o vencedor é... ah, não! Temos um empate.

Definindo uma Classe (O que Significa Ser um Jogador de Basebol)

Até onde sei, um jogador de basebol tem um nome e uma média de rebatimento. A Listagem 10-1 coloca minhas impressões em forma de programa Java.

Listagem 10-1:   A Classe Jogador

```java
import java.text.DecimalFormat;

public class Jogador {
    private String nome;
    private double media;
    public Jogador(String nome, double media) {
        this.nome=nome;
        this.media=media;
    }
    public String getNome() {
        return nome;
    }

    public double getMedia() {
        return media;
    }

    public String getMediaString() {
        DecimalFormat decFormat = new DecimalFormat();
        decFormat.setMaximumIntegerDigits(0);
        decFormat.setMaximumFractionDigits(3);
        decFormat.setMinimumFractionDigits(3);
        return decFormat.format(media);
    }
}
```

Lá vou eu esmiuçar o código na Listagem 10-1. Felizmente, os capítulos anteriores trataram de muitas coisas desse código. Ele define o que significa ser uma instância da classe Jogador. Vejamos o que há no código:

✔ **Declarações dos campos nome e media.** Para ler um pouco sobre declarações de campo, veja o Capítulo 7.

✔ **Um construtor para criar novas instâncias da classe Jogador.** Para mais detalhes sobre construtores, veja o Capítulo 9.

✔ **Métodos getter para os campos nome e media.** Para uma conversinha sobre métodos de acesso (ou seja, os métodos setter e getter), veja o Capítulo 7.

✔ **Um método que retorna a média do jogador no formato String.** Para mais informações sobre métodos, veja o Capítulo 7 (este capítulo está bem interessante, não é mesmo?).

Outra maneira de embelezar os números

O método getMediaString na Listagem 10-1 pega o valor do campo media (a média de rebatimento do jogador), converte este valor (normalmente do tipo `double`) em `String` e envia esse valor diretamente de volta para o chamador do método. O uso de `DecimalFormat`, que vem da API (Interface de Programação de Aplicativos) Java, assegura que o valor `String` se pareça com a média de rebatimento de um jogador de basebol. De acordo com as chamadas de métodos `decFormat.setMaximum...` e `decFormat.setMinimum...`, o valor `String` não tem dígitos à esquerda do ponto decimal e tem exatamente três dígitos à direita do ponto decimal.

A classe Java `DecimalFormat` é muito útil. Por exemplo, para mostrar os valores `345` e `-345` em um formato fácil de ser contabilizado, podemos usar o seguinte código:

```
DecimalFormat decFormat = new DecimalFormat();
decFormat.setMinimumFractionDigits(2);
decFormat.setNegativePrefix("(");
decFormat.setNegativeSuffix(")");
System.out.println(decFormat.format(345));
System.out.println(decFormat.format(-345));
```

Nesse pequeno exemplo de format string, tudo antes do ponto e vírgula determina o modo de exibição dos números positivos e tudo depois do ponto e vírgula determina o modo de exibição dos números negativos. Então, com esse formato, os números `345` e `-345` aparecem da seguinte forma:

```
345.00
(345.00)
```

Para descobrir alguns truques com números, visite a página `DecimalFormat` da documentação da API Java (conteúdo em inglês).

Usando a classe Jogador

As Listagens 10-2 e 10-3 trazem códigos que usam a classe `Jogador` — definida anteriormente na Listagem 10-1.

Listagem 10-2:   Usando a Classe Jogador

```
import java.util.Scanner;
import java.io.File;
import java.io.IOException;
import javax.swing.JFrame;
import javax.swing.JLabel;
import java.awt.GridLayout;

@SuppressWarnings("serial")
public class FrameTime extends JFrame {
```

(continua)

Listagem 10-2: *(continuação)*

```java
    public FrameTime() throws IOException {
        Jogador jogador;
        Scanner keyboard =
                    new Scanner(new File("Hankees.txt"));

        for (int num = 1; num <= 9; num++) {
            jogador = new Jogador(keyboard.nextLine(),
                            keyboard.nextDouble());
            keyboard.nextLine();

            addJogadorInfo(jogador);
        }
        setTitle("Os Hankees");
        setLayout(new GridLayout(9, 2, 20, 3));
        setDefaultCloseOperation(EXIT _ ON _ CLOSE);
        pack();
        setVisible(true);
    }
    void addJogadorInfo(Jogador jogador) {
        add(new JLabel(" " + jogador.getNome()));
        add(new JLabel(jogador.getMediaString()));
    }
}
```

Listagem 10-3: **Mostrando um Frame**

```java
import java.io.IOException;

class MostrarFrameTime {

    public static void main(String args[])
                            throws IOException {
        new FrameTime();
    }
}
```

Para a execução do código nas Listagens 10-1, 10-2 e 10-3, veja a Figura 10-1.

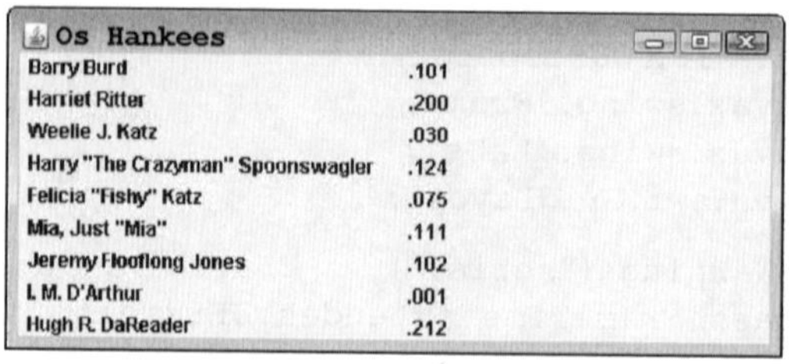

Figura 10-1:
Você
apostaria
nestes
jogadores?

Os Hankees	
Barry Burd	.101
Harriet Ritter	.200
Weelie J. Katz	.030
Harry "The Crazyman" Spoonswagler	.124
Felicia "Fishy" Katz	.075
Mia, Just "Mia"	.111
Jeremy Flooflong Jones	.102
L M. D'Arthur	.001
Hugh R. DaReader	.212

Para executar este programa, você precisará do arquivo `Hankees.txt`. Ele contém os dados sobre seus jogadores de basebol favoritos (veja a Figura 10-2).

```
Barry Burd
.101
Harriet Ritter
.200
Weelie J. Katz
.030
Harry "The Crazyman" Spoonswagler
.124
Felicia "Fishy" Katz
.075
Mia, Just "Mia"
.111
Jeremy Flooflong Jones
.102
I. M. D'Arthur
.001
Hugh R. DaReader
.212
```

Figura 10-2:
Que time!

O arquivo `Hankees.txt` deve estar em um lugar determinado de seu disco rígido. Se estiver usando Eclipse, esse "lugar determinado" é um diretório de projeto dentro da área de trabalho Eclipse. Por outro lado, se estiver executando Java em uma linha de comando, esse "lugar determinado" pode ser o diretório que contém o código na Listagem 10-3. De um jeito ou de outro, o arquivo `Hankees.txt` deve estar em algum lugar em seu disco rígido. Se ele não estiver no lugar certo, quando tentar executar o exemplo deste tópico, você receberá uma desagradável mensagem `FileNotFoudException` (exceção de arquivo não encontrado).

Onde e como devemos colocar o arquivo `Hankees.txt` depende de muitas coisas em seu computador. Para saber mais sobre tudo isso, visite o site deste livro (conteúdo em inglês).

Para que o código deste tópico funcione corretamente, devemos ter uma quebra de linha (line break) depois do último `.212` na Figura 10-2. Para mais informações sobre quebras de linha, veja o Capítulo 8.

Nove, conte, nove vezes

O código na Listagem 10-2 chama o construtor `Jogador` nove vezes. Isso significa que o código cria nove instâncias da classe `Jogador`. Na primeira vez do loop, o código cria uma instância com o nome `Barry Burd`. Na segunda vez, o código abandona a instância `Barry Burd` e cria outra chamada `Harriet Ritter`. Na terceira, o código abandona o pobre `Harriet Ritter` e cria outra para `Weelie J. Katz`. O código tem apenas uma instância de cada vez, mas, ao todo, cria nove instâncias.

Cada instância `Jogador` tem seu próprio campo `nome` e `media`. E tem também seu próprio construtor `Jogador` e seus próprios métodos `getNome`, getMedia e getMediaString. Observe a Figura 10-3 e pense na classe Jogador como tendo nove "encarnações".

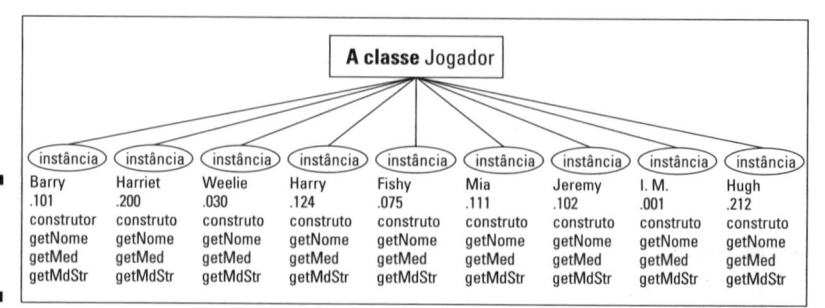

Figura 10-3:
Uma classe e
seus objetos.

Não me venha com esse GUI

O código na Listagem 10-2 usa muitos nomes da API Java. Alguns deles são explicados no Capítulo 9. Outros, explico a seguir:

- **JLabel:** é um objeto que exibe texto. Um dos modos de mostrar esse texto dentro do frame é adicionar uma instância da classe JLabel nele.

  Na Listagem 10-2, o método addJogadorInfo é chamado nove vezes, uma para cada jogador do time. Cada vez que é chamado, o método adiciona dois novos objetos JLabel ao frame. O texto para cada um desses objetos vem de um método getter do objeto jogador.

- **GridLayout:** organiza as coisas em colunas e linhas uniformes. O construtor da classe GridLayout tem dois parâmetros — o número de linhas e o de colunas.

  Na Listagem 10-2, a chamada para o construtor GridLayout pega os parâmetros (9, 2, 20, 3). Então, na Figura 10-1, o visor contém nove linhas (uma para cada jogador) e duas colunas (uma para o nome e outra para a média). A distância horizontal entre as duas colunas é de 20 pixels de largura e a vertical entre duas linhas é de 3 pixels de altura.

- **pack:** quando empacotamos um frame, determinamos o tamanho que ele terá quando aparecer na tela do computador. Empacotar um frame faz com que ele encolha ao embalar qualquer objeto que adicionamos dentro dele.

  Na Listagem 10-2, quando chegarmos na chamada para pack, já chamamos addJogadorInfo nove vezes e adicionamos 18 rótulos (labels) ao frame. Na execução do método pack, o computador seleciona um tamanho para cada rotúlo conforme o texto que colocamos dentro dele. Então, ele escolhe um tamanho adequado para o frame todo, considerando que tem 18 rotúlos dentro dele.

Quando colocamos coisas dentro de um frame, temos um pequeno desvio na ordem em que fazemos as coisas. Por exemplo, podemos estabelecer o layout antes ou depois de adicionarmos rótulos ou outras coisas no frame. Se chamarmos `setLayout` e, então, adicionarmos rótulos, estes aparecerão em posições ordenadas dentro do frame. Se invertermos essa ordem (adicionarmos rótulos e então chamarmos `setLayout`), a chamada de `setLayout` rearranja os rótulos de forma ordenada. Funciona de um jeito ou de outro.

Quando montamos um frame, não devemos violar a seguinte sequência:

```
Adicionar coisas no frame, então
pack();
setVisible(true);
```

Se chamarmos `pack` e depois adicionarmos mais coisas ao frame, o método `pack` não considera essas adições. Se chamarmos `setVisible` antes de adicionarmos coisas ou chamarmos o `pack`, o usuário visualiza o frame como se estivesse sendo construído. Finalmente, se esquecermos de determinar o tamanho do frame (chamando `pack` ou outro método de dimensionamento), o frame se parecerá com o da Figura 10-4 (normalmente, não mostro execuções anormais com esta, mas cometi este erro tantas vezes que sinto que este frame já é um velho amigo).

Figura 10-4:
Um frame
desnutrido.

Jogando uma exceção de método para método

O Capítulo 8 apresenta entradas a partir de um arquivo de disco e juntamente com esse tópico surge a noção de exceção. Quando trabalhamos com arquivos em disco, precisamos ter em mente a possibilidade de originarmos uma `IOException`. Esta é a lição do Capítulo 8 e é por isso que o construtor na Listagem 10-2 tem uma cláusula `throws IOException`.

Mas e quanto ao método `main` na Listagem 10-3? Sem qualquer referência aparente para os arquivos de disco nesse método `main`, por que ele precisa de sua própria cláusula `IOException`? Bem, uma exceção é como uma batata quente. Quando estamos com uma nas mãos, temos que comer (como vemos no Capítulo 12) ou usar uma cláusula `throws` para jogá-la para alguém. Se jogarmos uma exceção usando uma cláusula `throws`, outra pessoa ficará com a batata quente nas mãos.

O construtor na Listagem 10-2 lança uma `IOException`, mas para quem? Quem nessa cadeia de código ficará encarregado de lidar com a problemática `IOException`? Ora, quem chamou o construtor na Listagem 10-2? Foi o método `main` na Listagem 10-3 — que chamou o construtor `FrameTime`. Já que este lançou sua batata quente para o método `main` na Listagem 10-3, é ele quem vai ter que lidar com ela. Como demonstrado na Listagem 10-3, o método `main` lida com isso lançando a `IOException` novamente (tendo uma cláusula `throws IOException` própria). É assim que a cláusula `throws` funciona na programação Java.

Se um método chama outro e o método chamado tem uma cláusula `throws`, o método que chama deve conter o código que lida com essa exceção. Para descobrir mais sobre como lidar com as exceções, veja o Capítulo 12.

Neste ponto do livro, o astuto leitor da série *Para Leigos* pode ter algumas dúvidas. "Quando um método `main` tem uma cláusula `throws`, alguém tem que lidar com a exceção naquela cláusula `throws`. Mas quem chamou o método `main`? Quem tem que lidar com a `IOException` na cláusula `throws` da Listagem 10-3?" A máquina virtual Java (ou JVM, aquilo que executa todos os códigos Java) foi quem chamou o método `main`. Então, a JVM é quem cuida da `IOException` na Listagem 10-3. Se o programa tiver problemas para ler o arquivo `Hankees.txt`, a responsabilidade final recai sobre a JVM. Ela cuida disso mostrando uma mensagem de erro e, então, encerra a execução do programa. Que conveniente!

Criando Static (Encontrando a Média do Time)

Depois de refletir sobre o código nas Listagens 10-1 a 10-3, você decide que quer descobrir a média geral de rebatimento do time. Não é uma ideia má! Os Hankees, na Figura 10-1, têm uma média de cerca de .106, então, o time precisa de um bom treinamento intensivo. Enquanto os jogadores estão treinando no campo, você tem uma questão filosófica para superar.

Nas Listagens 10-1 a 10-3, temos três classes: uma `Jogador` e duas outras que ajudam a mostrar os dados da classe `Jogador`. Então, nessa confusão de classes, onde colocamos as variáveis que armazenam o registro da média geral do time?

✔ Não faz sentido colocar variáveis de registro em qualquer das classes display (`FrameTime` e `MostrarFrameTime`). Afinal, o registro tem a ver com jogadores, times e beisebol. As classes de exibição (display) são para criação de janelas e não para jogos de beisebol.

✔ Ficamos desconfortáveis em colocar a média geral do time em uma instância da classe `Jogador`, pois elas representam apenas um jogador do time. Que sentido faz termos um único jogador armazenando os dados gerais do time? É lógico que podemos fazer o código funcionar, mas não seria uma solução elegante para o problema.

É então que descobrimos a palavra-chave `static`. Tudo que é declarado como sendo `static` pertence à classe inteira e não a uma instância em particular. Quando criamos o campo `static`, `totalDeMedias`, criamos apenas uma cópia dele. Essa cópia fica com a classe `Jogador` inteira. Não importa quantas instâncias da classe `Jogador` criemos — uma, nove ou nenhuma —, teremos apenas um campo `totalDeMedias`. E, enquanto isso, criamos outros campos `static` (`jogadorCont` e `decFormat`) e métodos `static` (`calcMediaTime` e `calcMediaTimeString`). Para mais detalhes, observe a Figura 10-5.

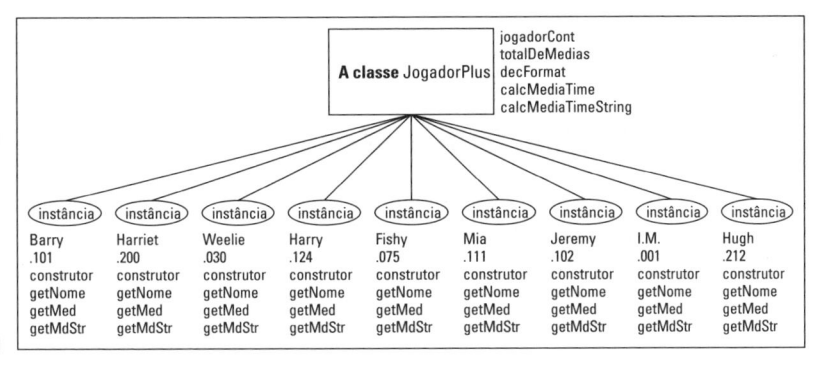

Figura 10-5: Alguns campos e métodos static e não static.

Continuando com nossa paixão pelas subclasses, colocamos o código para os registros do time em uma subclasse da classe `Jogador`. O código é mostrado na Listagem 10-4.

Listagem 10-4: Criando uma Média de Rebatimento do Time

```java
import java.text.DecimalFormat;

public class JogadorPlus extends Jogador {

    private static int jogadorCont = 0;
    private static double totalDeMedias = .000;
    private static DecimalFormat decFormat =
                                    new DecimalFormat();

    static {
        decFormat.setMaximumIntegerDigits(0);
        decFormat.setMaximumFractionDigits(3);
        decFormat.setMinimumFractionDigits(3);
    }
    public JogadorPlus(String nome, double media) {
        super(nome, media);
        jogadorCont++;
        totalDeMedias += media;
    }
    public static double calcMediaTime() {
        return totalDeMedias / jogadorCont;
    }
    public static String calcMediaTimeString() {
        return decFormat.format
                    (totalDeMedias / jogadorCont);
    }
}
```

Por que tanta static?

Talvez você já tenha notado — o código na Listagem 10-4 está repleto da palavra *static*. Isto é porque quase tudo nele pertence à classe JogadorPlus inteira e não apenas às instâncias individuais da classe. Isso é bom, pois algo como jogadorCont (o número de jogadores no time) não deve pertencer aos jogares individuais e fazer com que cada objeto JogadorPlus contabilize sua quantidade, não faz sentido algum ("sei quantos jogadores eu sou, sou apenas um!"). Se temos nove campos jogadorCont individuais, ou cada campo armazena o número 1 (o que não tem utilidade) ou teremos nove cópias diferentes da contagem, o que é dispendioso e passível de erros. Então, ao tornar jogadorCont static, ele ficará em apenas um lugar, onde deve.

O mesmo tipo de raciocínio se aplica a totalDeMedias. Eventualmente, esse campo armazenará a soma das médias de rebatimento dos jogadores. Para todos os nove membros do Hankees, o valor totaliza .956. É só quando chamamos o método calcMediaTime ou calcMediaTimeString que o computador, finalmente, calcula a média total de rebatimento do time dos Hankees.

Também, queremos que os métodos `calcMediaTime` e
`calcMediaTimeString` sejam static. Sem a palavra *static*, haveria
nove métodos `calcMediaTime` — um para cada instância da classe
`JogadorPlus`. Isso não faria muito sentido. Cada instância teria o código
para calcular `totalDeMedias`/`jogadorCont` por conta própria e cada um
dos nove cálculos resultaria na mesma resposta.

Em geral, qualquer tarefa que seja comum a todas as instâncias (e que
implique no mesmo resultado para cada instância) deve ser codificada
como um método `static`.

Construtores nunca são static.

Conhecendo o inicializador static

Na Listagem 10-4, o campo `decFormat` é static. Isso faz sentido, pois é ele
quem faz `totalDeMedias / jogadorCont` aparecer em um formato
bonito, e esses dois campos são, também, static. De um modo mais direto,
o código precisa apenas de uma coisa para formatar números. Se tivermos
vários números para formatar, um único `decFormat` que pertença à classe
inteira pode formatar todos eles. Criar um `decFormat` para cada jogador
não é apenas deselegante, mas, também, desperdício.

Mas declarar `decFormat` como sendo static traz um pequeno problema.
Para formular a formatação, temos que chamar métodos como `decFormat`.
`setMaximumIntegerDigits(0)`. E não podemos simplesmente jogar
essas chamadas de método em qualquer lugar na classe `JogadorPlus`. Por
exemplo, o seguinte código é ruim, inválido, ilegal, além de não se parecer
em nada com Java:

```
// ESTE É UM CÓDIGO RUIM:
public class JogadorPlus extends Jogador {
    private static DecimalFormat decFormat =
                        new DecimalFormat();

    decFormat.setMaximumIntegerDigits(0);    // Ruim!
    DecFormat.setMaximumFractionDigits(3);   // Ruim!
    DecFormat.setMinimumFractionDigits(3);   // Ruim!
```

Observe os exemplos dos capítulos anteriores. Neles, nunca deixo uma chamada
de método isolada, da forma como deixei no código defeituoso acima. Neste
capítulo, na Listagem 10-1, não chamamos `setMaximumIntegerDigits`
sem antes colocarmos a chamada do método dentro do corpo do método
`getMediaString`. Esse negócio de não deixar os métodos isolados não
é acidental. As regras do Java restringem os lugares do código em que
podemos emitir as chamadas para os métodos e colocar um deles sozinho
dentro de uma definição de classe é proibido!

Então, na Listagem 10-4, onde podemos colocar as chamadas `setMax` e `setMin`? Dentro do corpo do método `calcMediaTimeString`, da mesma forma que fizemos no método `getMediaString` na Listagem 10-1. Mas colocar essas chamadas de método dentro do corpo de método `calcMediaTimeString` pode destruir a finalidade de ter `decFormat` definido como static. Afinal, um programador pode chamar `calcMediaTimeString` diversas vezes, chamando `decFormat.setMaximumIntegerDigits(0)` em todas elas. Mas isso seria um enorme desperdício. A classe `JogadorPlus` inteira tem apenas um campo `decFormat` e o valor de `MaximumIntegerDigits(0)` é sempre 0. Então, não continue declarando `MaximumIntegerDigits(0)` de novo e de novo.

A melhor alternativa é pegar as linhas erradas do código defeituoso deste tópico e colocá-las dentro de um *inicializador static*. Assim, elas se tornam linhas corretas, dentro de um bom código (veja a Listagem 10-4). Um inicializador static é um bloco que é precedido pela palavra `static`. O Java executa as declarações do inicializador static uma única vez para a classe inteira. Isso é exatamente o que queremos quando chamamos algo de "static".

Mostrando a média geral do time

Você deve ter notado o padrão. Quando criamos o código para a classe, geralmente escrevemos dois pedaços de código. Um define a classe e a outro a utiliza (as maneiras de usar incluem chamar o construtor da classe, acessar seus campos não privados, chamar os métodos da classe e assim por diante). A Listagem 10-4, mostrada anteriormente, contém o código que define a classe `JogadorPlus` e a Listagem 10-5 contém o código que a utiliza.

Listagem 10-5:   Usando o Código da Listagem 10-4

```
import java.util.Scanner;
import java.io.File;
import java.io.IOException;
import javax.swing.JFrame;
import javax.swing.JLabel;
import java.awt.GridLayout;

@SuppressWarnings("serial")
public class FrameTime extends JFrame {

    public FrameTime() throws IOException {
        JogadorPlus jogador;
        Scanner keyboard =
                new Scanner(new File("Hankees.txt"));
```

```
for (int num = 1; num <= 9; num++) {
    jogador =
        new JogadorPlus(keyboard.nextLine(),
                        keyboard.nextDouble());
    keyboard.nextLine();

    addJogadorInfo(jogador);
}

add(new JLabel());
add(new JLabel(" ------"));
add(new JLabel("Média de Rebatimento do Time:"));
add(new JLabel(JogadorPlus.
    CalcMediaTimeString()));

setTitle("Os Hankees");
setLayout(new GridLayout(11, 2, 20, 3));
setDefaultCloseOperation(EXIT_ON_CLOSE);
pack();
setVisible(true);
}

void addJogadorInfo(JogadorPlus jogador) {
    add(new JLabel(" " + jogador.getNome()));
    add(new JLabel(jogador.getMediaString()));
}
}
```

Para executar o código na Listagem 10-5, precisamos de uma classe com um método `main`. A classe `MostrarFrameTime` na Listagem 10-3 funciona muito bem.

A Figura 10-6 mostra uma execução do código da Listagem 10-5. Essa execução depende da disponibilidade do arquivo `Hankees.txt` da Figura 10-2. O código na Listagem 10-5 é quase uma cópia exata daquela na Listagem 10-2 (ela é tão parecida que se eu pudesse bancar, processaria a mim mesmo por roubo de propriedade intelectual). A única coisa nova na Listagem 10-5 é o que aparece em negrito.

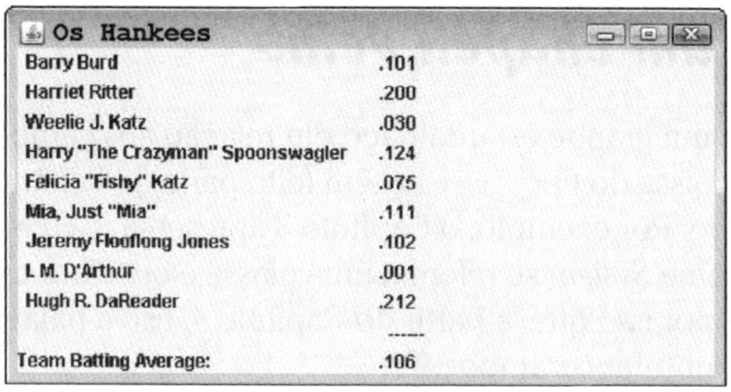

Figura 10-6:
Uma
execução
do código
na Listagem
10-5.

Os Hankees

Barry Burd	.101
Harriet Ritter	.200
Weelie J. Katz	.030
Harry "The Crazyman" Spoonswagler	.124
Felicia "Fishy" Katz	.075
Mia, Just "Mia"	.111
Jeremy Flooflong Jones	.102
L. M. D'Arthur	.001
Hugh R. DaReader	.212

Team Batting Average:	.106

Na Listagem 10-5, `GridLayout` tem duas linhas extras: uma para o espaçamento e outra para a média do time Hankee. Cada uma dessas fileiras tem dois objetos `Label`.

- 🗸 **A linha do espaçamento tem um rótulo em branco e um rótulo com uma linha tracejada.** O rótulo em branco guarda espaço. Quando adicionarmos componentes em `GridLayout`, eles são adicionados fileira por fileira, começando pelo lado esquerdo de uma fileira e indo até o final do lado direito. Sem esse rótulo em branco, o rótulo com linha tracejada apareceria no canto direito da fileira, embaixo do nome de Hugh R. Da Reader.

- 🗸 **A outra linha tem um rótulo mostrando as palavras *Média de Rebatimento do Time* e outro mostrando o número *.106*.** A chamada do método que resulta no número .106 é bem interessante. A chamada é assim:

```
JogadorPlus.calcMediaTimeString()
```

Observe a chamada do método. Ela tem a seguinte forma:

```
ClassNome.nomeMetodo()
```

Ela é nova e diferente. Nos primeiros capítulos, eu digo que você geralmente introduz uma chamada de método com um nome de objeto ao invés de um nome de classe. Então porque usar um nome de classe aqui? A resposta: quando você realiza uma chamada de método `static`, você introduz o método com o nome da classe que o contém. O mesmo acontece toda vez que você se referir a outro campo de classe `static`. Isso faz sentido. Lembre-se: toda classe que define um campo ou método `static` possui aquele campo ou método. Ou seja, para se referir a um campo ou método `static`, você introduz o campo ou nome do método com o nome da classe.

 Quando estamos nos referindo a um campo ou método `static`, podemos usar um pequeno truque, colocando o nome de um objeto no lugar do nome da classe. Por exemplo, na Listagem 10-5, com um rearranjo criterioso de alguns outros parâmetros, podemos usar a expressão `jogador.calcMediaTimeString()`.

Static é um chapéu velho

Este tópico faz um grande estardalhaço em relação aos campos e métodos `static`, mas coisas do tipo `static` têm feito parte do cenário desde o início deste livro. Por exemplo, o Capítulo 3 apresenta `System.out.println`. O nome *System* se refere a uma classe e *out* é um campo `static` desta classe. É por isso que, a partir do Capítulo 4, uso a palavra-chave `static` para importar o campo `out`:

```
import static java.lang.System.out;
```

No Java, campos e métodos `static` aparecem em todos os lugares. Quando eles são declarados no código de outra pessoa e estamos o utilizando no nosso código, raramente temos que nos preocupar com eles. Porém, quando estamos declarando nossos próprios métodos e campos e devemos decidir se devemos torná-los ou não static, temos que pensar um pouco mais.

Neste livro, meu primeiro uso sério da palavra *static* foi lá na Listagem 3-1. Uso a palavra-chave `static` como parte de todos os métodos `main` (e aparecem muitos deles nas listagens deste livro). Então, porque o `main` deve ser static? Lembre-se de que coisas não static pertencem aos objetos, e não às classes. Se main não for static, não podemos ter um método `main` até criarmos um objeto. Mas quando começamos a escrever um programa Java, nenhum objeto foi criado ainda. As declarações que são executadas no método `main` começam criando objetos. Então, se ele não for static, temos um problema do tipo ovo — galinha. Quem vem primeiro?

Isto pode causar static, manipule com cuidado

Quando comecei a escrever Java, tinha sonhos recorrentes com uma certa mensagem de erro. A mensagem era `non-static variable or method cannot be referrenced from a static context` (variável ou método não static não pode ser referenciado a partir de um contexto static). Eu recebia essa mensagem com tanta frequência que ela ficou gravada em meu subconsciente.

Hoje, sei por que recebia essas mensagens de erro com tanta frequência. Sei até fazer com que apareça quando eu quiser. Mas ainda sinto calafrios sempre que a vejo em minha tela.

Antes de entendermos por que ela acontece e como consertamos esse problema, temos que conhecer um pouco mais de terminologia. Se um campo ou método não é static, é chamado de *non-static* (não static), surpreendente não é? Com essa terminologia, há pelo menos duas maneiras de a temida mensagem aparecer:

- ✔ Colocarmos `Classe.coisaNonStatic` em algum lugar do programa.
- ✔ Colocarmos `coisaNonStatic` em algum lugar dentro do método `static`.

Em ambos os casos, estamos nos metendo em confusão. Estamos pegando algo que pertence a um objeto (a coisa non-static) e colocando-o em um local onde não há objetos.

Observe, por exemplo, a primeira das duas situações descritas. Para ver essa tragédia acontecendo, volte para a Listagem 10-5. Perto do fim da listagem, troque `jogador.getNome()` por `Jogador.getNome()`. Isto já é o suficiente. O que `Jogador.getNome` significa? Se tivesse algum significado, a expressão `Jogador.getNome` significaria "chame o método `getNome` que pertence à classe Jogador inteira". Mas observe a Listagem

10-1. O método `getNome` não é static. Cada instância da classe `Jogador` (ou `JogadorPlus`) tem um método `getNome`. Nenhum deles pertence à classe inteira. Então, a chamada `Jogador.getNome` não faz nenhum sentido (talvez o computador não esteja sendo sincero quando mostra a mensagem `não pode ser referenciado....` Talvez uma mensagem rude do tipo `expressão sem sentido` fosse mais apropriada).

Para experimentar a segunda situação (nos itens anteriormente apresentados), volte para a Listagem 10-4. Quando ninguém estiver olhando, remova, sem alardes, a palavra *static* da declaração do campo `decFormat` (perto do topo da listagem). Essa retirada transforma `decFormat` em um campo não static. De repente, cada jogador no time tem um campo `decFormat` distinto.

As coisas vão muito bem até que o computador chega ao método `calcMediaTimeString`. Esse método `static` tem quatro declarações `decFormat.IssoEIsso` nela. Mais uma vez, você é obrigado a perguntar o que essa declaração significa. O método `calcMediaTimeString` não pertence a nenhuma instância em especial (ele é `static`, então a classe `JogadorPlus` inteira tem um método `calcMediaTimeSring`). Mas da forma como simplesmente mutilamos o código, o velho `decFormat`, sem qualquer referência a um objeto em especial, não tem significado algum. Então, de novo, estamos referenciando o campo *não static*, `decFormat`, a partir do contexto do método `static`. Que vergonha!

Experimentos com Variáveis

Em um verão, em minha época de escola, estava sentado na varanda, relaxando, conversando com uma pessoa que acabara de conhecer. Acho que o nome dela era Janine. "De onde você é?", perguntei. "Marte", ela respondeu e parou esperando outra pergunta.

Acontece que Janine era de Marte, uma cidade fictícia no Estado de Minas Gerais, supostamente localizada perto de São Thomé das Letras. Onde quero chegar? O significado de um nome depende do contexto. Se estivermos perto de São Thomé das Letras e perguntarmos "Como chego em Marte?" podemos receber uma resposta sincera e despreocupada. Mas se fizermos a mesma pergunta em uma esquina de São Paulo, provavelmente, levantaremos algumas suspeitas (se bem que, conhecendo São Paulo, as pessoas provavelmente vão simplesmente nos ignorar).

É claro que as pessoas que moram em Marte, Minas Gerais, sabem perfeitamente que a cidade tem um nome estranho. As memórias da adolescência na Escola Marte não impedem que as pessoas saibam da existência do planeta vermelho. Em uma noite clara de agosto, é possível a seguinte conversa com um dos moradores de lá:

Você: Como faço para chegar a Marte?

Morador: Você está em Marte, cara. Onde exatamente quer ir?

Você: Não, não me refiro a Marte, Minas Gerais, e, sim, ao planeta Marte.

Morador: Ah, o planeta! Bem, então, pegue o trem que parte para...Não, espere, esse é o trem local. Pegue a rodovia...

Então, o significado do nome depende do contexto em que é utilizado. Embora a maioria das pessoas que falam português pensem na palavra Marte como sendo o planeta, algumas, em Minas Gerais, pensam em toda a beleza natural que podem apreciar em Marte. Essas pessoas possuem dois significados para a palavra *Marte*. Em Java, esses nomes poderiam aparecer assim: `Marte` e `planetas.Marte`.

Colocando uma variável em seu devido lugar

Nossa primeira experiência é mostrada nas Listagens 10-6 e 10-7. Os códigos nessas Listagens destacam as diferenças entre as variáveis que são declaradas dentro e fora dos métodos.

Listagem 10-6: **Dois Significados para Marte**

```
import static java.lang.System.out;

class FalantesDePortugues {
    String marte = " planeta vermelho";

    void visiteMinasGerais() {
        out.println("visiteMG está em andamento:");

        String marte = " cidade natal de Janine";

        out.println(marte);
        out.println(this.marte);
    }
}
```

Listagem 10-7: **Chamando o Código na Listagem 10-6**

```
import static java.lang.System.out;

class Vamos {

    public static void main(String args[]) {
        out.println("main em andamento:");
        FalantesPortugues p =
                    new FalantesPortugues();
        //out.println(marte);
        out.println(p.marte);
        p.visiteMinasGerais();
    }
}
```

A Figura 10-7 mostra uma execução do código nas Listagens 10-6 e 10-7. A Figura 10-8 mostra um diagrama da estrutura do código. Na classe `Vamos`, o método `main` cria uma instância da classe `FalantesPortugues`. A variável `p` refere-se à nova instância. Ela é um objeto com uma variável chamada *marte*. Esta variável `marte` tem o valor "`planeta vermelho`", que é um campo.

Outra forma de descrever esse campo `marte` é chamá-lo de *variável de instância,* pois esta variável `marte` (cujo valor é "`planeta vermelho`") pertence a uma instância da classe `FalantesPortugues`. Em contrapartida, podemos nos referir a campos `static` (como os campos `jogadorCont`, `totalDeMedia` e `decFormat` na Listagem 10-4) como *variáveis de classe.* Por exemplo, `jogadorCont` na Listagem 10-4 é uma variável de classe, pois uma cópia de `jogadorCont` pertence à classe `JogadorPlus` inteira.

Agora, observe o método `main` na Listagem 10-7. Dentro do método `main` da classe `Vamos`, não podemos escrever `out.println(marte)`. Em outras palavras, uma referência clara para qualquer variável é definitivamente não recomendada. A variável `marte`, que falamos no parágrafo anterior, pertence ao objeto `FalantesPortugues` e não à classe `Vamos`.

Entretanto, dentro do método `main` da classe `Vamos`, certamente podemos escrever `e.marte`, pois a variável `e` refere-se ao objeto `FalantesPortugues`.

Perto do final do código, o método `visiteMinasGerais` é chamado. Quando estamos dentro de `visiteMinasGerais`, temos outra declaração de uma variável `marte`, cujo valor é "`cidade natal de Janine`". Essa variável `marte` em particular é chamada de *variável local* e pertence a apenas um método — o `visiteMinasGerais`.

Figura 10-7:
Uma
execução do
código nas
Listagens
10-6 e 10-7.

```
main está em execução;
   planeta vermelho
visiteMG está em execução;
   cidade natal de Janine
   planeta vermelho
```

Então, agora, temos duas variáveis, ambas com o nome *marte*. Uma variável `marte`, um campo, tem o valor "`planeta vermelho`". A outra variável `marte`, uma variável local, tem o valor "`cidade natal de Janine`". No código, quando usamos a palavra *marte*, a qual das duas variáveis estamos nos referindo?

A resposta quando estamos visitando Minas Gerais é a variável com valor "`cidade natal de Janine`". Quando estiver em Minas Gerais, pense como os mineiros. Ao executarmos o código dentro do método `visiteMinasGerais`, resolvemos qualquer conflito entre os nomes das variáveis indo para as variáveis locais — declaradas dentro do método `visiteMinasGerais`.

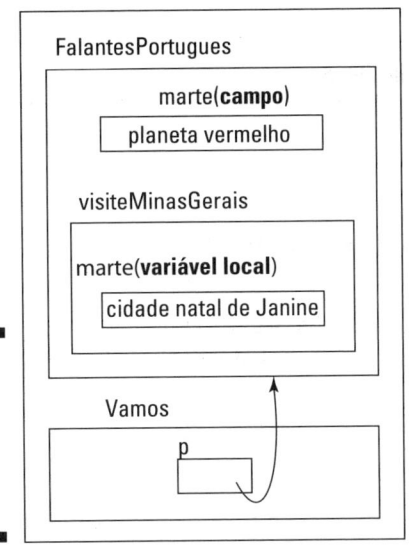

Então, e se estivermos em Minas Gerais e precisarmos nos referir ao objeto celestial com duas luas? Mais precisamente, como o código dentro do método `visiteMinasGerais` pode se referir ao campo com o valor "`planeta vermelho`"? A resposta é usar `this.marte`. A palavra *this* indica qualquer objeto que contenha todo esse código (e não para quaisquer métodos dentro do código). Esse objeto, uma instância da classe `FalantesPortugues`, tem um belo campo marte e o valor deste campo é "`planeta vermelho`". Então, é assim que forçamos o código a enxergar fora do método em que está — usamos a palavra-chave `this`.

Para mais informação sobre a palavra-chave `this`, veja o Capítulo 9.

Dizendo a uma variável aonde ir

Anos atrás, em minha cidadezinha natal, usava com frequência os caixas eletrônicos do banco local. Esse tipo de máquina estava começando a surgir. E o sistema local era chamado *BAR*, que significava Banco Automático de Retiradas.

Lembro-me de uma viagem de carro em que precisava sacar dinheiro e perguntei ao frentista do posto de gasolina na beira da estrada "sabe onde tem um BAR por aqui?".

Como vimos, um nome pode funcionar perfeitamente bem em um lugar e não no outro. Nas Listagens 10-8 e 10-9, ilustro esse ponto (com mais do que apenas um piadinha sobre caixas eletrônicos).

Listagem 10-8:   Conto de Uma Cidade

```java
import static class java.lang.System.out:

class FalantesPortugues2 {
    String marte;

    void visiteSantaCatarina() {
        out.println("visiteSC está em execução:");

        marte = " planeta vermelho";
        String riqueza = " População: 25";

        out.println(marte);
        out.println(riqueza);
    }
    void visiteSaoPaulo() {
        out.println("visiteSP está em execução:");
        out.println(marte);
        //out.println(riqueza);
        // cannot resolve symbol
    }
}
```

Listagem 10-9:   Chamando o Código da Listagem 10-8

```java
class Vamos2 {

    public static void main(String args[]) {
        FalantesPortugues2 p =
                        new FalantesPortugues2();

        p.visiteSantaCatarina();
        p.visiteSaoPaulo();
    }
}
```

A Figura 10-9 mostra uma execução do código nas Listagens 10-8 e 10-9. A Figura 10-10 mostra um diagrama da estrutura do código. O código para `FalantesPortugues2` tem duas variáveis. A variável `marte`, que não está declarada dentro do método, é um campo. A outra, `riqueza`, é uma variável local e é declarada dentro do método `visiteSantaCatarina`.

Figura 10-9:
Uma execução do código nas Listagens 10-8 e 10-9.

```
visiteSC está em execução:
    planeta vermelho
    População: 25
visiteSP está em execução:
    planeta vermelho
```

Na Listagem 10-8, observe onde cada variável pode e não pode ser usada. Quando tentamos usar a variável `riqueza` dentro do método `visiteSaoPaulo`, obtemos uma mensagem de erro. Literalmente, a mensagem diz `cannot resolve symbol` (não foi possível resolver o símbolo). De maneira figurativa, a mensagem diz "ei, amigo, Riqueza é em Santa Catarina, não São Paulo". Tecnicamente, a mensagem diz que a variável local `riqueza` está disponível somente no método `visiteSantaCatarina`, pois é onde a variável foi declarada.

Então, dentro do método `visiteSantaCatarina`, estamos livres para usar a variável `riqueza` o quanto quisermos. Afinal, a variável `riqueza` é declarada dentro do método `visiteSantaCatarina`.

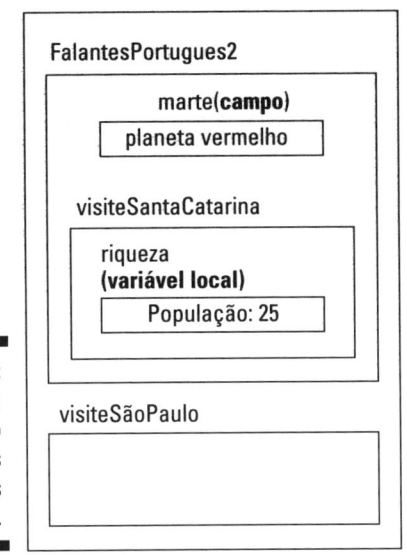

Figura 10-10:
A estrutura do código nas Listagens 10-8 e 10-9.

E quanto a Marte? Já esqueceu do seu velho amigo, aquele planeta onde faz 60 graus abaixo de zero? Bem, ambos os métodos `visiteSantaCatarina` e `visiteSaoPaulo` podem acessar a variável `marte`. Isto é porque a variável `marte` é um campo. Ou seja, a variável `marte` é declarada no código da classe `FalantesPortugues2`, mas não dentro de nenhum método em particular (lembre-se de que na minha ficção as pessoas que moram em ambos os estados, Santa Catarina e São Paulo, já ouviram falar do planeta Marte).

O ciclo de vida do campo `marte` tem três passos distintos:

- ✔ Quando a classe `FalantesPortugues2` surge, o computador vê `String marte` e cria espaço para o campo `marte`.

- ✔ Quando o método `visiteSantaCatarina` é executado, ele atribui o valor "`planeta vermelho`" para o campo `marte` (o método `visiteSantaCatarina` também mostra o valor do campo `marte`).

- ✔ Quando o método `visiteSaoPaulo` é executado, ele mostra o valor de `marte` mais uma vez.

Dessa maneira, o valor do campo `marte` é passado de um método para outro.

Passando Parâmetros

Um método pode se comunicar com outra parte do programa Java de diversas maneiras. Uma é através da lista de parâmetros do método. Ao usar uma lista de parâmetros, passamos informação rapidamente para um método enquanto ele é chamado.

Então, imagine que a informação que passamos ao método é armazenada em uma das variáveis do programa. O que o método realmente faz com a variável, se é que faz algo? Os tópicos seguintes apresentam alguns estudos de caso interessantes.

Passagem por valor

De acordo com minha pesquisa na internet, a cidade de Monteiro Lobato, São Paulo, tem 4.123 habitantes. Mas minha pesquisa já está desatualizada. Ontem, Benta Monteiro teve um dia de alegria na maternidade da cidade — com o nascimento de sua linda filha (a garota pesa 3.100Kg e tem 45 centímetros). Agora, a população da cidade aumentou para 4.124.

A Listagem 10-10 mostra um programa muito ruim. Ele deveria adicionar 1 à variável que armazena a população de Monteiro Lobato, mas ele não funciona. Vamos dar uma olhada na Listagem 10-10 para saber por quê.

Listagem 10-10: Este programa não Funciona

```
class AcompanharPopulacao {

    public static void main(String args[]) {
        int popMontLobSP = 4123;

        nascimento(popMontLobSP);
        System.out.println(popMontLobSP);
    }
    static void nascimento(int popCidade) {
        popCidade++;
    }
}
```

Quando executamos o programa na Listagem 10-10, ele mostra o número 4.123 na tela. Depois de nove meses de planejamento e ansiedade e sete horas de trabalho de parto de Benta, a garotinha da família Monteiro não foi registrada pelo sistema. Que pena!

O uso inadequado da passagem de parâmetro causou o problema. No Java, quando passamos um parâmetro que tem um dos oito tipos primitivos para um método, ele é *passado por valor.*

Para uma revisão sobre os oito tipos primitivos do Java, veja o Capítulo 4.

Traduzindo para português simples: qualquer alteração que o método faça no valor de seu parâmetro não afeta os valores das variáveis no código de chamada. Na Listagem 10-10, o método `nascimento` pode aplicar o operador ++ para `popCidade` o quanto quiser — a aplicação de ++ ao parâmetro `popCidade` não tem efeito algum no valor da variável `popMontLobSP` no método `main`.

Tecnicamente, o que está acontecendo é a cópia de um valor (veja a Figura 10-11). Quando o método `main` chama o método `nascimento`, o valor armazenado em `popMontLobSP` é copiado para outro local da memória — reservado para o valor do parâmetro de `popCidade`. Durante a execução do método `nascimento` é adicionado 1 ao parâmetro `popCidade`. Mas o local onde o valor original `4123` é armazenado — o local da memória para a variável `popMontLobSP` — permanece inalterado.

Quando fazemos a passagem de parâmetro com qualquer dos oito tipos primitivos, o computador usa a *passagem por valor.* O valor armazenado na variável do código de chamada permanece inalterado. Isso acontece mesmo quando a variável do código de chamada e o parâmetro do método chamado têm o mesmo nome.

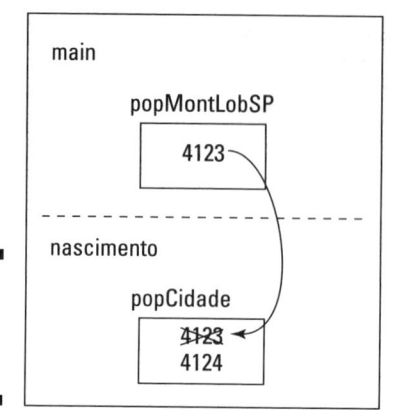

Figura 10-11:
Desvendando
a passagem
por valor.

Retornando um resultado

Devemos consertar o problema apresentado pelo código na Listagem
10-10. Afinal, o bebê da família Monteiro não pode passar despercebido.
Para registrar a existência dele, temos que adicionar 1 ao valor da variável
popMontLobSP. Podemos fazer isso de inúmeras maneiras, e o modo
apresentado na Listagem 10-11 não é o mais simples. Mesmo assim, ele
ilustra a questão: retornar um valor de uma chamada de método pode
ser uma alternativa aceitável para a passagem de parâmetro. Observe na
Listagem 10-11 para ver o que quero dizer.

Listagem 10-11:   Este Programa Funciona

```
class AcompanharPopulaco2 {

    public static void main(String args[]) {
        int popMontLobSP = 4123;

        popMontLobSP = nascimento(popMontLobSP);
        System.out.println(popMontLobSP);
    }

    static int nascimento(int popCidade) {
        return popCidade + 1;
    }
}
```

Depois de executar o código na Listagem 10-11, veremos na tela do
computador o número correto, 4.124.

O código na Listagem 10-11 não tem novos atributos (a menos que consideremos *funcionar corretamente* um novo atributo). A ideia principal da Listagem 10-11 é a declaração `return` (retornar), que também aparece no Capítulo 7. Mesmo assim, a Listagem 10-11 apresenta um belo contraste com a abordagem da Listagem 10-10, que tem que ser descartada.

Passagem por referência

Nos tópicos anteriores, tento arduamente enfatizar uma ideia — que quando um parâmetro tem um dos oito tipos primitivos, ele é passado por valor. Ao ler isso, você provavelmente não prestou atenção ao fato de que o parâmetro tem um dos oito tipos primitivos. A ênfase é necessária, pois passar objetos (tipos por referência) não funciona da mesma maneira.

Quando passamos um objeto para um método, o objeto é *passado por referência*. Isso significa que as declarações no método chamado *podem* alterar qualquer valor armazenado nas variáveis do objeto. Essas alterações afetam os valores que são vistos por qualquer código que chamou o método. As Listagens 10-12 e 10-13 ilustram esse ponto.

Listagem 10-12:   O Que é uma Cidade?

```
class Cidade {
    int populacao;
}
```

Listagem 10-13:   Passando um Objeto para um Método

```
class AcompanharPopulacao3 {

    public static void main(String args[]) {
        Cidade MontLobSP = new Cidade();
        montLobSP.populacao = 4123;
        nascimento(montLobSP);
        System.out.println(montLobSP.populacao);
    }

    static void nascimento(Cidade aCidade) {
        aCidade.populacao++;
    }
}
```

Quando executamos o código nas Listagens 10-12 e 10-13, o resultado é o número 4.124. Tudo bem, pois o código tem coisas como ++ e a palavra *nascimento*. A questão é a seguinte: adicionar 1 à aCidade.populacao, dentro do método nascimento realmente altera o valor de montLobSP. populacao como é conhecido no método main.

Para ver como o método nascimento altera o valor de montLobSP. populacao, observe a Figura 10-12. Quando passamos um objeto para um método, o computador não copia o objeto inteiro. Ao invés disso, ele copia a referência do objeto. (Pense nisto, do modo como é mostrado na Figura 10-12, o computador copia a seta que aponta para o objeto.)

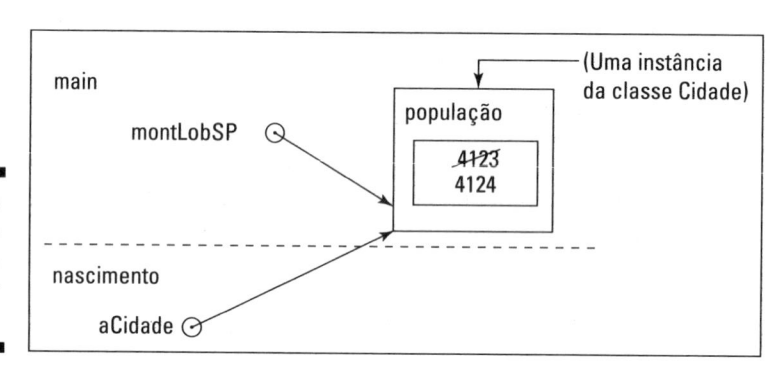

Figura 10-12: Desvendando a passagem por referência.

Na Figura 10-12, vemos apenas uma instância da classe Cidade, com a variável população dentro dela. Agora, preste atenção nesse objeto enquanto lê os passos seguintes:

1. Antes que o método nascimento seja chamado, a variável montLobSP refere-se aquele objeto — a instância da classe Cidade.

2. Quando o método nascimento é chamado e montLobSP é passado para o parâmetro aCidade do método nascimento, o computador copia a referência de montLobSP para aCidade. Agora, aCidade refere-se ao mesmo objeto — a instância da classe Cidade.

3. Quando a declaração aCidade.população++ é executada dentro do método nascimento, o computador adiciona 1 ao campo populacao do objeto. Agora a primeira e única instância Cidade do programa tem 4124 armazenado em seu campo população.

4. O fluxo da execução volta para o método main. O valor de montLobSP. populacao é mostrado. Mas montLobSP refere-se àquela instância da

classe `Cidade`. Então, `montLobSP.populacao` tem o valor `4124`. A família Monteiro está tão orgulhosa.

Retornando um objeto de um método

Acredite ou não, os tópicos anteriores sobre passagem de parâmetro deixaram uma parte dos métodos Java inexplorada. Quando chamamos um método, ele pode retornar algo diretamente para o código de chamada. Nos capítulos e tópicos anteriores, retornamos valores primitivos, como `int` ou nada (também conhecido como *void*). Neste tópico, retornamos um objeto inteiro, do tipo `Cidade` da Listagem 10-12. O código que faz com que isso aconteça está na Listagem 10-14.

Listagem 10-14:   Aceite uma Cidade

```
class AcompanharPopulacao4 {

    public static void main(String args[]) {
        Cidade montLobSP = new Cidade();
        montLobSP.populacao = 4123;
        montLobSP = doNascimento(montLobSP);
        System.out.println(montLobSP.populacao);
    }

    static Cidade doNascimento(Cidade aCidade) {
        Cidade minhaCidade = new Cidade();
        minhaCidade.populacao = aCidade.populacao + 1;
        return minhaCidade;
    }
}
```

Se executarmos o código na Listagem 10-14, obteremos o número 4.124, o que é bom. O código funciona dizendo ao método `doNascimento` para criar outra instância `Cidade`. Na nova instância, o valor de população é 4124 (veja a Figura 10-13).

Depois que o método `doNascimento` é executado, esta instância `Cidade` é devolvida para o método `main`. Então, de volta ao método `main`, esta instância (devolvida por `doNascimento`) é atribuída à variável `montLobSP` (veja a Figura 10-14). Agora, `montLobSP` refere-se à nova instância `Cidade` — cuja população é 4124.

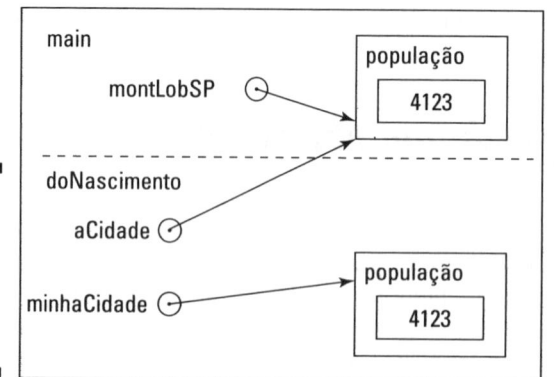

Figura 10-13:
O método do
Nascimento
cria uma
instância
Cidade.

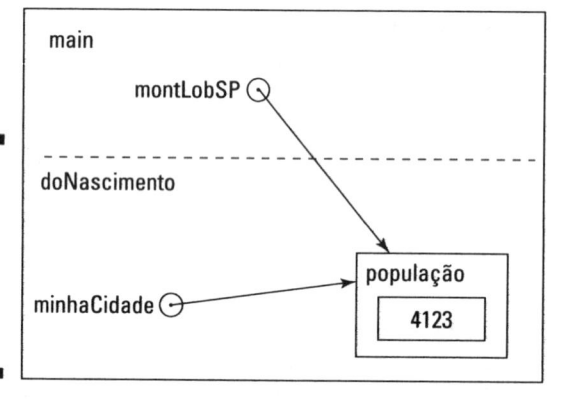

Figura 10-14:
A nova
instância
Cidade é
atribuída
à variável
montLobSP.

Na Listagem 10-14, observe a consistência de tipos entre a chamada e retorno do método `doNascimento`:

- A variável `montLobSP` é do tipo `Cidade`. Ela é passada para o parâmetro `aCidade`, que também é do tipo `Cidade`.

- A variável `minhaCidade` é do tipo `Cidade`. Ela é enviada de volta na declaração return do método `doNascimento`. Isto é consistente, pois o cabeçalho do método `doNascimento` começa com a promessa `static Cidade doNascimento(blá, blá, blá...` — a promessa de retornar um objeto do tipo `Cidade`.

- O método `doNascimento` retorna um objeto do tipo `Cidade`. De volta ao método `main`, o objeto que a chamada `doNascimento` retorna é atribuída à variável `montLobSP` e (já deve ter adivinhado) a variável `montLobSP` é do tipo `Cidade`.

Além de ser muito harmoniosa, todo essa concordância de tipos é absolutamente necessária. Se escrevermos um programa em que os tipos não concordem entre si, o compilador emite uma mensagem `incompatible types` (tipos incompatíveis).

Epílogo

Benta Monteiro e sua filha recém-nascida estão sãs e salvas, descansando alegremente em sua casa em Monteiro Lobato, São Paulo.

Capítulo 11

Usando Arrays e Coleções para Manipular Valores

Neste Capítulo

▶ Lidando com diversos valores de uma vez

▶ Criando valores enquanto configuramos a execução de um programa

▶ Impressionando outros programadores com tipos genéricos sofisticados

Bem-vindo ao Hotel Java! Não existem porteiros presunçosos, nem um caro serviço de quarto, nem mesmo os rapapés tolos de sempre. Apenas um quarto limpo por um preço justo!

Enfileirando Coisas

O Hotel Java, com seus dez quartos confortáveis situa-se em um local tranquilo perto da rodovia principal. Além de um pequeno escritório, o hotel é apenas um longo corredor de quartos no piso térreo. Todos os quartos com fácil acesso pelo espaçoso estacionamento.

Por mais estranho que pareça, os quartos do hotel são numerados de 0 a 9. Poderia dizer que a numeração foi um erro — culpa do projeto de construção original. Mas a verdade é que começar pelo 0 torna os exemplos deste capítulo mais fáceis de escrever.

De qualquer maneira, estamos tentando acompanhar o número de hóspedes em cada quarto. Já que temos dez quartos, podemos pensar em declarar dez variáveis:

```
int   hospNoQuarto0, hospNoQuarto1, hospNoQuarto2,
      hospNoQuarto3, hospNoQuarto4, hospNoQuarto5,
      hospNoQuarto6, hospNoQuarto7, hospNoQuarto8,
      hospNoQuarto9;
```

Esse modo parece um pouco ineficiente — mas este não é o único problema com o código. Ainda mais problemático é o fato de que não podemos executar um loop nessas variáveis. Para lermos o valor de cada uma delas, temos que copiar o método `nextInt` dez vezes.

```
hospNoQuarto0 = diskScanner.nextInt();
hospNoQuarto1 = diskScanner.nextInt();
hospNoQuarto2 = diskScanner.nextInt();
...e assim por diante.
```

Certamente, existe uma maneira melhor.

Essa maneira envolve um *array*, que é uma fileira de valores, como a dos quartos no hotel térreo. Para visualizar esse array, basta imaginar o Java Hotel:

- ✔ Primeiro, imagine os quartos enfileirados, um após o outro.

- ✔ Depois, visualize esses quartos sem as paredes da frente. Dentro de cada quarto podemos ver o número de hóspedes.

- ✔ Se conseguir, ignore os dois hóspedes do Quarto 9 que estão guardando uma pilha de dinheiro dentro de uma mala. Ignore o fato de que os hóspedes do Quarto 6 não saem da frente da TV há quase dois dias. Ao invés de todos esses detalhes, veja apenas os números. Em cada quarto, o número representa a quantidade de hóspedes (se imaginação não é o seu forte, observe a Figura 11-1).

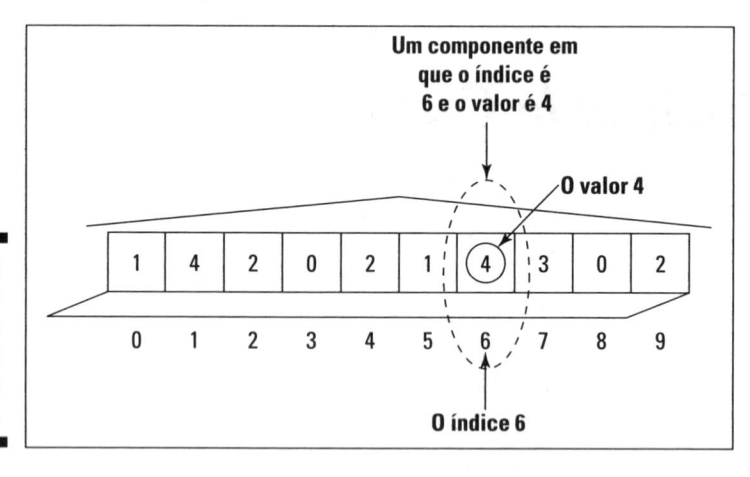

Figura 11-1: Uma ilustração dos quartos do Java Hotel.

Na linguagem usada neste capítulo, a fileira inteira de quartos é chamada de *array*. Cada quarto nele é chamado de componente (também conhecido como *elemento*). Cada componente tem dois números associados a ele:

- O número do quarto (de 0 a 9), que é chamado de *índice* do array
- Um número de hóspedes, que é o *valor* armazenado no componente do array.

Usar um array nos poupa de toda aquela repetição sem sentido no código mostrado no começo deste tópico. Por exemplo, para declarar um array com dez valores, podemos escrever uma declaração bem simples:

```
int hospedes[] = new int[10];
```

Se quisermos ser mais prolixos, podemos separá-la para que se torne duas:

```
int hospedes[];
hospedes = new int[10];
```

Em ambos fragmentos de código, observe a utilização do número 10. Ele diz ao computador para construir o array `hospedes` com dez componentes. Cada componente tem um nome. O inicial é chamado hospedes[0], o seguinte é chamado de hospedes[1] e assim por diante. O último dos dez componentes se chama hospedes[9].

Ao criar um array, sempre especifique o número de componentes. Os índices do array começam com 0 e terminam com o número imediatamente anterior ao número total de componentes.

Os fragmentos lhe mostram duas maneiras de criar um array. A primeira usa uma linha. A segunda usa duas. Se optar pelo caminho de uma linha, pode colocá-la dentro ou fora do método. A escolha é sua. Por outro lado, se usar duas linhas separadas, a segunda linha, `hospedes = new int[10]`, deve estar dentro de um método.

Na declaração do array, podemos colocar os colchetes antes ou depois do nome da variável. Em outras palavras, podemos escrever **int hospedes[]** ou **int[] hospedes.** O computador cria a mesma variável `hospedes` não importa qual forma utilizarmos.

Criando um array em apenas dois passos fáceis

Olhe mais uma vez as duas linhas que usamos para criar um array:

```
int hospedes[];
hospedes = new int[10];
```

Cada linha serve para uma finalidade distinta:

✔ `int hospedes[]`: a primeira linha é uma declaração. Ela reserva o nome do array (como *hóspedes*) para ser usado no resto do programa. Na metáfora do Java Hotel, essa linha diz: "pretendo construir um hotel aqui e colocar um certo número de hóspedes em cada quarto" (veja a Figura 11-2).

Não interessa o que a declaração `int hospedes[]` realmente faz. É mais importante observar o que a declaração `int hospedes[]` *não* faz. Ela não reserva dez locais de memória. Na verdade, uma declaração como `int hospedes[]` não cria realmente um array. Tudo que ela faz é determinar a variável `hospedes`. Neste ponto do código, a variável `hospedes` ainda não se refere a um array real (em outras palavras, o hotel tem um nome, mas ainda não foi construído).

✔ `hospedes = new int[10]`: esta segunda linha é uma declaração de atribuição. Ela reserva espaço na memória do computador para dez valores `int`. Em linguagem de construção, esta linha diz: "Finalmente construí o hotel. Vá em frente e coloque hóspedes em cada quarto" (de novo, veja a Figura 11-2).

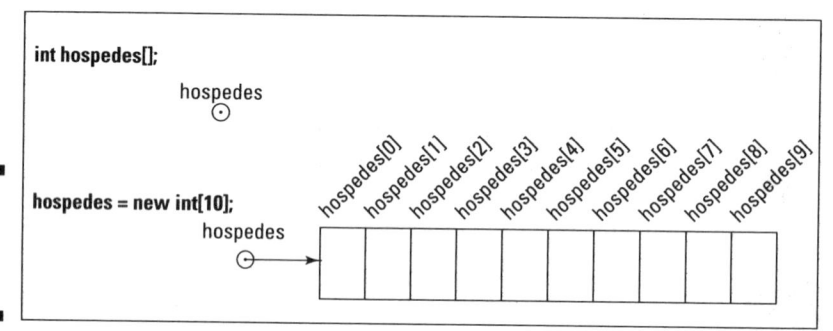

Figura 11-2: Dois passos na criação de um array.

Armazenando valores

Depois de criarmos um array, podemos colocar valores em seus componentes. Por exemplo, podemos querer armazenar a informação de que no Quarto 6 existem 4 hóspedes. Para inserir o valor 4 no componente com o índice 6, escrevemos **hospedes[6]=4**.

Agora os negócios começam a melhorar. Um enorme ônibus estaciona no hotel. Na lateral está escrito "Arca de Noé". Do ônibus descem 25 casais, cada um deles corre, voa e salta até o escritório do hotel. Somente dez casais poderão se hospedar no Java Hotel, mas não há problema. Os que não couberem aqui serão encaminhados para o velho camping.

Aliás, para registrar os dez casais no Java Hotel, colocamos um casal (2 hóspedes) em cada um dos 10 quartos. Depois de criar um array, podemos aproveitar a indexação do array e escrever um loop `for`, assim:

```
for (int numQuarto = 0; numQuarto < 10; numQuarto++) {
    hospedes[numQuarto] = 2;
}
```

Esse loop substitui dez declarações de atribuição. Observe como o contador do loop vai de 0 a 9. Compare-o com a Figura 11-2 e lembre-se de que o índice de um array vai de 0 até um número imediatamente anterior ao número de componentes.

Entretanto, da forma como o mundo funciona, os hóspedes nem sempre chegarão aos pares e teremos que ocupar cada quarto com um número de hóspedes diferentes. Provavelmente, guardaremos as informações sobre quartos e hóspedes em um banco de dados. Se fizermos isso, ainda podemos fazer executar um loop por um array, agregando os números de hóspedes durante o processo. O código para executar essa tarefa pode ser assim:

```
resultset =
    statement.executeQuery(" select HOSPEDES from
                                        DadosQuarto ");
    for (int numQuarto = 0; numQuarto < 10; numQuarto++)
{
    resultset.next();
    hospedes[numQuarto] = resultset.getInt("HOSPEDES");
}
```

Mas já que este livro só trata de banco de dados no Capítulo 16, seria melhor ler os números de hóspedes de um arquivo de texto comum. Um arquivo chamado `ListaHospedes.txt` é mostrado na Figura 11-3. Depois de criar um arquivo, podemos chamar a classe `Scanner` para obter os valores nele. O código é mostrado na Listagem 11-1 e o resultado aparece na Figura 11-4.

O site deste livro (conteúdo em inglês) tem dicas para os leitores que precisam criar arquivos de dados. Ele inclui instruções para ambientes Windows, Linux e Macintosh.

```
1 4 2 0 2 1 4 3 0 2
```

Listagem 11-1: Completando um Array com Valor

```java
import static java.lang.System.out;
import java.util.Scanner;
import java.io.File;
import java.io.IOException;

class MostraHospedes {

    public static void main(String args[])
                            throws IOException {
        int hospedes[] = new int[10];
        Scanner diskScanner =
                new Scanner(new File("ListaHospedes.txt"));

        for(int numQuarto = 0; numQuarto < 10; numQuarto++)
        { hospedes[numQuarto] = diskScanner.nextInt();
        }

        out.println("Quarto\tHóspedes");

        for(int numQuarto = 0; numQuarto < 10; numQuar++) {
            out.print(numQuarto);
            out.print("\t");
            out.println(hospedes[numQuarto]);
        }
    }
}
```

```
Quarto Hóspedes
  0       1
  1       4
  2       2
  3       0
  4       2
  5       1
  6       4
  7       3
  8       0
  9       2
```

O código na Listagem 11-1 tem dois loops `for`. O primeiro lê os números de hóspedes e o segundo escreve o número de hóspedes.

Cada array tem um campo length (comprimento) embutido, o *comprimento* (length) de um array é o número de seus componentes. Então, na Listagem 11-1, o valor de `hospedes.length` é 10.

Inserindo tabulação e outras coisas especiais

Na Listagem 11-1, algumas chamadas para `print` e `println` usam a sequência de escape —`\t`. Ela tem esse nome, pois faz com que você escape da exibição da letra t na tela. Nada disso, os caracteres `\t` significam um "tab". O computador executa um tab antes de mostrar qualquer outro caractere. O Java tem algumas sequências de escape muito úteis. Algumas delas são mostradas na Tabela 11-1.

Tabela 11-1	Sequências de Escape
Sequência	**Significado**
`\b`	backspace
`\t`	tab horizontal
`\n`	line feed
`\f`	form feed
`\r`	carriage return
`\*`	carriage return
`\"`	aspas duplas"
`\'`	aspas simples'
`\\`	barra invertida\

Usando um inicializador de array

Além daquela mostrada na Listagem 11-1, há uma outra maneira de preencher um array em Java — usando um *inicializador de array*. Com ele, não temos nem mesmo que dizer ao computador quantos componentes há no array. Ele descobre sozinho.

A Listagem 11-2 mostra uma nova versão do código para preencher um array. O resultado do programa é o mesmo da Listagem 11-1 (que foi mostrado na Figura 11-4). A única diferença entre as Listagens é o texto em negrito na Listagem 11-2. O acessório em negrito é o inicializador de array.

Listagem 11-2:   Usando um Inicializador de Array

```
import static java.lang.System.out;

class MostrarHospedes {

    public static void main(String args[])

        int hospedes[] = {1, 4, 2, 0, 2, 1, 4, 3, 0, 2};
        out.println("Quarto\tHóspedes");

        for(int numQuarto = 0; numQuarto < 10; numQuar++) {
            out.print(numQuarto);
            out.print("\t");
            out.println(hospedes[numQuarto]);
        }
    }
}
```

Um inicializador de array pode conter expressões e literais. Isso significa que podemos colocar qualquer tipo de coisa entre as vírgulas de um inicializador, como por exemplo: `{1 + 3, keyboard.nextInt(), 2, 0, 2, 1, 4, 3, 0, 2}`.

Passando por um array com o loop for melhorado

O Java possui um loop `for` melhorado — que não utiliza contadores ou índices. A Listagem 11-3 mostra como fazer.

O material deste tópico se aplica ao Java 5.0, Java 6, JDK 7 ou qualquer versão superior que apareça nos próximos anos. Mas não funciona com as versões mais antigas do Java — como 1.3, 1.4 e assim por diante. Para saber um pouco mais sobre os números das versões do Java, veja o Capítulo 2.

Listagem 11-3:   Analisando o Loop for.

```
import static java.lang.System.out;

class MostrarHospedes {

    public static void main(String args[]) {
        int hospedes[] = {1, 4, 2, 0, 2, 1, 4, 3, 0, 2};
        int numQuarto = 0;
```

```
              out.println("Quarto\tHóspedes");
        for (int numHospedes : hospedes) {
              out.print(numQuarto++);
              out.print("\t");
              out.println(numHospedes);

        }
    }
}
```

As Listagens 11-1 e 11-3 têm o mesmo resultado, a Figura 11-4.

Se olharmos para o loop na Listagem 11-3, veremos o mesmo velho padrão. Assim como aqueles na Listagem 6-5. O deste exemplo tem três partes:

```
for (tipo-variável nome-variável : escala-de-valores)
```

As primeiras duas partes são *tipo-variável* e *nome-variável*. O loop na Listagem 11-3 define uma variável chamada numHospedes, do tipo int. Durante cada iteração do loop, a variável numHospedes assume um novo valor. Observe a Figura 11-4 para verificar esses valores. O valor inicial é 1. O próximo valor é 4. Depois vem o 2, e assim por diante.

Onde o loop encontra esses números? A resposta está na *escala-de-valores* do loop. Na Listagem 11-3, *escala-de-valores* do loop é hospedes. Então, durante a iteração inicial do loop, o valor de numHospedes é hospedes[0] (que é 1). Durante a próxima iteração, o valor de numHospedes é hospedes[1] (que é 4). Depois vem hospedes[2] (que é 2). E assim por diante.

O loop for melhorado requer um pequeno aviso. Em cada execução do loop, a variável que passa pela escala de valores armazena uma *cópia* do valor na escala original. A variável *não* aponta para a escala em si.

Então, por exemplo, se adicionarmos uma declaração de atribuição que altere o valor de numHospedes na Listagem 11-3, essa declaração não tem efeito sobre quaisquer valores armazenados no array hospedes. Para ajudá-lo a entender essa questão, imagine que os negócios estão indo mal e que o array hospedes está preenchido com zeros. Então, executamos o seguinte código:

```
for (int numHospedes : hospedes) {
    numHospedes += 1;
    out.print(numHospedes + " ");
}

out.println();

for (int numHospedes : hospedes) {
        out.print(numHospedes + " ");
}
```

A variável `numHospedes` assume os valores armazenados no array hóspedes. Mas a declaração `numHospedes += 1` não altera os valores armazenados neste array `hospedes`. O resultado do código é este:

```
1 1 1 1 1 1 1 1 1 1
0 0 0 0 0 0 0 0 0 0
```

Fazendo buscas

Você está sentado em seu escritório no Java Hotel. Olhe! Lá vem um grupo de cinco pessoas. Elas querem um quarto, então, precisa de um software que verifique se há um quarto vago. Se houver, o software modifica o arquivo `ListaHospedes.txt` (veja a Figura 11-3), substituindo o número 0 pelo 5. Felizmente, esse software está em seu disco rígido. Ele é mostrado a seguir:

Listagem 11-4:   Há Quartos Vagos?

```
Import static java.lang.System.out;
import java.util.Scanner;
import java.io.File;
import java.io.IOException;
import java.io.PrintStream;

class BuscarVaga {
    public static void main(String args[])
                                    throws IOException {
        Scanner keyboard = new Scanner(System.in);
        Scanner diskScanner =
            new Scanner(new File("ListaHospedes.txt"));
        int hospedes[] = new int[10];
        int numQuarto;

        for (numQuarto = 0; numQuarto < 10; numQuarto++) {
            hospedes[numQuarto] = diskScanner.nextInt();
        }

        numQuarto = 0;
        while (numQuarto < 10 && hospedes[numQuarto] !=0){
            numQuarto++;
        }

        if (numQuarto == 10) {
            out.println("Desculpe, não há vagas");
        } else {
            out.print("Quantas pessoas para o quarto");
            out.print(numQuarto);
            out.print("?");
            hospedes[numQuarto] = keyboard.nextInt();
```

```
PrintStream listOut =
    new PrintStream("ListaHospedes.txt");
for (numQuarto = 0; numQuarto < 10;
                    numQuarto++) {
    listOut.print(hospedes[numQuarto]);
    listOut.print(" ");
}
        }
    }
}
```

As Figuras 11-5 a 11-7 mostram a execução do código na Listagem 11-4. Voltando à Figura 11-3, o hotel começa com dois quartos vagos — os Quartos 3 e 8. (Lembre-se de que a numeração começa pelo Quarto 0.) A primeira vez que executamos o código na Listagem 11-4, o programa nos diz que o Quarto 3 está vago e coloca 5 pessoas nele. A segunda vez, o programa encontra o outro quarto vago (Quarto 8) e coloca um grupo de 10 nele. (Quanta gente!) A terceira vez, não temos mais quartos vagos. Quando o programa descobre isso, mostra a mensagem Desculpe não há vagas.

Uma execução do código na Listagem 11-4 escreve um novo arquivo ListaHospedes.txt. Isso pode ser confuso, pois cada IDE Java tem seu próprio modo de exibir o conteúdo desse arquivo. Alguns IDEs não mostram automaticamente o arquivo ListaHospedes.txt mais recente, então depois de executar o código na Listagem 11-4, podemos não ver uma mudança imediatamente. (Por exemplo, na Figura 11-5, o Quarto 3 está vazio. Mas depois de executar o código, a Figura 11-6 mostra o Quarto 5 como tendo 5 hóspedes.) Mesmo que não vejamos a mudança de imediato, as execuções consecutivas do código alteram o arquivo ListaHospedes.txt. Dê uma vasculhada em seu IDE favorito para descobrir como fazer com que ele atualize a exibição do arquivo ListaHospedes.txt.

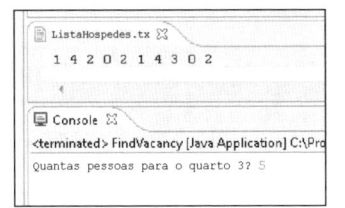

Figura 11-5: Preenchendo uma vaga.

Figura 11-6: Ocupando o último quarto vago.

O código na Listagem 11-4 utiliza os truques vistos em outros capítulos e tópicos deste livro. O único atributo novo é o uso de `PrintStream` para escrever no arquivo de disco (disk file). Pense em qualquer exemplo deste livro que chame `System.out.println` ou outras variações. O que realmente acontece quando chamamos esses métodos?

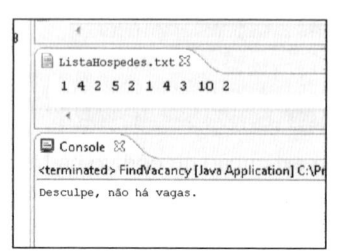

Figura 11-7:
Desculpe, cara. Não há quartos.

`System.out` é um objeto. Ele é definido na API Java. Na verdade, ele é uma instância de uma classe chamada `java.io.PrintStream` (ou apenas `PrintStream` para os íntimos). Agora, cada objeto criado a partir da classe `PrintStream` tem métodos chamados `print` e `println`. Assim como todo objeto `Conta` na Listagem 7-3 tem um método `display` e como todo objeto `DecimalFormat` na Listagem 10-1 tem um método `format`, o objeto `PrintStream` chamado `out` tem os métodos `print` e `println`. Quando chamamos `System.out.println`, estamos chamando um método que pertence a uma instância `PrintStream`.

Certo, e o que isso significa? Bem, `System.out` sempre significa uma área de texto na tela do computador. Se criarmos nosso próprio `PrintStream` e fizermos este objeto se referir a um arquivo de disco, este objeto `PrintStream` fará referência ao arquivo de disco. Quando chamarmos o método `print` deste objeto, escrevemos o texto em um arquivo no disco rígido.

Então, na Listagem 11-4, quando dizemos

```
PrintStream listOut =
                new PrintStream ("ListaHospedes.txt");

listOut.print(hospedes[numQuarto]);
listOut.print(" ");
```

estamos dizendo ao Java para gravar um texto em um arquivo em nosso disco rígido — no arquivo `ListaHospedes.txt`.

É assim que atualizamos o número de hóspedes que estão no hotel. Quando chamamos `listOut.print` para o número de hóspedes no Quarto 3, exibimos o número 5. Então, entre as Figuras 11-5 e 11-6, o número no arquivo `ListaHospedes.txt` muda de 0 para 5. Na Figura 11-6, executamos o programa uma segunda vez. Quando o programa recebe os dados do recém gravado arquivo `ListaHospedes.txt`, o Quarto 3 não está mais vago. Então, desta vez, o programa sugere o Quarto 8.

Como muitos outros métodos e construtores deste tipo, o construtor `PrintStream` não se compromete com nenhum arquivo em particular. Se ele não conseguir localizar um arquivo `ListaHospedes.txt`, cria um e prepara para gravar os valores nele. Mas se o arquivo já existir, ele acaba com ele e se prepara para escrever um arquivo `ListaHospedes` novo e vazio. Se não quiser que arquivos sejam destruídos, tome algumas precauções antes de chamar o construtor `PrintStream`.

Esta é mais uma observação do que uma dica. Se quiser *ler* dados de uma arquivo chamado `Empregados.txt`, você deve criar um scanner. Chame `new Scanner(new File("Empregados.txt"))`. Se acidentalmente chamar `new Scanner("Empregados.txt")` sem a parte do `new File`, a chamada não fará conexão com seu arquivo `Empregados.txt`. Preste atenção em como deve preparar para *escrever* dados em um arquivo. Crie uma instância `PrintStream` chamando `new PrintStream("ListaHospedes.txt")`. Não use `new File` em lugar algum na chamada. Se cometer um engano e acidentalmente incluir `new File`, o compilador Java ficará irritado e lhe dará uma mordida.

Na Listagem 11-4, a condição `numQuarto < 10 && hospedes[numQuarto] != 0` pode ser um tanto complicada. Se você trocar as coisas de lugar e escrever **hospedes[numQuarto] != 0 && numQuarto < 10,** pode se meter em sérios problemas. Para mais detalhes, veja o site deste livro (conteúdo em inglês).

Arrays de Objetos

O Java Hotel está aberto e, agora, conta com um software aperfeiçoado para o registro dos hóspedes! Os idealizadores do primeiro tópico deste capítulo estão sempre pensando em novas maneiras de melhorar seus serviços. E com algumas ideias da programação orientada a objeto, começaram a pensar em termos de uma classe `Quarto`.

"E aí?", você me pergunta, "como seria uma instância `Quarto`?". Isto é fácil. Uma instância `Quarto` teria três propriedades — o número de hóspedes, a tarifa e uma indicação de fumante/não fumante. A figura 11-8 ilustra essa situação.

A Listagem 11-5 mostra o código que descreve a classe `Quarto`. Como prometido, cada instância tem três campos: hóspedes, tarifa e fumante (um valor `false` no campo boolean, `fumante`, indica um quarto de não fumante). Além disso, a classe `Quarto` inteira tem um campo `static` chamado `currency` (moeda). Este objeto `currency` faz com que as tarifas sejam exibidas como valores em reais.

Para descobrir o que significa static, veja o Capítulo 10.

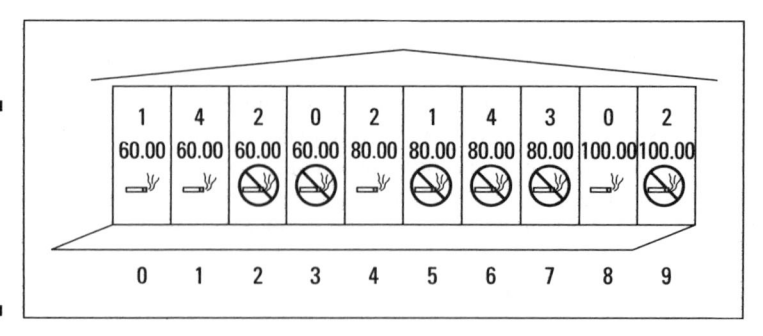

Figura 11-8:
Outra
ilustração
dos quartos
do Java
Hotel.

Listagem 11-5: Então é Assim Que é um Quarto!

```
import static java.lang.System.out;
import java.util.Scanner;
import java.text.NumberFormat;

public class Quarto {
    private int hospedes;
    private double tarifa;
    private boolean fumante;
    private static NumberFormat currency =
        NumberFormat. getCurrentInstance();

    public void  lerQuarto(Scanner diskScanner) {
        hospedes = diskScanner.nextInt();
        tarifa = diskScanner.nextDouble();
        fumante = diskScanner.nextBoolean();
    }
    public void  escreverQuarto() {
        out.print(hospedes);
        out.print("\t");
        out.print(currency.format(tarifa));
        out.print("\t");
        out.println(fumante ? "sim" : "não");
    }
}
```

A Listagem 11-5 tem algumas peculiaridades interessantes, mas prefiro não descrevê-las até que veja o código em ação. É por isso que, neste ponto, passo diretamente para o código que chama o código da Listagem 11-5. Depois de ler sobre o array de quartos (mostrada na Listagem 11-6), veja minha descrição das peculiaridades da Listagem 11-5.

Este aviso é uma repetição deliberada de uma ideia dos Capítulos 4, 7 e de sabe-se lá de qual mais: cuidado ao usar o tipo double e float para armazenar valores de dinheiro. Esses tipos de cálculo não são precisos. Para mais informação (e mais avisos) veja os Capítulos 4 e 7.

Esta dica não tem absolutamente nada a ver com Java. Se você é o tipo de pessoa que prefere um quarto de fumante (com o campo boolean `fumante` = `true` na Listagem 11-5), procure um amigo que possa tirar três dias de folga do trabalho. Faça com que ele fique com você, confortando-o por 72 horas consecutivas, enquanto você resiste sem fumar. Pode ser que você fique um tanto maluco durante a fase inicial de abstinência da nicotina, mas vai se recuperar. E seu amigo se sentirá um verdadeiro herói.

Usando a classe Quarto

Agora, precisamos de um array de quartos. O código para criá-la está na Listagem 11-6. Ele lê os dados do arquivo `ListaQuartos.txt` (a Figura 11-9 mostra o conteúdo deste arquivo).

A Figura 11-10 mostra uma execução do código na Listagem 11-6.

Listagem 11-6:   Gostaria de Ver um Quarto?

```java
import static java.lang.System.out;
import java.util.Scanner;
import java.io.File;
import java.io.IOException;

class MostrarQuartos {

    public void main(String args[])
                        throws IOException {
        Quarto quartos[];
        quartos = new Quarto[10];

        Scanner diskScanner =
            new Scanner(new File("ListaQuartos.txt"));

        for (int numQuarto = 0; numQuarto < 10;
                numQuarto++) {
            quartos[numQuarto] = new Quarto();
            quartos[numQuarto].lerQuarto(diskScanner);
        }

        out.println("Quarto\tHóspedes\tTarifa\tFumante?");
        for (int numQuarto = 0; numQuarto < 10; numQuarto++) {
            out.print(numQuarto);
            out.print("\t");
            quartos[numQuarto].escreverQuarto();
        }
    }
}
```

Diga o que quiser sobre o código na Listagem 11-6. Até onde sei, há somente um problema na listagem inteira que deve preocupá-lo. Qual seria? Bem, para criar um array de *objetos* — e não de valores primitivos — devemos fazer três coisas: tornar o array variável, criá-lo e construir cada objeto individual nele. Isto é diferente de criar um array de valores int ou contendo quaisquer outros valores de tipos primitivos. Quando criamos um array de valores de tipos primitivos, temos que fazer só a primeira das três coisas

Para ajudá-lo a entender tudo isso, acompanhe a Listagem 11-6 e a Figura 11-11 enquanto lê as seguintes considerações:

✔ **Quarto quartos[];**: Esta declaração cria uma variável quartos. Esta variável é destinada a referir-se a um array (mas ainda não se refere a nada).

✔ **quartos = new Quarto[10];**: esta declaração reserva dez espaços de armazenamento na memória do computador. A declaração também faz com que a variável quartos se refira ao grupo de espaços de armazenamento. Cada espaço é destinado a fazer referência a um objeto (mas ainda não se refere a nada).

✔ **quartos[numQuarto] = new Quarto();**: esta declaração está dentro do loop for. A declaração é executada uma vez para cada um dos dez números de quarto. Por exemplo, na primeira vez durante o loop, a declaração é quarto[0] = new Quarto(). Nesta vez, a declaração faz o espaço quartos[0] referir-se a um objeto real (uma instância da classe Quarto).

```
1
60.00
true
4
60.00
true
2
60.00
false
0
60.00
false
2
80.00
true
1
80.00
false
4
80.00
false
3
80.00
false
0
100.00
true
2
100.00
false
```

Figura 11-9:
Um arquivo de dados de Quarto.

Figura 11-10:
Uma
execução
do código
na Listagem
11-6.

```
Quarto  Hóspedes   Tarifa   Fumante?
  0        1       $60.00     sim
  1        4       $60.00     sim
  2        2       $60.00     não
  3        0       $60.00     não
  4        2       $80.00     sim
  5        1       $80.00     não
  6        4       $80.00     não
  7        3       $80.00     não
  8        0      $100.00     sim
  9        2      $100.00     não
```

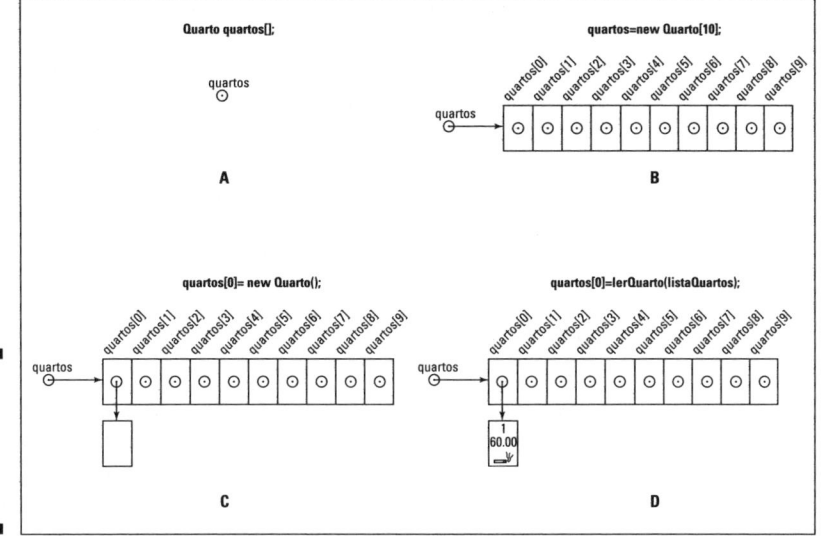

Figura 11-11:
Passos para
criação de
um array de
objetos.

Embora isto não seja tecnicamente considerado um passo na criação de array, você ainda terá que preencher cada campo do objeto com valores. Por exemplo, na primeira vez durante o loop, a chamada lerQuarto diz quartos[1].lerQuarto(diskScanner), que significa "Leia os dados do arquivo ListaQuartos.txt nos campos do objeto quartos[1] (campos hospedes, tarifa e fumante)". A cada loop, o programa cria um novo objeto e lê os dados preenchendo os campos do novo objeto.

Podemos juntar os passos do mesmo modo que fazemos quando criamos arrays de valores primitivos. Por exemplo, podemos fazer os dois primeiros passos de uma vez só, assim:

```
Quarto quartos[] = new Quarto[10];
```

Podemos, ainda, usar um inicializador de array (para saber mais sobre isso, veja o tópico "Usando um inicializador de array", no início deste capítulo).

Outro modo de embelezar os números

Podemos melhorar a aparência dos números de diversas maneiras. Se der uma olhada em alguns dos capítulos anteriores, verá que a Listagem 7-7 usa `printf` e a 10-1 usa um `DecimalFormal`. Mas na Listagem 11-5, mostramos um valor monetário. Usamos a classe `NumberFormat` com seu método `getCurrencyInstance`.

Se compararmos as declarações de formatação nas Listagens 10-1 e 11-5, não veremos muitas diferenças.

- ✔ **Uma listagem usa um construtor e outra chama o método `getCurrencyInstance`.** Este método é um bom exemplo daquilo que chamamos *método fábrica* (factory method), que é uma ferramenta prática para a criação de objetos comumente utilizados. Sempre estamos precisando de códigos que exibam valores monetários. Assim, o `getCurrencyInstance` cria este formato sem que seja necessário escrevermos `new DecimalFormat` (`"$###0.00;($###0.00)"`).

  Como um construtor, um método fábrica retorna um novo objeto. Mas, diferentemente dele, não possui qualquer status especial. Quando é criado, pode receber o nome que quisermos. Para chamá-lo, não usamos a palavra-chave `new`.

- ✔ **Uma listagem usa `DecimalFormat`; a outra usa `NumberFormat`.** Um número decimal é um determinado tipo de número (na verdade, é um número escrito no sistema decimal). Assim, a classe `DecimalFormat` é uma subclasse da classe `FormatNumber`. Os métodos `DecimalFormat` são mais específicos, então para a maioria das finalidades, eu os uso. No entanto, o método `getCurrencyInstance` da classe `DecimalFormat` é mais difícil de ser utilizado, por isso, para programas que envolvem dinheiro, prefiro o `NumberFormat`.

- ✔ **Ambas listagens usam métodos `format`.** No fim das contas, basta escrevermos algo como `currency.format(tarifa)` ou `decFormat.format(media)`. Depois disso, o Java faz o trabalho para nós.

Do Capítulo 4 em diante, tenho alertado de forma muito gentil para que não utilize tipos como `double` ou `float` para armazenar valores monetários. Para cálculos mais precisos, use `int`, `long` ou melhor ainda, `BigDecimal`.

Leia mais sobre os perigos dos tipos `double` e `float` e valores monetários no Capítulo 5.

O operador condicional

A Listagem 11-5 usa um acessório interessante chamado *operador condicional*. Ele pega três expressões e retorna o valor de apenas uma. Funciona como uma mini declaração `if`. Quando usamos o operador condicional, sua aparência é mais ou menos assim:

```
condiçãoASerTestada ? expressão1 : expressão2
```

O computador avalia `condiçãoASerTestada`. Se for verdadeira (`true`), retorna o valor da `expressão1`. Se for falsa (`false`), retorna o valor da `expressão2`.

Então, no código

```
fumante ? "sim" : "não"
```

o computador verifica se `fumante` tem um valor `true`. Em caso positivo, a expressão inteira é substituída pela primeira string, "`sim`". Em caso negativo, pela segunda string, "`não`".

Na Listagem 11-5, a chamada para `out.println` exibe "sim" ou "não". A escolha entre as duas strings depende do valor `true` ou `false` de `fumante`.

Argumentos de Linha de Comando

Já houve época em que a maioria dos programadores usava uma interface de desenvolvimento baseada em texto. Para executar o exemplo `Displayer` do Capítulo 3, não selecionavam Executar em um sofisticado menu em uma linda interface de desenvolvimento integrado. Ao invés disso, digitavam um comando em uma janela simples, geralmente com um texto em branco sobre um fundo preto. A Figura 11-12 ilustra essa questão. Nela, digito as palavras `java Displayer` e o computador responde com o resultado do meu programa (as palavras `Você vai amar Java!`).

Figura 11-12:
Que sem
graça!

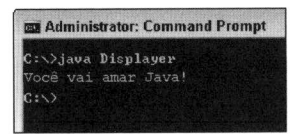

Essa janela simples atende por diversos nomes, dependendo do tipo de sistema operacional que estivermos usando. No Windows, a janela de texto é chamada de *command prompt window*. No Macintosh e no Linux, *terminal*. Algumas versões de Linux e de UNIX a chamam de *shell*.

De qualquer modo, antigamente podíamos escrever um programa que sugasse informações adicionais quando digitávamos o comando para executar o programa. A Figura 11-13 mostra como funcionava.

Figura 11-13:
Quando executávamos um programa Make Random NumsFile, digitamos algumas informações extras.

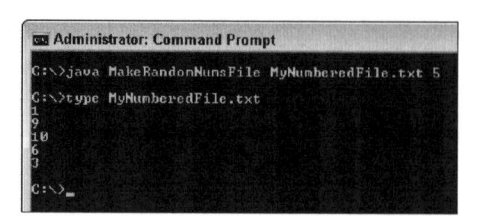

Na Figura 11-13, o programador digita `java MakeRandomNumsFile` para executar o programa `MakeRandomNumsFile`. Mas o programa solicita duas informações extras, neste exemplo, `MyNumberedFile.txt` e 5. Quando o programa é executado, absorve essas informações e as utiliza para fazer o que tem que fazer. Na Figura 11-13, o programa absorve `MyNumberedFile.txt 5`, mas em outra ocasião o programador pode digitar `AlgumaCoisa 28` ou `MonteDeNumeros 2000`. A informação adicional pode ser diferente a cada execução do programa.

Então, a próxima pergunta é: "Como um programa Java sabe que deve 'roubar' informação extra toda vez que é executado?". Desde que começou a trabalhar com Java, você já deve ter reparado no `String args[]` nos cabeçalhos de todo método `main`. Bem, é hora de descobrir do que se trata. O parâmetro `args[]` é um array de valores `String`. Eles são chamados de *argumentos de linha de comando*.

Usando os argumentos de linha de comando em um programa Java

A Listagem 11-7 mostra como usar argumentos de linhas de comando em um código.

Listagem 11-7: Gerando um Arquivo de Números

```java
import static java.lang.System.out;
import java.util.Scanner;
import java.io.File;
import java.io.IOException;

class MostrarQuartos {

    public void main(String args[])
                            throws IOException {
        Quarto quartos[];
        quartos = new Quarto[10];

        Scanner diskScanner =
            new Scanner(new File("ListaQuartos.txt"));

        for (int numQuarto = 0; numQuarto < 10;
                numQuarto++) {
            quartos[numQuarto] = new Quarto();
            quartos[numQuarto].lerQuarto(diskScanner);
        }

        out.println("Quarto\tHóspedes\tTarifa\tFumante?");
        for (int numQuarto = 0; numQuarto < 10; numQuarto++) {
            out.print(numQuarto);
            out.print("\t");
            quartos[numQuarto].escreverQuarto();
        }
    }
}
```

Se um determinado programa conta com argumentos de linha de comando, não podemos iniciar sua execução da mesma maneira que fazemos com a maioria dos outros programas deste livro. O modo como inserimos os argumentos de linha de comando no programa depende do IDE que estamos usando — Eclipse, NetBeans etc. É por isso que o site deste livro (contéudo em inglês) tem instruções para inserção de argumentos em programas usando vários tipos de IDE.

Quando o código na Listagem 11-7 começa a rodar, o array `args` recebe seus valores. No método `main` da Listagem 11-7, o componente do array `args[0]` automaticamente assume o valor de "`MyNumberedFile.txt`" e `args[1]` automaticamente se torna "`5`". Então, as declarações de atribuição do programa acabam tendo o seguinte significado:

```
PrintStream printOut = new  PrintStream("MyNumberedFile.
    Txt");
int numLines = Integer.parseInt("5");
```

O programa cria um arquivo chamado `MyNumberedFile.txt` e configura `numLines` como 5. Então, mais adiante no código, o programa aleatoriamente gera cinco valores e os coloca em `MyNumberedFile.txt`. Uma execução do programa resulta o arquivo mostrado na Figura 11-14.

Figura 11-14: Um arquivo da execução do código na Listagem 11-7.

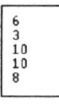

```
6
3
10
10
8
```

Depois de executar o código na Listagem 11-7, onde estará o novo arquivo (`MyNumberedFile.txt`) no disco rígido? A resposta depende de inúmeras coisas, então, não quero me comprometer com uma única resposta. Se usarmos um IDE com programas divididos em projetos, o novo arquivo estará em algum lugar da pasta do projeto. De qualquer modo, podemos alterar a Listagem 11-7 para que especifique um caminho completo — como: "`C:\\MyNumberedFile.txt`".

No Windows, os caminhos de arquivo contêm barras invertidas. Em Java, quando queremos indicar uma barra invertida dentro de um literal `String` com aspas duplas, usamos uma barra invertida dupla. Por isso que: "`C:\\MyNumberedFile.txt`" contém duas barras invertidas. Nos sistemas operacionais Linux e Macintosh os caminhos de arquivo contêm barra normal. Para indicá-los na `String` Java, usamos uma barra normal. Para nos referirmos a um arquivo no diretório Documentos (Documents) do Macintosh, devemos escrever "`/Users/SeuNomeDeUsuario/Documentos/MyNumberedFile.txt`".

Observe como cada argumento de linha de comando na Listagem 11-7 é um valor String. Quando olhamos para args[1], não vemos o número 5 — e sim a cadeia de caractere (string) "5" com apenas um dígito. Infelizmente, não podemos usar esse "5" para fazer todos os tipos de cálculo. Para obtermos um valor int de "5", temos que aplicar o método parseInt (veja a Listagem 11-7).

O método parseInt está dentro de uma classe chamada *Integer*. Então, para chamá-lo, inserimos a palavra *Integer* antes do nome *parseInt*. A classe Integer tem todos os tipos de métodos úteis para utilizar valores int.

Em Java, *Integer* é o nome de uma classe e *int* é o nome de um tipo primitivo (simples). Os dois estão relacionados, mas não são a mesma coisa. A classe Integer tem métodos e outras ferramentas para lidar com valores int.

Procurando o número certo de argumentos de linha de comando

O que acontece se o usuário comete um erro? E se esquecer de digitar o número 5 na primeira linha da Figura 11-13?

O computador atribui "MyNumberedFile.txt" para args[0], mas não atribui nada para args[1]. Isso não é bom. Se o computador chegar na declaração

```
int numLines = Integer.parseInt(args[1]);
```

o programa trava com a seguinte mensagem nada amigável ArrayIndexOutOfBoundsException (Exceção de Índice de Array Fora dos Limites).

Então, o que fazer? Na Listagem 11-7, o código verifica o comprimento (length) do array args e compara args.length com 2. Se o array args tiver menos de dois componentes, mostra uma mensagem na tela e sai do programa. A Figura 11-15 mostra o resultado:

Figura 11-15:
O código na Listagem 11-7 nos diz como executá-lo.

```
Usage: MakeRandomNumsFile filename number
```

Apesar da verificação de `args.length` na Listagem 11-7, o código ainda estará àprova de falhas. Se o usuário digitar **cinco** ao invés de **5**, o programa afunda com uma `NumberFormatException` (`Exceção de formato de número`). O segundo argumento de linha de comando não pode ser uma palavra. Ele tem que ser um número (e um número inteiro). Podemos adicionar declarações na Listagem 11-7 para tornar o código mais seguro, mas a verificação da exceção `NumberFormatException` é mais bem explicada no Capítulo 12.

Quando estamos trabalhando com argumentos de linha de comando, podemos inserir um valor `String` com um espaço em branco. Basta inserir o valor em aspas duplas. Por exemplo, podemos executar o código na Listagem 11-7 com argumentos "`Meu Arquivo.Txt`" 7.

O sol já está se pondo sobre o tema dos arrays neste livro. O próximo tópico trata de algo um pouco diferente. Mas antes de abandonar este assunto, pense nisto: um array é uma linha de coisas e nem todo tipo de coisa cabe em apenas uma linha. Observe os primeiros exemplos deste capítulo, que fala do hotel. Os quartos do hotel, numerados de 0 a 9, estão em uma grande linha. Mas, e se os seus negócios se expandissem e seu hotel passasse a ter 50 andares com 100 quartos por andar? Os dados teriam a forma de um quadrado. Teríamos 50 linhas, cada uma com 100 itens. É lógico que podemos pensar nos quartos como se estivessem em uma grande fileira, mas para que fazer isso? Por que não fazer um `array de duas dimensões`? Seria um array quadrado, onde cada componente tem dois índices — um número de fileira e um número de coluna. Ai de mim, não há espaço neste livro para mostrar um array bidimensional (e não posso pagar por um hotel desses mesmo). Mas se visitar o site deste livro (conteúdo em inglês), poderá ler sobre eles.

Usando as Coleções Java

Arrays são bons, mas têm sérias limitações. Imagine que costuma armazenar os nomes de clientes em uma ordem predeterminada. Seu código contém um array, que tem espaço para 100 nomes.

```
String name[] = new String[100];
for (int i= 0; i < 100; i++) {
    name[1] = new String();
}
```

Tudo está indo bem até que um dia o cliente número 101 aparece. Durante a execução do programa, você insere os dados do cliente 101 esperando desesperadamente que o array com 100 componentes possa se expandir para atender ás suas necessidades crescentes.

Nada feito. Arrays não se expandem. Seu programa trava com uma `ArrayIndexOutOfBoundsException` (Exceção de índice de array fora dos limites).

"Em minha próxima vida, criarei arrays com comprimento: 1.000", diz para si mesmo. E quando sua próxima vida chega, você faz o seguinte:

```
String name[] = new String[1000];
for (int i = 0; i < 1000; i++) {
    name[i] = new String();
}
```

Mas em sua próxima vida, ocorre uma grave recessão econômica. Ao invés de ter 101 clientes, tem apenas 3. Agora, está desperdiçando espaço para 1.000 nomes quando apenas 3 seriam suficientes.

E se não ocorrer a tal recessão? Você possui um array de 1.000 espaços e utiliza, ordenadamente, 825 deles. Os componentes com índices entre 0 e 824 estão sendo usados e os entre 825 e 999 estão aguardando, pacientemente, para serem preenchidos.

Um dia, surge um novo cliente. Já que seus clientes são armazenados em ordem alfabética (pelo sobrenome, numericamente pelo CPF ou em qualquer outra ordem), você quer que o novo cliente entre no componente correto de seu array. O problema é que o lugar dele é bem no início do array, no componente com índice 7. O que acontece?

Você pega o nome no componente de número 824 e move para o 825. O nome no componente 823 move para o 824. O 822 para o 823 e assim por diante, até chegar ao número 7. E então, coloca o nome do novo cliente no componente 7. Que chateação! É claro que o computador não reclama (se ele tem sentimentos, deve gostar deste tipo de trabalho repetitivo). Mas enquanto move todos esses nomes, desperdiça tempo de processamento, energia e todos os tipos de recursos.

"Em minha próxima vida, terei três componentes em branco a cada dois nomes", você decide agora. E, é claro, seu negócio se expande. Até você perceber que três não são suficientes.

As classes de coleção ao seu dispor

Os problemas nos parágrafos anteriores não são novos. Cientistas da computação vêm trabalhando nessa questão há muito tempo. Eles não descobriram nenhuma solução única e mágica, mas descobriram alguns truques inteligentes.

A API Java tem uma porção de classes conhecidas como classes *coleção*. Cada uma tem métodos para armazenar grupos de valores. E cada método utiliza alguns truques. Para você o que interessa é: certas classes coleção lidam da forma mais eficiente possível com os problemas surgidos nos parágrafos anteriores. Se tiver que resolver esses problemas ao escrever um código, use as classes coleção e chame seus métodos. Ao invés de se preocupar com um cliente cujo nome deve ser armazenado na posição 7, basta chamar o método add da classe. Ele insere o nome na posição de sua escolha e lida razoavelmente bem com qualquer efeito de acomodação dos demais nomes. Na melhor das hipóteses, a inserção é muito eficiente. Na pior, pode ter certeza de que o código faz tudo da melhor maneira possível.

Usando ArrayList

Uma das classes coleção mais versáteis do Java é a ArrayList. A Listagem 11-8 mostra como ela funciona.

Listagem 11-8: Trabalhando com uma Coleção Java

```java
import staticjava.lang.System.out;
import java.util.Scanner;
import java.io.File;
import java.io.IOException;
import]java.util.ArrayList;

class MostrarNomes {

    public static void main(String args[])
                                throws IOException {
        ArrayList<String> pessoas =
                    new ArrayList<String>();
        Scanner diskScanner =
            new Scanner(new File("nomes.txt"));

        while (diskScanner.hasNext()) {
            pessoas.add(diskScanner.nextLine());
        }

        pessoas.remove();
        pessoas.add(2, "Jim Newton");

        for (String nome : pessoas) {
            out.prinln(nome);
        }
    }
}
```

A Figura 11-16 traz uma amostra do arquivo nomes.txt. O código na Listagem 11-8 lê o referido arquivo e mostra a Figura 11-17.

Figura 11-16:
Vários
nomes em
um arquivo.

```
Barry Burd
Harriet Ritter
Weelie J. Katz
Harry "The Crazyman" Spoonswagler
Felicia "Fishy" Katz
Mia, Just "Mia"
Jeremy Flooflong Jones
I. M. D'Arthur
Hugh R. DaReader
```

Figura 11-17:
O código na
Listagem
11-8 altera
alguns
nomes.

```
Harriet Ritter
Weelie J. Katz
Jim Newton
Harry "The Crazyman" Spoonswagler
Felicia "Fishy" Katz
Mia, Just "Mia"
Jeremy Flooflong Jones
I. M. D'Arthur
Hugh R. DaReader
```

Quando executamos os métodos `remove` e `add`, uma porção de coisas interessantes acontece. A variável chamada `pessoas` se refere a um objeto de `ArrayList`. Quando chamamos o método `remove` desse objeto

```
pessoas.remove(0);
```

eliminamos um valor da lista. Neste caso, eliminamos qualquer valor que esteja na posição inicial da lista (a posição numerada como 0). Então, na Listagem 11-8, a chamada para `remove` retira o nome `Barry Burd` da lista.

Restam, agora, apenas oito nomes na lista, mas a próxima declaração

```
pessoas.add(2, "Jim Newton");
```

insere um nome na posição 2 (depois que Barry é removido, a posição número 2 é a ocupada por Harry Sponnswagler, então Harry passa para a posição 3 e Jim Newton se torna o número 2).

Observe que um objeto `ArrayList` tem dois métodos `add` diferentes. O método que adiciona Jim Newton tem dois parâmetros: um número de posição e um valor a ser adicionado. Outro método `add`

```
pessoas.add(diskScanner.nextLine());
```

possui apenas um parâmetro. Essa declaração pega qualquer nome que encontrar na linha do arquivo de entrada e o insere no final da lista (o método `add` com apenas um parâmetro sempre acrescenta seu valor ao que estiver atualmente no final do objeto `ArrayList`.)

As últimas linhas da Listagem 11-8 contêm um loop `for` melhorado. Como o da Listagem 11-3, ele tem a seguinte forma:

```
for (tipo-variavel nome-variavel : escala-de-valores)
```

Tudo sobre genéricos

Um dos objetivos originais do Java era manter a linguagem o mais simples possível. O desenvolvedor da linguagem pegou alguns dos atributos desnecessários e complicados da C++ e jogou pela janela. O resultado foi uma linguagem clara e amena. Para alguns, amena até de mais. Então, depois de muitos anos de discussão e confusão, o Java se tornou um pouco mais complicado. Em 2004, o Java tinha tipos `enum`, loops `for` melhorados, static import e alguns outros novos atributos interessantes. Mas a novidade mais comentada foi a introdução dos genéricos.

```
ArrayList<String> pessoas =
    new ArrayList<String>();
```

O uso de algo como `<String>` era novo no Java 5.0. No antigo estilo Java escreveríamos

```
ArrayList pessoas = new
    ArrayList();
```

Naquela época, um `ArrayList` podia armazenar quase tudo que quiséssemos — um número, uma `Conta`, um `Quarto`, uma `String` — qualquer coisa. A classe `ArrayList` era muito versátil, mas com essa versatilidade surgiram os problemas. Se podíamos colocar qualquer coisa em um `ArrayList`, não era possível prever facilmente qual seria o resultado. Em particular, não era fácil escrever um código que presumisse que havíamos armazenado certos tipos de valores na `ArrayList`. Observe um exemplo:

```
ArrayList coisas = new
    ArrayList();
coisas.add(new Conta());
Conta MinhaConta = coisas.
    get(0);
//NÃO USE ISTO. É UM CÓDIGO
    RUIM.
```

Na terceira linha, a chamada para `get(0)` captura o valor mais recente na coleção `coisas`. A chamada para `get(0)` está correta, mas o compilador falha na tentativa de atribuição de `minhaConta`. Obtemos uma mensagem na terceira linha dizendo que o resultado da lista de `coisas` não pode ser inserido na variável `minhaConta`. Obtemos essa mensagem porque, no momento que chega na terceira linha, o computador esqueceu que o item adicionado na segunda linha era do tipo `Conta`!

A introdução de genéricos resolve esse problema:

```
ArrayList<Conta> coisas =
    new ArrayList<Conta>();
coisas.add(new Conta());
Conta minhaConta = coisas.
    get(0);
//NÃO USE ISTO. É UM CÓDIGO
    BOM.
```

Adicionar `<Conta>` em dois lugares diz ao compilador que `coisas` armazena instâncias de `Conta` — nada mais. Então, na terceira linha no código anterior, obtemos um valor da coleção `coisas`. Então, já que `coisas` armazena somente objetos `Conta`, podemos fazer com que `minhaConta` refira-se a esse novo valor.

O Java 5.0 adicionou os genéricos no Java. Mas logo depois de seu nascimento, os programadores perceberam o quanto os códigos genéricos podem ser desajeitados. Afinal, podemos criar genéricos dentro de genéricos. Um `ArrayList` contém uma porção de arrays e cada um pode ser um `ArrayList`. Então, podemos escrever

```
ArrayList<ArrayList<String>[]> confuso =
    new ArrayList<ArrayList
        <String>[]>();
```

Toda aquela repetição na declaração `con-fuso` me dá dor de cabeça! Para evitar essa confusão, o Java 7 tem um *operador diamante* `<>`. Ele diz ao Java para reutilizar toda aquela coisa incrivelmente complicada que colocamos na parte anterior da declaração genérica. Neste exemplo, o `<>` diz ao Java para reutilizar `<ArrayList<String>[]>`, mesmo se escrevermos `<ArrayList<String>[]>` somente uma vez. Veja como é o aperfeiçoado código do Java 7:

```
ArrayList<ArrayList<String>[]> confuso =
    new ArrayList<>();
```

No Java 7, podemos escrever quaisquer dessas declarações `confuso` — a horrenda declaração original com duas ocorrências de `ArrayList<String>[]` ou a declaração aperfeiçoada (um pouco menos terrível) com o operador diamante e apenas uma ocorrência de `ArrayList<String>[]`.

Sim, o código aperfeiçoado é ainda complicado. Mas sem toda aquela repetição de `ArrayList<String>[]`, ele fica menos enfadonho. O operador diamante do Java 7 diminui as chances de digitação errada, que causaria um enorme estrago no código.

Na Listagem 11-8, tipo-da-variável é `String`, nome-da-variável é `nome` e a escala-de-valores inclui as coisas armazenadas na coleção `pessoas`. Durante uma iteração do loop, `nome` refere-se a um dos valores `String` armazenados em `pessoas` (então, se a coleção `pessoas` contiver nove valores, o loop `for` faz nove iterações). Em cada uma, a declaração dentro do loop mostra um nome na tela.

Usando genéricos (dica quente!)

Observe novamente a Listagem 11-8 e veja a estranha declaração de `ArrayList`:

```
ArrayList<String> pessoas = new ArrayList<String>();
```

A partir do Java 5.0, toda classe coleção é *genérica*. Essa palavra estranha significa que toda declaração de coleção deve conter símbolos `<>`, como por exemplo: `<String>`. O que aparece entre os símbolos `<` e `>` diz ao Java que tipo de valores a nova coleção pode conter. Por exemplo, na Listagem 11-8, as palavras `ArrayList<String> pessoas` diz ao Java que `pessoas` é um monte de strings. Isto é, a lista `pessoas` contém objetos `String` (e não `Quarto`, `Conta` ou `Empregado`, somente `String`).

A maioria dos assuntos deste tópico se aplica ao Java 5.0, Java 6, Java 7 ou qualquer outra versão superior que surja nos próximos anos. Não podemos usar genéricos nas versões mais antigas, anteriores ao Java 5.0. Para saber mais sobre genéricos, veja o box. E para saber mais sobre números de versões Java, veja o Capítulo 2.

Na Listagem 11-8 as palavras `ArrayList<String> pessoas` dizem que a variável `pessoas` pode se referir somente a uma coleção de valores `String`. Então, a partir deste ponto, qualquer referência para um item da coleção `pessoas` é tratada exclusivamente como `String`. Se escrevermos

```
pessoas.add(new Quarto());
```

o compilador engasga e cospe seu código fora, pois `Quarto` (criado na Listagem 11-5) não é o mesmo que `String` (tudo isso acontece mesmo para que o compilador tenha acesso ao código da classe `Quarto` — na Listagem 11-5). Mas a declaração

```
pessoas.add("George Gow");
```

não tem problema algum. Já que "George Gow" é do tipo `String`, o compilador sorri alegremente.

O Java 7 tem um atributo muito legal que nos permite abreviar declarações genéricas. Na Listagem 11-8, podemos escrever `ArrayList<String> pessoas = new ArrayList<>()` sem repetir a palavra `String` uma segunda vez na declaração. O símbolo <> sem qualquer palavra dentro é chamado de *operador diamante*. Ele nos poupa de ter de escrever coisas como `<String>` repetidamente.

Verificando a presença de mais dados

Essa é uma agradável surpresa. Quando escrevemos um programa como aquele mostrado na Listagem 11-8, não temos que saber quantos nomes estão no arquivo de entrada. Ter que saber o número de nomes pode liquidar com o principal objetivo da utilização de uma classe `ArrayList` facilmente expansível. Ao invés de executar o loop até lermos exatamente nove nomes, podemos executá-lo até que os dados terminem.

A classe `Scanner` tem inúmeros métodos bacanas, como `hasNextInt`, `hasNextDouble` e o velho e bom `hasNext`. Cada um desses métodos procura por mais dados de entrada. Se houver mais dados, ele retorna `true` (verdadeiro). Caso contrário, retorna `false` (falso).

A Listagem 11-8 utiliza o método de uso geral `hasNext`. Ele retorna `true` (verdadeiro) sempre que ainda houver mais coisas a serem lidas na entrada do programa. Então, depois que o programa recolhe a última linha `Hugh R. Da Reader` na Figura 11-16, a chamada `hasNext` retorna `false` (falso). Essa condição `falsa` encerra a execução do loop `while` e direciona o computador para o código restante na Listagem 11-8.

Capítulo 12

Saindo-se Bem Quando o Inesperado Acontece

ia 9 de setembro de 1945: uma mariposa voa para dentro dos circuitos do computador do Harvard Mark II e paralisa seu funcionamento. Este se torna o primeiro caso real registrado de *bug* de computador. Para quem não sabe, *bug* em inglês quer dizer inseto.

Dia 19 de abril de 1957: Herbert Bright, gerente do centro de processamento de dados em Westinghouse, Pittsburg, recebe um maço de cartões perfurados não identificados pelo correio (o que seria o mesmo que receber um CD-ROM sem rótulo hoje em dia). Sr. Bright suspeita que tenha sido enviado pela equipe de desenvolvimento da FORTRAN — a primeira linguagem de programação de computador. Ele aguardava já há alguns anos por esse software (não havia downloads pela internet naquela época).

Armado com apenas um bom palpite, Bright escreve um pequeno programa FORTRAN e tenta compilá-lo em seu IBM 704. O computador, que tem residência própria, uma sala de 2.000 metros quadrados, usa tubos de vácuo no lugar de transistores e tem colossais 32K de RAM. O sistema operacional tem que ser carregado a partir de uma fita, antes de cada execução de um programa, que normalmente leva de duas a quatro horas. Depois do tempo de espera habitual, a tentativa de Bright de compilar um programa FORTRAN retorna um único erro — uma vírgula faltando em uma das declarações. Ele corrige o erro e o programa roda sem problemas.

Dia 22 de julho de 1962: Mariner I, a primeira aeronave dos Estados Unidos destinada a viagens interplanetárias, é destruída depois de um comportamento estranho quatro minutos depois do lançamento. A falha foi atribuída a um traço (como um hífen) ausente na fórmula que controlava a velocidade do foguete.

Aproximadamente na mesma época, é encontrada uma declaração incorreta no software de computação de órbita da Nasa `DO 10 I=1.10` (ao invés de `DO 10 I=1,10`). Na anotação moderna, seria como escrever `do10i = 1.10` em lugar de `for (int i=1; 1<=10; i++)`. A alteração de uma vírgula para um ponto transforma um loop em uma declaração de atribuição.

Dia 1º de janeiro de 2000: o 'Problema do Ano 2000' traz devastação ao mundo moderno.

Todos os fatos pontuais históricos foram emprestados das seguintes fontes: o grupo de notícias Computer Folklore (`alt.folklore.computers` - conteúdo em inglês), que pode ser acessado em `http://groups.google.com`), o Dicionário Gratuito Online de Computação (`http://foldoc.org` – tradução disponível no site), a coluna "Olhando para o Passado" da revista *Computer* (`www.computer.org/computer`) e as páginas da web do IEEE (`www.computer.org/history`), conteúdo em inglês.

Tratando as Exceções

Estamos fazendo inventário. Isso significa ter de contar item por item, caixa por caixa e anotar tudo em folhas de registro, em pequenos dispositivos portáteis e em formulários, a partir do teclado do computador. Uma parte especial do projeto envolve dar entrada no número de caixas encontradas na prateleira "Das Grandes Caixas Empoeiradas Que Não São Abertas Desde o Primeiro Ano". Para não quebrar a prática de décadas da empresa, decidimos não abrir aquelas caixas. E, arbitrariamente, atribuímos o valor de $3,25 para cada uma.

A Listagem 12-1 mostra o software que cuida dessa parte do inventário. O software tem uma falha, que é revelada na Figura 12-1. Quando o usuário insere um valor inteiro, tudo funciona bem. Mas quando insere qualquer outra coisa (como o número 3,5), o programa vai à ruína. Com certeza, podemos fazer algo a respeito. Computadores são burros, mas não a ponto de não conseguir lidar com esse tipo de falha.

Listagem 12-1:   Contando Caixas

```
import static java.lang.System.out;
import java.util.Scanner;
import java.text.NumberFormat;
class InventarioA {
    public static void main(String args[]) {
        final double precoCaixa = 3.25;
        Scanner keyboard = new Scanner(System.in);
        NumberFormat currency =
            NumberFormat.getCurrencyInstance();
```

```
        out.print("Quantas caixas temos? ");
        String numCaixasIn = keyboard.next();
        int numCaixas = Integer.parseInt(numCaixasIn);

        out.print("O valor é ");
        out.println(currency.format(numCaixas *
            precoCaixa ));
    }
}
```

Figura 12-1:
Três
execuções
distintas do
código na
Listagem
12-1.

```
Quantas caixas temos? 3
O valor é $9.75

Quantas caixas temos? 3.5
Exception in thread "main" Java.lang.NumberFormatException: For input string: "3.5"
        at java.lang.NumberFormatException.forInputString(Unknown Source)
        at java.lang.Integer.parseInt(Unknown Source)
        at java.lang.Integer.parseInt(Unknown Source)
        at InventarioA.main(InventarioA.java:15)

Quantas caixas temos? três
Exception in thread "main" Java.lang.NumberFormatException: For input string: "três"
        at java.lang.NumberFormatException.forInputString(Unknown Source)
        at java.lang.Integer.parseInt(Unknown Source)
        at java.lang.Integer.parseInt(Unknown Source)
        at InventarioA.main(InventarioA.java:15)
```

A chave para solucionar o *bug* do programa é examinar a mensagem que aparece quando o programa falha. A mensagem diz: `java.lang.NumberFormatException`. Isso significa que uma classe chamada *NumberFormatException* está no pacote API `java.lang`. De alguma forma, a chamada para `Integer.parseInt` retirou a classe `NumberFormatException` de seu esconderijo.

Para uma breve explicação sobre o método `Integer.parseInt`, veja o Capítulo 11.

Vejamos o que está acontecendo. A linguagem de programação Java tem um mecanismo chamado *tratamento de exceção*. Com ele, um programa pode detectar coisas que estão prestes a dar errado e responder criando um novo objeto. Na terminologia oficial, uma instância da classe `Exception` é passada como uma batata quente de uma parte para outra no código, até que uma delas decida *tratar* a exceção. Quando ela é tratada, o programa executa um código de recuperação, abandona a exceção e segue para a próxima declaração normal, como se nada tivesse acontecido. O processo é ilustrado na Figura 12-2.

Tudo isso é feito com a ajuda de algumas palavras-chave Java. Elas são as seguintes:

- ✔ **throw:** cria um novo objeto exceção.
- ✔ **throws:** passa a responsabilidade de um método para o código que o chamou.

✔ **try:** cerca os códigos com potencial para criar um novo objeto de exceção. No cenário habitual, o código dentro de uma cláusula `try` contém as chamadas para os métodos cujo código possa criar uma ou mais exceções.

✔ **catch:** trata a exceção, isolando-a e seguindo em frente.

Então, a verdade apareceu. Através de uma cadeia de eventos como a mostrada na Figura 12-2, o método `Integer.parseInt` pode lançar uma `NumberFormatException`. Quando chamamos `Integer.parseInt` o objeto `NumberFormatException` é repassado para nós.

A documentação API (Interface de Programação de Aplicativos) Java para o método `parseInt` diz: "Throws (lança): `NumberFormatException` — se a string não corresponder a um número inteiro". De vez em quando, ler a documentação realmente vale a pena.

Se você acha que é um herói, é melhor tratar a exceção para que o resto do código possa cuidar de seus afazeres normais. A Listagem 12-2 mostra o tratamento de uma exceção.

```
void método1() {
    try {
        método2();
    } catch (Exception e) {

    }
}
```

```
void método2() throws Exception {
    método3();
}
```

```
void método3() throws Exception {
    método2();
}
```

```
void método4() throws Exception {
    throw new Exception();
}
```

Figura 12-2:
Lançando, passando e tratando uma exceção.

Listagem 12-2: Um Herói Contando Caixas

```java
import static java.lang.System.out;
import java.util.Scanner;
import java.text.NumberFormat;

class InventarioB {

    public static void main(String args[]) {
        final double precoCaixa = 3.25;
        Scanner keyboard = new Scanner(System.in);
        NumberFormat currency =
            NumberFormat.getCurrencyInstance();

        out.print("Quantas caixas temos? ");
        String numCaixasIn = keyboard.next();

        try {
            int numCaixas = Integer.parseInt(numCaixas));
            out.print("O valor é ");
            out.println(
                currency.format(numCaixas * precoCaixa));
        } catch (NumberFormatException e) {
            out.println("Isto não é um número.");
        }

    }
}
```

A Figura 12-3 mostra três execuções do código na Listagem 12-2. Quando um usuário desorientado digita **três** ao invés de **3**, o programa mantém a calma mostrando a mensagem: Isto não é do número. O truque aqui é confinar a chamada para Integer.parseInt dentro de uma cláusula try. Se fizermos isso, o computador procura por exceções quando qualquer declaração dentro da cláusula try for executada. Se uma exceção é lançada, o computador salta de dentro da cláusula try para a catch, abaixo dela. Na Listagem 12-2, o computador executa a declaração println dentro da cláusula e, então, segue com seu processamento normal. (Se existissem declarações na Listagem 12-2, depois do final da cláusula catch, o computador iria continuar e executá-la.)

Figura 12-3:
Três
execuções
do código
na Listagem
12-2.

```
Quantas caixas temos? 3
O valor é $9.75

Quantas caixas temos? Três
Isto não é um número.

Quantas caixas temos? -25
O valor é ($81.25)
```

Um bloco `try-catch` completo — com uma cláusula `try`, uma `catch` e todo o resto — é chamado de *declaração try*. Às vezes, para dar ênfase, chamo-a de *declaração try-catch*.

O parâmetro em uma cláusula catch

Observe a cláusula `catch` na Listagem 12-2 e preste atenção especial nas palavras (`NumberFormatException e`). Isso é muito parecido com a lista de parâmetros de um método, não é mesmo? Na verdade, toda cláusula `catch` é como um minimétodo, com sua própria lista de parâmetros. E a lista de parâmetros sempre tem o nome do tipo de exceção e depois um parâmetro.

Na Listagem 12-2, não faço nada com o parâmetro e da cláusula `catch`, mas certamente poderia, se quisesse. Lembre-se de que a exceção lançada é um objeto — uma instância da classe `NumberFormatException`. Quando uma exceção é tratada, o computador faz com que o parâmetro da cláusula `catch` refira-se àquele objeto exceção. Em outras palavras, o nome e armazena uma porção de informação sobre a exceção. Para aproveitar isso, podemos chamar alguns métodos do objeto exceção.

```
} catch (NumberFormatException e) {
    out.println("Mensagem: ***" + e. getMessage() + "***");
    e.printStackTrace();
}
```

Com essa nova cláusula `catch`, a execução do programa `inventário` pode se parecer com a mostrada na Figura 12-4. Quando chamamos `getMessage`, recebemos alguns detalhes sobre a exceção (na Figura 12-4, é `Mensagem: ***For input string: "três" ***`). Quando chamamos `printStackTrace`, recebemos informação adicional, chamada de 'rastreio da pilha', neste caso, um visor mostrando os métodos que estavam sendo executados no momento em que a exceção foi lançada (na Figura 12-4, o visor inclui `Integer.parseInt` e o método `main`). Tanto `getMessage` e `printStackTrace` apresentam informação para ajudar a encontrar a origem da dificuldade do programa.

Figura 12-4:
Chamando
os métodos
do objeto de
exceção.

```
Quantas caixas temos? Três
Mensagem: ***For input string: "três"***
java.lang.NumberFormatException: For input string: "três"
        at java.lang.NumberFormatException.forInputString(Unknown Source)
        at java.lang.Integer.parseInt(Unknown Source)
        at java.lang.Integer.parseInt(Unknown Source)
        at InventarioB.main(InventarioB.java:17)
```

Quando misturamos chamadas `System.out.println` com `printStackTrace`, a ordem em que o Java exibe a informação não é previsível. Por exemplo, na Figura 12-4, o texto `Mensagem: ***For input string:` "três" pode aparecer antes ou depois do rastreio da pilha (stack trace). Se a ordem desse resultado for importante, troque `out.println("Mensagem: ***"` por `System.err.println("Mensagem: ***"`.

Tipos de exceção

Então, o que mais pode dar errado? Existem outros tipos de exceções — coisas que não venham da classe `NumberFormatException`? Claro, existem muitos outros tipos de exceção por aí. Podemos até criar uma. Quer tentar? Se quiser, basta dar uma olhadinha nas Listagens 12-3 e 12-4.

Listagem 12-3: Fazendo Nosso Próprio Tipo de Exceção

```
@SuppressWarnings("serial")
class ExcecaoForaDoPadrao extends Exception {
}
```

Listagem 12-4: Usando Sua Exceção Personalizada

```
import static java.lang.System.out;
import java.util.Scanner;
import java.text.NumberFormat;

class InventarioC {

    public static void main(String args[]) {
        final double precoCaixa = 3.25;
        Scanner keyboard = new Scanner(System.in);
        NumberFormat currency =
            NumberFormat.getCurrencyInstance();

        out.print("Quantas caixas temos? ");
        String numCaixasIn = keyboard.next();

        try {
            int numCaixas = Integer.parseInt(numCaixasIn);

            if (numCaixas < 0) {
                throw new ExcecaoForaDoPadrao();
            }
```

(continua)

Listagem 12-4 *(continuação)*

```
            out.print("O valor é ");
            out.println(
                currency.format(numCaixas * precoCaixa));
        } catch (NumberFormatException e) {
            out.println("Isto não é um número.");
        } catch (ExcecaoForaDoPadrao e) {
            out.print(numCaixasIn);
            out.printl("? Isto é impossível!");
        }
    }
}
```

As Listagens 12-3 e 12-4 resolvem um problema surgido na Figura 12-3. Observe a última das três execuções na Figura 12-3. O usuário relata que as prateleiras têm -25 caixas e o computador utiliza esse valor sem nem pestanejar. A verdade é que precisaríamos de um buraco negro (ou algum outro exótico fenômeno tempo-espaço) para ter um número negativo de caixas em qualquer prateleira de nosso depósito. Então, o programa deveria reclamar se o usuário inserisse um número negativo de caixas, que é o que o código da Listagem 12-4 faz. Para ver o código irritado, veja a Figura 12-5.

Figura 12-5:
Três
execuções
do código
das
Listagens
12-3 e 12-4.

```
Quantas caixas temos? 3
O valor é $9.75

Quantas caixas temos? três
Isto não é um número.

Quantas caixas temos? -25
-25? Isto é impossível!
```

O código na Listagem 12-3 declara um novo tipo de classe de exceção — `ExcecaoForaDoPadrao`. Em muitas situações, digitar um número negativo não traria problemas, então, a `ExcecaoForaDoPadrao` não está incluída na API Java. Entretanto, no programa do inventário, um número negativo pode indicar uma anomalia.

A classe `ExcecaoForaDoPadrao` na Listagem 12-3 ganhou o prêmio de pedaço de código mais curto e independente do livro. Ela possui apenas uma linha de declaração e um par de colchetes vazios. A frase operacional do código é `extends Exception`. Sendo uma subclasse da classe `Exception` da API Java ela permite que qualquer instância da classe `ExcecaoForaDoPadrao` seja lançada.

Voltando para a Listagem 12-4, uma nova instância da `ExcecaoForaDoPadrao` é lançada. Quando isso acontece, a cláusula

`catch (ExcecaoForaDoPadrao e)` captura a instância. A cláusula repete a entrada do usuário e mostra a mensagem `Isto é impossível!`

O texto `@SuppressWarnings("serial")` na Listagem 12-3 é uma anotação Java. Para saber mais sobre as anotações, veja o Capítulo 8. Para ver mais sobre a anotação `SuppressWarnings`, veja o Capítulo 9.

Quem vai tratar a exceção?

Dê mais uma olhada na Listagem 12-4. Perceba que mais de uma cláusula `catch` pode acompanhar uma única cláusula `try`. Quando uma exceção é lançada dentro da cláusula `try`, o computador começa a percorrer a lista de cláusulas `catch` que a acompanha. Ele começa por qualquer cláusula `catch` que venha imediatamente após a cláusula `try` e continua percorrendo o texto do programa.

Para cada cláusula `catch`, o computador se pergunta: "a exceção que acabou de ser lançada é uma instância da classe na lista de parâmetro desta cláusula?".

✔ Se não, ele pula esta cláusula `catch` e segue para a próxima.

✔ Se sim, ele executa esta cláusula `catch` e depois pula todas as outras cláusulas `catch` que acompanham a cláusula `try`. Então, ele prossegue e executa qualquer declaração que venha depois da declaração `try-catch` inteira.

Para alguns exemplos mais concretos, veja as Listagens 12-5 e 12-6.

Listagem 12-5:   Outra Exceção

```
@SuppressWarnings("serial")
class ExcecaoNumeroMuitoGrande
                    extends ExcecaoForaDoPadrao {
}
```

Listagem 12-6:   Sobrou para quem?

```
import static java.lang.System.out;
import java.util.Scanner;
import java.text.NumberFormat;

class InventarioD {

    public static void main(String args[]) {
        final double precoCaixa = 3.25;
        Scanner keyboard = new Scanner(System.in);
        NumberFormat.getCurrencyInstance();
```

(continua)

Listagem 12-6 *(continuação)*

```
        out.print("Quantas caixas temos?");
        String numCaixasIn = keyboard.next();

        try {
            int numCaixas = Integer parseInt(numCaixasIn);

            if (numCaixas < 0) {
                throw new ExcecaoForaDoPadrao();
            }

            if (numCaixas > 1000) {
                throw new ExcecaoNumeroMuitoGrande();
            }

            out.print("O valor é ");
            out.println(
                currency.format(numCaixas * precoCaixa))
        }
        catch (NumberFormatException e) {
            out.println("Isto não é um número. ");
        }

        catch (ExcecaoForaDoPadrao e) {
            out.print(numCaixasIn);
            out.println("? Isto é impossível!");
        }

        catch (Exception e) {
            out.print("Algo deu errado, ");
            out.print("mas não tenho ideia ");
            out.println("do que seja.");
        }

        out.println("Isso é só.");
    }
}
```

Para executar o código nas Listagens 12-5 e 12-6, precisamos de um arquivo de programa Java adicional, da classe `ExcecaoForaDoPadrao` na Listagem 12-3.

A Listagem 12-6 indica um cenário em que os espaços nas prateleiras são limitados. Só há espaço para 1.000 caixas, mas, vez ou outra, o programa pergunta quantas caixas temos e alguém insere o número *100000* por acidente. Em casos assim, a Listagem 12-6 faz uma pequena verificação de realidade. Qualquer número de caixas acima de 1.000 é considerado irreal.

A Listagem 12-6 procura pela `ExcecaoNumeroMuitoGrande`, mas para que a vida seja mais interessante, a Listagem 12-6 não tem uma cláusula `catch` para essa exceção. Apesar disso, tudo ainda funciona bem. Isso ocorre porque `ExcecaoNumeroMuitoGrande` é declarada como sendo uma subclasse da `ExcecaoForaDoPadrao` e a Listagem 12-6 tem uma cláusula `catch` para a `ExcecaoForaDoPadrao`.

Veja, já que a `ExcecaoNumeroMuitoGrande` é uma subclasse de `ExcecaoForaDoPadrao`, qualquer instância de `ExcecaoNumeroMuitoGrande` é apenas um tipo especial de `ExcecaoForaDoPadraoExcecaoForaDoPadrao`. Então, na Listagem 12-6, o computador começa a procurar por uma cláusula para tratar `ExcecaoNumeroMuitoGrande`. Quando ele se depara com a cláusula `catch ExcecaoForaDoPadrao`, diz: "certo, encontrei uma combinação. Executarei as declarações nesta cláusula `catch`".

Para evitar que tenha que escrever toda esta história novamente, apresentarei uma nova terminologia. Dizemos que a cláusula `catch` com o parâmetro `ExcecaoForaDoPadrao` *combina* com a `ExcecaoNumeroMuitoGrande` que está sendo lançada. Chamamos isso de *combinação de cláusula catch*.

Os itens a seguir descrevem diferentes ações do usuário e as respectivas respostas do computador. Ao ler os itens elencados abaixo, acompanhe a execução mostrada na Figura 12-6.

Figura 12-6:
Quatro
execuções
do código
na Listagem
12-6.

```
Quantas caixas temos? 3
O valor é $9.75
Isso é só.

Quantas caixas temos? peixe
Isto não é um número.
Isso é só.

Quantas caixas temos? -25
-25? Isto é impossível!
Isso é só.

Quantas caixas temos? 1001
1001? Isto é impossível!
Isso é só.
```

✔ **O usuário insere um número inteiro comum, como o número**
   3. Todas as declarações na cláusula `try` são executadas. Então, o computador pula todas as cláusulas `catch` e executa o código que vem imediatamente depois de todas elas (veja a Figura 12-7).

✔ **O usuário insere algo que não é um número inteiro, como a**
   palavra *peixe*. O código lança uma `NumberFormatException`. O computador pula as demais declarações na cláusula `try` e executa as declarações dentro da primeira cláusula `catch` — onde o parâmetro seja tipo `NumberFormatException`. Depois, o computador pula a segunda e terceira cláusulas `catch` e executa o código que vem imediatamente depois delas (veja a Figura 12-8).

```
try {

            //Processamento normal (não lança exceções)

    }

    catch (NumberFormatException e)) {
            catch (NumberFormatException e)
    }

    catch (ExcecaoForaDoPadrao e) {
            out.print(numCaixasIn);
            out.print(numCaixasIn);
    }

    catch (Exception e) {
            out.print("Algo deu errado, ");
            out.print("mas não tenho ideia ");
            out.println("do que seja.");
    }

    out.println("Isso é só.");
```

Figura 12-7:
Nenhuma
exceção é
lançada.

```
try {

            lança new NumberFormatException();

    }

    catch (NumberFormatException e) {
            out.println("Isto não é um número.");
    }

    catch (ExcecaoForaDoPadrao e) {
            out.print(numCaixasIn);
            out.println("? Isto é impossível!");
    }

    catch (Exception e) {
            out.print("Algo deu errado, ");
            out.print("mas não tenho ideia ");
            out.println("do que seja.");
    }

    out.println("Isso é só.");
```

Figura 12-8:
Uma
Number
Format
Exception é
lançada.

✔ **O usuário insere um número negativo, como** *-25*. O código lança uma `ExcecaoForaDoPadrao`. O computador pula as declarações restantes na cláusula `try`. Ele pula até mesmo as declarações na primeira cláusula `catch`. (Afinal, uma `ExcecaoForaDoPadrao` não é um tipo de `NumberFormatException`. A cláusula `catch` com parâmetro `NumberFormatException` não combina com esta `ExcecaoForaDoPadrao`.) O computador executa as declarações dentro da segunda cláusula `catch` — cujo parâmetro é do tipo `ExcecaoForaDoPadrao`. Depois, o computador pula a terceira cláusula `catch` e executa o código que vem logo depois de todas elas (veja a Figura 12-9).

Figura 12-9:
Uma
Excecao
ForaDo
Padrao é
lançada.

```
try {

          lança new ExcecaoForaDoPadrao();

}

catch (NumberFormatException e) {
        out.println("Isto não é um número.");
}

catch (ExcecaoForaDoPadrao e) {
        out.print(numCaixasIn);
        out.println("? Isto é impossível!");
}

catch (Exception e) {
        out.print("Algo deu errado, ");
        out.print("mas não tenho ideia ");
        out.println("do que seja.");
}

out.println("Isso é só.");
```

✔ **O usuário insere um número muito grande, irreal, como** *1001*. O código lança uma `ExcecaoNumeroMuitoGrande`. O computador pula as declarações remanescentes na cláusula `try`. Ele pula também as declarações na primeira cláusula `catch`. (Afinal, uma `ExcecaoNumeroMuitoGrande` não é do tipo `NumberFormatException`.)

Mas, de acordo com o código na Listagem 12-5, `ExcecaoNumeroMuitoGrande` é uma subclasse da `ExcecaoForaDoPadrao`. Quando o computador chega na segunda cláusula `catch`, diz: "hum! Uma `ExcecaoNumeroMuitoGrande` é um tipo de `ExcecaoForaDoPadrao`. Executarei as declarações nessa cláusula `catch` — com parâmetro do tipo `ExcecaoForaDoPadrao`". Em outras palavras, elas combinam.

Então, o computador executa as declarações dentro da segunda cláusula `catch`. Depois, pula a terceira cláusula `catch` e executa o código que vem imediatamente depois de todas elas (veja a Figura 12-10).

Figura 12-10:
Uma
Excecao
Numero
Muito
Grande
é lançada.

```
try {


         lança new ExcecaoNumeroMuitoGrande();

}

catch (NumberFormatException e) {
      out.println("Isto não é um número.");
}

catch (ExcecaoForaDoPadrao e) {
      out.print(numCaixasIn);
      out.println("? Isto é impossível!");
}

catch (Exception e) {
      out.print("Algo deu errado, ");
      out.print("mas não tenho ideia ");
      out.println("do que seja.");
}

out.println("Isso é só.");
```

✔ **Algo mais, muito imprevisível, acontece (não sei o quê).** Com meu incansável ímpeto de experimentar o novo, adiciono uma declaração na cláusula `try` da Listagem 12-6 que lance uma `IOException`. Sem qualquer motivo específico — apenas queria ver o que aconteceria.

Quando o código lançou a `IOException`, o computador pulou as declarações restantes na cláusula `try`. Depois, as declarações na primeira e segunda cláusulas `catch`. Quando chegou na terceira cláusula `catch`, disse: "hum! Uma `IOException` é um tipo de `Exception`. Encontrei uma combinação de cláusula `catch` — com parâmetro do tipo `Exception`. Executarei as declarações nesta cláusula `catch`."

Então, o computador executou as declarações dentro da terceira cláusula `catch`. E depois, o código que vem imediatamente depois de todas as cláusulas `catch` (veja Figura 12-11).

```
        try {

                lança new IOException();

        }

        catch (NumberFormatException e) {
                out.println("Isto não é um número.");
        }

        catch (ExcecaoForaDoPadrao e) {
                out.print(numCaixasIn);
                out.println("? Isto é impossível!");
        }

        catch (Exception e) {
                out.print("Algo deu errado, ");
                out.print("mas não tenho ideia ");
                out.println("do que seja.");
        }

        out.println("Isso é só.");
```

Figura 12-11:
Uma
IOException
é lançada.

Quando o computador procura por uma combinação da cláusula `catch`, ele se agarra à primeira que se encaixe nas seguintes descrições:

- ✔ O tipo de parâmetro da cláusula seja o mesmo do tipo de exceção que foi lançada.
- ✔ O tipo de parâmetro da cláusula seja uma superclasse do tipo da exceção.

Se uma combinação melhor aparecer mais adiante na lista das cláusulas `catch`, não é nada bom. Por exemplo, imagine que adicionamos a cláusula `catch` com um parâmetro do tipo `ExcecaoNumeroMuitoGrande` no código na Listagem 12-6. Imagine, também, que colocamos esta nova cláusula `catch` *depois* da cláusula `catch` com parâmetro do tipo `ExcecaoForaDoPadrao`. Então, já que a `ExcecaoNumeroMuitoGrande` é uma subclasse da classe `ExcecaoForaDoPadrao`, o código na nova cláusula `ExcecaoNumeroMuitoGrande` nunca será executado. É aqui que a vaca vai para o brejo.

O Java 7 e a cláusula multi-catch

Com o Java 7, podemos tratar mais de um tipo de exceção com uma única cláusula `catch`. Por exemplo, em um determinado programa de inventário, podemos não querer fazer a distinção entre o lançamento de uma `NumberFormatException` e nossa `ExcecaoForaDoPadrao`. Nesse caso, podemos reescrever parte da Listagem 12-6 da seguinte forma:

```
try {
    int numCaixas = Integer.parseInt(numCaixasIn);

    if (numCaixas < 0) {
    throw new ExcecaoForaDoPadrao();
    }

    if (numCaixas > 1000) {
    throw new ExcecaoNumeroMuitoGrande();
    }

    out.print("O valor é ");
    out.println(
        currency.format(numCaixas * precoCaixa));
}

catch (NumberFormatException | ExcecaoForaDoPadrao e) {
    out.print(numCaixasIn);
    out.println("? Isto é impossível!");
}

catch (Exception e) {
    out.print("Algo deu errado, ");
    out.print("mas não tenho ideia ");
    out.println("do que seja.");
}
```

O traço (|) diz ao Java 7 para tratar NumberFormatException ou
ExcecaoForaDoPadrao. Se lançarmos uma exceção de qualquer
dos tipos, o programa mostra o valor de numCaixasIn seguido pelo
texto: ? Isto é impossível! Se lançarmos uma exceção que não é
NumberFormatException, nem ExcecaoForaDoPadrao, o programa
pula para a última cláusula catch e mostra: Algo deu errado, mas
não tenho ideia...

Espalhando cautela ao vento

Você é do tipo obsessivo-compulsivo? Gostaria de tratar todas as exceções
possíveis antes que elas possam travar seu programa? Bem, cuidado. O Java
não nos deixa ficar paranoicos. Não podemos tratar uma exceção se não
houver uma chance de ela ser lançada.

Considere o código a seguir. Ele tem uma inocente declaração i++ dentro
da cláusula try. Até aí, tudo bem. Mas, então, a cláusula catch do código
pretende tratar uma IOException.

```
// Código Ruim!
try {
    i++;
} catch (IOException e) {
    e.printSackTrace();
}
```

Quem essa cláusula `catch` está tentando impressionar? Uma declaração como `i++` não insere nem extrai nenhum dado. O código dentro da cláusula `try` não poderia lançar uma `IOException`. Então, o compilador diz: "ei, cláusula `catch`. Caia na real e desça desse pedestal". Para ser um pouco mais preciso, a bronca do compilador aparece da seguinte maneira:

```
exception java.io.IOException is never throw in body
        of corresponding try statement

Em português:

exceção java.io.IOException nunca é lançada no corpo
        da declaração try correspondente
```

Fazendo coisas úteis

Até agora, cada exemplo neste capítulo trata a exceção, mostra uma mensagem de "entrada errada" e encerra o assunto. Não seria bom ver um programa que seguisse em frente depois de tratar uma exceção? Bem, é hora de conhecer algo muito legal. A Listagem 12-7 tem uma declaração `try-catch` dentro do loop, que continua sendo executado até que o usuário digite algo plausível.

Listagem 12-7:   Empurrando com a Barriga

```
import static java.lang.System.out;
import java.util.Scanner;
import java.text.NumberFormat;

class LoopDoInventario {

    public static void main(String args[]) {
        final double precoCaixa = 3.25;
        boolean entradaCorreta = false;
        Scanner keyboard = new Scanner(System.in);
        NumberFormat currency =
            NumberFormat.getCurrencyInstance();

        do {
            out.print("Quantas caixas temos? ");
            String numCaixasIn = keyboard.next();
```

(continua)

Listagem 12-7 *(continuação)*

```
        try {
            int numCaixas = Integer.parseInt(numCaixasIn);
            out.print("O valor é");
            out.println
                (currency.format(numCaixas * precoCaixa));
            entradaCorreta = true;
        } catch (NumberFormatException e) {
            out.println();
            out.prinln("Isto não é um número.");
        }
    } while (!entradaCorreta);

    out.println("Isso é só.");
    }
}
```

A Figura 12-12 mostra uma execução do código da Listagem 12-7. Nas primeiras tentativas, o usuário digita tudo, menos um número inteiro válido. Finalmente, na quarta tentativa ele acerta e digita **3** e o computador sai do loop.

Figura 12-12:
Uma
execução
do código
na Listagem
12-7.

```
Quantas caixas temos? 3.5

Isto não é um número.
Quantas caixas temos? três

Isto não é um número.
Quantas caixas temos? peixe

Isto não é um número.
Quantas caixas temos? 3

O valor é $9.75.
Isso é só.
```

Nossas amigas, as boas exceções

Corre um boato de que as exceções do Java sempre aparecem em situações não desejáveis, de erro. Embora haja alguma verdade nisso, não é totalmente verdade. Eventualmente, uma exceção aparece como uma ocorrência esperada e normal. Observe, por exemplo, a detecção do final de um arquivo. O seguinte código faz uma cópia de um arquivo:

```
try {
    while (true) {
        dadosOutdadosOut.writeByte(dadosIndadosIn.
                                        readByte());
    }
} catch (EOFException e) {
    numArquivosCopiados = 1;
}
```

Para copiar bytes de `dadosIn` para `dadosOut`, basta entrar em um loop `while`. Com uma condição `true`, o loop `while` parece não ter fim. Mas, eventualmente, chegamos ao final do arquivo `dadosIn`. Quando isso acontece, o método `readByte` lança um `EOFException` (uma exceção de final de arquivo). O lançamento dessa exceção manda o computador sair da cláusula `try` e do loop `while`. A partir daí, podemos fazer o que quisermos na cláusula `catch` e então voltarmos para o processamento normal.

Trate a Exceção ou Passe Adiante

Então, está começando a conhecer Java, hein? O quê? Leu todos os capítulos até agora? Estou impressionado. Você deve ser um trabalhador incansável. Mas como diria Jack Nicholson em "O Iluminado", muito trabalho e pouca diversão faz de Jack um bobão.

Então, que tal uma pausa? Uma pequena soneca lhe faria bem. Dez segundos são suficientes? Ou é muito? É melhor apenas cinco.

A Listagem 12-8 tem um programa que deve pausar sua execução por cinco segundos. O problema é que ele está incorreto. Observe a Listagem 12-8 por um minuto e depois lhe direi o que há de errado com ele.

Listagem 12-8:   Um Programa Incorreto

```
/*
 * Este código não compila.
 */
import static java.lang.System.out;

class NadaDeSoneca {

    public static void main(String args[]) {
        out.print("Com licença, vou tirar ");
        out.println("uma soneca por cinco
        segundos...");

        tirarUmaSoneca();

        out.println("Ah, que revigorante.");
    }
    static void tirarUmaSoneca() {
      Thread.sleep(5000);
    }
}
```

A estratégia na Listagem 12-8 não é ruim. A ideia é chamar o método `sleep`, que é definido na API Java. Esse método pertence à classe API `Thread`. Quando chamamos o método `sleep`, o número que é passado está em milissegundos. Então, `Thread.sleep(5000)` significa uma pausa de cinco segundos.

O problema é que o código dentro do método `sleep` pode lançar uma exceção. Esse tipo de exceção é uma instância da classe `InterruptedException`. Quando tentamos compilar o código na Listagem 12-8, recebemos a seguinte mensagem

```
unreported exception java.lang.InterruptedException;
must be caught or declared to be thrown

exceção não informada em java.lang.
InterruptdeException;
deve ser tratada ou declarada para ser lançada
```

Ou talvez, esta:

```
Unhandled exception type InterruptedException
exceção não tratada do tipo InterruptedException
```

De um jeito ou de outro, a mensagem não é bem-vinda.

Para compreender as exceções de modo geral, você não precisa saber exatamente o que é uma `InterruptedException`. Tudo que realmente precisa saber é que uma chamada para `Thread.sleep` pode lançar um desses objetos `InterruptedException`. Mas se estiver curioso, ela é lançada quando algum código interrompe a soneca de outro código. Imagine que você tem dois pedaços de código rodando ao mesmo tempo. Um deles chama o método `Thread.sleep`. Ao mesmo tempo, outro chama o método `interrupt`. Ao chamar o método `interrupt`, o segundo pedaço do código leva o método do primeiro código a uma parada brusca. O método `Thread.sleep` responde com a `InterruptedException`.

A linguagem de programação Java tem dois tipos diferentes de exceções, que podem ser *verificadas* ou *não verificadas*:

- ✔ O lançamento em potencial de uma exceção verificada deve ser reconhecido no código.

- ✔ O lançamento em potencial de uma exceção não verificada não precisa ser reconhecido no código.

`InterruptException` é uma das exceções Java do tipo verificada. Quando chamamos um método com potencial de lançar uma `InterruptException`, precisamos reconhecê-la no código.

Agora, quando eu digo que uma exceção é *reconhecida no código*, o que quero dizer?

```
// O autor agradece a InterruptedException,
// sem a qual o código não poderia ter sido escrito.
```

Ora, não é bem isso que quero dizer. Reconhecer uma exceção significa uma de duas hipóteses, que:

✔ As declarações (incluindo as chamadas para os métodos) que podem lançar a exceção estão dentro de uma cláusula `try`, que por sua vez, tem uma cláusula `catch` com um tipo de exceção que combina com sua lista de parâmetros.

✔ As declarações (incluindo as chamadas para os métodos) que podem lançar a exceção estão dentro de um método que tem uma cláusula `throws` em seu cabeçalho, que por sua vez, contém um tipo de exceção adequada.

Se você está confuso com as colocações dos itens anteriores, não se preocupe. As duas próximas listagens ilustram essas questões.

Na Listagem 12-9, a chamada do método que pode lançar uma `InterruptedException` está dentro da cláusula `try` que por sua vez contém uma cláusula `catch` com tipo de exceção `InterruptedException`.

Listagem 12-9: Reconhecendo com uma Declaração try-catch

```
import static java.lang.System.out;

class BomSonhosA {

    public static void main(String args[]) {
        out.print("Com licença vou tirar ");
        out.println("uma soneca por cinco segundos...");

        tirarUmaSoneca();

        out.println("Ah, que revigorante.");
    }

    static void tirarUmaSoneca() {
        try {
            Thread.sleep(5000);
        } catch (InterruptedException e) {
            out.println("Ei, quem me acordou?");
        }
    }
}
```

Costumo, neste ponto do tópico, recordar que a execução da Listagem Tal e Tal é mostrada na Figura Tal-e-Tal. Mas o problema aqui é que a Figura 12-13 não corresponde ao código na Listagem 12-9. Quando executamos o programa na Listagem 12-9, o computador exibe: Com licença. Vou tirar uma soneca por cinco segundos, faz uma pausa de cinco segundos e, então, mostra: Ah, que revigorante. O código funciona, pois a chamada para o método sleep, que pode lançar uma InterruptedException, está dentro da cláusula try, que por sua vez, tem uma cláusula catch em que a exceção é do tipo InterruptedException.

Figura 12-13:
Há uma pausa de cinco segundos antes da linha "Ah".

```
Com licença, vou tirar uma soneca por cinco segundos...
Ah, que revigorante.
```

Já chega de reconhecer uma exceção com uma declaração try-catch. Podemos reconhecê-la de outra maneira, mostrada na Listagem 12-10.

Listagem 12-10:   Reconhecendo com throws

```java
import static java,lang.System.out;

class BonsonhosB {

    public static void main(String args[]) {
        out.print("Com licença, vou tirar ");
        out.println("uma soneca por cinco segundos...");
        try {

            tirarUmaSoneca();
        } catch (InterruptedException e) {
            out.println("Ei, quem me acordou?");
        }

        out.println("Ah, que revigorante.");
    }

    static void tirarUmaSoneca() throws
                            InterruptedException {
        Thread.sleep(5000);
    }
}
```

Para ver uma execução do código na Listagem 12-10, veja a Figura 12-13. Mais uma vez, ela não consegue capturar a verdadeira essência da execução, mas tudo bem. Apenas lembre-se de que na Figura 12-13, o computador pausa por cinco segundos antes de mostrar:

```
Ah, que revigorante.
```

A parte importante da Listagem 12-10 está no cabeçalho do método `tirarUmaSoneca`. Esse cabeçalho termina com `throws InterruptedException`. Ao anunciar que lança uma `InterruptedException`, o método `tirarUmaSoneca` passa a responsabilidade adiante. O que está dizendo na verdade é: "percebi que uma declaração dentro desse método tem o potencial de lançar uma `InterruptedException`, mas não estou reconhecendo a exceção em uma declaração `try-catch`. Compilador Java, por favor, não me encha com esse assunto. Ao invés de ter uma declaração `try-catch`, estou passando a responsabilidade pelo reconhecimento da exceção para o método `main` (o método que chamou o `tirarUmaSoneca`)".

Na verdade, no método `main`, a chamada para `tirarUmaSoneca` está dentro de uma cláusula `try`, que por sua vez, tem uma cláusula `catch` com um parâmetro do tipo `InterruptedException`. Então, está tudo certo. O método `tirarUmaSoneca` passa a responsabilidade para o método `main`, que a assume com uma declaração `try-catch`. Todos estão felizes. Até mesmo o compilador Java.

Para entender melhor a cláusula `throws`, imagine um jogo de vôlei em que a bola é uma exceção. Quando um jogador do outro time saca, ele está lançando a exceção. A bola cruza a rede e vem na sua direção. Ao rebater a bola de volta para o outro lado da quadra, está tratando a exceção. Mas se passar a bola para outro jogador estará usando a cláusula `throws`. Em essência, estamos dizendo: "fulano, trate essa exceção".

Uma declaração em um método pode lançar uma exceção que não combina com a cláusula `catch`. Isso inclui situações em que a declaração que lança a exceção não está nem mesmo em um bloco `try`. Quando isso acontece, a execução do programa sai do método que contém a declaração transgressora. A execução volta para o código que chamou o método na primeira vez.

Um método pode indicar mais de um tipo de exceção em sua cláusula `throws`. Basta usar vírgulas para separar os nomes, como no exemplo a seguir:

```
throws InterruptedException, IOException,
                        ArithmeticException
```

A API Java tem centenas de tipos de exceção. Muitas delas são subclasses da classe `RunTimeException`. Tudo que for subclasse de `RunTimeException` (ou uma sub-subclasse, sub-sub-subclasse e assim por diante) é não verificada.

Qualquer exceção que não seja descendente de `RunTimeException` é verificada. As exceções não verificadas incluem aquelas que seriam difíceis para o computador prever. São elas: `NumberFormatException` (das Listagens 12-2, 12-4 e de outras), `ArithmeticException`, `IndexOutOfBounds`, a famosa `NullPointerException` e muitas outras. Quando escrevemos um código Java, muito dele é suscetível a essas exceções, mas inserir o código em cláusulas `try` (ou passar a responsabilidade com as cláusulas `throws`) é totalmente opcional.

A API Java também tem sua quota de exceções verificadas. O computador pode detectar prontamente as exceções desse tipo. Então, a linguagem Java insiste que, para uma exceção desse tipo, qualquer declaração com potencial para lançar uma exceção deve ser reconhecida ou com uma declaração `try` ou uma cláusula `throws`. As exceções verificadas Java incluem: `InterruptedException` (Listagens 12-9 e 12-10), `IOException`, `SQLException` e um bando de outras exceções interessantes.

Encerrando o Trabalho com uma Cláusula finally

Eu era apenas um jovem que estava começando a dirigir e ainda vivia com meus pais na Filadélfia. Certo dia, estava indo para a casa de um amigo, pensando em sabe-se lá o que, quando outro carro surgiu do nada e bateu na porta do passageiro do meu carro. Esse tipo de coisa é chamado de *ExceçãoPassarNoSinalVermelho.*

De qualquer modo, os dois carros ainda podiam andar e nós estávamos no meio de um cruzamento movimentado. Para evitar um engarrafamento, encostamos no local mais próximo. Procurei minha habilitação (que tinha uma foto minha, bem jovem) e abri a porta do carro para sair.

E foi aí que o segundo acidente aconteceu. Enquanto saía de meu carro, um ônibus se aproximava. Ele me acertou e me pressionou contra meu carro. Esse tipo é chamado de *ExceçãoTratarComAdvogados.*

A verdade é que tudo deu certo. Fiquei machucado, mas sem gravidade. Meus pais pagaram pelos danos do carro, então, não sofri as consequências financeiras (Consegui me esquivar do prejuízo financeiro inserindo `ExceçãoPassarSinalVermelho` em minha cláusula `throws`.)

Esse incidente ajuda a explicar meu modo de pensar no tratamento de exceções. Imagino a seguinte situação: "O que aconteceria se, enquanto o computador está se recuperando de uma exceção, uma segunda exceção fosse lançada?". Afinal, as declarações dentro da cláusula `catch` não estão imunes a problemas.

Bem, a resposta para essa pergunta é tudo, menos simples. Para começar, podemos colocar uma declaração `try` dentro de uma cláusula `catch`. Isso nos protege contra incidentes potencialmente desagradáveis e inesperados, que podem surgir durante a execução da cláusula `catch`. Mas quando começamos a nos preocupar sobre exceções em cascata, abrimos uma caixa de pandora. O número de cenários possíveis é grande e as coisas podem se complicar muito rápido.

Uma coisa não muito complicada que podemos fazer é criar uma cláusula `finally`. Assim como a cláusula `catch`, ela vem logo depois da cláusula `try`. A grande diferença é que as declarações na cláusula `finally` são executadas independentemente da exceção ser lançada. A ideia é: "não importa o que aconteça, bom ou ruim, execute as declarações dentro da cláusula `finally`". A Listagem 12-11 traz um exemplo.

Listagem 12-11:   Saltando por Aí.

```
Import static java.lang.System.out;

class DemoFinally {

    public static void main(String args[]) {
        try {
            FazAlgo();
        } catch (Exception e) {
            out.println("Exceção capturada em main.");
        }
    }

    static void FazAlgo() {
        try {
            out.println(0 / 0);
        } catch (Exception e) {
            out.println(
                "Exceção capturada em FazAlgo.");
            out.println(0 / 0);
        } finally {
            out.println("Serei mostrada.");
        }
        out.println("Não serei mostrada.");
    }
}
```

Normalmente, quando penso em uma declaração `try`, imagino o computador se recuperando de uma situação desagradável. Essa recuperação acontece dentro da cláusula `catch` e depois ele parte para as declarações que vêm após a declaração `try`. Bem, se algo der errado durante a execução de uma cláusula `catch`, esse cenário pode começar a mudar.

A Listagem 12-11 tem seu resultado mostrado na Figura 12-14. Primeiro, o método `main` chama `FazAlgo`. Então, o idiota do método `FazAlgo` sai do seu caminho para fazer confusão. Ele divide 0 por 0, o que é ilegal e impraticável em qualquer linguagem de programação. Essa atitude tola lança `ArithmeticException`, que é tratada pela primeira e única cláusula `catch` na declaração `try`.

Figura 12-14:
Uma
execução
do código
na Listagem
12-11.

```
Exceção capturada em FazAlgo.
Serei mostrada.
Exceção capturada em main.
```

Dentro da cláusula `catch`, o cretino do método `FazAlgo` divide 0 por 0, novamente. Desta vez, a declaração que faz a divisão não está dentro da protetora cláusula `try`. Tudo bem, pois `ArithmeticException` é não verificada. (É uma das subclasses de `RuntimeException`, que é uma exceção que não tem que ser reconhecida na cláusula `try` ou `throws`. Para detalhes, veja o tópico anterior.)

Bem, verificada ou não, o lançamento de outra `ArithmeticException` faz com que o controle saia do método `FazAlgo`. Mas antes disso, o computador executa o último desejo da declaração `try` — ou seja, as declarações dentro da cláusula `finally`. É por isso que na Figura 12-14 vemos as palavras: `Serei mostrada`.

Curiosamente, não vemos as palavras `Não serei mostrada` na Figura 12-14. Já que a execução da cláusula `catch` lança sua própria exceção não tratada, o computador não passa pela declaração `try-catch-finally`.

Então, o computador volta ao ponto em que parou, o método `main`. De volta ao método `main`, o incidente com a `ArithmeticException` do método `FazAlgo` faz com que a execução pule para uma cláusula `catch`. O computador mostra `Exception caught in main` (Exceção tratada em `main`) e essa terrível execução está terminada.

Feche Estes Arquivos!

No ano de 4839, os habitantes da Terra abrirão uma cápsula do tempo contendo *Java Para Leigos*. Eles perceberão que muitos exemplos deste livro possuem falhas fatais. "No Capítulo 8, Barry lê a partir de um arquivo de disco chamado `EmpregadosInfo.txt`. Seu programa `FazerFolha` lança mão deste recurso (este arquivo que normalmente fica fora do seu programa `FazerFolha`). Mas o programa `FazerFolha` não libera o recurso. Na terminologia do terceiro milênio, Barry abre um arquivo no início de seu programa, mas não o fecha depois."

Barry fez isso porque não queria sobrecarregar seus leitores com detalhes sobre fechamento de arquivos. Em muitos exemplos simples, o Java fecha os arquivos do programa automaticamente, quando o programa para de ser executado. Mas no ano de 2798, um leitor seguiu o exemplo de Barry e deixou de fechar os arquivos explicitamente. Essa omissão provocou a Grande Praga dos Robôs de 2980, o que levou à ruína a economia pós-industrial e ao cancelamento de American Idol.

"Então, Barry Burd é o responsável por todos nossos problemas", dizem os habitantes da Terra em 4839. "Não vamos retirá-lo do freezer criogênico."

Como fechar um arquivo

Na esperança de voltar à vida em 4840, adicionei uma linha ao código na Listagem 8-2. Ela já contém a seguinte declaração:

```
Scanner diskScanner =
        new Scanner(new File("EmpregadosInfo.txt"));
```

Depois, ao final do método `main` do programa, adicionei

```
diskScanner.close();
```

É claro que posso adicionar essa chamada para o método `close` em qualquer ponto do programa. Minha melhor estratégia é chamá-lo imediatamente após minha última utilização do arquivo `EmpregadosInfo.txt`.

A esta altura do livro, os habitantes da Terra de 4839 provavelmente dirão: "Barry adicionou esse negócio de fechamento de arquivo como uma explicação posterior. Fechamento de arquivos nada tem a ver com o resto do Capítulo 12." Mas eles estarão errados.

Uma declaração try com recursos

O problema com uma chamada normal para o método `close` é que as coisas podem dar errado antes que o Java chegue até ela. A Listagem 12-12 é quase idêntica à Listagem 8-2, a única diferença é uma declaração adicional.

Listagem 12-12:   Fechar o Arquivo?

```java
import java.util.Scanner;
import java.io.File;
import java.io.IOException;

class FazerFolha {

    public static void main(String args[])
                                    throws IOException {
        Scanner diskScanner =
        new Scanner(new File("EmpregadosInfo.txt"));

        for (int numEmp = 1; numEmp <= 3; numEmp++) {
                pagarUmEmpregado(diskScanner);
        }

        diskScanner.close();
    }

    static void pagarUmEmpregado(Scanner aScanner) {
        Empregado umEmpregado = new Empregado();

        umEmpregado.setNome(aScanner.nextLine());
        umEmpregado.setCargo(aScanner.nextLine());
        umEmpregado.imprimirCheque(aScanner.
        nextDouble()); aScanner.nextLine();
    }
}
```

A Listagem 12-12 parece correta, mas as aparências enganam. Se algo der errado no meio da execução de `pagarUmEmpregado`, o programa termina abruptamente com um rastreio de pilha (stack trace) e um grande estrondo. O programa não chega até a chamada para `diskScanner.close()` e Barry ainda está no freezer criogênico.

Posso inserir algumas declarações dentro de uma `try` e posso, até, adicionar uma cláusula `finally`, mas quando meu programa usa muitos recursos (muitos arquivos, uma base de dados e um arquivo, ou o que seja) a construção das declarações `try` fica muito complicada. Posso fazer declarações `try` dentro de cláusulas `catch` e todos os tipos mais loucos de combinações. Mas o Java 7 tem um jeito bem melhor de resolver esse problema. Nele, posso criar uma *declaração `try` com recursos*. A Listagem 12-13 mostra como.

Listagem 12-13: A Redenção de Barry

```java
import java.util.Scanner;
import java.io.File;
import java.io.IOException;
class FazerFolha {

    public static void main(String args[]
                                        throws IOException {

        try (Scanner diskScanner =
            new Scanner(new File("EmpregadosInfo.txt"))) {

            for (int numEmp = 1; numEmp <= 3; numEmp++) {
                pagarUmEmpregado(diskScanner);
            }
        }
    }

    static void pagarUmEmpregado(Scanner aScanner) {
        Empregado umEmpregado = new Empregado();

        umEmpregado.setnome(aScanner.nextLine());
        umEmpregado.setCargo(aScanner.nextLIne());
        umEmpregado.imprimirCheque(aScanner.nextDouble());
    }
}
```

Na Listagem 12-13, a declaração de `diskScanner` está entre parênteses depois da palavra `try`. Ela diz ao Java 7 para fechar `diskScanner` automaticamente depois da execução das declarações na cláusula `try`. Podemos inserir vários recursos dentro dos parênteses de uma declaração `try`. Com isso, o Java 7 fecha todos os recursos automaticamente depois da execução das declarações da cláusula `try`. Podemos adicionar cláusulas `catch` e `finally` se quisermos. Podemos acessar todos os tipos de recursos (arquivos, base de dados, conexões a servidores e outros) e termos a certeza de que o Java irá encerrar as conexões automaticamente.

A vida é boa.

Capítulo 13

Compartilhando Nomes entre as Partes de um Programa Java

Neste Capítulo

▶ Escondendo nomes de outras classes

▶ Mostrando nomes para outras classes

▶ Adaptando seu código para encontrar o meio termo

*F*alando de campos e métodos privados (e falo mesmo deles neste capítulo)...

Estou almoçando com alguns amigos de trabalho, quando um deles diz: "Eles podem ler nossos e-mails". E outro logo emenda: "Eles sabem todos os sites que visitamos. Sabem quais produtos compramos, o que comemos no jantar, o que vestimos, pensamos. Sabem até nossos mais profundos e obscuros segredos. Não ficaria surpreso se soubessem quando vamos morrer".

Um terceiro entra na confusão: "Estamos chegando ao ponto em que não podemos assoar o nariz sem que alguém registre. Visitei um site há algumas semanas e a página me desejou Feliz Aniversário. Como sabiam que era eu e como se lembraram de meu aniversário?".

"É", diz o primeiro. "Tenho um dispositivo em meu carro que me permite passar direto por pedágios. Ele tem um sensor que registra minha passagem e cobra diretamente em meu cartão de crédito. Todo mês recebo uma lista da empresa, demonstrando onde estive e quando. Estou impressionado que não diga quem visitei e o que fiz por lá."

Penso com meus botões. Quero falar algo como: "isso é um monte de bobagem. Pessoalmente, ficaria lisonjeado se meu empregador, o governo ou alguma grande empresa tivesse tanta consideração por mim, a ponto de rastrear todos meus movimentos. Tenho bastante problemas para chamar a atenção das pessoas quando quero. E muitos órgãos que mantêm registros de todas as minhas compras e hábitos de visualização na internet nem sabem escrever meu nome corretamente quando me mandam montes de spams. 'Olá, gostaríamos de falar com Larry Burg. O Sr. Larry está?' Espionar pessoas é muito entediante. Já posso ver a manchete na capa dos jornais: 'Autor de *Java Para Leigos* Veste Sua Camiseta do Lado Avesso! Grande Coisa!'".

Penso por mais alguns segundos e digo: "Eles querem nos pegar. Câmeras de TV! Esse é o próximo passo — câmeras para todos os lados".

Modificadores de Acesso

Se já leu *Java Para Leigos, Tradução da 5ª Edição*, até aqui, provavelmente sabe de uma coisa: programação orientada a objeto é muito boa em esconder detalhes. Programadores que escrevem um pedaço de código não deveriam poder bisbilhotar os detalhes do código de outro programador. Não é uma questão de segurança e confidencialidade. Mas sim, modularidade. Quando escondemos detalhes, evitamos que as peculiaridades de um pedaço do código sejam distorcidas e corrompidas por outro. Códigos são formados de pedaços manipuláveis, distintos e bem definidos. Assim, mantemos a menor complexidade possível, cometemos menos erros e economizamos dinheiro. Ah, e é claro, ajudamos a promover a paz mundial.

Outros capítulos trazem diversos exemplos da utilização dos campos privados. Quando um campo é declarado privado, fica escondido, longe de qualquer intervenção externa. Isso aumenta a modularidade, minimiza a complexidade e assim por diante.

Já vimos em outros capítulos deste livro exemplos de coisas que são declaradas públicas. Assim como uma figura pública, uma celebridade, um campo declarado público fica exposto. Várias pessoas devem saber até mesmo que pasta de dente Elvis usava, assim como qualquer programador pode fazer referência a um campo público, mesmo que ele não seja chamado *Elvis*.

Em Java, as palavras *public* (público) e *private* (privado) são chamadas de *modificadores de acesso*. Com certeza você já deve ter visto campos e métodos sem qualquer modificador de acesso em suas declarações. Esses casos são declarados como tendo acesso `default` (padrão). Muitos dos exemplos deste livro usam acesso default, sem muito alarde a respeito do assunto. Nos outros capítulos tudo bem, mas não nestwe. Neste descrevo os mínimos detalhes.

Aqui, veremos também outro modificador de acesso, que não é usado em qualquer dos exemplos anteriores (ao menos, não me lembro de usá-lo), o `protected`. Sim, este capítulo abrange detalhes sórdidos sobre o acesso `protected`.

Classes, Acesso e Programas Multiparte

Neste tópico, você poderá se enrolar um pouco com a terminologia, então é melhor tirar o básico do caminho. (A maioria da terminologia de que precisa está no Capítulo 10, mas vale a pena revisá-la no início deste capítulo.) Vejamos este pedaço de código Java falso:

```java
class MinhaClasse {
    int meuCampo;            //um campo
                            // (um membro)

    void meuMetodo() {       //um método (outro membro)

    int meuOutroCampo;       //uma variável local
                            // (NÃO é um membro)

    }
}
```

Os comentários do lado direito do código contam a história. Há dois tipos de variáveis aqui — os campos e variáveis locais. Este capítulo não trata da variável local, mas sim métodos e campos.

Acredite em mim, carregar a frase "métodos e campos" onde quer que vá não é uma tarefa fácil. É muito melhor chamá-los por um nome só e encerrar o assunto. É por isso que métodos e campos são chamados de *membros* de uma classe.

Membros versus classes

Nesta altura, devemos fazer uma importante distinção. Pense na palavra-chave Java `public`. Como já deve saber pelos capítulos anteriores, podemos colocá-la antes de um membro. Por exemplo, podemos escrever

```java
public static void main(String args[]) {
```

ou

```java
public valorNaConta = 50.22;
```

Esses usos da palavra-chave `public` não são nenhuma surpresa. O que você pode não saber é que também podemos colocá-la antes de uma classe. Por exemplo, podemos escrever

```java
public class  Desenho
    // Seu código aparece aqui
}
```

Em Java, a palavra-chave `public` tem dois significados distintos — um para membros e outro para as classes. A maior parte deste capítulo trata do significado de `public` (e de outras palavras-chave do gênero) para membros. A última parte (apropriadamente intitulada "Modificadores de Acesso para Classes Java") trata do significado destinado a classes.

Modificadores de acesso para membros

Claro, este tópico é sobre membros. Mas isso não significa que podemos ignorar as classes Java. Membro ou não, a classe Java ainda é onde tudo acontece. Cada campo é declarado, pertence e é membro de uma classe específica. O mesmo acontece com os métodos. Cada um deles é declarado, pertence e é membro de classe específica. Como sabemos quando podemos usar o nome de um determinado membro em um lugar específico do código? Para começar a responder essa questão, devemos verificar se o lugar é dentro ou fora da classe do membro:

✔ Se o membro é privado, somente o código que está dentro de sua classe pode se referir diretamente ao nome do membro.

```
class AlgumaClasse {
    private int meuCampo = 10;
}

class AlgumaOutraClasse {
    public static void main(String args[]) {
        AlgumaClasse algumObjeto = new AlgumaClasse();

        //Isto não funciona:
        System.out.println(algumObjeto.meuCampo);
    }
}
```

✔ Se o membro é público, qualquer código pode fazer referência direta ao seu nome.

```
class AlgumaClasse {
    public int meuCampo = 10;
}

class AlgumaOutraClasse {
    public static void main(String args[]) {
        AlgumaClasse algumObjeto = new AlgumaClasse();

        //Isto funciona:
        System.out.println(algumObjeto.meuCampo);
    }
}
```

As Figuras 13-1 a 13-3 ilustram essas ideias de um modo um pouco diferente.

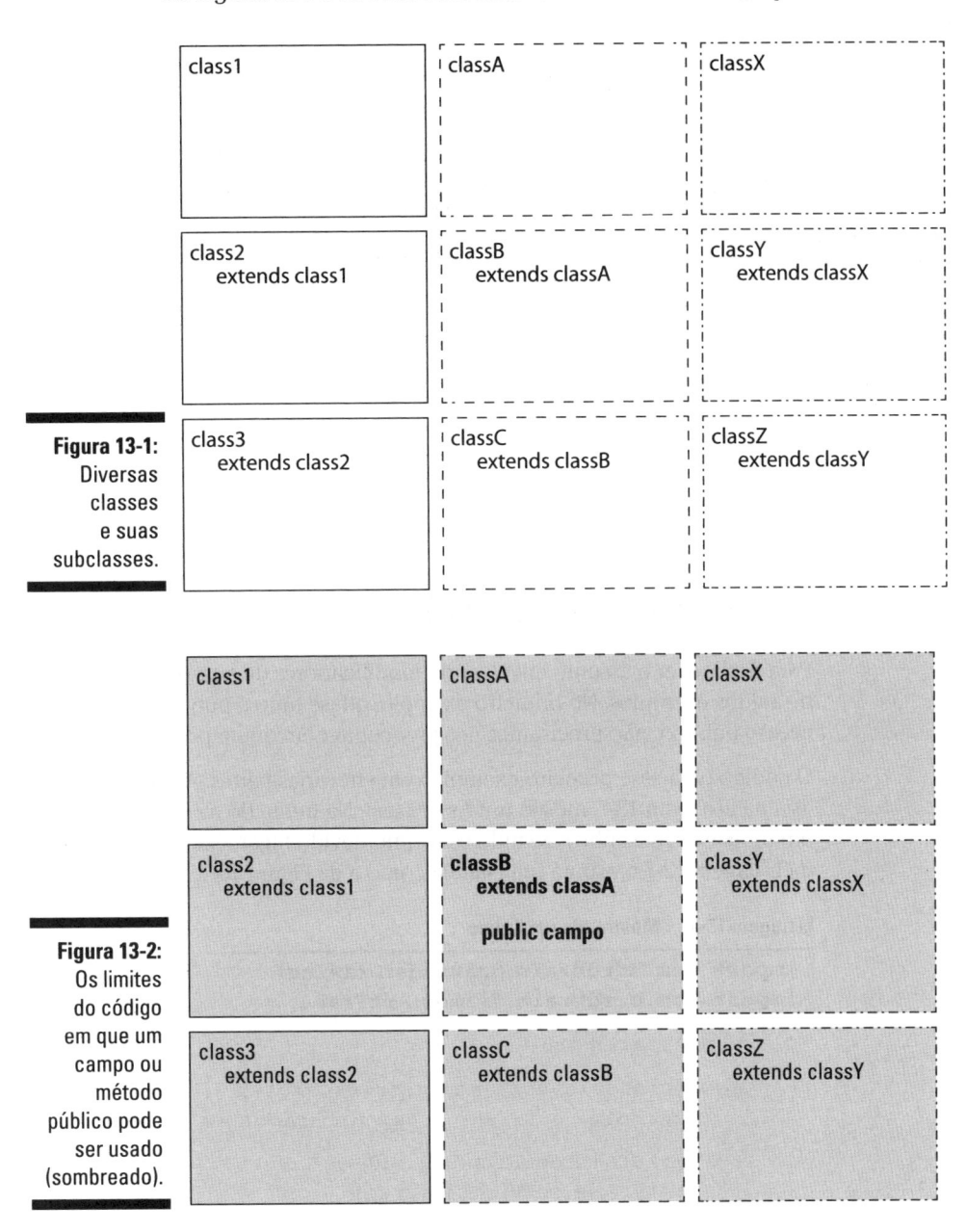

Figura 13-1:
Diversas
classes
e suas
subclasses.

Figura 13-2:
Os limites
do código
em que um
campo ou
método
público pode
ser usado
(sombreado).

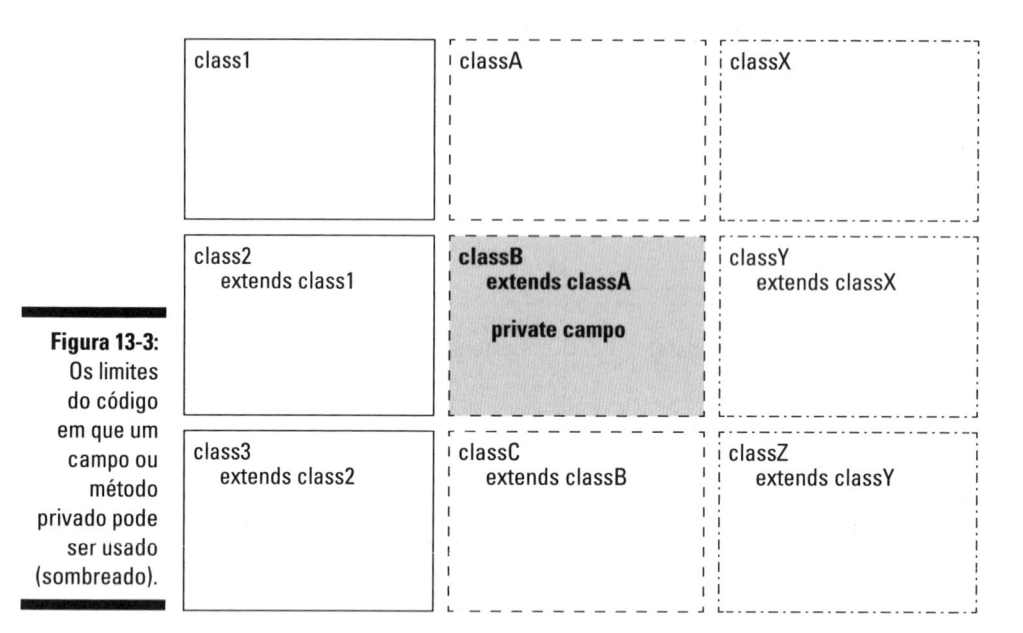

Figura 13-3:
Os limites do código em que um campo ou método privado pode ser usado (sombreado).

Colocando um desenho em um frame

Para esclarecer o assunto envolvendo modificadores de acesso, precisamos de alguns exemplos. No primeiro exemplo, quase tudo é público. Com acesso público, não precisamos nos preocupar com quem pode usar o quê.

O código para esse primeiro exemplo vem em várias partes. A primeira, que está na Listagem 13-1, mostra um ArtFrame. Na frente do ArtFrame está um Drawing (desenho). Se tudo estiver no devido lugar, executar o código da Listagem 13-1 mostrará uma janela como a da Figura 13-4.

Listagem 13-1:   Mostrando um Frame

```java
import com.burdbrain.drawings.Drawing;
import com.burdbrain.frames.ArtFrame;

class MostrarFrame {

    public static void main(String args[]) {
        ArtFrame artFrame = new ArtFrame(new Drawing());

        artFrame.setSize(200, 100);
        artFrame.setVisible(true);
    }
}
```

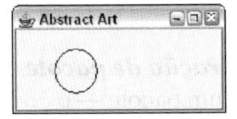

Figura 13-4:
Um
ArtFrame.

O código na Listagem 13-1 cria uma nova instância ArtFrame. Você já deve estar suspeitando que a ArtFrame é uma subclasse da classe frame Java, e está certo. O Capítulo 9 diz que os frames Java são, por padrão, invisíveis. Então, na Listagem 13-1, para tornar a instância ArtFrame visível, chamamos o método setVisible.

Agora, observe que a Listagem 13-1 começa com duas declarações import. A primeira, permite que abreviemos o nome Drawing do pacote com.burdbrain.drawings. A segunda permite-nos abreviar o nome *ArtFrame* de com.burdbrain.frames.

Para uma revisão sobre declarações import, veja o Capítulo 4.

O detetive dentro de você deve estar pensando: "ele deve ter escrito mais código (que não está aqui) e colocado esse código em pacotes que chamou de *com.burdbrain.drawings* e *com.burdbrain.frames*". E, na verdade, está certo. Para fazer com que a Listagem 13-1 funcione, criei algo chamado *Drawing*, e estou colocando todos meus desenhos no pacote com.burdbrain.drawings. Também necessito de uma classe ArtFrame e coloco todas as classes desse tipo no pacote com.burdbrain.frames.

Então, na verdade, o que é um Drawing? Bem, se estiver muito ansioso para saber, olhe a Listagem 13-2.

Listagem 13-2:   A Classe Drawing

```
package com.burdbrain.drawings;
import java.awt.Graphics;
public class Drawing {
    public int x = 40, y = 40, width = 40, height = 40;

    public void paint(Graphics g) {
        g.drawOval(x, y, width, height);
    }
}
```

O código para a classe Drawing é bem enxuto. Ele contém alguns campos int e um método paint. E só. Bem, quando crio minhas classes, tento mantê-las assim. Veja a seguir algumas observações sobre minha classe `Drawing`:

- **No topo do código há uma *declaração de pacote*.** Surpresa! Fiz minha classe `Drawing` pertencer a um pacote — o `com.burdbrain.drawings`. Não inventei esse nome do nada. A convenção (deixada pelos criadores do Java) diz que devemos começar o nome do pacote invertendo o nome do domínio, então inverti `burdbrain.com`. Depois, basta adicionar um ou dois nomes descritivos, separados por pontos. Adicionei o nome *drawings,* pois pretendia colocar todos meus desenhos nesse pacote.

- **A classe `Drawing` é *public*.** Isto quer dizer que ela é vulnerável à invasão externa. Então, em geral, evito colocar a palavra-chave `public` em frente de qualquer classe. Mas na Listagem 13-2, tenho que declarar minha classe `Drawing` como sendo `public`. Se não fizer isso, as classes que não estiverem no pacote `com.burdbrain.drawings` não poderão usar o material na Listagem 13-2. Em particular, a linha

```
ArtFrame artFrame = new ArtFrame(new Drawing());
```

  na Listagem 13-1 é ilegal, a menos que a classe `Drawing` seja pública.

  Para mais informações sobre classes públicas e não públicas, veja o tópico intitulado "Modificadores de Acesso para Classes Java", mais adiante neste capítulo.

- **O código tem um método `paint`.** Este método usa um truque Java padrão para fazer com que coisas apareçam na tela. O parâmetro `g` na Listagem 13-2 é chamado de *buffer gráfico*. Para exibir coisas, tudo que precisamos fazer é desenhar nesse buffer gráfico, que depois envia para a tela.

  Vejamos um pouco mais de detalhes: na Listagem 13-2, o método `paint` contém um parâmetro `g`, que se refere a uma instância da classe `java.aet.Graphics`. Já que uma instância `Graphics` é um buffer, as coisas que colocarmos nele serão em algum momento mostradas na tela. Como todas as instâncias da classe `java.awt.Graphics`, esse buffer tem diversos métodos drawing — sendo um deles `drawOval`. Quando chamamos `drawOval`, especificamos uma posição inicial (*x* pixels a partir do lado esquerdo do frame e *y* pixels a partir do topo do frame). Também especificamos um tamanho oval, colocando números de pixels nos parâmetros width (largura) e height (altura). Chamar o método drawOval coloca uma pequena coisa redonda no buffer Graphics, e tudo isso é mostrado na tela.

Estrutura de diretório

O código na Listagem 13-2 pertence ao pacote com.burdbrain.drawings. Quando colocamos uma classe em um pacote, temos que criar uma estrutura de diretórios que espelhe o nome do pacote.

Para abrigar o código que está no pacote com.burdbrain.drawings, temos que ter três diretórios: com, um subdiretório de com, chamado burdbrain, e um subdiretório de burdbrain chamado drawings. A estrutura geral do diretório é mostrada na Figura 13-5.

Se seus códigos não estiverem nos diretórios apropriados, você receberá uma odiosa mensagem NoClassDefFoundError. Acredite em mim, esse erro nunca é divertido. Quando ele aparece, não recebemos qualquer ajuda para descobrir onde está faltando a classe ou onde o compilador espera encontrá-la. Se mantiver a calma, descobrirá tudo sozinho. Se entrar em pânico, ficará revirando o código por horas. Como um programador de Java experiente, lembro-me de muitas dores articulares surgidas depois de um terrível NoClassDefFoundError.

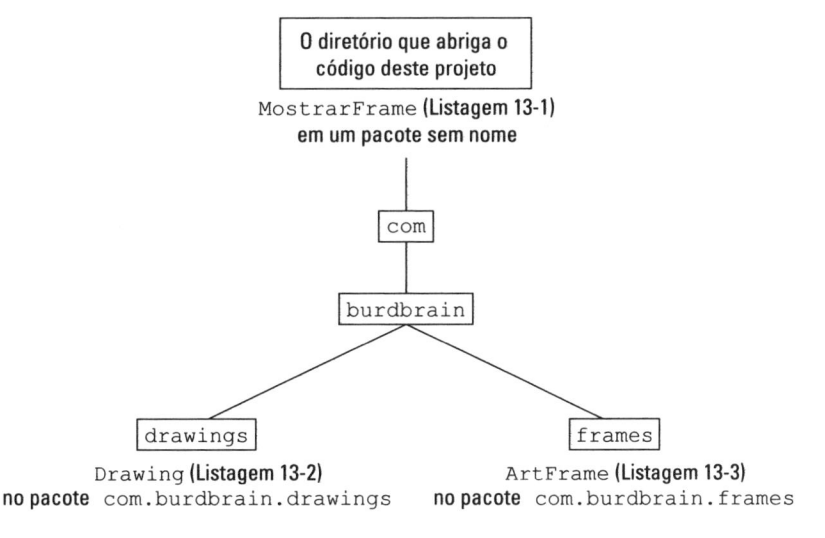

Figura 13-5: Os arquivos e diretórios em seu projeto.

Procurando por arquivos nos lugares corretos

Ao compilar o código na Listagem 13-1, o compilador Java explora o código e se depara com alguns pedaços soltos. Primeiro, há uma coisa chamada `ArtFrame`. E depois, `Drawing`. A listagem 13-1 define uma classe chamada `MostrarFrame` e não `ArtFrame` ou `Drawing`. Então, aonde o compilador deve ir para descobrir informações sobre as classes `ArtFrame` e `Drawing`?

Se parar para pensar, o problema parece impossível de ser resolvido. O compilador deveria procurar em todo seu disco rígido por arquivos chamados `ArtFrame.java` ou `Drawing.class`? Qual o tamanho de seu disco rígido? 500GB? 750GB? 6.000.000GB? E quanto às referências a arquivos em drives de rede? O campo de busca é potencialmente ilimitado. E se em algum momento o compilador conseguisse resolver todos esses problemas? E então, ao executar o código, a máquina virtual Java (JVM) começa toda a busca novamente.

(Para saber mais sobre a máquina virtual Java, veja o Capítulo 2.)

Para acabar com esse problema, o Java define algo chamado *CLASSPATH*, que é uma lista de lugares onde o compilador e a JVM deve procurar o código. Há muitas maneiras de configurar um CLASSPATH. Alguns programadores criam um novo CLASSPATH toda vez que executam um programa. Outros criam uma variável `CLASSPATH` para todo o sistema. (Se está familiarizado com a variável PATH nos computadores Windows e UNIX, já deve saber como funciona.) De qualquer modo, o compilador e a JVM precisam de uma lista de lugares para procurar o código. Sem ela, os dispositivos Java não procuram em lugar algum. Eles não encontram as classes como `ArtFrame` ou `Drawing` e recebemos uma mensagem `cannot find symbol` (símbolo não encontrado) ou `NoClassDefFoundError` (não encontra a definição da classe) e ficamos bastante frustrados.

Construindo um frame

As primeiras três listagens deste capítulo mostram um exemplo multiparte. Este tópico traz a terceira e última parte dele. Ela não é crucial para a compreensão dos modificadores de acesso, que é o assunto principal deste capítulo. Então, se quiser, pode pular a explicação da Listagem 13-3 sem perder o fio da meada do capítulo. Por outro lado, se quer saber mais sobre as classes Java `Swing`, veja a Listagem a seguir.

Listagem 13-3:   A classe ArtFrame

```
package com.burdbrain.frames;

import java.awt.Graphics;

import javax.swing.JFrame;

import com.burdbrain.drawings.Drawing;
```

```
public class ArtFrame extends JFrame {
    private static final long serialVersionUID = 1L;

    Drawing drawing;

    public artFrame(Drawing drawing) {
        this.drawing = drawing;
        setTitle("Arte Abstrata");
        setDefaultCloseOperation(EXIT_ON_CLOSE);
    }

    public void paint(Graphics g) {
        drawing.paint(g);
    }
}
```

A Listagem 13-3 tem toda a parafernália necessária para colocar um desenho em um frame Java. O código usa diversos nomes da API Java (Interface de Programação de Aplicativos). Explico a maioria desses nomes nos Capítulos 9 e 10.

O único nome novo na Listagem 13-3 é a palavra `paint`. O método `paint` na Listagem 13-3 submete-se a outro método `paint` — que pertence ao objeto `Drawing`. O objeto `ArtFrame` cria uma janela flutuante na tela do computador. O que é desenhado nela depende do objeto `Drawing` que é passado para o construtor `ArtFrame`.

Se percorrermos o fluxo das Listagens 13-1 a 13-3, perceberemos algo muito peculiar. O método `paint` na Listagem 13-3 parece não ser chamado. Bem, em muitos componentes de criação de janelas do Java, basta declarar um método `paint` e inseri-lo no código. Quando o programa é executado, o computador chama o método `paint` automaticamente.

É isso que acontece com os objetos `java.swing.JFrame`. Na Listagem 13-3, o método `paint` do frame é chamado nos bastidores. Depois, o método `paint` do frame chama o método `paint` do objeto `Drawing`, que, por sua vez, desenha uma figura oval no frame. É assim que obtemos aquilo que é mostrado na Figura 13-4.

Fugindo do Código Original

Sua fornecedora de software favorita, a Burd Brain Consultoria, vendeu-lhe dois arquivos — `Drawing.class` e `ArtFrame.class`. Como cliente, você não pode ver o código dentro dos referidos arquivos. Então, terá que simplesmente aceitar o que há neles. (Se pelo menos tivesse comprado uma cópia de *Java Para Leigos, Tradução da 5ª Edição*, que tem o código para esses arquivos na Listagem 13-2 e 13-3!). Seja como for, agora você quer mudar a figura oval na Figura 13-4, para que seja um pouco mais larga. Para isso, cria uma subclasse da classe `Drawing` — a `DrawingWide` — e a coloca na Listagem 13-4.

Listagem 13-4:   Uma Subclasse da Classe Drawing

```
import java.awt.Graphics;

import com.burdbrain.drawings.Drawing;

public class DrawingWide extends Drawing {
    int width = 100, height = 30;

    public void paint(Graphics g) {
        g.drawOval(x, y, width, height);
    }
}
```

Para utilizar o código da Listagem 13-4, você lembra de alterar uma das linhas da Listagem 13-1, assim

```
ArtFrame artFrame = new ArtFrame(new DrawingWide());
```

Na Listagem 13-1 pode, também, remover a declaração import `com.burdbrain.drawings.Drawing`, já que não vai mais precisar dela.

A Listagem 13-4 define uma subclasse da classe original `Drawing`. Nela, você sobrescreve os campos de largura e altura e o método `paint` da classe original. O frame resultante é mostrado na Figura 13-6.

Figura 13-6:
Outro frame
de arte.

Por sinal, já deve ter notado que o código na Listagem 13-4 não começa com uma declaração de pacote. Isso significa que toda sua coleção de arquivos vem dos seguintes três pacotes:

✔ **O pacote `com.burdbrain.drawings`.** A classe original `Drawing` da Listagem 13-2 está neste pacote.

✔ **O pacote `com.burdbrain.frames`.** A classe `ArtFrame` da Listagem 13-3 está neste pacote.

✔ **Um pacote sem nome, que está sempre lá.** Em Java, quando não começamos um arquivo com uma declaração de pacote, todo o código naquele arquivo fica em um grande pacote, sem nome. As Listagens 13-1 e 13-4 estão no mesmo pacote sem nome. Na verdade, a maioria das listagens dos primeiros 12 capítulos deste livro está em um pacote sem nome do Java.

Neste ponto, seu projeto tem duas classes de desenho — a original `Drawing` e a nova `DrawingWide`. Por mais parecidas que possam ser, elas ficam em dois pacotes separados. Isto não é de surpreender. A classe `Drawing`, desenvolvida por seus amigos da Burd Brain Consultoria, está no pacote cujo nome começa com *com.burdbrain*. Mas como foi você quem criou a `DrawingWide`, não deveria inseri-la no pacote `com.burdbrain`.

A coisa mais sensata a fazer é inseri-la em um dos seus pacotes, tal como `com.meudominio.drawings`, mas, por ora, use o pacote sem nome.

De qualquer modo, sua subclasse `DrawingWide` é compilada e executada conforme o planejado. Vá para casa radiante, com a certeza de ter escrito um código útil e que funciona.

Acesso Default

Se está lendo estes parágrafos em ordem, sabe que o último exemplo termina de forma muito feliz. O código na Listagem 13-4 funciona às mil maravilhas. Todos, incluindo meu editor, Paul Levesque, estão felizes.

Mas espere! Você já imaginou como seria sua vida se não tivesse escolhido esta carreira em particular, namorado certa pessoa ou lido *Java Para Leigos, Tradução da 5ª Edição*? Neste tópico, volto no tempo um pouco para mostrar o que teria acontecido se uma palavra tivesse sido omitida no código mostrado na Listagem 13-2.

Lidar com diferentes versões de um programa pode lhe dar vertigem, por isso, começarei esta discussão descrevendo a situação. Primeiro, temos uma classe `Drawing`. Nela, os campos não foram declarados como sendo públicos e têm acesso `default`. A classe `Drawing` está no pacote `com.burbrain.drawings` (veja a Listagem 13-5).

Listagem 13-5: Campos com Acesso Default

```
package com.burdbrain.drawings;

import java.awt.Graphics;

public class Drawing {
    int x = 40, y = 40, width = 40, height = 40;

    public void paint(Graphics g) {
        g.drawOval(x, y, width, height);
    }
}
```

Depois, temos uma subclasse `DrawingWide` (copiada, para facilitar, na Listagem 13-6). A classe `DrawingWide` está no pacote sem nome do Java.

Listagem 13-6: Uma Falha na Tentativa de Criar uma Subclasse

```
import com.burdbrain.drawings.*;
import java.awt.Graphics;

public class DrawingWide extends Drawing {
    int width = 100, height = 30;

    public void paint(Graphics g) {
        g.drawOval(x, y, width, height);
    }
}
```

O problema é que tudo desmorona. O código na Listagem 13-6 não compila. Ao invés disso, recebemos a seguinte mensagem:

```
x is not public in com.burdbrain.drawings.Drawing;
cannot be accessed from outside package

(x não é público em com.burdbrain.drawings.Drawing;
não pode ser acessado de um pacote externo)

y is not public in com.burdbrain.drawings.Drawing;
cannot be accessed from outside package

(y não é público em com.burdbrain.drawings.Drawing;
não pode ser acessado de um pacote externo)
```

O código não compila, pois o campo com acesso `default` não pode ser referenciado diretamente de fora de seu pacote — nem mesmo por uma subclasse da classe que o contém. O mesmo é verdade para quaisquer métodos com acesso `default`.

Campos e métodos da classe são chamados de *membros*. As regras para o acesso — `default` ou outro qualquer — devem ser aplicadas a todos os membros de classes.

As regras de acesso descritas neste capítulo não se aplicam às variáveis locais. Essas podem ser acessadas somente dentro de seu próprio método.

Para um resumo sobre as variáveis locais, veja o Capítulo 10.

Em Java, o acesso default para um membro de uma classe ocorre apenas dentro do pacote. Um membro declarado sem a palavra *public, private* ou *protected* na frente é acessível no pacote em que sua classe está. As Figuras 13-7 e 13-8 ilustram essa questão.

Os nomes dos pacotes, com todos aqueles pontos e subpartes, podem ser um pouco confusos. Por exemplo, quando escrevemos um programa que responde aos cliques de um botão, em geral importamos as classes de dois pacotes distintos. Em uma linha, podemos ter `import java.awt.*;`. Em outra, `import java.awt.event.*;`. Importar todas as classes do pacote `java.awt` não importa automaticamente as classes do pacote `java.awt.event`.

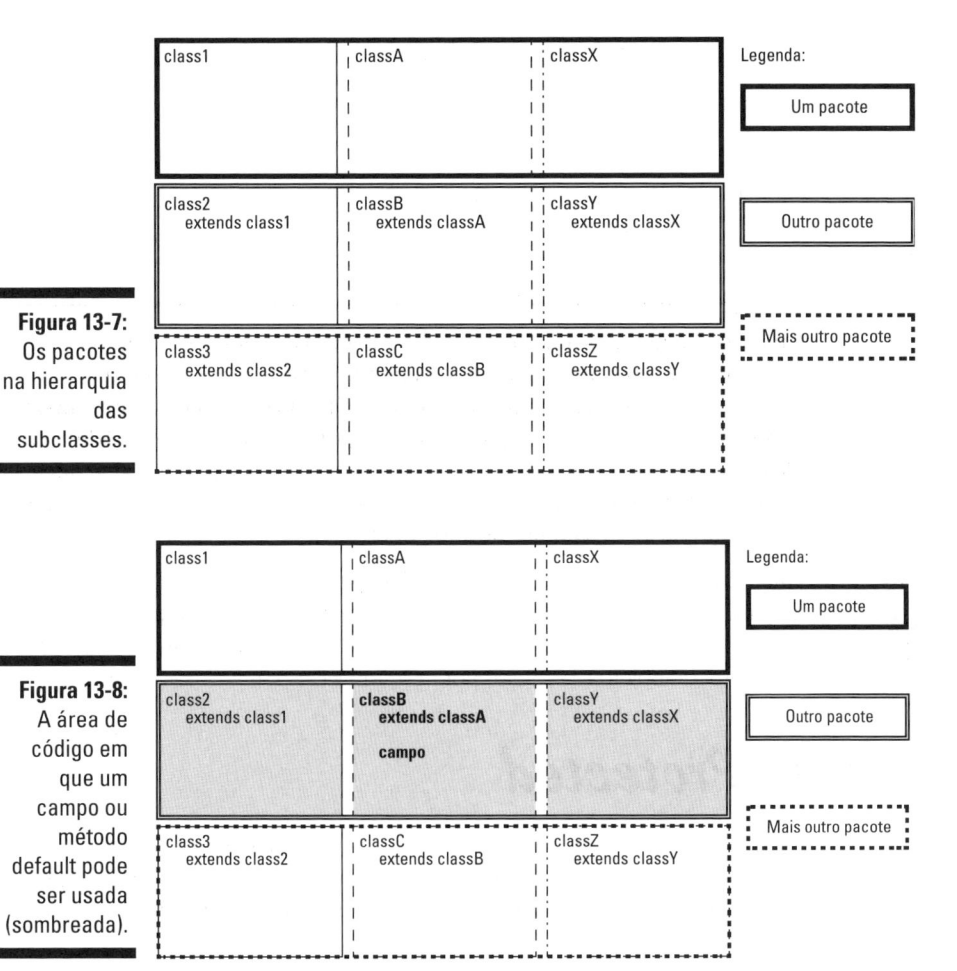

Figura 13-7: Os pacotes na hierarquia das subclasses.

Figura 13-8: A área de código em que um campo ou método default pode ser usada (sombreada).

Voltando para o pacote

Adoro receber coisas pelo correio. Na pior das hipóteses, recebo algumas propagandas que jogo direto no lixo. Na melhor, recebo algo que posso usar, um novo brinquedo ou um presente especial.

Bem, hoje é meu dia de sorte. Alguém na Burd Brain Consultoria me enviou uma subclasse da classe `Drawing`. Ela é essencialmente igual àquela do código na Listagem 13-6. A única diferença é que esta nova classe `DrawingWideBB` mora no pacote `com.burdbrain.drawings`. O código é mostrado na Listagem 13-7. Para executá-lo, tenho que modificar a Listagem 13-1 com a linha

```
ArtFrame artFrame = new ArtFrame(new DrawingWideBB());
```

Listagem 13-7: Sim, Isto é uma Subclasse

```
package com.burdbrain.drawings;

import java.awt.Graphics;

public class DrawingWideBB extends Drawing {
    int width = 100, height = 30

    public void paint(Graphics g) {
        g.drawOval(x, y, width, height);
    }
}
```

Quando executamos a Listagem 13-7 junto com a classe `Drawing` na Listagem 13-5, tudo funciona perfeitamente. O motivo? `Drawing` e `DrawingWideBB` estão no mesmo pacote. Olhe novamente a Figura 13-8 e perceba a área sombreada que se espalha por todo o pacote. O código na classe `DrawingWideBB` tem todo o direito de usar os campos x e y, que são definidos com acesso `default` na classe `Drawing`, pois `Drawing` e `DrawingWideBB` estão no mesmo pacote.

Para usar a classe `DrawingWideBB` na Listagem 13-7, devemos fazer duas alterações na Listagem 13-1. Substituir a primeira declaração import por `import com.burdbrain.drawings.DrawingWideBB`, assim como a chamada do construtor do objeto `ArtFrame` por `new ArtFrame(new DrawingWideBB()`.

Acesso Protected

Quando estava conhecendo o Java, pensei que a palavra *protected* (protegido) significasse *são e salvo* ou algo do gênero. "Uau, este campo é protegido. Deve ser difícil de acessar." Bem, essa ideia mostrou-se equivocada. No Java, um membro protegido (*protected*) está menos escondido, é menos seguro e mais fácil de ser utilizado do que aquele com acesso `default`. O conceito é um tanto estranho.

Pense no acesso protected da seguinte forma. Começamos com um campo que tem acesso default (sem a palavra *public*, *private* ou *protected* em sua declaração). Esse campo pode ser acessado somente dentro do pacote em que está. Agora, adicionamos a palavra *protected* em frente à declaração do campo. De repente, classes de fora do pacote do campo têm acesso a ele. Agora, podemos fazer referência ao campo de uma subclasse, uma sub-sub-classe e assim por diante. Qualquer descendente da classe consegue. Para um exemplo, veja as Listagens 13-8 e 13-9.

Listagem 13-8:   Campos Protected

```
package com.burdbrain.drawings;

import java.awt.Graphics;

public class Drawing {
    protected int x = 40, y = 40, width = 40, height = 40;

    public void paint(Graphics g) {
        g.drawOval(x, y, width, height);
    }
}
```

Listagem 13-9:   A Subclasse da Lagoa Azul, Parte II

```
import java.awt.Graphics;

import com.burdbrain.drawings.Drawing;

public class DrawingWide extends Drawing {
    int width = 100, height = 30;

    public void paint(Graphics g) {
        g.drawOval(x, y, width, height);
    }
}
```

A Listagem 13-8 define a classe `Drawing`. A Listagem 13-9 define `DrawingWide`, que é uma subclasse da classe `Drawing`.

Na classe `Drawing`, os campos `x`, `y`, `width` (largura) e `height` (altura) são protegidos. A classe `DrawingWide` tem seus próprios campos `width` e `height`, mas `DrawingWide` faz referência aos campos `x` e `y`, que são definidos na classe mãe `Drawing`.

Não tem problema, mesmo que `DrawingWide` não esteja no mesmo pacote que sua classe mãe `Drawing` (essa está no pacote `com.burdbrain.rawings`, já a classe `DrawingWide` está no maravilhoso pacote sem nome Java). Tudo bem, porque os campos x e y são protegidos na classe `Drawing`.

Compare as Figuras 13-8 e 13-9. Observe a área extra de sombreamento na Figura 13-9. Uma subclasse pode acessar um membro protegido de uma classe, mesmo que ela pertença a outro pacote.

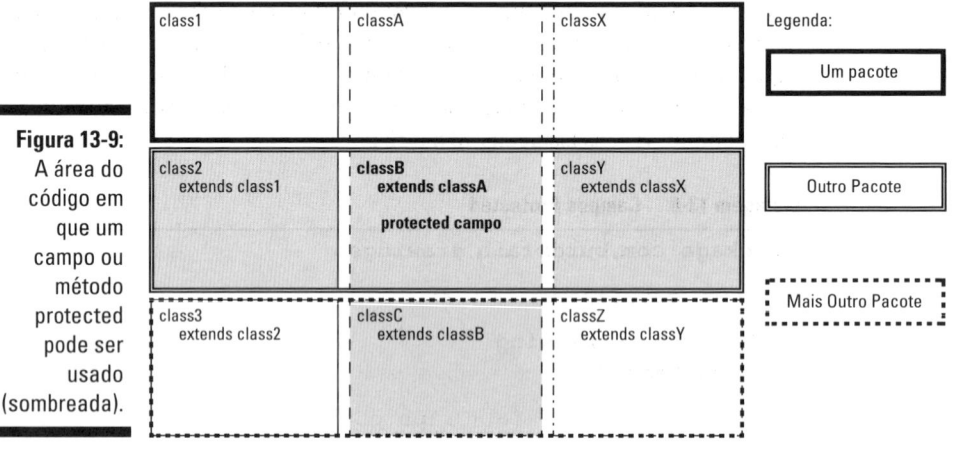

Figura 13-9:
A área do código em que um campo ou método protected pode ser usado (sombreada).

Você trabalha com uma equipe de programadores? Quem não é da sua equipe usa nomes diferentes de pacote? Se a resposta é sim, quando eles usarem seu código, podem criar subclasses de classes definidas por você. É aí que o acesso protegidos pode ser útil. Utilize-o quando quiser que outras pessoas de fora de sua equipe façam referências diretas aos métodos e campos do seu código.

Inserindo itens que não são subclasses no mesmo pacote

O pessoal da Burd Brain Consultoria está lhe enviando vários códigos. Desta vez, mandaram uma alternativa para a classe `MostrarFrame` — aquela mostrada na Listagem 13-1. A nova classe `MostrarFrameWideBB` mostra uma figura oval mais larga (que emocionante!), mas sem criar uma subclasse da antiga classe `Drawing`. Ao invés disso, o novo código `MostrarFrameWideBB` cria uma instância `Drawing` e, depois, altera o valor nos campos `width` e `height` da instância. O código é mostrado na Listagem 13-10.

Listagem 13-10:   Desenhando uma Figura Oval Mais Larga

```
package com.burdbrain.drawings;

import com.burdbrain.frames.ArtFrame;

class MostrarFrameWideBB {
    public static void main(String args[]) {
        Drawing drawing = new Drawing();
        drawing.width = 100;
        drawing.height = 30;

        ArtFrame artFrame = new ArtFrame(drawing);
        artFrame.setSize(200, 100);
        artFrame.setVisible(true);
    }
}
```

Certo, vou explicar. Esta classe `MostrarFrameWideBB` na Listagem 13-10 está no mesmo pacote que a classe `Drawing` (o pacote `com.burdbrain. drawings`). Mas `MostrarFrameWideBB` não é uma subclasse de `Drawing`.

Agora, imagine compilar `MostrarFrameWideBB` com a classe `Drawing`, mostrada na Listagem 13-8 — com todos aqueles campos `protected`. O que acontece? Tudo segue tranquilamente, pois um membro `protected` fica disponível em dois lugares (um tanto distintos). Observe, novamente, a Figura 13-9. Um membro `protected` está disponível para a subclasse fora do pacote, mas o membro também está disponível para o código (subclasse ou não) dentro do pacote do membro.

A Listagem 13-10 tem um método `main`, que está dentro de uma classe, que, por sua vez, está dentro do pacote `com.burdbrain.drawings`. Na maioria dos Ambientes de Desenvolvimento Integrado (IDEs), não pensamos duas vezes antes de executar um método que está em um pacote nominado. Mas se executarmos um programa a partir de uma linha de comando, podemos precisar digitar o nome qualificado completo da classe. Por exemplo, para executar o código na Listagem 13-10 digitamos `java com.burdbrain. drawings.MostrarFrameWideBB`.

Na verdade, o acesso `protected` é um pouco mais complicado do que o mostrado neste tópico. A Especificação da Linguagem Java menciona um ponto de bifurcação no código como sendo responsável pela implantação de um objeto. Se ainda estiver descobrindo como programar em Java, não se preocupe com isso. Espere até que já tenha alguma experiência. Então, quando esbarrar com a mensagem de erro `variable has protected access` (a variável tem acesso protegido), pode começar a se preocupar. Melhor ainda, pule a parte da preocupação e estude cuidadosamente o tópico sobre o acesso `protected` na Especificação de Linguagem Java.

Para mais informações sobre a Especificação da Linguagem Java, visite o Capítulo 3.

Modificadores de Acesso para Classes Java

Talvez tudo aquilo que já leu sobre os modificadores de acesso para membros tenha o deixado um pouco atordoado. Afinal, acesso a membros em Java é um assunto muito complicado, com muitas reviravoltas e suspense. Bem, acabou a confusão. Comparado com a saga dos campos e métodos, o acesso das classes é até simples.

Uma classe pode ser pública ou 'não pública'. Quando vemos algo assim

```
public class Drawing
```

estamos olhando para uma declaração de classe pública. Se vemos uma boa e velha

```
class MostrarFrame
```

a classe que está sendo declarada não é pública.

Classes públicas

Se a classe é pública, podemos nos referir a ela de qualquer lugar do código. É claro que existem algumas restrições. Devemos obedecer todas as regras no tópico: "Estrutura de diretórios", neste capítulo. Devemos, também, fazer referência, de maneira adequada, a uma classe que esteja dentro de um pacote. Por exemplo, na Listagem 13-1, podemos escrever

```
import com.burdbrain.drawings.Drawing;
import com.burdbrain.frames.ArtFrame;
...
ArtFrame artFrame = new ArtFrame(new Drawing());
```

ou podemos fazer isso sem as declarações import e escrever

```
com.burdbrain.frames.ArtFrame artFrame =
    new com.burdbrain.frames.ArtFrame
        (new com.burdbrain.drawings.Drawing());
```

De qualquer maneira, seu código deve reconhecer que as classes ArtFrame e Drawing estão em pacotes devidamente nominados.

Classes não públicas

Se uma classe não é pública, podemos fazer referência a uma classe somente de um código dentro do pacote da classe.

Fiz uma experiência. Primeiro, voltei na Listagem 13-2 e excluí a palavra *public*. Transformei public class Drawing na boa e velha class Drawing, assim:

```
package com.burdbrain.drawings;

import java.awt.Graphics;

class Drawing {
    public int x = 40, y = 40, width = 40, height = 40;

    public void paint(Graphics g) {
        g.drawOval(x, y, width, height);
    }
}
```

Então, compilei o código na Listagem 13-7. Tudo estava indo muito bem, pois a Listagem 13-7 contém as seguintes linhas:

```
package com.burdbrain.drawings;

public class DrawingWideBB extends Drawing
```

Já que ambos os pedaços do código estão no mesmo pacote com. burdbrain.drawings, acessar DrawingWideBB a partir da classe não pública Drawing não foi problema.

Mas então tentei compilar o código na Listagem 13-3. Ele começa com

```
package com.burdbrain.frames;
```

Este código não está no pacote `com.burdbrain.drawings`. Então, quando o computador chegou na linha

```
Drawing drawing;
```

da Listagem 13-3, gerou um erro. Para ser mais preciso, mostrou esta mensagem:

```
com.burdbrain.drawings.Drawing is not public in
com.burdbrain.drawings;
cannot be accessed from outside package

(com.burdbrain.drawings.Drawing não é pública em
com.burdbrain.drawings;
não pode ser acessado de fora do pacote)
```

Bem, acho que recebi o que merecia.

Nada é tão simples quanto parece. As regras que descrevo neste tópico se aplicam a quase todas as classes deste livro. Mas o Java tem algumas coisas mais sofisticadas chamadas *classes internas,* que seguem um conjunto diferente de regras. Felizmente, um programador novato típico tem muito pouco contato com elas. As únicas classes internas deste livro aparecem no Capítulo 14 (e algumas delas estão disfarçadas de tipos `enum`). Então, por ora, pode viver tranquilamente apenas com as regras que expliquei neste tópico.

Capítulo 14

Respondendo a Toques no Teclado e Cliques no Mouse

Neste Capítulo

▷ Criando código que lide com cliques no mouse (e outros eventos do tipo)

▷ Escrevendo e usando uma interface Java

No final dos anos 1980, comprei meu primeiro mouse. Paguei $100 e, já que não precisava mesmo de um mouse, consultei minha esposa antes de comprar. (Na época, meu computador operava um ambiente híbrido texto/janela. Qualquer coisa que pudesse fazer com um mouse faria com a mesma facilidade com a tecla Alt.)

Agora, estou no século XXI. Os últimos dez mouses que adquiri foram gratuitos. Alguns mais básicos sempre acabam vindo parar na minha mão. Alguns, mais incomuns, estavam em liquidação na megaloja de computação da minha cidade. Tem um que custa $10 e você recebe um vale-compra de $10.

Vá em Frente... Clique no Botão

Nos capítulos anteriores, criei janelas que não faziam muita coisa. Normalmente, uma janela mostra algumas informações, mas não tem qualquer elemento interativo. Bem, chegou a hora de mudar tudo. O primeiro exemplo deste capítulo é uma janela com um botão. Quando o usuário clica no botão, ora vejam só, algo acontece. O código é mostrado na Listagem 14-1 e o método `main` que chama o código na Listagem 14-1 está na Listagem 14-2.

Listagem 14-1:   Um Jogo de Adivinhação

```java
import java.awt.FlowLayout;
import java.awt.event.ActionEvent;
import java.awt.event.ActionListener;
import java.util.Random;

import javax.swing.JButton;
import javax.swing.JFrame;
import javax.swing.JLabel;
import javax.swing.JTextField;

class GameFrame extends JFrame implements ActionListener {
    private static final long seriaVersionUID = 1L;

    int numeroAleatorio = new Random().nextInt(10) + 1;
    int numPalpites = 0;

    JTextField textField = new JTextField(5);
    JButton button = new Jbutton("Adivinhe");
    JLabel label = new JLabel(numPalpites + "palpites");

    public GameFrame() {
        setDefaultCloseOperation(JFrame.EXIT _ ON _ CLOSE);
        setLayout(new FlowLayout());
        add(textField);
        add(button);
        add(label);
        button.addActionListener(this);
        pack();
        setVisible(true);
    }

    @Override
    public void actionPerformed(ActionEvent e) {
        String textFieldText = textField.getText();

        if (Integer.parseInt(textFieldText)==
                                    numeroAleato rio) {
            button.setEnabled(false);
            textField.setText(textField.getText() +
            "Sim!");
            textField.setEnabled(false);
        } else {
            textField.setText("");
            textField.requestFocus();
        }

        numPalpites++;
        String palavraPalpite =
            (numPalpites == 1) ? " palpite" : " palpites";
        label.setText(numPalpites + palavraPalpite);
    }
}
```

Listagem 14-2:   Iniciando o Jogo de Adivinhação

```
class MostrarGameFrame {

    public static void main(String args[]) {
        new GameFrame();
    }
}
```

Algumas ilustrações da execução do código deste tópico são mostradas nas Figuras 14-1 e 14-2. Em uma janela, o usuário joga adivinhação. Nos bastidores, o programa escolhe um número secreto (de 1 a 10) e depois mostra um campo de texto e um botão. O usuário digita um número no campo de texto e clica no botão. Uma de duas coisas acontecem:

- ✔ **Se o número que o usuário digitar não for o número secreto,** o computador mostra o número de palpites até o momento. O usuário pode então dar outro palpite.

- ✔ **Se o número que o usuário digitar for o número secreto,** o campo de texto mostra `Sim!`. O jogo termina e tanto o campo de texto, quanto o botão são desabilitados. Os componentes aparecem um pouco apagados e nenhum deles responde aos toques no teclado ou cliques no mouse.

Figura 14-1:
Um palpite
incorreto.

Figura 14-2:
O palpite
correto.

Na Listagem 14-1, o código para criar o frame, o botão e o campo de texto não tem nada de excepcional. Já mostrei coisas semelhantes nos Capítulos 9 e 10. A novidade neste capítulo é a classe `JTextField`, mas o campo de texto não é muito diferente do que um botão ou um rótulo. Como muitos outros componentes, a classe `JTextField` é definida no pacote `javax. swing`. Quando criamos uma nova instância `JTextField`, podemos especificar um número de colunas. Na Listagem 14-1, criei um campo de texto com cinco colunas de largura.

A Listagem 14-1 usa um operador diferente para decidir entre o singular *Palpite* e o plural *Palpites*. Se não estiver familiarizado com esta utilização do ponto de interrogação e dois pontos, veja o Capítulo 11.

Eventos e tratamento de evento

A grande novidade na Listagem 14-1, mostrada no tópico anterior, é como lidar com o clique do usuário no botão. Quando estamos trabalhando em uma interface gráfica com o usuário (GUI), tudo que o usuário faz (como pressionar uma tecla, mover o mouse, clicar o mouse ou qualquer outra coisa) é chamado de *evento*. O código que responde ao apertar, movimentar ou clicar do usuário é chamado de *código de tratamento de evento*.

A Listagem 14-1 trata do evento de clicar o botão em três partes do código:

- O topo da declaração de classe `GameFrame` diz que ela implementa `ActionListener` (`implements ActionListener`).
- O construtor para a classe `GameFrame` adiciona `this` à lista de "*action listeners*" (escutadores de evento) do botão.
- O código para a classe `GameFrame` tem um método `actionPerformed`.

Juntos, os três truques descritos acima fazem com que a classe `GameFrame` lide com os cliques no botão. Para entender como funciona, temos que conhecer uma coisa chamada *interface*, que é discutida no tópico seguinte.

A interface Java

Você já deve ter notado que, em Java, nunca estendemos mais de uma classe mãe. Em outras palavras, nunca dizemos

```
class NãoFaçaIsto extends PrimeiraClasse, SegundaClasse
```

Uma classe pode ter apenas uma classe mãe. Isso não nos traz problemas quando queremos que esta nova classe seja um frame. Mas e se quisermos que a nova classe seja um frame e um 'escutador' de clique de botão? Ela pode ser as duas coisas?

Sim, pode. O Java tem a chamada *interface*. Ela é como uma classe, mas é diferente. (Então, qual a novidade? Uma vaca é como um planeta, só que é diferente. Vacas mugem e planetas ficam no espaço.) De qualquer maneira, quando ouvir a palavra *interface*, pode começar a pensar em uma classe. Então, em sua cabeça, faça as seguintes anotações:

✔ **Uma classe estende somente uma classe mãe, mas pode implementar mais de uma interface.**

Por exemplo, se quisermos que `GameFrame` 'escute' toques no teclado e cliques em botões, podemos escrever

```
class GameFrame extends JFrame
    implements ActionListener, ItemListener
```

✔ **Os métodos de uma interface não têm corpos próprios.**

Veja uma cópia do código API para a interface

```
ActionListener:

package java.awt.event;

import java.util.EventListener;

public interface ActionListener
                        extends EventListener {

    public void actionPerformed(ActionEvent e);

}
```

Removi os comentários do código, mas evitei mexer no código API de maneira muito significativa. Nele, o método `actionPerformed` não tem corpo — não tem chaves e nenhuma declaração para executar. No lugar de um corpo há apenas um ponto e vírgula.

Um método sem corpo, como o definido na interface `ActionListener`, é chamado de método *abstrato*.

✔ **Quando implementamos uma interface, fornecemos corpos para todos seus métodos.**

É por isso que aparece um método `actionPerformed` na Listagem 14-1. Ao anunciar que a interface `ActionListener` será implementada, o código na Listagem 14-1 concorda que isso dará significado para o método `actionPerformed` da interface. Nessa situação, *dar significado* quer dizer declarar um método `actionPerformed` com chaves, um corpo e talvez algumas declarações para executar.

Quando anunciamos que vamos implementar uma interface, o compilador Java leva isso muito a sério. Mais adiante no código, se não dermos significado para um método da interface, o compilador reclama.

Se você é muito preguiçoso, pode descobrir rapidamente que métodos precisam ser declarados em seu código de implementação de interface. Se tentar compilar o código, o compilador elencará todos os métodos que devem ser declarados e que ainda não foram.

O Capítulo 8 apresenta o uso de @Override — uma anotação Java. Normalmente, ela é utilizada para indicar a substituição de um método que já foi declarado na superclasse. Mas a partir do Java 6, ela também pode ser utilizada para indicar uma implementação do método da interface. É isso que faço na Listagem 14-1.

Fluxo de execução (threads)

Este é um segredo muito bem guardado: programas Java são *multithreaded*, o que significa que diversas coisas acontecem ao mesmo tempo sempre que o executamos. O computador executa o código que você escreveu, mas também outros (que você não escreveu e não pode ver). Todos esses códigos estão sendo executados ao mesmo tempo. Enquanto executa as declarações do seu método main, uma após a outra, ele dá uma pausa, foge rapidinho e executa declarações de outros métodos invisíveis. Nos programas Java mais simples, esses outros métodos são aqueles que estão definidos como parte da máquina virtual Java (JVM).

Por exemplo, o Java tem um *thread de tratamento de evento* (ou *thread event-handling*). Enquanto o código é executado, ele é executado ao fundo. Ele 'escuta' os cliques no mouse e toma as ações apropriadas. A Figura 14-3 ilustra como isso funciona.

O fluxo de execução do código (thread)	O fluxo do tratamento de eventos (thread event-handling)

setLayout(new FlowLayout());
add(textField);
add(button);
add(label);
	O usuário clicou o mouse?
	.
	.
	O usuário clicou o mouse?

button.addActionListener(this);
pack();
setVisible(true);
	.
	.
	O usuário clicou o mouse?
	Sim? Ok. Chamarei o método ActionPerformed.

Figura 14-3: Dois threads Java.

Quando o usuário clica o botão, o thread de tratamento de evento diz: "OK, o botão foi clicado. Então, o que devo fazer?". E a resposta é: "chame alguns métodos actionPerformed". É como se ele tivesse um código assim:

```
if (botãoFoiClicado()) {
    objetct1.actionPerformed(infoSobreOClique);
    objetct2.actionPerformed(infoSobreOClique);
    objetct3.actionPerformed(infoSobreOClique);
}
```

É claro que por trás de toda resposta vem sempre outra pergunta. Aqui a pergunta é: "onde o fluxo de execução de tratamento de evento encontra os métodos `actionPerformed` para chamar?". Outra pergunta: "e se não quisermos que o fluxo de execução de tratamento de evento chame determinados métodos `actionPerformed` que estão em seu código?".

Bem, é para isso que chamamos o método `addActionListener`. Na Listagem 14-1, a chamada

```
button.addActionListener(this);
```

diz ao fluxo de tratamento de evento: "coloque este método `actionPerformed` em sua lista de métodos a serem chamados. Chame o método `actionPerformed` do código sempre que o botão for clicado".

Então, é assim que funciona. Para fazer com que o computador chame `actionPerformed`, registre o método no thread de tratamento de evento do Java. Esse registro é feito através da chamada de `addActionListener`. O método `addActionListener` pertence ao objeto onde são esperadas as ocorrências dos eventos. Na Listagem 14-1, esperamos que o objeto botão seja clicado e o método `addActionListener` pertence a esse objeto.

A palavra-chave this

Nos Capítulos 9 e 10, a palavra-chave `this` nos dá acesso a variáveis de instância do código dentro do método. Então, o que realmente significa a palavra-chave `this`? Bem, compare-a com a frase em português "escreva seu nome".

> *Eu, (escreva seu nome), juro solenemente, defender a Constituição da República Federativa do Brasil...*

A frase "escreva seu nome" é um marcador de espaço. É o local em que inserimos nosso nome.

> *Eu, Bob, juro solenemente...*

> *Eu, Fred, juro solenemente...*

Pense no juramento ("Eu... juro solenemente...") como um pedaço de código na classe Java. Naquele pedaço de código está o marcador de espaço, "escreva seu nome". Sempre que uma instância da classe (uma pessoa) executa o código (isto é, faz o juramento), a instância insere seu nome no lugar da frase "escreva seu nome".

A palavra-chave `this` funciona da mesma maneira. Ela fica dentro do código que define a classe `GameFrame`. Sempre que uma instância de `GameFrame` é construída, a instância chama `addActionListener(this)`. Nessa chamada, a palavra-chave substitui a própria instância.

```
button.addActionListener( EstaInstanciaGameFrame);
```

Ao chamar `button.addActionListener`(this), a instância `GameFrame` está dizendo: "adicione meu método `actionPerformed` na lista de métodos que são chamados sempre que o botão é clicado". E, de fato, a instância `GameFrame` tem um método `actionPerformed`. O `GameFrame` tem que ter um método `actionPerformed`, pois a classe `GameFrame` implementa a interface `ActionListener`. É engraçado como tudo se encaixa.

Por dentro do método actionPerformed

O método `actionPerformed` na Listagem 14-1 usa uma porção de truques da API Java. Vejamos uma breve lista deles:

- Cada instância de `JTextField` (e de `JLabel`) tem seus próprios métodos setter e getter, incluindo `getText` e `setText`. Chamar `getText` extrai qualquer cadeia de caracteres que esteja no componente. Chamar `setText` altera os caracteres que estão no componente. Na Listagem 14-1 a utilização de `getText` e `setText` remove um número do campo de texto e o substitui por nada (a cadeia vazia " ") ou o número, seguido da palavra *Sim!*

- Todo componente no pacote `javax.swing` (`JTextField`, `JButton` ou qualquer outro) tem um método `setEnable`. Quando chamamos `setEnable`(false), o componente fica com aquela aparência acinzentada e apagada e não pode mais receber cliques ou entradas do teclado.

- Cada componente no pacote `javax.swing` tem um método `requestFocus`. Quando ele é chamado, o componente tem a prioridade para receber a próxima entrada do usuário. Por exemplo, na Listagem 14-1, a chamada `textField.requestFocus()` diz: "mesmo que o usuário tenha clicado no botão, coloque o cursor no campo de texto. Desta forma, o usuário pode digitar outro palpite sem ter de clicá-lo primeiro".

Podemos fazer um teste para nos certificar de que o objeto referido pela variável botão (button) é realmente o que foi clicado. Basta escrever `if (e.getSource() == button)`. Se o código tiver dois botões, usamos `button1` e `button2`, para saber qual deles foi clicado. Escrevemos `if (e.getSource() == button1)` e `if (e.getSource() == button2)`.

O serialVersionUID

O Capítulo 9 apresenta a anotação `SuppressWarnings` para evitar lidar com algo chamado `serialVersionUID`. Ele é um número que ajuda o Java a evitar conflitos de versões quando enviamos um objeto de um local para outro. Por exemplo, podemos enviar o estado do objeto `JFrame` para a tela de outro computador. Assim, o outro computador verifica o número da versão do frame para ter certeza de que nada de errado está acontecendo.

No Capítulo 9 fugi do `serialVersionUID` dizendo ao Java para ignorar quaisquer avisos sobre números de versões seriais ausentes. Mas na Listagem 14-1, uso uma abordagem mais ousada. Dou ao meu objeto `JFrame` um `serialVersioUID` real. Ele é minha primeira versão de `GameFrame`, por isso seu número de versão é 1. (Na verdade, dou o número 1L para `GameFrame`, significando o valor `long` 1, veja o Capítulo 4.)

Então, quando precisamos nos preocupar em trocar o `serialVersionUID` de uma classe? Se o número de versão 1 é bom, o 2 é melhor ainda? A resposta é complicada, mas o resumo da questão é: não troque o número `serialVersionUID` a menos que faça alterações incompatíveis no código da classe. Por "alterações incompatíveis" entenda-se aquelas que tornem impossível para o código do computador receptor lidar com os objetos recém-criados.

Para mais detalhes sobre `serialVersionUID` e o que significa uma alteração incompatível no código, veja `http://dowload.oracle.com/javase/6/docs/platform/serialization/spec/version.html#6678` (conteúdo em inglês).

Respondendo a Outros Tipos de Eventos

Quando sabemos como responder a um tipo de evento, os outros se tornam fáceis. As Listagens 14-3 e 14-4 mostram uma janela que faz a conversão entre dólar e libras. Os códigos nessas listagens respondem a vários tipos de eventos. As Figuras 14-4, 14-5 e 14-6 mostram ilustrações desse código em ação.

Listagem 14-3: Mostrando uma Conversão de Moeda

```java
import java.awt.Color;
import java.awt.FlowLayout;
import java.awt.event.ItemEvent;
import java.awt.event.ItemListener;
import java.awt.event.KeyEvent;
import java.awt.event.MouseEvent;
import java.awt.event.MouseListener;
import java.text.NumberFormat;
import java.util.Locale;

import javax.swing.JComboBox;
import javax.swing.JFrame;
import javax.swing.JLabel;
import javax.swing.JTextField;

class MoneyFrame extends JFrame implements
            KeyListener, ItemListener, MouseListener {
    private static final long serialVersionUID = 1L;

    JLabel fromCurrencyLabel = new JLabel(" ");
    JTextField textField = new JTextField(5);
    JLabel label = new JLabel("          ");
    JComboBox combo = new JComboBox();

    NumberFormat currencyDolar =
        NumberFormat.getCurrencyInstance();
    NumberFormat currencyLibra =
        NumberFormat.getCurrencyInstance(Locale.UK);

    public MoneyFrame() {
        setLayout(new FlowLayout());

        add(fromCurrencyLabel);
        add(textField);
        combo.addItem("Dólar para Libra");
        combo.addItem("Libra para Dólar");
        add(label);
        add(combo);

        textField.addKeyListener(this);
        combo.addItemListener(this);
        label.addMouseListener(this);
        setDefaultCloseOperation(JFrame.EXIT _ ON _ CLOSE);

        setSize(300, 100);
        setVisible(true);
    }
```

```java
void setTextOnLabel() {
    String amountString = "";
    String fromCurrency = "";

    try {
        double amount =
            Double.parseDouble(textField.getText());
        if(combo.getSelectedItem().equals
                                ("Dólar para Libra"))
        {
            amountString = " = " +
            currencyLibra.format(
            amount * 0.61214); fromCurrency = "$";
        }
        if(combo.getSelectedItem().equals
                                ("Libra para Dólar"))
        {
            amountString = " + " +
                currencyDolar.format
                                amount * 1.63361);
            fromCurrency = "\u00A3";
        }
    } catch (NumberForamtException e) {
    }

    label.setText(amountString);
    fromCurrencyLabel.setText(fromCurrency);
}
@Override
public void keyReleased(keyEvent k) {
    setTextOnLabel();
}
@Override
public void keyPressed(keyEvent k) {
}
@Override
public void keyTyped(keyEvent k) {
}

@verride
public void itemStateChanged(ItemEvent i) {
    setTextOnLabel();
}

@Override
public void mouseEntered(MouseEvent m) {
    label.setForeground(Color.red);
}
```

(continua)

Listagem 14-3: *(continuação)*

```
    @Override
    public void mouseExited(MouseEvent m) {
        label.setForeground(Color.black);
    }

    @Override
    public void mouseClicked(MouseEvent m) {
    }

    @Override
    public void mousePressed(MouseEvent m) {
    }

    @Override
    public void mouseReleased(MouseEvent m) {
    }
}
```

Listagem 14-4: Chamando o Código na Listagem 14-3

```
class MostrarMoneyFrame {

    public static void main(String args[]) {
        new MoneyFrame();
    }
}
```

Figura 14-4:
Conversão
de dólar para
libra.

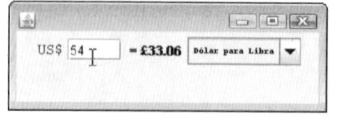

Figura 14-5:
Usando a
caixa combo
(combo box).

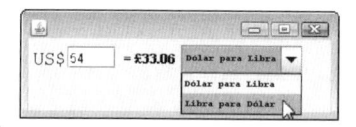

Figura 14-6:
Conversão
de moeda
Libra para
Dólar.

Certo, a Listagem 14-3 é um pouco extensa. No entanto, seu resumo, mostrado a seguir, não é tão complicado assim:

```
class MoneyFrame extends JFrame implements
             KeyListener, ItemListener, MouseListener {
    declarações de variáveis
    construtor para a classe MoneyFrame

    declaração de um método chamado setTextOnLabel

    todos os métodos que são requeridos, pois a classe
        implementa três interfaces
}
```

O construtor na Listagem 14-3 adiciona quatro componentes na nova janela `MoneyFrame`:

- **Um rótulo (label):** na Figura 14-4, o rótulo mostra o símbolo do dólar (US$).

- **Um campo texto (text field)**: na Figura 14-4, o usuário digita **54** no campo texto.

- **Outro rótulo (label):** na Figura 14-4, o rótulo mostra £33.06.

- **Uma caixa combo (combo box):** na Figura 14-4, a caixa combo mostra *Dólar para Libra*. Na Figura 14-5, o usuário seleciona um item na caixa. Na Figura 14-6, o item selecionado é *Libra para Dólar*.

O `MoneyFrame` implementa três interfaces — `KeyListener`, `ItemListener` e `MouseListener`. Assim, o código pode 'escutar' três diferentes tipos de eventos. A lista a seguir discute as interfaces e eventos:

- **`KeyListener`:** uma classe que implementa a interface deve ter três métodos chamados de: `keyReleased`, `keyPressed` e `keyTyped`. Quando levantamos o dedo da tecla, o thread de tratamento de evento chama `keyReleased` (tecla liberada).

  Na Listagem 14-3, o método `keyReleased` chama `setTextOnLabel`. Ele verifica o que foi selecionado na caixa combo. Se o usuário escolher a opção "Dólar para Libra", o método `setTextOnLabel` converte dólares para libras. Se escolher a opção "Libra para Dólar", ele converte libras para dólares.

  No método `setTextOnLabel`, uso a cadeia de caracteres "\u00A3". Esse código estranho é o sinal do Java para libra. (O u em \u00A3 significa *Unicode* — um padrão internacional para representação de caracteres nos alfabetos mundiais.) Se meu sistema operacional estiver configurado para o padrão monetário libra, ao executar programas Java, o sinal de libra apareceria sem que qualquer indicação fosse necessária.

Para mais detalhes sobre este assunto, confira a documentação da API Java da classe `Locale` (conteúdo em inglês).

Aliás, se está pensando em termos de conversão real de moeda, esqueça. Esse programa utiliza taxas que podem ou não estarem corretas no momento. O programa pode pesquisar na internet por taxas mais atualizadas, mas agora temos outros Java-problemas para resolver, meu caro Batman!

✔ **`ItemListener`:** uma classe que implementa a interface `ItemListener` deve ter um método `itemStateChanged`. Quando selecionamos um item na caixa combo, o thread de tratamento de evento chama `itemStateChanged`.

Na Listagem 14-3, quando o usuário seleciona "Dólar para Libras" ou "Libras para Dólar" na caixa combo, o thread de tratamento de evento chama o método `itemStateChanged`, que por sua vez, chama `setTextOnLabel` e assim por diante.

✔ **`MouseListener`:** uma classe que implementa a interface `MouseListener` deve conter os métodos `mouseEntered`, `mouseExited`, `mouseClicked`, `mousePressed` e `mouseReleased`. Implementar `MouseListener` é diferente de implementar `ActionListener`. Quando implementamos `ActionListener`, como na Listagem 14-1, o thread de tratamento de evento responde somente aos cliques no mouse. Mas com o `MouseListener`, o thread responde quando o usuário aperta ou libera o mouse e outras ações.

Na Listagem 14-3, os métodos `mouseEntered` e `mouseExited` são chamados sempre que o mouse se aproxima ou se afasta do rótulo. Como sabemos que o rótulo está envolvido? Basta olhar para o código no construtor `MoneyFrame`. O método chamado é o `addMouseListener` da variável label (rótulo).

Observe os métodos `mouseEntered` e `mouseExited` na Listagem 14-3. Quando são chamados, o computador toma a dianteira e chama `setForeground`. Este método muda a cor do texto do rótulo.

A vida moderna não é maravilhosa? A API Java tem até a classe Color (cor) com nomes como `Color.red` (cor.vermelho) e `Color.black` (cor.preto).

A Listagem 14-3 tem diversos métodos que não são realmente usados. Por exemplo, quando implementamos `MouseListener`, o código tem que ter seu próprio método `mouseReleased`. Precisamos dele, não porque vamos fazer algo especial quando o usuário liberar o botão do mouse, mas porque prometemos para o compilador e agora temos que cumprir.

Criando Classes Internas

Tenho ótimas notícias! Podemos definir uma classe dentro de outra classe! Para o usuário, a Listagem 14-5 age da mesma maneira que a Listagem 14-1. Mas na Listagem 14-5 a classe `GameFrame` contém uma classe chamada `MyActionListener`.

Listagem 14-5:   Uma classe dentro de uma classe

```java
import java.awt.FlowLayout;
import java.awt.event.ActionEvent;
import java.awt.event.ActionListener;
import java.util.Random;

import javax.swing.JButton;
import javax.swing.JFrame;
import javax.swing.JLabel;
import javax.swing.JTextField;

class GameFrame extends JFrame {
    private static final long serialVersionUID = 1L;
    int randomNumber = new Random().nextInt(10) + 1;
    int numPalpites = 0;

    JTextField textField = new JTextField(5);
    JButton button = new Jbutton("Adivinhe");
    JLabel label = new JLabel(numPalpites + " palpites");

    public GameFrame() {
        setDefaultCloseOperation(JFrame.EXIT _ ON _ CLOSE);
        setLayout(new FlowLayout());
        add(textField);
        add(button);
        add(label);
        button.addActionListener(new MyActionListener());
        pack();
        setVisible(true);
    }

    class MyActionListener implements ActionListener {

        @Override
        public void actionPerformed(ActionEvent e) {
            String textFieldText = textField.getText();
```

(continua)

Listagem 14-5 *(continuação)*

```
        if (Integer.parseInt
                (textFieldText) == randomNumber) {
            button.setEnabled(false);
            textField.setTex]
                (textField.getText() + " Sim!");
            textField.setEnabled(false);
        } else {
            textField.setText("");
            textField.requestFocus();
        }

        numPalpites++;
        String palavraPalpite =
            (numPalpites == 1) ? "palpite":"palpites";
        label.setText(numPalpites = palavraPalpite);
    }

}
}
```

A classe `MyActionListener` na Listagem 14-5 é uma *classe interna*. Ela é muito parecida com as outras classes. Mas dentro de um código de uma classe interna, podemos fazer referência aos campos da classe externa. Por exemplo, diversas declarações dentro de `MyActionListener` usam o nome `textField`, que é definido na classe externa `GameFrame`.

Observe que o código na Listagem 14-5 usa a classe `MyActionListener` somente uma vez (a única utilização é na chamada `button.addActionListener`). Então, pergunto, realmente precisamos de um nome para algo que só é usado uma vez? Não. Podemos substituir a definição inteira da classe interna dentro da chamada `button.addActionListener`. Quando fazemos isso, temos uma *classe interna anônima*. A Listagem 14-6 mostra como isso funciona.

Listagem 14-6:   Uma classe anônima (dentro de uma classe com nome)

```
import java.awt.FlowLayout;
import java.awt.event.ActionEvent;
import java.awt.event.ActionListener;
import java.util.Random;

import javax.swing.JButton;
import javax.swing.JFrame;
import javax.swing.JLabel;
import javax.swing.JTextField;

class GameFrame extends JFrame {
    private static final long serialVersionUID = 1L;
```

```
int randomNumber = new Random().nextInt(10) + 1;
int numPalpites = 0

JTextField textField = new JTextField(5);
JButton button = new Jbutton("Adivinhe");
JLabel label = new Jlabel(numPalpites + "
palpites");

public GameFrame() {
    setDefaultCloseOperation(JFrame.EXIT _ ON _
    CLOSE);
    setLayout(new FlowLayout());
    add(textField);
    add(button);
    add(label);
    button.addActionListener(new ActionListener() {

        @Override
        public void actionPerformed(ActionEvent e) {
            String textFieldText = textField.getText();

            if (Integer.parseInt
                    (textFieldText) == randomNumber) {
                button.setEnabled(false);
                textField.setText
                    (textField.getText() + "Sim!");
                textField.setEnabled(false);
            } else {
                textField.setText("");
                textField.requestFocus();
            }

            numPalpites++;
            String palavraPalpite =
                (numPalpites ==1) ? "palpite" : "palpites";
            label.setText(numPalpites + palavraPalpite);
        }
    });
    pack();
    setVisible(true);
}

class MyActionListener implements ActionListener {
    @Override
    public void actionPerformed(ActionEvent e) {
        String textFieldText = textField.getText();
```

(continua)

Listagem 14-6 *(continuação)*

```
            if (Integer.parseInt
                    (textFieldText) == randomNumber) {
                button.setEnabled(false);
                textField.setText
                    (textField.getText() + " Sim!");
                textField.setEnabled(false);
            } else {
                textField.setText("");
                textField.requestFocus();
            }

            numPalpites++;
            String palavraPalpite =
                (numPalpites == 1) ? "palpite" : "palpites";
            label.setText(numPalpites = palavraPalpite);
        }
    }
}
```

Classes internas são boas com tratamentos de eventos, assim como o método `actionPerformed` nos exemplos deste capítulo. O mais complicado nas classes internas *anônimas* é acompanhar os parênteses, as chaves e os recuos. Então, meu humilde conselho é: comece escrevendo códigos sem classes internas, como o código na Listagem 14-1. Mais tarde, quando ficar entediado com as classes comuns do Java, experimente trocar algumas delas por classes internas.

Capítulo 15

Escrevendo Applets Java

Neste Capítulo

▶ Criando um applet simples

▶ Construindo animação applet

▶ Inserindo botões (e outras coisas do tipo) em um applet

Com a primeira explosão do Java em 1995, o que o tornou tão popular foi a ideia de *applet,* que é um programa Java que fica dentro de uma janela de navegador. O applet tem sua própria área retangular em uma página da web. Ele pode mostrar um desenho, uma imagem, fazer uma figura se mover, responder a informações do usuário e fazer todo tipo de coisas interessantes. Quando colocamos um programa de computador real em uma página da web, abrimos um mundo de possibilidades.

Applets 101

As Listagens 15-1 e 15-2 trazem um applet bem simples. Ele mostra as palavras *Java Para Leigos* dentro de uma caixa retangular (veja Figura 15-1).

Listagem 15-1:   Um Applet

```
import javax.swing.JApplet;

public class SimpleApplet extends JApplet {
    private static final long serialVersionUID = 1L;

    public void init() {
        setContentPane(new PainelParaLeigos());
    }
}
```

Listagem 15-2:   Código Auxiliar para o Applet

```
import javax.swing.JPanel;
import java.awt.Font;
import java.awt.Graphics;

class PainelParaLeigos extends JPanel {
    private static final long serialVersionUID = 1L;

    public void paint(Graphics myGraphics) {

        myGraphics.drawRect(50, 60, 220, 75);
        myGraphics.setFont
                    (new Font("Dialog", Font.BOLD, 24));
        myGraphics.drawString("Java Para Leigos", 55, 100);
    }
}
```

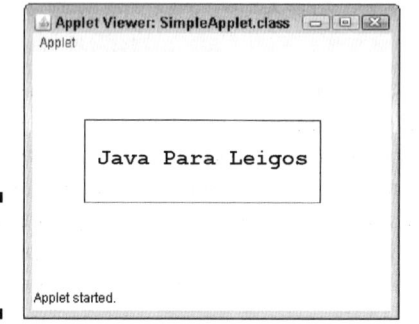

Figura 15-1:
Que belo
título!

Quando rodamos os códigos nas Listagens 15-1 e 15-2, não executamos o método `main`. Ao invés disso, iniciamos o navegador da web, que acessa um arquivo HTML. Esse arquivo inclui uma referência para o código do applet Java e ele aparece na página da web. A Listagem 15-3 mostra um arquivo HTML bem enxuto, com o mínimo necessário.

Listagem 15-3:   Uma Página Web De Uma Linha

```
<<applet code=SimpleApplet width=350 height=200></applet>
```

Na Figura 15-1, não uso Firefox, Internet Explorer ou qualquer outro navegador de praxe. Ao invés disso, utilizo o próprio *Visualizador Applet* do Java — um pequeno aplicativo, parecido com um navegador, feito especialmente para testar applets Java.

Esperando ser chamado

Quando olhamos para o código nas Listagens 15-1 e 15-2, percebemos uma coisa — um applet não tem método `main`. Isso porque um applet não é um programa completo. Ele é uma classe que contém métodos, e é o navegador que chama esses métodos (direta ou indiretamente). Vê o método `init` na Listagem 15-1? O navegador chama `init`, que depois chama `setContentPane` e o código da Listagem 15-2.

Agora, observe o método `paint` na Listagem 15-2. O navegador o chama automaticamente e o método diz ao navegador como desenhar o applet na tela.

Para uma lista dos métodos applet chamados pelo navegador, veja o tópico intitulado "Os métodos em um applet", mais adiante neste capítulo.

Uma classe pública

Note que `SimpleApplet` na Listagem 15-1 é uma classe pública. Se criarmos um applet sem torná-lo público, recebemos uma mensagem de erro `Applet not inited` ou `Loading Java Applet Failed`. Para deixar as coisas bem claras, qualquer classe que estenda `JApplet` tem que ser pública. Se não for, o navegador não consegue chamar os métodos da classe.

Para que as coisas fiquem um pouco menos claras, uma classe pode ter acesso `default` ou `public`. O único código que pode fazer referência a uma classe de acesso `default` é aquele que está no *mesmo pacote* que a classe de acesso `default`. Agora, lembre-se de que o navegador tenta chamar métodos que estão escondidos dentro da classe `applet`. Já que o navegador não está no mesmo pacote que ela (acredite, não está), o applet tem que ser público. Se não for, seu código do navegador (que não está no mesmo pacote que o applet) não pode chamar qualquer dos métodos do applet.

Para mais informação sobre acesso `public` e `default`, veja o Capítulo 13.

O API Java (de novo)

O código na Listagem 15-2 usa alguns truques interessantes da API Java. Veja alguns que não aparecem em nenhum capítulo anterior:

- **drawRect:** desenha um retângulo vazio.

  Observe a chamada para `drawRect` na Listagem 15-2. De acordo com ela, o canto superior esquerdo do retângulo está 50 pixels ao lado e 60 pixels abaixo do canto superior esquerdo do painel. O canto inferior direito do retângulo está 220 pixels ao lado e 75 pixels abaixo do canto superior esquerdo do painel.

  Queria que o retângulo envolvesse as palavras *Java Para Leigos*. Para criar os números para a chamada `drawRect`, usei tentativa e erro. Entretanto, podemos fazer o programa descobrir quantos pixels as palavras *Java Para Leigos* ocupam. Para fazer isso, precisamos da classe `FontMetrics` (para informações sobre `FontMetrics`, veja a documentação da API Java — conteúdo em inglês).

- **A classe Font:** descreve os atributos de uma fonte de caracteres.

  Listagem 15-2 cria uma fonte de 24 pontos, em negrito com o estilo de fonte Dialog. Outros estilos de fonte são: DialogInput, Monospaced, Serif e SansSerif.

- **drawString:** desenha uma cadeia de caracteres.

  A Listagem 15-2 desenha a string "`Java Para Leigos`" no visor do painel. O canto inferior esquerdo da cadeia está 50 pixels ao lado e 100 pixels abaixo do canto superior esquerdo do painel.

Fazendo Coisas se Moverem

Este applet é legal, pois é animado — podemos ver um adômetro se movendo na tela. Ao olharmos para o código deste applet, ele parece bem complicado. Bem, de certa forma, é. Há muita coisa acontecendo quando usamos o Java para criar uma animação. Por outro lado, o código para este applet é quase todo padronizado. Para criar sua própria animação, pode utilizar grande parte dele. Para visualizar isso tudo, observe as Listagens 15-4 e 15-5.

Listagem 15-4   Um Applet de umOdômetro

```java
import javax.swing.JApplet;
import javax.swing.Timer;
import java.awt.Color;
import java.awt.event.ActionListener;
import java.awt.event.ActionEvent;

public class Odometer extends JApplet
                            implements ActionListener {
    private static final long serialVersionUID = 1L;

    Timer timer;

    public void init() {
        OdometerPanel panel = new OdometerPanel();

        panel.setBackground(Color.white);
        setContentPane(panel);
    }

    public void start() {
        if (timer == null) {
            timer = new Timer(100, this);
            timer.start();
        } else {
            timer.restart();
        }
    }

    public void stop() {
        if (timer != null) {
            timer.stop();
            timer = null;
        }
    }

    public void actionPerformed(ActionEvent e) {
        repaint();
    }
}
```

Listagem 15-5: O Painel do Contador

```
import javax.swing.JPanel;
import java.awt.Font;
import java.awt.Graphics;

class OdometerPanel extends JPanel {
    private static final long serialVersionUID = 1L;

    long hitCount = 239472938472L;

    public void paint(Graphics myGraphics) {

        myGraphics.setFont
            (new Font("Monospaced", Font.PLAIN, 24));
        myGraphics.drawString
            ("Você é o visitante número " +
            Long.toString(hitCount++), 50, 50);
    }
}
```

A página da web completa para exibir o applet nas Listagens 15-4 e 15-5 pode contar com apenas uma linha, como

```
<applet code=Odometer width=600 height=200></applet>
```

Para visualizar o applet do contador em ação, veja a Figura 15-2. Observe o número na figura. Não é o mesmo que o valor inicial da variável `hitCount`. Isso porque a cada 100 milissegundos o applet adiciona 1 ao valor de `hitCount` e mostra um novo valor. O contador não está informando uma contagem verdadeira, mas ainda assim é muito bonitinho.

Figura 15-2:
Um site muito popular.

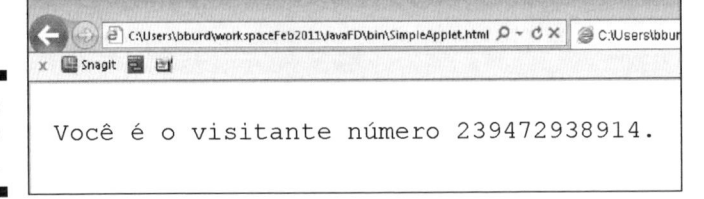

Você é o visitante número 239472938914.

Os métodos em um applet

A maioria dos nomes dos métodos nas Listagens 15-4 e 15-5 é padrão para um applet. As classes API Java `JApplet` e `JPanel` têm declarações `default` para esses métodos, então, não temos que declará-los. Os únicos métodos que devemos inserir no código são aqueles que queremos personalizar.

Veja uma lista dos métodos de `JApplet` e `JPanel` que o navegador chama automaticamente:

- ✔ **init:** o navegador chama `init` ao entrarmos em uma página contendo o applet. Se fecharmos o navegador e mais tarde o reiniciarmos, revisitando a página, o navegador chama o método `init` do applet novamente.

- ✔ **start:** o navegador chama `start` logo depois de chamar `init`. Se o applet realiza um trabalho contínuo, podemos colocar o código desse trabalho no método `start` do applet. Por exemplo, se o applet tem uma animação, o código que começa a executá-la está no método `start`.

- ✔ **paint:** o navegador chama o método `paint` na Listagem 15-5 logo depois de chamar `start`. (Sim, os métodos `start` e `paint` estão em classes diferentes, mas o navegador as encontra por causa da chamada para `setContentPane` na Listagem 15-4.) O método `paint` tem instruções para desenhar seu applet na tela. Para mais explicações, veja o Capítulo 13.

  O navegador pode chamar o método `paint` diversas vezes. Por exemplo, imagine que cobriu parte de seu navegador com outra janela. Ou ainda, que reduziu o navegador para que apenas parte do applet seja mostrada. Mais tarde, quando descobrir o applet ou aumentar a janela, o navegador chama o método `paint` do painel novamente.

- ✔ **stop:** quando o funcionamento do applet deve parar, o navegador chama o método `stop`. Digamos, por exemplo, que clicou em um link que o levou para fora da página com o applet. Nesse momento, o navegador chama o método `stop` do applet. Mais tarde, quando revisitar a página com o applet, o navegador chama, novamente, o método `start` do applet.

O que colocar em todos estes métodos

Os códigos nas Listagens 15-4 e 15-5 usam uma fórmula padrão para criar animação dentro de um applet. Veja uma explicação *muito breve*:

- ✔ O applet implementa a interface `ActionListener`.

- ✔ O método `start` cria um novo timer com o seguinte código:

```
new Timer(100, this)
```

  A cada 100 milissegundos (cada décimo de um segundo), o timer na Listagem 15-4 toca seu alarme.

  Quando "toca seu alarme", ele na verdade faz com que o Java chame um método `actionPerformed`. E de quem o Java chama o método `actionPerformed`? Mais uma vez, a palavra-chave `this` responde a pergunta. Na Listagem 15-4, ela se refere ao mesmo código — à instância do objeto `Odometer` (odômetro), que contém a chamada `new Timer(100, this)`. Então, a cada décimo de segundo, quando o timer toca seu alarme, o Java chama o método `actionPerformed` na Listagem 15-4. Que lindo e organizado é isso!

- ✔ O método `actionPerformed` chama o método `repaint`. Nos bastidores, uma chamada para `repaint` sempre chama o método `paint` de alguém. Neste exemplo, esse alguém é o código na Listagem 15-5. Esse método `paint` desenha as palavras `Você é o visitante número o que seja`, na tela.

- ✔ Em algum momento, o dia acaba e seu navegador chama o método `stop`. Quando isso acontece, o método `stop` joga o timer no lixo.

Se isso não fosse um código tão padronizado, ficaria culpado de explicá-lo de forma tão sucinta. Mas para conseguir movimento em seu próprio applet, basta, apenas, copiar os códigos das Listagens 15-4 e 15-5. Então, substitua os métodos `init` e `paint` da listagem pelo seu próprio código.

Então, o que colocamos nos métodos `init` e `paint`?

- ✔ **Se declararmos um método *init*, ele deve conter o código de configuração para o applet — o que acontece uma vez, a primeira em que o applet é carregado.**

  Na Listagem 15-4, o código de configuração lida com um painel:

  - Cria um painel, chamando o construtor `OdometerPanel`.
  - Faz com que o fundo do painel seja branco (isto garante que o retângulo envolvendo o applet combine bem com o resto da página web).

- Cria uma conexão sólida entre o painel e o applet, chamando o método `setContentPane`.

✔ **O método `paint` descreve uma única visualização do movimento do applet.**

Na Listagem 15-5, o método `paint` estabelece a fonte do buffer gráfico, escreve o valor de `hitCount` na tela e, então, adiciona 1 ao `hitCount`. (Quem precisa de visitantes reais, quando pode aumentar sua própria variável `hitCount`?)

O valor da variável `hitCount` já começa alto e vai aumentando. Para armazenar números tão grandes, `hitCount` tem o tipo `long`. Uso o método `toString` da classe `long` para transformar `hitCount` em uma cadeia de caracteres. Este método `toString` é como o `parseInt` da classe `Integer`.

O método `parseInt` é mostrado no Capítulo 11.

Para depurar um applet, podemos colocar chamadas para `System.out.println` no código. Se usarmos o Eclipse, o resultado de `println` aparecerá no visor do Console Eclipse.

Respondendo a Eventos em um Applet

Este tópico tem um applet com geringonças interativas. Ele é igual aos dos exemplos do Capítulo 14. Na verdade, para criar a Listagem 15-7, comecei com o código da Listagem 14-1. Não fiz isso por preguiça (embora, Deus sabe, como posso ser preguiçoso). O fiz porque applets são muito parecidos com frames Java. Se pegarmos o código para um frame e recortá-lo, podemos criar um applet decente. O deste tópico está nas Listagens 15-6 e 15-7.

Listagem 15-6:   Um Applet de Jogo de Adivinhação

```
import javax.swing.JApplet;

public class GameApplet extends JApplet {
    private static final long serialVersionUID = 1L;

    public void init() {
        setContentPane(new GamePanel());
    }
}
```

Listagem 15-7: O Painel do Jogo de Adivinhação

```java
import java.awt.Color;
import java.awt.event.ActionEvent;
import java.awt.event.ActionListener;
import java.util.Random;

import javax.swing.JButton;
import javax.swing.JLabel;
import javax.swing.JPanel;
import javax.swing.JTextField;

class GamePanel extends JPanel implements ActionListener {
    private static final long serialVersionUID = 1L;

    int randomNumber = new Random().nextInt(10) + 1;
    int numPalpites = 0;

    JTextField textField = new JTextField(5);
    JButton button = new Jbutton("Adivinhe");
    JLabel label = new Jlabel(numPalpites + " palpites");

    GamePanel() {
        setBackground(Color.WHITE);
        add(textField);
        add(button);
        add(label);
        button.addActionListener(this);
    }

    public void actionPerformed(ActionEvent e) {
        String textFieldText = textField.getText();

        if (Integer.parseInt(textFieldText)
                                    == randomNumber) {
            button.setEnabled(false);
            textField.setText
                        (textField.getText() + " Sim!");
            textField.setEnabled(false);
        } else {
            textField.setText("");
            textField.requestFocus();
        }

        numPalpites++;
        String palavraPalpite =
            (numPalpites == 1) ? "palpite" : "palpites";
        label.setText(numPalpites + palavraPalpite);
    }
}
```

Para executar o código nas Listagens 15-6 e 15-7, precisamos de um arquivo HTML:

```
<applet code="GameApplet" width=225 height=50></applet>
```

As Figuras 15-3 e 15-4 mostram o que acontece quando executamos as listagens deste tópico. É bem parecido com o que ocorre ao executarmos o código na Listagem 14-1. A grande diferença é que o applet aparece como parte de uma página web na janela do navegador.

Figura 15-3:
Um palpite
incorreto.

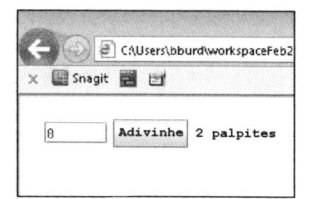

Figura 15-4:
O palpite
correto.

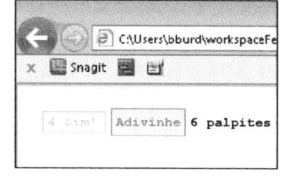

Ao invés de prestar atenção no que o código na Listagem 15-7 tem, repare no que não tem. Para transformar o código da Listagem 14-1 no da Listagem 15-7, removi diversas linhas.

✔ **Não me preocupo em chamar setLayout.**

O layout padrão para um applet é FlowLayout, que é exatamente o que quero.

Se quiser mais informações sobre como FlowLayout funciona, veja o Capítulo 9.

✔ **Não chamo o método pack.**

Os campos width e height no tag HTML do applet determinam seu tamanho.

✔ **Não chamo o método setVisible.**

Um applet é, por padrão, visível.

A outra única alteração significativa ocorre entre as Listagens 14-2 e 15-6. Como muitos outros applets, a Listagem 15-6 não tem método `main`. Ao invés disso, tem um método `init`. Não precisamos dele, pois não precisamos expressar `new GameApplet()` em lugar algum do código. O navegador faz isso para nós. Então, depois que o navegador cria uma instância da classe `GameApplet`, chama o método `init` dessa instância. Esse é o cenário padrão para a execução de um applet Java.

Capítulo 16

Usando a Conectividade da Base de Dados Java

▶ Conectando-se a uma base de dados

▶ Inserindo valores na base de dados

▶ Fazendo solicitações à base de dados

*S*empre que ensino Java para programadores profissionais, ouço a mesma coisa: "não precisamos fazer nenhum caractere bonitinho sair voando pela tela. Nem de botões piscantes. Precisamos acessar bases de dados. Sim, apenas nos mostre como escrever programas que conversem com bases de dados".

Então, lá vai amigos — Conectividade de Base de Dados Java (Java Database Connectivity).

JDBC e Java DB

Quando comecei a trabalhar com bases de dados, meu maior problema era me conectar a elas. Já tinha escrito todo o código Java (na verdade, copiei todo o código de um livro). A parte do Java foi fácil. O difícil foi fazer com que meu código encontrasse a base de dados no sistema.

Parte do problema foi que o modo como fazemos com que o código converse com a base de dados depende do tipo de sistema que temos e o tipo de base de dados que estamos rodando no sistema. Os livros que estava usando não podiam ser muito específicos em todos os detalhes do código, pois eles variam de um computador para outro (e isso não tem nada a ver com Java). E agora, estou escrevendo meu próprio capítulo sobre a conectividade da base de dados. E, como autor, o que devo fazer?

Felizmente, o Kit de Desenvolvimento Java (JDK) já vem com sua base de dados incorporada — a *Java DB*. Baseada no Apache Derby, a Java DB é segura, leve e padronizada. Ela roda continuamente, junto com o resto do Java JDK. Os gurus do Java a introduziram no lançamento do Java 6.

A Java DB torna a vida mais fácil para mim, fornecendo uma base de dados comum, que todos os meus leitores podem utilizar. A Java DB é disponibilizada gratuitamente e não requer qualquer configuração.

E se você não utiliza Java DB? E se todos seus dados estão armazenados em outros tipos de base de dados, como MySQL, PostgreSQL, Oracle, Microsoft Access, DB2 ou qualquer outra? O Java tem uma solução para você! As classes Conectividade da Base de Dados Java (JDBC) fornecem acesso comum para a maioria dos sistemas de gerenciamento de base de dados. Basta adquirir um driver de seu fornecedor de sistema preferido, personalizar duas linhas de código em cada um dos exemplos deste capítulo e estará pronto para executar o código.

Criando Dados

O ponto crucial da JDBC está em dois pacotes: `java.sql` e `javax.sql`, que estão na API Java. Os exemplos deste capítulo usam as classes do `java.sql`. O primeiro exemplo é mostrado na Listagem 16-1.

Listagem 16-1: **Criando uma Base de Dados e uma Tabela e Inserindo Dados**

```
import java.sql.DriverManager;
import java.sql.Statement;
import java.sql.Connection;
import java.sql.SQLException;

class CriarTabela {
    public static void main(String args[]) {
        final String DRIVER =
            " org.apache.derby.jdbc.EmbeddedDriver";
        final String CONNECTION =
            " jdbc:derby:AccountDataBase;create=true";
```

```
try{
Class.forName(DRIVER).newInstance();
} catch (InstantiationException e) {
    e.printStackTrace();
} catch (IlegalAccessException e) {
    e.printStackTrace();
} catch (ClassNotFoundException e) {
    e.printStackTrace();
}

try (Connection connection =
        DriverManager.getConnection(CONNECTION);

    Statement statement(
        connection.createStatement()) {

statement.executeUpdate(
    "create table ACCOUNTS                       "
    +"     (NAME VARCHAR(32) NOT NULL PRIMARY KEY, "
    +"     ADDRESS VARCHAR(32),                   "
    +"     BALANCE FLOAT)                      " );
statement.executedUpdate(
    "insert into ACCOUNTS values                "
    +"  ('João Silva', 'Rua Principal 111', 55.63)");

statement.executedUpdate(
    " insert into ACCOUNTS values               "
    +" ('José dos Santos', 'Rua Secundária 222', 24.02)");

} catch (SQLException e) {
        e.printStackTrace();
    }
}
}
```

Para usar MySQL ao invés da Java DB, faça as seguintes alterações na Listagem 16-1: altere o valor de DRIVER para "com.mysql.jdbc.Driver". Altere o valor de CONNECTION para "jdbc:mysql: //localhost/ AccountDatabase;create=true". Faça alterações semelhantes para DB2, Oracle e outras bases de dados.

Para executar o código de base de dados, devemos ter um arquivo contendo um driver compatível com ela e esse arquivo deve estar em um lugar onde o Java possa encontrá-lo. Nos exemplos deste capítulo, faço a conexão com uma base de dados Java DB, também conhecida como Base de Dados Apache Derby (Apache Derby database). O driver está em um arquivo chamado `derby.jar`, que normalmente fica em um diretório `db/lib` do JDK. Para disponibilizar `db/lib/derby.jar` para todos meus programas Java, adicionei esse arquivo `.jar` a meu classpath Java.

O modo que adicionamos um arquivo `.jar` em nosso classpath depende do tipo de IDE que utilizamos e,eventualmente, do tipo de sistema operacional. No Eclipse, selecionei Project ⇨ Properties ⇨ Java Build Path. Então, cliquei no botão Add External JARs e naveguei para o diretório `db/lib`. Para outros IDEs, os passos são um pouquinho diferentes.

Quando executamos o código na Listagem 16-1, nada parece acontecer. O programa começa a ser executado e depois para. É isso. O código não tem nenhum resultado visível, pois todos eles vão para a base de dados. Então, para ver o resultado da execução do código na Listagem 16-1, temos que procurar pelas alterações na própria base de dados. Siga em frente!

No parágrafo anterior, eu disse que a execução da Listagem 16-1 é incrivelmente monótona. Disse que "nada parece acontecer". Mas se olhar com atenção, encontrará as provas de que ela aconteceu. Em especial, haverá mais arquivos em seu disco rígido. Um deles, chamado `derby.log`, contém o texto descrevendo a iniciação e a finalização do software da base de dados Derby. Também poderá encontrar uma nova pasta chamada `derbyDB`, que contém mais registros de arquivos, um arquivo `service.properties` e uma pasta cheia de `.dat files` (Estes arquivos `.dat` contém tudo que é armazenado na base de dados.) Se estiver usando o Eclipse, pode fazer com que essas novas pastas e arquivos fiquem visíveis, selecionando o menu do projeto no Package Explorer e, depois, selecionando File ⇨ Refresh.

Usando comandos SQL

Na Listagem 16-1, a essência do código são as três chamadas para `executeUpdate`. Cada uma contém uma cadeia de caracteres normal do Java, entre aspas. Para manter esse código legível, dividi cada uma em duas partes. Separei as partes com sinal de adição (operador de concatenação de string Java).

O sinal de adição do Java exerce papel duplo. Para números, realiza a adição. Para cadeias de caracteres, agrupa, formando uma única cadeia combinada.

Podemos fazer uma cadeia entre aspas do tamanho que quisermos. Quando chegar ao canto direito da tela, basta continuar digitando. Se quiser ver a cadeia inteira sem rolar o texto, porém, divida-a em pedaços, como fiz na Listagem 16-1. Basta separar os pedaços com sinais de adição.

Não podemos dividir uma cadeia de caracteres Java em pedaços, apenas pressionando a tecla Enter e partindo para a próxima linha. Quando começamos uma cadeia com aspas, o final das aspas deve estar na mesma linha do código.

Se já está familiarizado com SQL (Structured Query Language), as cadeias de comando das chamadas para `executeUpdate` fazem todo sentido para você. Se não, leia um livro específico sobre *SQL*. De qualquer modo, não fique procurando explicações neste capítulo sobre `create table` e `insert into`. Não encontrará nada por aqui, porque elas não fazem parte do Java. Esses comandos são apenas cadeias de caracteres que alimentamos ao método `executeUpdate`. Essas cadeias, que estão escritas em SQL, criam uma nova tabela de base de dados e adicionam uma linha de dados na tabela. Ao escrevemos um programa de base de dados Java, é assim que fazemos. Escrevemos comandos SQL comuns e os cercamos com chamadas para métodos Java.

O código neste capítulo se encaixa estritamente nas técnicas definidas no JDBC versão 1.0. Versões posteriores das classes JDBC suportam algo chamado *scrollable result sets*. Com eles, temos métodos como `insertRow` — que evita o trabalho de digitar uma cadeia de comando SQL completa.

Conectando e desconectando

Fora as chamadas para o método `executeUptade`, o código na Listagem 16-1 é, basicamente, cortar-e-colar. Vejamos uma explicação do significado de cada parte dele:

✔ **`Class.forName`:** encontra o drive da base de dados.

Para conversar com a base de dados, precisamos de um software intermediário ou *database driver*. Eles estão disponíveis em todas as formas e tamanhos e muitos deles são bem caros. Mas a Listagem 16-1 usa um driver pequeno e gratuito — o Derby JDBC Embedded. O código para ele está na classe `EmbeddedDriver` (que é uma classe Java). Esta classe fica dentro do pacote `org.apache.derby.jdbc`.

Para usar a classe `EmbeddedDriver`, chamamos o método `Class.forName`. Acredite ou não, a API Java tem uma classe chamada `Class`. Ela contém informação sobre classes que estão disponíveis para a Máquina Virtual Java (JVM). Na Listagem 16-1, a chamada para

`Class.forName` procura pela classe `org.apache.derby.jdbc.EmbeddedDriver`. Depois que uma instância `EmbeddedDriver` é carregada, podemos nos conectar com a base de dados.

✔ **`DriverManager.getConnection`:** estabelece uma sessão com uma base de dados específica.

O método `getConnection` está na classe Java chamada `DriverManager`. Na Listagem 16-1, a chamada para `getConnection` cria um `AccountDatabase` e abre uma conexão com aquela base de dados. É lógico que podemos já ter uma `AccountDatabase` antes de começarmos a execução do código na Listagem 16-1. Se tivermos, o texto da cadeia `; create=true` na chamada `getConnection` não terá efeito.

No parâmetro para `getConnection` (veja a Listagem 16-1), preste atenção nos dois pontos. O código não faz somente indicar o nome de `AccountDatabase`, ele diz à classe `DriverManager` quais protocolos usar para se conectar com a base de dados. O código `jdbc:derby:` — que é o mesmo que `http:` em um endereço na web — diz ao computador para usar o protocolo `jdbc` para conversar com o protocolo `derby`, que por sua vez conversa diretamente com `AccountDatabase`.

✔ **`connection.createStatement`:** faz uma declaração.

Parece esquisito, mas na Conectividade de Base de Dados Java (Java Database Connectivity), criamos um único objeto `statement`. Depois disso, podemos usar esse objeto diversas vezes, com muitas cadeias SQL diferentes, para emitir vários comandos diferentes para a base de dados. Então, antes de começarmos chamando o método `statement.executeUptade`, temos que criar um objeto `statement` real. A chamada para `connection.createStatement` cria esse objeto para nós.

✔ **`try...catch...`:** reconhece exceções que podem ser lançadas no código.

Se você leu o Capítulo 12, sabe que algumas chamadas de método lançam *exceções verificadas*. Essas exceções são aquelas que têm que ser reconhecidas em algum lugar do código de chamada. Bem, uma chamada para `Class.forName` pode lançar três tipos de exceções e quase tudo mais na Listagem 16-1 pode lançar uma `SQLException`. Para reconhecer essas exceções, adicionamos declarações try-catch ao código.

✔ **try-com-recursos:** libera recursos, não importa o que aconteça.

Como Ritter sempre diz, não estamos tendo consideração pelos outros se não arrumarmos nossa própria bagunça. Toda conexão e toda declaração de base de dados prendem alguns recursos do sistema. Quando terminamos de usar esses recursos, temos que liberá-los. Podemos fazer isso com chamadas explícitas para os métodos `close`, mas devemos inseri-las dentro de declarações `try-catch`.

Mas tem um probleminha. Quando as coisas dão errado, elas não dão simplesmente errado. Elas, em geral, saem de controle! Se não conseguirmos fechar uma declaração, o Java pula para uma cláusula `catch`. Mas e se a cláusula `catch` lançar sua própria exceção? O que acontece depois, quando o código tentar fechar a conexão inteira?

Para cuidar de todos esses problemas com um só golpe, o Java 7 tem uma nova *declaração try-com-recursos*. Elas são como a velha declaração `try` do Capítulo 12. Mas nelas acrescentamos parênteses depois da palavra `try`. Dentro dos parênteses, colocamos algumas declarações que criam recursos. (Na Listagem 16-1, as declarações entre parênteses são as chamadas para `getConnection` e `createStatement`.) Separamos as declarações com ponto e vírgula.

As declarações Java 'try com recursos' automaticamente fecham e liberam os recursos ao final da execução de uma declaração. Além disso, elas cuidam de todos os detalhes confusos associados com as tentativas fracassadas de tratar as exceções civilizadamente. Só temos a ganhar.

Recuperando Dados

Para que serve uma base de dados se não conseguirmos extrair seus dados? Neste tópico, faremos consultas à base de dados criada na Listagem 16-1. O código para emitir uma consulta é mostrado na Listagem 16-2.

Listagem 16-2: **Fazendo uma Consulta**

```java
import static java.lang.System.out;
import java.sql.DriverManager;
import java.sql.Statement;
import java.sql.Connection;
import java.sql.SQLException;
import java.sql.ResultSet;
import java.text.NumberFormat;

class ObterDados {

    public static void main(String args[]) {
        NumberFormat currency =
            NumberFormat.getCurrencyInstance();

        final String DRIVER =
            "org.apache.derby.jdbc.EmbeddedDriver";
        final String CONNECTION =
            "jdbc:derby:AccountDatabase";

        try {
            Class.forName(DRIVER).newInstance();
        } catch (InstantiationException e) {
            e.printStackTrace();
        } catch (IllegalAccessException e) {
            e.printStackTrace();
        } catch (ClassNotFoundException e) {
            e.printStackTrace();
        }

        try (Connection connection =
            DriverManager.getConnection(CONNECTION);
        Statement statement =
            connection.createStatement();
        ResultSet resultset =
            statement.executeQuery(
                        "select * from ACCOUNTS"))
        {
```

```
while(resultset.next()) {
    out.print(resultset.getString.("NOME"));
    out.print(", ");
    out.print(resultset.getString("ENDEREÇO"));
    out.print(" ");
    out.println(currency.format(
                resultset.getFloat("SALDO")));
    }
} catch (SQLException e) {
    e.printStackTrace();
}
}
}
```

Para usar MySQL ao invés de Java DB, faça as seguintes alterações na Listagem 16-2: troque o valor de DRIVER para "com.mysql.jdbc.Driver". Troque o valor de CONNECTION para "jdbc:mysql://localhost/AccountDatabase; create=true". Faça alterações semelhantes para DB2, Oracle e outras bases de dados.

Uma execução do código da Listagem 16-2 é mostrada na Figura 16-1. O código cosulta a base de dados e depois percorre suas linhas, mostrando os dados de cada uma delas.

Figura 16-1:
Obtendo
informação
da base
de dados.

```
Barry Burd Rua Ciberespaço 222 $ 24.02
João da Silva Rua Principal 111 $55.63
```

A Listagem 16-2 começa com a habitual chamada para forName, getConnection e createStatement. Então, o código chama executeQuery e fornece um comando SQL à chamada. Para aqueles que conhecem comandos SQL, esse, em particular, extrai dados de tabelas ACCOUNTS (a tabela criada na Listagem 16-1).

O que é recuperado pela chamada para executeQuery é do tipo java.sql.ResultSet (essa é a diferença entre executeUpdate e executeQuery — este último retorna um conjunto de resultados, o primeiro, não). Esse conjunto de resultados é muito parecido com a tabela da base de dados. Como na tabela original, o conjunto de resultados é dividido em colunas e linhas. Cada linha contém as informações de uma conta, com um nome, um endereço e um saldo.

Depois que chamamos executeQuery e obtemos nosso conjunto de resultados, podemos percorrê-lo, uma linha de cada vez. Para fazer isto, executamos um pequeno loop e testamos a condição resultset.next() no topo de cada iteração. Em cada vez, a chamada para resultset. next() faz duas coisas:

- ✔ Passa para a próxima linha do conjunto de resultados (a próxima conta), se existirem outras linhas.

- ✔ Ela diz se existe outra linha retornando um valor booleano — true ou false (verdadeiro ou falso).

Se a condição resultset.next() for verdadeira (true), o conjunto de resultados tem outra linha. Então, o computador passa para ela. Assim, podemos seguir pelo corpo do loop e coletar os dados de cada linha. Por outro lado, se resultset.next() for falso (false), o conjunto de resultados não tem mais linhas. Saímos do loop e começamos a fechar tudo.

Agora, imagine que o computador está indicando uma linha de conjunto de resultados e estamos dentro de um loop na Listagem 16-2. Assim, estamos obtendo os dados de uma linha do conjunto de resultados chamando os métodos getString e getFloat neles. Voltando à Listagem 16-1, configuramos a tabela ACCOUNTS com as colunas NOME, ENDEREÇO e SALDO. Então, aqui na Listagem 16-2, estamos obtendo dados dessas colunas chamando os métodos get*UmTipoOuOutro* e alimentando-os com os nomes das colunas originais. Depois que obtemos os dados, eles são mostrados na tela do computador.

Cada instância ResultSet tem inúmeros bons métodos get*UmTipoOuOutro*. Dependendo do tipo de dados que colocamos nas colunas, podemos chamar os métodos getArray, getBigDecimal, getBlob, getInt, getObject, getTimestamp e muitos outros.

Parte V

A Parte dos Dez

A 5ª Onda por Rich Tennant

WANDA TEVE A IMPRESSÃO DE QUE O NOVO PROGRAMA DE SEU MARIDO ESTAVA SE TORNANDO INTERATIVO.

Nesta parte...

*V*ocê está chegando ao final do livro e é hora de resumirmos tudo. Esta parte é o seu guia prático e resumido para Java. O quê? Você não leu palavra por palavra dos capítulos anteriores? Tudo bem. Ainda assim, encontrará muitas informações úteis nesta Parte dos Dez.

Capítulo 17

Dez Maneiras de Evitar Erros

"**A**s únicas pessoas que não cometem erros são as que nunca fazem nada." Um dos meus professores dizia isso. Não me lembro do nome dele para lhe dar o devido crédito. Acho que esse foi o meu erro.

Inserindo as Letras Maiúsculas em Seus Devidos Lugares

O Java é uma linguagem "case-sensitive", ou seja, sensível à utilização de letras maiúsculas e minúsculas, portanto, preste atenção nos *Ps* e *Qs* — e em todas outras letras do alfabeto. Veja a seguir algumas coisas que deve ter em mente ao criar programas Java:

- ✔ As palavras-chave Java são escritas inteiramente em minúsculas. Por exemplo, na declaração *if* Java, a palavra *if* não pode ser digitada como: *If* ou *IF*.

- ✔ Quando usar nomes da API Java (*Interface de Programação de Aplicativos*), as letras dos nomes devem ser digitadas da mesma forma que aparecem na API.

- ✔ Certifique-se de que os nomes que inventar estejam digitados da mesma maneira no programa inteiro. Se declarar uma variável como minhaConta, não pode referir-se a ela como MinhaConta, minhaconta ou Minhaconta. Se alterar a forma de digitação, o Java pensa que está se referindo a duas coisas diferentes.

Para saber mais sobre essa sensibilidade ao tamanho das letras, veja o Capítulo 3.

Usando o Comando Break na Declaração switch

Se não usar o comando break em uma declaração switch, terá um fall-through. Por exemplo, se o valor de verso é 3, o seguinte código mostra as três linhas — `Last refrain`, `He's a pain` e `has no brain`.

```
switch (verso) {
case 3:
    out.print("Last refrain, ");
    out.println("last refrain, ");
case 2:
    out.print("He's a pain,");
    out.println("he's a pain,");
case 1:
    out.print("Has no brain,");
    out.println("has no brain,");
}
```

Para a história completa, veja o Capítulo 5.

Comparando Valores com um Sinal de Igual Duplo

Quando comparar dois valores, use um sinal de igualdade duplo. A linha

```
if (inputNumber == randomNumber)
```

está correta, mas a linha

```
if (inputNumber = randomNumber)
```

não. Para um relato completo, veja o Capítulo 5.

Adicionando Componentes a uma GUI

Veja o construtor para um Java frame:

```
public SimpleFrame() {
    JButton button = new Jbutton("Obrigado...");
    setTitle("...Katie Feltman e Paul Levesque");
    setLayout(new FlowLayout());
    add(button);
    button.addActionListener(this);
    setSize(300, 100);
    setVisible(true);
}
```

Faça o que quiser, mas não esqueça a chamada para o método add. Sem ela, você fará todo o trabalho de criar o botão, mas ele não aparecerá no frame. Para uma introdução sobre essas questões, veja o Capítulo 9.

Adicionando 'Escutadores' para Tratamento de Eventos

Dê outra olhadinha no código do tópico anterior para construir um SimpleFrame. Se esquecer a chamada para addActionListener, nada vai acontecer quando clicar no botão. Clicá-lo com mais força na segunda vez em nada vai ajudar. Para um resumo sobre os escutadores (listeners), veja o Capítulo 14.

Definindo os Construtores Necessários

Quando você define um construtor com parâmetros, como em

```
public Temperatura(double number)
```

o computador não cria mais um construtor default sem parâmetros para você. Em outras palavras, não poderá mais chamar

```
Temperatura tempQuarto = new Temperatura();
```

a menos que defina explicitamente seu próprio construtor Temperatura sem parâmetros. Para todos os detalhes sórdidos sobre construtores, veja o Capítulo 9.

Consertando Referências Non-Static

Se tentar compilar o seguinte código, receberá uma mensagem de erro:

```
class NaoVaiFuncionar {
    String  saudacao = "Olá";

    public static void main(String args[]) {
        System.out.println( saudacao );
    }
}
```

Isso porque main é static, mas saudacao não é. Para um guia completo sobre como encontrar e consertar esse problema, veja o Capítulo 10.

Permanecendo nos Limites de um Array

Quando você declara um array com dez componentes, ele tem índices entre 0 e 9. Em outras palavras, se declarar

```
int hospedes[] = new int[10]:
```

poderá se referir aos componentes do array hospedes escrevendo hospedes[0], hospedes[1] e assim por diante, até hospedes[9]. Não poderá escrever hospedes[10], pois o array hospedes não tem um componente com índice 10.

Para a última fofoca sobre os arrays, veja o Capítulo 11.

Prevendo Indicadores Null

Os exemplos deste livro não tendem a lançar a exceção NullPointerException, mas na programação Java real, ela aparece o tempo todo. A NullPointerException surge quando chamamos um método que deve retornar um objeto, mas não o faz. Veja um exemplo básico:

```java
import static java.lang.System.out;
import java.io.File;

class ListaMeusArquivos {

    public static void main(String args[]) {
        File myFile = new File("\\windows");

        String dir[] = myFile.list();

        for (String fileName : dir) {
            out.println(fileName);
        }
    }
}
```

Esse programa mostra uma lista de todos os arquivos no diretório windows. (para esclarecimentos sobre o uso da barra dupla invertida em "\\windows", veja o Capítulo 8.)

Mas o que acontece se mudarmos \\windows para outra coisa qualquer — algo que não represente o nome de um diretório?

```java
File myFile = new File("&*%$!!");
```

Então, a chamada new File retornará null (uma palavra especial em Java que significa *nada)*, então a variável myFile não terá nada nela. Mais adiante no código, a variável dir não se refere a nada, e a tentativa de executar um loop por todos os valores dir falha miseravelmente. Recebemos uma enorme NullPointerException e o programa começa a ruir.

Para evitar esse tipo de tragédia, verifique a documentação API Java (conteúdo em inglês). Se estivermos chamando um método que pode retornar null, acrescente um código para lidar com exceções em seu programa.

Para saber mais sobre como lidar com exceções, veja o Capítulo 12. Para conselhos sobre a leitura da documentação API, veja o Capítulo 3 e o site deste livro (conteúdo em inglês).

Ajudando o Java a Encontrar Arquivos

Você está lá, compilando seu código Java, cuidando da sua vida e o computador lhe devolve um NoClassDefFoundError. Qualquer tipo de coisa pode estar errada, mas o que provavelmente ocorreu é que o computador não conseguiu encontrar um determinado arquivo Java. Para consertar isso, alinhe os planetas corretamente.

- O diretório do seu projeto tem que conter todos os arquivos Java que estiverem sendo usados no código.

- Se nomear pacotes, seu diretório de projeto tem que ter os subdiretórios nomeados adequadamente.

- Seu CLASSPATH deve ser configurado corretamente.

Para orientações específicas, veja o Capítulo 13 e o site deste livro (conteúdo em inglês).

Capítulo 18

Dez Sites para Java

Neste Capítulo

▶ Conferindo o site deste livro

▶ Encontrando recursos da Oracle

▶ Lendo mais sobre Java

Não é à toa que a internet é tão popular. Ela é tanto útil quanto divertida. Este capítulo comprova essa informação listando dez sites úteis e divertidos. Cada um deles traz recursos que o ajudarão a usar o Java de maneira mais eficiente. E até onde sei, nenhum deles usa adware, pop-ups ou outras coisas grotescas, mas alguns têm seus conteúdos em inglês.

O Site Deste Livro

1. **Para as questões envolvendo o conteúdo técnico deste livro, viste** `www.java.com/pt_BR/`

2. **Para negócios (por exemplo, "Como compro mais 100 cópias de *Java Para Leigos, Tradução da 5ª Edição?*") visite** `www.altabooks.com.br`

Direto na Fonte

3. **O site oficial da Oracle para Java é** `www.oracle.com/technetwork/java`.

4. **Consumidores de tecnologia Java devem visitar** `www.java.com`

5. **Programadores e desenvolvedores interessados em tecnologia Java podem visitar** `www.java.net`.

Encontrando Notícias, Críticas e Códigos de Amostra

6. **Para artigos escritos por *experts* (incluindo seu querido autor e Michael Redlich) visite Java Boutique em** `http://javaboutique.internet.com`.

7. **Para discussões abertas (incluindo muitas pessoas muito inteligentes), visite JavaRanch em** `www.javaranch.com`.

Procurando Empregos em Java

8. **Para empregos em Java, visite** `www.cvu.vg`.

Os Sites Preferidos

É verdade — esses dois sites não são exclusivamente destinados a JAVA. Contudo nenhuma lista geek digna estaria completa sem Slashdot e SourceForge

9. **O slogan do Slashdot, "Notícias para Nerds, coisas que importam", diz tudo. Visite** `http://slashdot.com`

10. **O repositório do SourceForge (em** `http://sourceforge.net`**) abriga mais de 200.000 projetos gratuitos e de código aberto.** Confira!

Índice